[illegible]

女九明守奇佑帝 [illegible]

男明佩秀久佑寿 [illegible]

男思社年香佑生帝 [illegible] 自十 [illegible]

男明孝年香佑生帝 [illegible] 自十 [illegible]

[illegible]

敦煌社會歷史文獻釋録第一編

主編：郝春文、副主編：游自勇

英藏敦煌社會歷史文獻釋録

第十六卷

郝春文、游自勇、王蘭平、李鳳艷、武紹衛、宋雪春、董大學、聶志軍、劉　顯　編著

社會科學文獻出版社
SOCIAL SCIENCES ACADEMIC PRESS (CHINA)

本書第十六卷　係
國家社會科學基金重大項目（10&ZD080）
國家古籍整理出版資助項目

敦煌社會歷史文獻釋録

凡例

一　本書係大型文獻圖集《英藏敦煌文獻》的文字釋録本。其收録範圍、選擇内容均與上書相同。但增收該書漏收的部分佛教典籍以外文獻；對於該書未收的佛經題記，因其具有世俗文書性質，亦予增收；對於該書所收的部分佛經，本書則予以剔除。凡屬增收、剔除之文書，均作説明。

二　本書的編排順序係依收藏單位的館藏編號順序排列。每號文書按正背次序排列，背面以『背』（V）表示。文書正背之區分均依文書原編號。發現原來正背標錯的情況，亦不改動，但在校記中加以説明。

三　凡一號中有多件文書者，即依次以件爲單位進行録校。在每件文書標題前標明其出處和原編號碼。

四　每件文書均包括標題、釋文兩項基本内容；如有必要和可能，在釋文後加説明、校記和有關研究文獻等内容。

五　文書的擬題以向讀者提供盡量多的學術信息爲原則，凡原題和前人的擬題符合以上原則者，即行採用；不符者則重新擬題。

六　凡確知爲同一文書而斷裂爲兩件以上者，在校記中加以説明；若能直接綴合，釋文部分將逕録綴合後的釋文。

七　本書之敦煌文獻釋文一律使用通行繁體字釋録。釋文的格式採用兩種辦法，對有必要保存原格式的文書，以忠實原件、反映文書的原貌爲原則，按原件格式釋録；没有必要保存原格式的文獻，則採用自然行釋録。原件中之逆書（自左向右書寫），亦不改動；一件文書寫於另一件文書行間者，分别釋録，但加以説明。保存原格式的文書，原文一行排不下時，移行時比文書原格式低二格，以示區别。

八　釋文的文字均以原件爲據，適當吸收前人的研究成果。如已發表的釋文有誤，則逕行改正，並酌情出校。

九　同一文書有兩種以上寫本者，釋録到哪一號，即以該號中之文書爲底本，以其他寫本爲參校本；有傳世本者，則以寫本爲底本，以傳世本爲參校本。

一〇　底本與參校本内容有出入，凡底本中文字文義可通者，均以底本爲準，而將參校本中之異文附於校記，以備參考。若底本有誤，則保留原文，在錯誤文字下用（　）注出正字；如底本有脱文，可據他本和上下文義補足，但需將所補之字置於〔　〕内；改、補理由均見校記。

一一　原件殘缺，依殘缺位置用（前缺）（中缺）（後缺）表示。因殘缺造成缺字者，用

□表示，不能確知缺幾個字的，上缺用⊔表示，中缺用▯表示，下缺用⊓表示，一般佔三格，但有時爲了保持原文格式，可適當延長，視具體情況而定。

一二　凡缺字可據別本或上下文義補足時，將所補之字置於□內，並在校記中說明理由；原文殘損，但據殘筆劃和上下文可推知爲某字者，逕補；無法擬補者，從缺字例；字跡清晰，但不識者照描，在該字下注以『（？）』，以示存疑；字跡模糊，無法辨識者，亦用□表示。

一三　原書寫者未書完或未書全者，用『（以下原缺文）』表示。

一四　原件中的俗體、異體字，凡可確定者，一律改爲通行繁體字；有些因特殊情況需要保留者，用（）將正字注於該字之下。

一五　原件中的筆誤和筆劃增減，逕行改正；出入較大的保留，用（）在該字之下注出正字，並在校記中說明理由。

一六　原件中的同音假借字照録，但用（）在該字之下注出本字。

一七　原件有倒字符號者，逕改；有廢字符號者，不録；有重疊符號者，直接補足重疊文字；均不出校。有塗改、修改符號者，只録修改後的文字；不能確定哪幾個字是修改後應保留的，兩存之。有塗抹符號者，能確定確爲作廢者，不録；不能確定已塗抹的文字，則照録。原寫於行外的補字，逕行補入行內；不能確定補於何處者，仍照原樣録於夾行中。

一八　原件中的衍文，均保留原狀，但在校記中注明某字或某字至某字衍，並説明理由。

一九　文書中的朱書和印跡，均在説明中注明。

二〇　本書收録與涉及的敦煌文獻，在標明其出處時，使用學界通用的略寫中文詞和縮寫英文詞，即：

『斯』：倫敦英國國家圖書館藏敦煌文獻斯坦因（Stein）編號

『北敦』（BD）：北京中國國家圖書館藏敦煌文獻編號

『Ch BM』：倫敦英國國家博物館藏敦煌絹紙畫編號

『Ch IOL』：倫敦英國印度事務部圖書館藏敦煌文獻編號

『S. P』：倫敦英國國家圖書館藏敦煌文獻木刻本斯坦因（Stein）編號

『伯』：巴黎法國國立圖書館藏敦煌文獻伯希和（Pelliot）編號

『Дх.』：聖彼得堡俄羅斯聯邦科學院東方文獻研究所藏敦煌文獻編號

『Φ.』：聖彼得堡俄羅斯聯邦科學院東方文獻研究所藏敦煌文獻弗魯格（Флуг）編號

目録

斯三三三二　大乘無量壽經題記

釋文

呂日興。

説明

此件《英藏敦煌文獻》未收，現予增收。

參考文獻

Descriptive Catalogue of the Chinese Manuscripts from Tunhuang in the British Museum, The Trustees of the British Museum, London 1957, p. 147（録）；《敦煌寶藏》二七册，臺北：新文豐出版公司，一九八二年，五九六頁（圖）；《中國古代寫本識語集録》，東京大學東洋文化研究所，一九九〇年，三九二頁（録）；《敦煌遺書總目索引新編》，北京：中華書局，二〇〇〇年，一〇二頁（録）。

斯三三三九　論語鄭注（八佾）

釋文

（前缺）

『然則管仲知禮乎？』曰：『朔（邦）君樹塞門〔一〕，管氏亦有樹塞門〔二〕。邦君爲兩君之好〔三〕，有反坫（坫）〔四〕，管氏亦有反坫（坫）。管氏而知禮〔五〕，孰不知禮〔六〕？』（或人見孔子云焉得儉，則□猶蔽。禮，天子外屏，諸侯内屏〔七〕。□之間，人君辯内外〔八〕，於門樹屏會〔九〕，其獻酢之禮，更酌，酌畢〔一〇〕，僭爲之。如是，是不知禮也〔一一〕。）

子語魯太師樂曰〔一二〕：『□。（太師，樂官名也。）如（始）作〔一三〕，翕如〔一四〕；（始作〔一五〕，聲，皆〔一六〕。）從之〔一七〕，純如也，皦如也〔一八〕，繹如也以成〔一九〕。（從讀曰縱〔二〇〕，縱謂既奏，八音皆作。純如，咸□貌；繹如，志意條達之貌。四者皆終〔二一〕。《書》云：簫韶九成，鳳凰來儀。）

儀封人請見，曰：『君子之至於斯者〔二二〕，吾未堂（嘗）不得見〔二三〕。』（儀，蓋衛邑。封人，官名，掌爲圻封而樹之。此人賢者，聞孔子之德而來至此，欲見之。言未堂（嘗）不得見者，敬日達以爲賢也〔二四〕。）從者見之。出曰：『二三子何患於喪乎？天下之無道久矣〔二五〕，天將以夫子爲木鐸。』從者，謂弟子從孔子行者，以爲此人賢〔二六〕，入告而出納之。何患於喪乎？言不憂道德之喪亡〔二七〕。木鐸（鐸）〔二八〕，施政教時所振，言天將命孔子製作法度，以號令於天下也。

子謂《韶》：『盡美矣，又盡善也。』《韶》，舜樂名，美舜以聖德受禪於堯。又盡善者，謂致太平也。謂《武》：『盡美矣，未盡善也。』《武》，周武王樂，美武王以武功定天下。未盡者，謂未致太平〔二九〕。

子曰：『居上不寬，爲禮不敬，臨喪不哀〔三〇〕，吾何以觀之哉〔三一〕！』居上不寬，則下無所容。禮主於敬，喪主於哀也〔三二〕。

論語〔三三〕

說明

此件首尾均缺，前半部分下缺，爲《論語》鄭玄注卷三『八佾』後半部分，尾題可辨『論語』二字。石塚晴通認爲此件是八世紀初期寫本（參看《〈唐抄本鄭氏注論語集成〉に寄せて》，《月刊百科》一三九期，一一頁）。

以上釋文以斯三三三九爲底本，經文部分用流行較廣的《十三經注疏》（中華書局，一九八〇年）之《論語注疏》（稱其爲甲本）參校。

校記

〔一〕『朔』，當作『邦』，據甲本改，《敦煌經部文獻合集》以爲底本殘，據殘筆劃及甲本校補作『邦』，誤；『門』，據甲本補。

〔二〕『管』，據甲本補；『有』，甲本無，《敦煌經部文獻合集》認爲係衍文。

〔三〕『之好』，據甲本補。

〔四〕『有反』，據甲本補；『玷』，當作『坫』，據甲本改，以下同，不另出校。

〔五〕『而知禮』，據甲本補。

〔六〕『孰不知』，據甲本補。

〔七〕『屏』，據殘筆劃及阿斯塔那三六三號墓唐景龍四年卜天壽抄孔氏本鄭氏注《論語》（以下簡稱『卜抄本』）補。

〔八〕『辯』，甲本作『別』，《敦煌經部文獻合集》釋作『辨』。

〔九〕『屏』，據殘筆劃及甲本補。

〔一〇〕『畢』，據殘筆劃及甲本補。

〔一一〕『也』，甲本無。

〔一二〕『太』，甲本作『大』，『大』通『太』，以下同，不另出校；『師樂曰』，據甲本補。

〔一三〕『如』，當作『始』，據甲本改。

〔一四〕『如』，甲本作『如也』。

〔一五〕『作』，據殘筆劃及卜抄本補。

〔一六〕『皆』，據殘筆劃及卜抄本補。

〔一七〕『從』，據甲本補。

〔一八〕『皦』，甲本作『皦』。

〔一九〕『繹』，據殘筆劃及甲本補；『如也以成』，據甲本補。

〔二〇〕『從讀曰縱』，據卜抄本補。
〔二一〕『皆』，據殘筆劃及卜抄本補；『終』，據殘筆劃及卜抄本補。
〔二二〕『者』，甲本作『也』。
〔二三〕『堂』，當作『嘗』，據甲本改，以下同，不另出校；『見』，甲本作『見也』。
〔二四〕『敬』，《關於〈論語鄭氏注〉》認爲係『欲』之誤；『日』，《唐寫本論語鄭氏注及其研究》校改作『自』。
〔二五〕『道』，甲本作『道也』。
〔二六〕『賢』，《敦煌經部文獻合集》釋作『皆』，誤。
〔二七〕『憂』，據殘筆劃及卜抄本補。
〔二八〕『繹』，當作『鐸』，據卜抄本改，《敦煌經部文獻合集》逕釋作『鐸』。
〔二九〕『太』，據殘筆劃及《太平御覽》卷五六四『雅樂中』條補；『平』，據《太平御覽》卷五六四『雅樂中』條補。
〔三〇〕『不』，據殘筆劃及甲本補；『哀』，據甲本補。
〔三一〕『吾何以』，據甲本補。
〔三二〕『於哀也』，據卜抄本補。
〔三三〕『語』，據殘筆劃及文義補。

參考文獻

Descriptive Catalogue of the Chinese Manuscripts from Tunhuang in the British Museum, The Trustees of the British Museum, London 1957, p. 231；《敦煌古籍敘録》，北京：商務印書館，一九五八年，六八頁；《太平御覽》，北京：中華書局，

一九六〇年，二五四七頁；《大陸雜誌》一九六〇年二〇卷一〇期，一至三頁；《孔孟學報》一九六一年一期，一一三至一一六、二四二頁；《月刊百科》一三九期，一九七四年，一一頁；《十三經注疏》，北京：中華書局，一九八〇年，二四六八至二四六九頁；《敦煌寶藏》二七册，臺北：新文豐出版公司，一九八二年，六五二頁（圖）；《敦煌古籍敍録新編》四册，臺北：新文豐出版公司，一九八六年，一六二至一六三頁（圖）；《吐魯番出土文書》七册，北京：文物出版社，一九八六年，五三八至五三九頁；《嘉義師院學報》一九八八年一期，四六頁；《唐寫本論語鄭氏注及其研究》，北京：文物出版社，一九九一年，二二至三二頁；《英藏敦煌文獻》五卷，成都：四川人民出版社，一九九二年，四九頁（圖）；《吐魯番出土文書》（叁），北京：文物出版社，一九九六年，五七五至五七六頁（圖）；《唐寫本論語鄭氏注研究》（上），臺北：文津出版社，一九九六年，一〇頁；《雲漢學刊》一九九六年三期，一一五頁；《二〇〇〇年敦煌學國際學術討論會文集·歷史文化卷》上册，蘭州：甘肅民族出版社，二〇〇三年，四七一至四七二頁；《敦煌學輯刊》二〇〇五年一期，四〇頁；《敦煌經籍敍録》，北京：中華書局，二〇〇六年，二九八至二九九頁；《孔子研究》二〇〇七年三期，一一八至一二二頁；《儒藏·精華編》二八一册，北京大學出版社，二〇〇七年，三六五至三七八頁；《敦煌經部文獻合集》四册，北京：中華書局，二〇〇八年，一四七〇至一四七四頁（録）。

斯三三四〇　大乘無量壽經題記

釋文

宋良昇。

説明

此件《英藏敦煌文獻》未收，現予增收。

參考文獻

Descriptive Catalogue of the Chinese Manuscripts from Tunhuang in the British Museum, The Trustees of the British Museum, London 1957, p. 147（録）；《敦煌寶藏》二七册，臺北：新文豐出版公司，一九八二年，六五七頁（圖）；《敦煌學要籥》，臺北：新文豐出版公司，一九八二年，一三一頁（録）；《敦煌遺書總目索引》，北京：中華書局，一九八三年，一七八頁（録）；《中國古代寫本識語集録》，東京大學東洋文化研究所，一九九〇年，三九一頁（録）；《敦煌遺書總目索引新編》，北京：中華書局，二〇〇〇年，一〇二頁（録）。

斯三三四五　大乘無量壽經題記

釋文

裴文達。

説明

此件《英藏敦煌文獻》未收，現予增收。

參考文獻

Descriptive Catalogue of the Chinese Manuscripts from Tunhuang in the British Museum, The Trustees of the British Museum, London 1957, p. 147（録）；《敦煌寶藏》二七册，臺北：新文豐出版公司，一九八二年，六六八頁（圖）。

斯三三九五B＋斯九九八七A＋斯三三四七　備急單驗藥方

釋文

（前缺）

▯□如梧桐子〔一〕，酒服▯

▯方〔二〕：乾漆〔三〕，款冬□▯身□□灰痛發□▯□□水下之〔四〕，即

▯□頓服，秘驗。

▯闕。其巨闕穴，在心下一寸，灸二七壯。

▯從項椎骨數下至第七節上〔五〕，灸卅壯。

▯

▯取一升，日再服。

▯□三種黃俱療〔六〕。

［　］□着絞取一升，服之。

［　］半〔七〕，内芒消（硝）＼二兩〔八〕／，＼攪消〔九〕，＼頓服／，＼須臾快利／，＼即差／〔一〇〕。

［　］跟，周迴至＼前足指／〔一一〕，＼以此繩圍項／，＼向後灸繩頭／，＼男圍左腳〔一二〕／，＼

女圍右腳／〔一三〕。［　］□黃水／，＼立／差／。

［　］

［　］末之傅（敷）□／〔一四〕，立驗／。

＼又方／：＼人新糞頭塗／，＼神驗／。

［　］

又方：灌＼白馬尿一升／〔一五〕，＼蟲總出／，＼驗／。

＼又方／：＼乾地黃／、＼雄黃／、＼甘草／、＼細辛／［　］

又方：取雞＼矢燒灰／〔一六〕，＼和臘月豬脂塗人／，＼並驗／。

［　］

取鼠尾草花曝二升□［　］〔一七〕

又方：取人膩＼頭髮如雞子大〔一八〕／，＼燒作灰和□驗／。

＼又方／：＼甘草一兩，＼切〔一九〕，以水二升⫽，⫽煎減半，去滓，頓服之，神驗。若核（孩）子〔二〇〕，量多少，＼神妙／。

又方：赤利〔二一〕：黃連三兩，黃蘗三兩，支子二兩〔二二〕，切，以＼水九升／〔二三〕，＼煮取三升／，＼□驗／〔二四〕。

又方：黃連三兩，黃芩一兩，擣篩，以羊腎脂和爲丸，一服＼一百丸如梧子／〔二五〕。

又方／：＼擣車前草□□二升／〔二六〕。

又方：黃連末和水服方寸匕，以差爲度，驗。

又方：桑葉一握〔二七〕＼，以水一升／〔二八〕，＼煮取半升／，＼米一勺煮作粥／，＼空腹服之／。

又方：取驢蹄燒作灰，和酒服之。

又方：從心者（歧）骨取□／□中灸三壯／〔二九〕，＼神秘／。

＼又方／：＼黃蘗一兩／〔三〇〕，＼細剉／，＼以水半升／〔三一〕，＼酒半升〔三二〕，煎／取半升〔三三〕，頓服。

又方：取蜣蜋擣碎〔三四〕，取酸棗子，放＼大綿裹／〔三五〕，＼內下部中／，＼唯須深／，＼立定╱。╲重者再╱，╲差╱。

療白利　取麻子研取汁，煮菉豆〔三六〕，空腹飽喫，即定。

又╱[方]〔三七〕╱：╲赤石脂五兩╱，╲乾薑二兩╱，╲擣末╱〔三八〕，╲飲服三方寸匕╱，╲日□三╱〔三九〕。

又方：　以手熟挼烏豆〔四〇〕，服一大抄，不過再三。

又方：　大蒜╱十頭燒末╱〔四一〕，╲以酒一升和╱，╲温服╱，╲不過[再]╱〔四二〕，╲驗╱。

又方：　白龍骨，白石脂，白礬燒令汁盡，胡粉熬令黄，各六分，╲黄連二兩╱〔四三〕，╲擣篩╱，╲蜜和爲丸╱，╲空服卌丸╱。

又方：　取酢漿水泮（拌）麵〔四四〕，還以酢漿水煮〔四五〕，勿著鹽，飽食之，[立]╲定╱〔四六〕，╲兼除腹痛╱。

╲又方╱：╲杏（杏）人湯煮熟╱〔四七〕，╲用麵作餺飥□╱〔四八〕。

療利方　阿膠二兩炙，黄連二兩，龍骨一兩，赤石脂一兩，黄╱□[一兩]╱〔四九〕，╲乾薑二分╱，╲等╱，飽喫╱，╲立差╱。

療積利腸擁食不消方〔五〇〕　大黄十分，青木香七分，□╱[　]六分╱，╲桂心六分╱，

\檳榔六分\，\枳殼六分\，擣篩，蜜[和]爲丸〔五一〕，以無\灰酒服十五丸\，\漸加至廿五丸，\忌大醋\、\油膩\。

療利積年出無禁止方　取韭兩手握，細切，豉□\煮取一升\，\頓服\，\不過三劑\。

又方：小豆一升，煮令爛，并少汁，盛，内蝎（蠟）三兩〔五二〕，待消盡，頓\服〔五三〕，驗\。

\又方\：\煮韭空腹熱服一椀\〔五四〕，\一（不）過再\〔五五〕。\其酸膩\〔五六〕。

療霍亂方　温酒三升，蠟如彈丸著酒中，消服之〔五七〕。無蠟，以鹽一匙[替]\\處亦得\\〔五八〕。

\\又方\\：　\\[桂]皮三兩\\〔五九〕，\\以水半升\\，\\煎取一盞\\，\\頓服\\，\\神[驗]\\〔六〇〕。

又方：蓼（香）香（蓼）葉細切二升〔六一〕，以水五升頓煮〔六二〕，取一升，頓服，驗。

\\□香者\\〔六三〕，\\香葉是也\\〔六四〕。

\\又方\\：\\竈底黄土\\，\\和水煮服一升\\，\\立驗\\。

又方：高良薑三兩，以水一升，煮服（取）半升〔六五〕，頓服，驗。

\\[又]方\\〔六六〕：\\若不满（消）\\〔六七〕，\\取雞矢白末之\\〔六八〕，\\服方寸匕\\，\\

以酒和服〃〔六九〕。

又方：若煩歐熱者〔七〇〕，取扁竹葉、服子〔七一〕，擣，和水服[之]〔七二〕。

〃又方〃：〃桑葉一握〃，〃以水一大升〃，〃煎取半升〃，〃頓服〃，〃立差〃。〃秘妙〃。

又方：黄連二兩，以水二升〃，〃煎取二合，去滓，内犀角[末]〃四分〃〔七三〕，〃煎取一合〃，〃内麝香一分相和〃，〃旦〃、〃中〃、〃暮三時〃，〃各服半雞子許〃，〃[差]〃〔七四〕。

療腳筋及已入腹方　取雞矢白方寸匕〔七五〕，以水六合，煮三沸，去滓，頓服，勿〃令病者知〃。

〃又方〃：〃燒薦經繩灰二指撮〃，〃酒服〃〔七六〕。

又方：以手拘隨所患腳大母指〔七七〕，灸腳心下急筋上〃七壯〃。

〃又方〃：〃筋已（？）入腹者〃，〃令[患]人伏地〃〔七八〕，〃□□□趺上踝下〃〔七九〕，間出繩繫柱〔八〇〕，去地稍高，患者身去柱可〃五尺〃，〃即以棒極[折]繩〃〔八一〕，〃令掣患者〃〔八二〕。

[又]方〔八三〕：令病者伏地，長舒腳脛後健（腱）肉〔八四〕，次下提兩〃筋罅間〃〔八五〕，

〃大作艾炷〃〔八六〕，〃灸不過三壯即差〃。〃若重者〃，〃不過七壯〃〔八七〕，〃秘
驗〃〔八八〕。
▭□痛不可忍得方〔八九〕▭腫頭如大錢等〔九〇〕，浣（袋）中滿慎（填）
椒〔九一〕，還〃以麵作餅蓋上〃〔九二〕，〃炙令麵燋熱徹〃，〃痛立止〃，〃驗〃。
▭□腫〔九三〕，取竈底黃土，和酢塗之，立差。
〃又方〃：〃所患邊〃，〃灸肩節縫上七壯〃。
▭瓮盛水〔九四〕，近下鑽孔〔九五〕，令水射腫上，令〃遍身冷徹〃，〃驗〃。
〃又方〃：〃大黃〃、〃石灰〃、〃小豆等分〃，〃擣爲末〃〔九六〕，〃白酒和▭□
擣〔九七〕，以水和，塗腫上，乾即〃易之〃〔九八〕。
〃又方〃：〃酢研大黃塗〃，〃驗〃。
▭不療即死〔九九〕。
□⿱山焱⿱山焱〃⿱山焱□〃〃〔一〇〇〕，〃墨書之〃。
▭須道病〃人鄉里〃、〃姓名〃、〃年幾〃、〃所患處〃。〃復閉氣書呪〃，〃大
驗〃。

□者二枚〔一〇一〕，满∥盛熱漿合腫上∥〔一〇二〕，∥覺稍冷即急换瓮∥〔一〇三〕，∥以差爲度∥。∥此方立驗∥。

□中潰，驗。

∥又方∥：∥馬糞傅（敷）之∥〔一〇四〕，∥中乾即易∥，∥婦人發乳亦唯此療∥。

□驗。□∥入者何是誰識？∥

□不得∥語及産婦復風方∥〔一〇五〕□以（？）絹（？）濾（？）〔一〇六〕，取酒頓服〔一〇七〕，覆取汗，不過三劑〔一〇八〕，極重者加□〔一〇九〕

□之薰法〔一一〇〕，燒一顆石，令極熱，即取釅酢點石上〔一一一〕，酢氣□發，當薰時〔一一二〕，密遮四邊，勿令風得入，非常神驗。

□餛飩〔一一三〕，燒令熟〔一一四〕，以筋（筯）刺破作孔〔一一五〕，□處〔一一六〕，不過三四，驗。

□

又方：酢澱〔一一七〕、麥麩〔一一八〕、□〔一一九〕、鹽〔一二〇〕、椒□冷即易〔一二一〕。若血不止，擣生葱白，入口更嚼，封上，初痛後□〔一二二〕，即差〔一二三〕。

□〔一二四〕

□作湯熱浸〔一二五〕，驗。

又方：莨菪根燒令熱徹〔一二六〕，切頭，熱注瘡上，冷即易。

□〔一二七〕

煮減半〔一二八〕，酒蜜（密）覆〔一二九〕，勿洩氣〔一三〇〕，去莨菪子取汁，内不破青州棗卌枚〔一三一〕，煮汁□枚〔一三二〕，棗盡即差。

又方：灸兩乳下黑白際各百壯〔一三三〕。

又方〔一三四〕：灸□趺□〔一三五〕，灸臍下一寸〔一三六〕，差。

又方：苦咳嗽服（腹）滿體腫欲死方〔一三七〕：升〔一三八〕，煎堪丸，丸如小棗，以竹筒内下部，腫消氣下，神驗。蟲甘痔、久利並差。

桑根白皮切三升〔一三九〕，生薑半升，吴茱萸半升，酒五升，煮上件藥三沸〔一四〇〕，秘□〔一四一〕，千金不傳。

又方：從下項大椎數下至第五節上空間〔一四二〕，灸隨□〔一四三〕

又方：白鍚（錫）半斤〔一四四〕，蜜半升，生薑汁二小升。右相和，取瓮瓶盛〔一四五〕，密蓋頭拈取□〔一四六〕。

又方：桔梗、貝母、五味子、山萸（茱）茱（萸）〔一四七〕、秦膠、桑根白皮、檳榔人□切，以水九升，煮取二升，去滓，分温三服，如人行五里一服，忌生冷、酢□

又方：杏人去皮尖及雙人，劈破，以好牛蘇煮令黄〔一四八〕，紫蘇子炒令香〔一四九〕，忌〔一五〇〕，右細擣，蜜和丸，如梧棗大，含之，細細燕（咽）汁〔一五一〕，立定。擣藥時也〔一五二〕，須急欲（？）違（？）即□〔一五三〕。

又方：五味子、甘草炙、桔梗已上各一大兩〔一五四〕，切，以水三升，煎取半升，分作三服〔一五五〕，如不能□廿九（丸）〔一五六〕，得驗。

又方：若涎唾多，坐臥不得者，並涂之〔一五七〕。鍚（錫）一兩〔一五八〕，蘇一兩，蜜一兩，臘（蠟）半兩〔一五九〕，已上並大兩。右以清酒半升相和，煎令臘（蠟）消散〔一六〇〕，即得服，頓服彌佳。再服□

又方：好牛蘇一大兩，母葱一握，細切，著子者謂母葱。右煎蘇令沸，然後下葱白，熬令熟，欲黄即出之，頓服立定〔一六一〕

療蠱水遍身洪腫方〔一六二〕 椒目、牡厲（蠣）〔一六三〕炙、亭歷子〔一六四〕熬、甘遂，已上各一兩，擣篩，蜜和丸，如梧子大，一服〔一六五〕。

又方：亭歷子一大兩，大棗十枚，以水三升，煮取一升半，分再服，即寫〔一六六〕，寫訖開

又方：牽牛子三兩，亭歷子五兩，海棗（藻）三兩〔一六七〕，昆布三兩一名白，脂（豬）苓三兩□〔一六八〕，右擣篩，蜜和丸如梧子，飲服十五丸，日再，漸如（加）〔一六九〕，以知爲度〔一七〇〕。

又方：取嫩褚（楮）細枝并葉〔一七一〕，并兩手握，大豆一升，水一石，煮，去滓，汁别煎取三升，分三服，平旦〔一七二〕。

又方：黏鼠子兩杪〔一七三〕，分再服，勿使嚼破，驗。

又方：取苦瓠穰一枚〔一七四〕，水一石，煮一炊，□小便小下〔一七五〕，下後作小豆羹飲食，勿飲水。

又方：烏牛尿，每服一盞。

又方：〔一七六〕

又方：若腫從腳起，漸上入腹即煞人〔一七七〕。取小豆一升，煮令極爛，取□〔一七八〕。

又方：若胸背腹滿氣急，體腫，喘息不續，或水氣〔一七九〕。杏人二分，去皮尖及雙人，熬；亭歷子五分，熬。右擣末，蜜和丸，如梧子，每服二七〔一八〇〕，以利爲度〔一八一〕。

療腹滿積年不損方　取白楊樹東南皮〔一八二〕，去蒼，□□滓〔一八三〕，還内此酒中，蜜（密）封□〔一八四〕

療冷熱上氣關隔（膈）〔一八五〕，氣上下不通，腹脹□□　前胡八分；赤伏苓四分〔一八六〕；桂心三分；旋復（覆）花三分□〔一八七〕；細辛四分；桃人四分去皮尖雙人，熬；厚樸四分炙；人參四分；昌□海藻八分〔一八八〕洗去鹹；桑根白皮六分；當歸四分；蜀防葵□白朮四分。右先取郁李人、桃人、蘇子三味合擣，其諸藥□丸如梧子，取棗穰裹和，服廿丸，日再服，漸加至卌丸，以鴨溏瘖（？）爲□〔一八九〕

□不調及冷氣等，大調中丸方　白朮十二分，人參十二分，乾薑十二分，甘草十二

分炙，橘皮六分，枳實六分，□

療失音不語方〔一九〇〕 取人乳及醬清等分，服二升，差。

又方〔一九一〕： 取竹葉并□枝灌口〔一九二〕。不開，以竹筒灌鼻，驗。

又方： 取芫子熬〔一九三〕，擣末，醋和傅（敷）頭□〔一九四〕

又方： 煮桂汁令咽，驗。又方： 桂一寸末之，人髮灰等分，綿裹令〔一九五〕

療消渴方 取大結（鯽）魚一頭〔一九六〕，依法洗治，著糯米，兼下葱、豉汁，爛煮

□

又方： 頓服生胡麻油一升，立驗。

又方： 取古屋上瓦一斗五升，水二〔一九七〕

又方： 黃瓜根、黃連等分，擣末，蜜和，食後服十丸，差。

又方： 桑□取三〔一九八〕、四升，濃爲度，飲之，驗。

又方： 黃連、栝樓根〔一九九〕，擣爲末，牛乳、生地黃汁等分，和作丸，食後服

□〔二〇〇〕。

又方： 黃芩二兩，麥門冬三兩去皮心，栝樓三兩，牛黃一兩，人參一兩，□雞腸一

具，刺（刮）使淨白〔二〇一〕，水洗；豬腎一具，切。以水九升，煮取二升，去滓，分□

□

牛膽丸方　黄芩、知母、苦參、栝樓、乾葛、人參、通草、麥門□擣篩〔二〇二〕，以牛膽和爲丸，先食飲服廿五丸，漸加至卅六丸，日再，差〔二〇三〕，□肝去上漠（膜）〔二〇四〕，餘並從之。忌粳米、黏食并餳〔二〇五〕、酒、麵、炙内（肉）〔二〇六〕，□此病忌生不忌冷，忌肥不忌滑，但是食皆忌熱喫。喫□差〔二〇七〕。差後五十六日内，好依此法將息，勿令重發。□凡此病得藥力覽（覺）藏食〔二〇八〕，小便仍利，時好不用，小便頓

□苦參丸〔二〇九〕。

此方令小便利兼療勞熱及骨蒸□黄參（芩）八兩〔二一〇〕，桑根白皮四分，蠶蛹二兩熬，擣篩，蜜□

又方秘驗：黄連五兩，小檗二兩〔二一一〕，栝樓二兩，□□□擣篩，爲丸散，煮大麥人飲，和服一匕，日再，漸加至□〔二一二〕。

療反胃方　大黄四兩，甘草二兩炙□切，以水二升，煮取一升，分再服。時時著

□□□安□〔二一三〕。

又方：取猬皮燒作灰，煮菉豆粥半升。和一匕服，差爲度□〔二一四〕。

又方：取樆皮三兩〔二一五〕，豉一大升，葱一把，羊肚一具□繫頭煮熟〔二一六〕，絞取汁一升，頓服，餘滓作羹食□〔二一七〕。

又方：灸乳下三寸。扁鵲：隨年壯。華他（佗）云〔二一八〕：卅壯，神驗。

療卒偏風方〔二一九〕 取酒五升，燒經用車釧，令極赤，徐徐置酒中，一服一合，□〔二二〇〕。

又方：取麻子擣，以酒和，絞取汁，温服。熬、蒸亦佳。

又方〔二二一〕：□

又方：取驢脂一升，熬令熟，濾去滓，葱白一握，細切於□訖，貯瓷器中，和羹粥、酒，任食多少，每服訖，即□□須喫一椀葱豉粥〔二二二〕，無所禁忌。

又方：一切偏風，半身不隨，手不上頭方：羌活三兩，升麻三兩，桂心三兩，切，以水四升，煮取一升半，頓服令盡。平旦空服（腹）〔二二三〕，服少間，藥□服四五劑，看四

體羸，即將息三兩日，稍可，即更服，常▭飯、煮韭、乾脯肉、醬等並得。手不上頭，
半身不隨，不▭大酢、甜食、生冷等。
苦偏風項强、一邊緩縱、服前湯并摩□□〔二二四〕□椒、桂心、附子生用、白朮、當
歸、白芷、細辛、▭右細剉，綿裹，以蘇二小升煎之，三上三下，白芷黄膏□
▭〔二二五〕
□□□痹蹶下（不）隨及冷痹方〔二二六〕▭升〔二二七〕，鹽三升，蒸令氣溜，以氈袋
盛，脚踏袋上，冷▭灸足外踝上四指絶骨穴〔二二八〕，其穴掐時與跨（蹻）脈相應與
▭〔二二九〕
▭方〔二三〇〕：灸陰後大孔前縫上處中，隨年壯，婦人因神〔二三一〕▭
又方：灸陰莖近本宛中三壯▭
又方：灸掌▭〔二三二〕。
療時患遍身生疱方　初覺欲生，即灸兩手外研（緣）骨正尖頭〔二三三〕，隨年
壯〔二三四〕。

又方：取桃葉作湯洗，并滅瘟〔二三五〕。

又方：黍一合〔二三六〕

療諸漏瘡方　右取雄茛菪根，勿令見風。雄茛菪者，無子也〔二三七〕。□顏〔二三八〕，著少許麝香安瘡上，然後帖（貼）茛菪〔二三九〕，即以艾□前灸〔二四〇〕，每十壯迴換茛菪，凡經五度換茛菪□之至後日，準前法灸之，灸訖即停，滿十五日□□未破者，以針微破，生布揩，然後準前法封□内一截於孔中，然後已（以）麵椀子蓋上〔二四一〕。此方神驗。□

又方：煎□枝葉作煎〔二四二〕，淨洗瘡，内孔中，大驗。

又方：□艾作炷，灸瘡上，驗。

又方：新□綿裹〔二四三〕，内下部中，驗。

（後缺）

說明

此件由斯三三九五B、斯九九八七A、斯三三四七綴合而成。斯三三九五B起『□如梧桐子』，訖

『其酸膩』，斯九九八七A起『内芒消』，訖『不得語及産婦復風方』之『不得』，斯三三四七起『處亦得』，訖『内下部中驗』。另有斯九九八七C，單面書寫，首全尾缺，殘存九行文字，首題『□急單驗藥方卷并序』，訖『深可救之』，與此件屬於同卷，但不能直接綴合。

此件初由王冀青檢出，王淑民綴合［參看《敦煌唐人寫本〈備急單驗藥方〉在英國首次發現》，七一至七五頁；《英國圖書館藏〈備急單驗藥方卷〉（斯九九八七）的整理復原》，一〇六頁；《敦煌〈備急單驗藥方卷〉首次綴輯》，四八至五三頁］。榮新江、小曾户洋、張瑞賢等均承襲此定名及綴合之説［參看《英國圖書館藏敦煌漢文非佛教文獻殘卷目録（斯六九八一至一三六二四）》，一四六頁；《中国医学古典と日本：書誌と伝承》，五九九頁；《洛陽龍門石窟藥方與敦煌卷子〈備急單驗藥方卷〉同源》一一三頁；《敦煌古醫方研究》，一四至一五頁；《英藏敦煌醫學文獻圖影與注疏》，二一一頁；《敦煌的醫療與社會》，二六一頁；等等］，馬繼興則對此持不同意見（參看《敦煌古醫籍考釋》，二〇九、三〇四頁；《敦煌醫藥文獻輯校》，二七五、四一三、四五二頁；《出土亡佚古醫籍研究》，一〇三頁；《中國出土古醫書考釋與研究》，上册之一二三至一二五頁，中册之三六五、五四六、六〇九頁）。馬氏認爲，各件外形特徵和文字特徵不一致，且其他各片均不符合斯九九八七C《備急單驗藥方》在書名取義、藥方總數、安全易用、藥價貴賤等方面的編寫原則，故將斯三三九五定名爲『不知名藥方第三種』，斯三三四七擬名爲『不知名藥方第十三種』，斯九九八七A擬名爲『不知名醫方第十八種』，僅將斯九九八七C定名爲《備急單驗藥方殘卷》，叢春雨、陳增岳等均沿襲此整理方式（參看《敦煌中醫藥全書》，四四一至四五六、六三七至六四一頁；《敦煌古醫籍校證》，二一二、四一二頁）。此外，沈澍農根據日本古醫籍《醫心方》（成書於十世紀）所載中國古佚醫書書名，將此件定名爲《救急單驗藥方》（參看《敦煌醫方卷子〈□急單驗藥方卷〉考》，六五至八四頁）。

按斯三三九五B、斯九九八七A、斯三三四七之間行款接續自然，個別文字斷口也可以直接對接綴合，且斯九九八七C與斯三三九五B、斯九九八七A、斯三三四七之間書法、紙質頗相似。而斯三三四七背面有反寫之字跡，可辨識者有『衣槃』『夫釣』等字，係斯三三九五A《莊子·田子方》的文字黏附其上，以上信息均説明斯三三九五B、斯三三四七、斯九九八七A、斯九九八七C應爲同卷，故據斯九九八七C將此件定名爲《備急單驗藥方》。

此件之抄寫年代，馬繼興據『治』字改爲『療』字避唐高宗諱的現象，推斷其爲唐高宗以後寫本（《敦煌古醫籍考釋》，三〇四頁）；王冀青以其避『治』『葉』兩字諱，推斷此爲唐高宗以後的八至九世紀的唐朝寫本（《英國圖書館藏〈備急單驗藥方〉（斯九九八七）的整理復原》，一〇五頁）；沈澍農等根據『世』字、『治』字避諱以及『旦』字似有加筆等情況，認爲其抄成年代爲唐初（《敦煌吐魯番醫藥文獻新輯校》，四一六頁）。在編纂成書方面，王淑民據斯九九八七C所載寫卷序文中有人『鄙恥而不服』葛洪，認爲『編此《備急單驗藥方卷》時離葛洪生活時代已遠，約爲六朝或其後寫本』（《敦煌〈備急單驗藥方卷〉首次綴輯》，四八頁），其説法爲李應存等所承襲（《敦煌佛儒道相關醫書釋要》，二九一頁）；沙知先生認爲，此《備急單驗方》乃南朝梁陶弘景所作，可資校補《道藏》（《英藏敦煌文獻雜談——漢文寫本部分》，一二二頁）。

此件以往已有多家釋文刊布，以上釋文在參考諸家釋文基礎上，重新核對原件彩色照片，並核查過原卷，辨認出了一些以往諸家未能識別的文字。因綴合後有多行文字分别出自其中的兩件，爲便於區分，特以標點爲單位，將綴合之處的文字用『/』和『//』表示，兩個『/』之間的文字係保存在斯三三九五B上，兩個『//』之間的文字係保存在斯三三四七上。

校記

〔一〕斯三三九五B始於此句。

〔二〕『方』，《敦煌中醫藥全書》《敦煌古醫籍校證》《英藏敦煌醫學文獻圖影與注疏》《中國出土古醫書考釋與研究》《敦煌醫藥文獻真跡釋録》《敦煌吐魯番醫藥文獻新輯校》《敦煌本〈備急單驗藥方並序〉考釋》《敦煌〈備急單驗藥方卷〉考補》均未能釋讀，按原件此字可以釋讀。

〔三〕『乾』，底本原作『干』，『干』爲『乾』之俗字。以下同，不另出校。

〔四〕『冬』，《敦煌古醫籍考釋》《敦煌吐魯番醫藥文獻新輯校》據文義校補，按原件此字可以釋讀。

〔五〕『從』，《英藏敦煌醫學文獻圖影與注疏》據《龍門藥方釋疑·造像記下方》校補，《敦煌吐魯番醫藥文獻新輯校》校補作『又灸法：「項」』，《英藏敦煌醫學文獻圖影與注疏》據《龍門藥方釋疑·造像記下方》校補。

〔六〕『□』，《敦煌吐魯番醫藥文獻新輯校》校補作『汁』。

〔七〕『半』，據殘筆劃及《龍門藥方釋疑·洞壁南側》補，《英國國家圖書館藏〈備急單驗藥方卷S. 9987〉的整理復原》《中國出土古醫書考釋與研究》釋作『干』，《英藏敦煌醫學文獻圖影與注疏》據《龍門藥方釋疑·洞壁南側》在此字前補『急黃疸黃内黃等方　大黃三兩粗切，水二升生漬一宿，平旦絞汁一升』。斯九九八七A始於此句。

〔八〕『内』，《敦煌吐魯番醫藥文獻新輯校》校改作『納』，按『内』爲『納』之本字，不煩校改，以下同，不另出校；

「消」，當作「硝」，《敦煌古醫籍考釋》據文義校改，「消」爲「硝」之借字。

〔九〕「攬」，《敦煌吐魯番醫藥文獻新輯校》釋作「攬」，校改作「攬」，按底本實作「攬」。

〔一〇〕「差」，《敦煌吐魯番醫藥文獻新輯校》校改作「瘥」，按「差」有「瘥」義，不煩校改。以下同，不另出校。

〔一一〕「迴」，《敦煌醫藥文獻真跡釋録》釋作「回」，《敦煌吐魯番醫藥文獻新輯校》校改作「回」，按「迴」同「回」，不煩校改。以下同，不另出校。

〔一二〕「男圍左」，《敦煌吐魯番醫藥文獻新輯校》據文義校補，按底本此三字可以釋讀；「腳」，《敦煌吐魯番醫藥文獻新輯校》據文義校補，《敦煌中醫藥全書》《敦煌古醫籍校證》《中國出土古醫書考釋與研究》《敦煌醫藥文獻真跡釋録》均未能釋讀，按原件此字可以釋讀。

〔一三〕「女圍右」，《敦煌吐魯番醫藥文獻新輯校》據文義校補，按底本此三字可以釋讀；「腳」，《敦煌吐魯番醫藥文獻新輯校》據文義校補，《敦煌中醫藥全書》《敦煌古醫籍校證》《中國出土古醫書考釋與研究》《敦煌醫藥文獻真跡釋録》均未能釋讀，按原件此字可以釋讀。

〔一四〕「末」，《英藏敦煌醫學文獻圖影與注疏》據殘筆劃校補，《敦煌醫藥文獻真跡釋録》逕釋作「末」，《英國國家圖書館藏〈備急單驗藥方卷S. 9987〉的整理復原》《中國出土古醫書考釋與研究》釋作「木」；「傅」，當作「敷」，《英藏敦煌醫學文獻圖影與注疏》據文義校改，「傅」爲「敷」之借字；「□」，《敦煌醫藥文獻真跡釋録》《敦煌吐魯番醫藥文獻新輯校》釋作「瘡」。

〔一五〕「白」，《敦煌吐魯番醫藥文獻新輯校》據文義校補。

〔一六〕「雞」，據殘筆劃及文義補，《敦煌中醫藥全書》《敦煌古醫籍校證》《中國出土古醫書考釋與研究》釋作「分」，誤；「矢」，《敦煌吐魯番醫藥文獻新輯校》校改作「屎」，按「矢」通「屎」，不煩校改。

〔一七〕「升」，原件此字已無法辨認，《敦煌本〈備急單驗藥方並序〉考釋》據文義校補，《英國國家圖書館藏〈備急單驗藥方卷S. 9987〉的整理復原》《英藏敦煌醫學文獻圖影與注疏》《中國出土古醫書考釋與研究》《敦煌醫藥文獻真跡釋録》《敦煌吐魯番醫藥文獻新輯校》均逕釋作「升」，《英藏敦煌醫學文獻圖影與注疏》在此字後據《龍門方》補「服三方寸匕，驗」。

〔一八〕「膩」，《敦煌吐魯番醫藥文獻新輯校》據文義校補，《敦煌醫藥文獻真跡釋録》逕釋作「膩」，《英藏敦煌醫學文獻圖影與注疏》釋作「亂」，誤。

〔一九〕「切」，《敦煌醫藥文獻真跡釋録》《敦煌吐魯番醫藥文獻新輯校》認爲此字前還有一「人」字。

〔二〇〕「核」，當作「孩」，《英藏敦煌醫學文獻圖影與注疏》據文義校改。

〔二一〕「利」，《英藏敦煌醫學文獻圖影與注疏》校改作「痢」，按「利」有「痢」義，不煩校改。以下同，不另出校。

〔二二〕「支」，《英藏敦煌醫學文獻圖影與注疏》《敦煌吐魯番醫藥文獻新輯校》校改作「梔」，按「支」通「梔」，不煩校改。

〔二三〕「以」，據殘筆劃及文義補，《敦煌吐魯番醫藥文獻新輯校》逕釋作「以」。

〔二四〕「驗」，《英藏敦煌醫學文獻圖影與注疏》據《龍門藥方》在此字前補「分三服，并良」。

〔二五〕「服」，《英藏敦煌醫學文獻圖影與注疏》據殘筆劃校補，《敦煌中醫藥全書》《敦煌古醫籍校證》《中國出土古醫書考釋與研究》釋作「兩」；第二個「一」，據殘筆劃及文義補，《敦煌吐魯番醫藥文獻新輯校》逕釋作「一」。

〔二六〕第一個「□」，《敦煌中醫藥全書》《敦煌古醫籍校證》釋作「取」；第二個「□」，《敦煌中醫藥全書》校補作「汁」，《敦煌古醫籍校證》逕釋作「汁」。

〔二七〕「一握」，《英藏敦煌醫學文獻圖影與注疏》據殘筆劃校補。

〔二八〕「以」，《敦煌醫藥文獻真跡釋録》《敦煌吐魯番醫藥文獻新輯校》未能釋讀，按原件此字可以釋讀。

〔二九〕「耆」，當作「歧」，《英藏敦煌醫學文獻圖影與注疏》據文義校改，「耆」爲「歧」之借字；第一個「□」，《英藏敦煌醫學文獻圖影與注疏》據殘筆劃校補作「鳩」，《英國國家圖書館藏〈備急單驗藥方卷S.9987〉的整理復原》《中國出土古醫書考釋與研究》釋作「二」；第二個「□」，《英藏敦煌醫學文獻圖影與注疏》據殘筆劃校補作「尾」，《中國出土古醫書考釋與研究》釋作「主」。

〔三〇〕「檗」，《敦煌醫藥文獻真跡釋録》釋作「蘗」，《英藏敦煌醫學文獻圖影與注疏》《敦煌吐魯番醫藥文獻新輯校》校改作「蘗」，按不改亦可通，《敦煌中醫藥全書》《敦煌古醫籍校證》釋作「麻」，誤，《中國出土古醫書考釋與研究》未能釋讀。

〔三一〕「半」，《敦煌吐魯番醫藥文獻新輯校》據文義校補，《敦煌中醫藥全書》《敦煌古醫籍校證》《中國出土古醫書考釋與研究》《敦煌醫藥文獻真跡釋録》未能釋讀，按原件此字可以釋讀。

〔三二〕「半」，《英藏敦煌醫學文獻圖影與注疏》《中國出土古醫書考釋與研究》《敦煌醫藥文獻真跡釋録》《敦煌吐魯番醫藥文獻新輯校》未能釋讀，按原件此字可以釋讀。

〔三三〕「煎」，《敦煌中醫藥全書》《敦煌古醫籍校證》《英藏敦煌醫學文獻圖影與注疏》未能釋讀，按原件此字可以釋讀，《中國出土古醫書考釋與研究》《敦煌醫藥文獻真跡釋録》《敦煌吐魯番醫藥文獻新輯校》漏録。

〔三四〕「蜋」，《敦煌醫藥文獻真跡釋録》《敦煌吐魯番醫藥文獻新輯校》校改作「螂」，不必。

〔三五〕「放」，《英藏敦煌醫學文獻圖影與注疏》據殘筆劃校補。

〔三六〕「菉」，《敦煌醫藥文獻真跡釋録》《敦煌吐魯番醫藥文獻新輯校》校改作「緑」，不必。以下同，不另出校。

〔三七〕「方」，《敦煌吐魯番醫藥文獻新輯校》據文義校補，《英藏敦煌醫學文獻圖影與注疏》逕釋作「方」。

〔三八〕「末」，《敦煌吐魯番醫藥文獻新輯校》釋作「未」，校作「末」，按敦煌寫本中二字常混用，可逕釋作「末」。

〔三九〕「□」，《英藏敦煌醫學文獻圖影與注疏》校補作「再」，《敦煌吐魯番醫藥文獻新輯校》逕釋作「再」；「三」，《敦煌中醫藥全書》《敦煌古醫籍校證》《中國出土古醫書考釋與研究》《敦煌醫藥文獻真跡釋録》《敦煌吐魯番醫藥文獻新輯校》未能釋讀，按原件此字可以釋讀。
〔四〇〕「摟」，《敦煌醫藥文獻真跡釋録》校改作「扠」。
〔四一〕「燒」，《敦煌吐魯番醫藥文獻新輯校》釋作「洗」；「末」，《敦煌中醫藥全書》《敦煌古醫籍校證》《中國出土古醫書考釋與研究》《英藏敦煌醫學文獻圖影與注疏》《敦煌醫藥文獻真跡釋録》釋作「灰」，《敦煌吐魯番醫藥文獻新輯校》未能釋讀。
〔四二〕「再」，《英藏敦煌醫學文獻圖影與注疏》據殘筆劃校補，《敦煌醫藥文獻真跡釋録》《敦煌吐魯番醫藥文獻新輯校》逕釋作「再」。
〔四三〕「兩」，《敦煌中醫藥全書》《敦煌古醫籍校證》《中國出土古醫書考釋與研究》《敦煌醫藥文獻真跡釋録》《敦煌吐魯番醫藥文獻新輯校》釋作「兩□」。
〔四四〕「泮」，當作「拌」，《中國出土古醫書考釋與研究》據文義校改。
〔四五〕「還以」，《敦煌吐魯番醫藥文獻新輯校》釋作「以還」，校改作「還以」，按原件此二字實作「還以」。
〔四六〕「立」，《敦煌吐魯番醫藥文獻新輯校》據文義校補，《英藏敦煌醫學文獻圖影與注疏》《敦煌醫藥文獻真跡釋録》逕釋作「立」。
〔四七〕「杳」，當作「杏」，《敦煌古醫籍考釋》據文義校改，《英藏敦煌醫學文獻圖影與注疏》逕釋作「杏」；「人」，《敦煌中醫藥全書》《敦煌吐魯番醫藥文獻新輯校》校改作「仁」，按「人」有「果仁」義，不煩校改。以下同，不另出校。
〔四八〕「□」，《英藏敦煌醫學文獻圖影與注疏》校補作「佳」，《敦煌醫藥文獻真跡釋録》釋作「粥」。
〔四九〕「一兩」，據殘筆劃補，《敦煌吐魯番醫藥文獻新輯校》逕釋作「一兩」。
〔五〇〕「擁」，《英藏敦煌醫學文獻圖影與注疏》《敦煌吐魯番醫藥文獻新輯校》釋作「癰」，校改作「癰」，疑誤。

〔五一〕『和』，《英藏敦煌醫學文獻圖影與注疏》據殘筆劃校補，《英國國家圖書館藏〈備急單驗藥方卷S.9987〉的整理復原》《敦煌吐魯番醫藥文獻新輯校》逕釋作『和』。

〔五二〕『蝎』，當作『蠍』，《英藏敦煌醫學文獻圖影與注疏》據文義校改。以下同，不另出校。

〔五三〕『頓』，《敦煌醫藥文獻真跡釋録》《敦煌吐魯番醫藥文獻新輯校》釋作『酒□』。

〔五四〕『椀』，《英藏敦煌醫學文獻圖影與注疏》釋作『碗』，雖義可通而字誤。《敦煌吐魯番醫藥文獻新輯校》校改作『碗』，不必。以下同，不另出校。

〔五五〕『一』，當作『不』，據文義改，《敦煌吐魯番醫藥文獻新輯校》逕釋作『不』；『再』，《敦煌吐魯番醫藥文獻新輯校》據文義校補，按原件此字可以釋讀。

〔五六〕斯三三九五B止於此句。

〔五七〕『餇』，《英國國家圖書館藏〈備急單驗藥方卷S.9987〉的整理復原》《中國出土古醫書考釋與研究》釋作『頓』，《敦煌醫藥文獻真跡釋録》釋作『飽』，《敦煌吐魯番醫藥文獻新輯校》疑作『飽』，均誤，按『餇』有『飽』義。

〔五八〕『一』，《敦煌吐魯番醫藥文獻新輯校》釋作『二』；『替』，《敦煌吐魯番醫藥文獻新輯校》據文義校補，《英藏敦煌醫學文獻圖影與注疏》逕釋作『替』。斯三三四七始於此句。

〔五九〕『桂』，據殘筆劃及文義補，《英藏敦煌醫學文獻圖影與注疏》《敦煌醫藥文獻真跡釋録》《敦煌吐魯番醫藥文獻新輯校》逕釋作『桂』。

〔六〇〕『驗』，據殘筆劃及文義補，《英藏敦煌醫學文獻圖影與注疏》《敦煌醫藥文獻真跡釋録》《敦煌吐魯番醫藥文獻新輯校》逕釋作『驗』。

〔六一〕『蓼香』，當作『香蓼』，《敦煌醫藥文獻真跡釋録》據文義校改；『葉』，《英國國家圖書館藏〈備急單驗藥方卷S.9987〉的整理復原》釋作『菜』。

〔六二〕「頓」，疑當作「炖」。

〔六三〕「□」，《敦煌醫藥文獻真跡釋録》校補作「香」，《敦煌吐魯番醫藥文獻新輯校》校補作「蓼」，校改作「香」；「香」，《敦煌醫藥文獻真跡釋録》校改作「蓼」。

〔六四〕「菓」，《敦煌醫藥文獻真跡釋録》釋作「菜」，《敦煌吐魯番醫藥文獻新輯校》釋作「草」。

〔六五〕「服」，當作「取」，據文義改，《敦煌醫藥文獻真跡釋録》《敦煌吐魯番醫藥文獻新輯校》逕釋作「取」。

〔六六〕「又」，《敦煌吐魯番醫藥文獻新輯校》據文義校補，《英藏敦煌醫學文獻圖影與注疏》逕釋作「又」。

〔六七〕「满」，當作「消」，據文義改，《敦煌中醫藥全書》《敦煌古醫籍校證》《英藏敦煌醫學文獻圖影與注疏》《中國出土古醫書考釋與研究》《敦煌醫藥文獻真跡釋録》逕釋作「消」。

〔六八〕「雞」，《敦煌吐魯番醫藥文獻新輯校》據文義校補，按原件此字可以釋讀；「矢」，《敦煌醫藥文獻真跡釋録》《敦煌吐魯番醫藥文獻新輯校》校改作「屎」，按「矢」通「屎」，不煩校改。

〔六九〕「服」，《英藏敦煌醫學文獻圖影與注疏》《敦煌醫藥文獻真跡釋録》《敦煌吐魯番醫藥文獻新輯校》釋作「服□」。

〔七〇〕「歐」，《英藏敦煌醫學文獻圖影與注疏》《敦煌吐魯番醫藥文獻新輯校》校改作「嘔」，按「歐」爲「嘔」之本字，不煩校改。

〔七一〕「服」，《英藏敦煌醫學文獻圖影與注疏》《敦煌吐魯番醫藥文獻新輯校》校改作「菔」，按「服」字亦可通，不煩校改。「服」字前《敦煌吐魯番醫藥文獻新輯校》校補一「萊」字。

〔七二〕「之」，據殘筆劃及文義補，《敦煌吐魯番醫藥文獻新輯校》逕釋作「之」。

〔七三〕「末」，《英藏敦煌醫學文獻圖影與注疏》據殘筆劃校補，《敦煌吐魯番醫藥文獻新輯校》逕釋作「末」。

〔七四〕「差」，《英藏敦煌醫學文獻圖影與注疏》據殘筆劃校補。

〔七五〕「矢」，《敦煌吐魯番醫藥文獻新輯校》校改作「屎」，按「矢」通「屎」，不煩校改。

〔七六〕『服』，《敦煌吐魯番醫藥文獻新輯校》據文義校補，《敦煌醫藥文獻真跡釋録》未能釋讀，按原件此字可以釋讀。

〔七七〕『拘』，《敦煌醫藥文獻真跡釋録》《敦煌吐魯番醫藥文獻新輯校》釋作『抅』，校改作『勾』；『母』，《敦煌醫藥文獻真跡釋録》《敦煌吐魯番醫藥文獻新輯校》校改作『拇』，不必；『指』，《英藏敦煌醫學文獻圖影與注疏》《敦煌吐魯番醫藥文獻新輯校》校改作『趾』，按不改亦可通。

〔七八〕『患』，據《醫心方》卷八引《龍門方》補，《英藏敦煌醫學文獻圖影與注疏》《敦煌醫藥文獻真跡釋録》《敦煌吐魯番醫藥文獻新輯校》逕釋作『患』，經查原卷，此字跡已不可見；『伏地』，《敦煌吐魯番醫藥文獻新輯校》據文義校補，按原件此二字可以釋讀，《敦煌醫藥文獻真跡釋録》漏録。

〔七九〕『趺上踝下』，《敦煌吐魯番醫藥文獻新輯校》據文義校補，《敦煌醫藥文獻真跡釋録》未能釋讀，按原件此四字可以釋讀。此句前《英藏敦煌醫學文獻圖影與注疏》《敦煌吐魯番醫藥文獻新輯校》據《醫心方》卷八引《龍門方》校補作『以繩絆兩腳』，《敦煌本〈備急單驗藥方並序〉考釋》校補作『以繩絆』。

〔八〇〕此句前《英藏敦煌醫學文獻圖影與注疏》據《醫心方》卷八引《龍門方》校補作『兩腳中』，《敦煌本〈備急單驗藥方並序〉考釋》校補作『兩腳』。

〔八一〕『折』，《敦煌吐魯番醫藥文獻新輯校》據《醫心方》卷八引《龍門方》校補，《英藏敦煌醫學文獻圖影與注疏》《敦煌醫藥文獻真跡釋録》逕釋作『折』，經查原卷，此字跡已不可見。

〔八二〕『者』，《敦煌醫藥文獻真跡釋録》釋作『者□』，《敦煌吐魯番醫藥文獻新輯校》《敦煌本〈備急單驗藥方並序〉考釋》在此字後校補『驗』。

〔八三〕『又』，《敦煌吐魯番醫藥文獻新輯校》據文義校補，《英國國家圖書館藏〈備急單驗藥方卷 S. 9987〉的整理復原》逕釋作『又』。

〔八四〕『健』，當作『腱』，《英藏敦煌醫學文獻圖影與注疏》據文義校改，『健』爲『腱』之借字。

〔八五〕『兩』，《敦煌吐魯番醫藥文獻新輯校》據文義校補，按原件此字可以釋讀。
〔八六〕『炷』，《敦煌吐魯番醫藥文獻新輯校》釋作『柱』，校改作『炷』，按原件實作『炷』。
〔八七〕『過』，《英藏敦煌醫學文獻圖影與注疏》釋作『已』，並斷入上句，《敦煌吐魯番醫藥文獻新輯校》釋作『越』。
〔八八〕『秘驗』，《敦煌吐魯番醫藥文獻新輯校》據文義校補，按原件此二字可以釋讀。
〔八九〕此句前《英藏敦煌醫學文獻圖影與注疏》《敦煌醫藥文獻真跡釋録》《敦煌吐魯番醫藥文獻新輯校》據伯三五九六校補作『療惡腫方，惡腫疼』。
〔九〇〕此句前《英藏敦煌醫學文獻圖影與注疏》《敦煌醫藥文獻真跡釋録》《敦煌吐魯番醫藥文獻新輯校》據伯三五九六校補作『溲麵圍』。
〔九一〕『浣』，《英國國家圖書館藏〈備急單驗藥方卷S. 9987〉的整理復原》釋作『院』，當作『袋』，據文義改，《中國出土古醫書考釋與研究》《敦煌醫藥文獻真跡釋録》校改作『脘』，《敦煌吐魯番醫藥文獻新輯校》校改作『宛』；『慎』，當作『填』，《英藏敦煌醫學文獻圖影與注疏》據文義校改。
〔九二〕『以』，《敦煌中醫藥全書》校改作『取』。
〔九三〕『腫』，此字前《英藏敦煌醫學文獻圖影與注疏》《敦煌醫藥文獻真跡釋録》《敦煌吐魯番醫藥文獻新輯校》據伯三五九六校補作『又方癰』。
〔九四〕『瓫』，《敦煌吐魯番醫藥文獻新輯校》校改作『甕』，按『瓫』通『甕』，不煩校改；『盛』，《英藏敦煌醫學文獻圖影與注疏》據殘筆劃校補，《敦煌吐魯番醫藥文獻新輯校》逕釋作『盛』。此句前《英藏敦煌醫學文獻圖影與注疏》《敦煌醫藥文獻真跡釋録》《敦煌吐魯番醫藥文獻新輯校》據伯三五九六校補作『又方熱者』。
〔九五〕『近』，底本似『延』，按敦煌寫本中『延』『近』二字形近易混，故據文義逕釋作『近』。
〔九六〕『爲』，《敦煌吐魯番醫藥文獻新輯校》漏録；『末』，《敦煌吐魯番醫藥文獻新輯校》未能釋讀，校補作『末』。

〔九七〕「白酒和」，《敦煌吐魯番醫藥文獻新輯校》據文義校補，按原件此三字可以釋讀；此句後《英藏敦煌醫學文獻圖影與注疏》《敦煌醫藥文獻真跡釋録》《敦煌吐魯番醫藥文獻新輯校》校補作「涂效」。

〔九八〕「易」，《中國出土古醫書考釋與研究》校補作「易」。

〔九九〕「不」，《英藏敦煌醫學文獻圖影與注疏》據殘筆劃校補。

〔一〇〇〕「㷋」，符咒，《敦煌中醫藥全書》釋作「焱」，《敦煌古醫籍校證》釋作「焱」，《中國出土古醫書考釋與研究》釋作「烾」，《英藏敦煌醫學文獻圖影與注疏》《敦煌吐魯番醫藥文獻新輯校》釋作「㷋」，《敦煌醫藥文獻真跡釋録》漏録。

〔一〇一〕「枚」，《敦煌醫藥文獻真跡釋録》《敦煌吐魯番醫藥文獻新輯校》釋作「牧」，校改作「枚」。

〔一〇二〕「盛」，《英藏敦煌醫學文獻圖影與注疏》據文義校補，《敦煌吐魯番醫藥文獻新輯校》校補作「瓶」。

〔一〇三〕「瓮」，《敦煌中醫藥全書》《敦煌古醫籍校證》《中國出土古醫書考釋與研究》釋作「之」，《英藏敦煌醫學文獻圖影與注疏》釋作「瓮瓿」，《敦煌醫藥文獻真跡釋録》《敦煌吐魯番醫藥文獻新輯校》均未能釋讀，《敦煌吐魯番醫藥文獻新輯校》校補作「瓶」。

〔一〇四〕「馬」，《敦煌中醫藥全書》《敦煌古醫籍校證》《中國出土古醫書考釋與研究》《敦煌醫藥文獻真跡釋録》《敦煌吐魯番醫藥文獻新輯校》釋作「以馬」；「傅」，當作「敷」，《中國出土古醫書考釋與研究》據文義校改，「傅」爲「敷」之借字。

〔一〇五〕「不」，《敦煌吐魯番醫藥文獻新輯校》據殘筆劃及伯三五九六「醫藥方」校補，《英國國家圖書館藏〈備急單驗藥方卷S. 9987〉的整理復原》逕釋作「不」；「得」，據殘筆劃及文義補，《英國國家圖書館藏〈備急單驗藥方卷S. 9987〉的整理復原》《敦煌吐魯番醫藥文獻新輯校》逕釋作「得」；「語」，《敦煌吐魯番醫藥文獻新輯校》據殘筆劃及伯三五九六「醫藥方」校補。此句前《英藏敦煌醫學文獻圖影與注疏》《敦煌醫藥文獻真跡釋録》

《敦煌吐魯番醫藥文獻新輯校》據伯三五九六校補『療賊風入身角弓反張口禁』。斯九九八七A止於此句。

〔一〇六〕『以絹濾』，《敦煌吐魯番醫藥文獻新輯校》漏録。此句前《英藏敦煌醫學文獻圖影與注疏》《敦煌醫藥文獻真跡釋録》《敦煌吐魯番醫藥文獻新輯校》校補作『烏豆二升，熬令半黑，酒三升，内鐺中，急攪』。

〔一〇七〕『取』，《敦煌吐魯番醫藥文獻新輯校》釋作『以』。

〔一〇八〕『不過』，《敦煌吐魯番醫藥文獻新輯校》據文義校補，《英藏敦煌醫學文獻圖影與注疏》《敦煌醫藥文獻真跡釋録》逕釋作『不過』；『三』，《敦煌吐魯番醫藥文獻新輯校》據文義校補，《敦煌中醫藥全書》《敦煌古醫籍校證》《中國出土古醫書考釋與研究》未能釋讀，按原件此字可以釋讀，《敦煌醫藥文獻真跡釋録》釋作『二』；『劑』，《敦煌吐魯番醫藥文獻新輯校》據文義校補，《敦煌中醫藥全書》《敦煌古醫籍校證》《中國出土古醫書考釋與研究》未能釋讀，按原件此字可以釋讀。

〔一〇九〕『極』，《敦煌吐魯番醫藥文獻新輯校》據文義校補，《英藏敦煌醫學文獻圖影與注疏》《敦煌醫藥文獻真跡釋録》逕釋作『極』；『加』，《英藏敦煌醫學文獻圖影與注疏》據伯三五九六在此字後校補『燕屎』。

〔一一〇〕此句前缺部分，《英藏敦煌醫學文獻圖影與注疏》據伯三五九六認爲當包含有『一合和熬，口不開灌，須臾差』。

〔一一一〕『瞼』，《敦煌醫藥文獻真跡釋録》釋作『醶』，《敦煌中醫藥全書》《敦煌古醫籍校證》《中國出土古醫書考釋與研究》《敦煌吐魯番醫藥文獻新輯校》未能釋讀，《敦煌吐魯番醫藥文獻新輯校》校補作『驗』，再校改作『瞼』；『酢』，《敦煌吐魯番醫藥文獻新輯校》校改作『醋』，不必，以下同，不另出校。

〔一一二〕『薫』，《敦煌吐魯番醫藥文獻新輯校》校改作『熏』，按『薫』爲『熏』之古字，不煩校改。

〔一一三〕『鈍』，據殘筆劃及伯三五九六『醫藥方』補，《英藏敦煌醫學文獻圖影與注疏》《敦煌醫藥文獻真跡釋録》釋作『飩』，《敦煌吐魯番醫藥文獻新輯校》未能釋讀，校補作『飩』，按『餛飩』可作『餛鈍』。此句前《英藏敦煌醫學文獻圖影與注疏》《敦煌醫藥文獻真跡釋録》《敦煌吐魯番醫藥文獻新輯校》《敦煌本〈備急單驗藥方並序〉考釋》據伯三五九六校補作『又方有傷處風入，取椒一合面裹作』。

〔一一四〕『燒』，《敦煌吐魯番醫藥文獻新輯校》據殘筆劃校補，《英藏敦煌醫學文獻圖影與注疏》《敦煌醫藥文獻真跡釋録》逕釋作『燒』。

〔一一五〕『筯』，當作『筋』，據文義改，《英藏敦煌醫學文獻圖影與注疏》校改作『箸』，《敦煌吐魯番醫藥文獻新輯校》逕釋作『筋』。

〔一一六〕『處』，此字前《英藏敦煌醫學文獻圖影與注疏》《敦煌醫藥文獻真跡釋録》《敦煌吐魯番醫藥文獻新輯校》據伯三五九六校補作『動風入』。

〔一一七〕『澱』，《敦煌吐魯番醫藥文獻新輯校》據文義校補，《敦煌中醫藥全書》《敦煌古醫籍校證》《中國出土古醫書考釋與研究》《敦煌吐魯番醫藥文獻新輯校》均未能釋讀，按原件此字可以釋讀，《敦煌醫藥文獻真跡釋録》釋作『酢』，誤。

〔一一八〕『麥』，《敦煌吐魯番醫藥文獻新輯校》據文義校補，按原件此字可以釋讀，《敦煌中醫藥全書》《敦煌古醫籍校證》《中國出土古醫書考釋與研究》釋作『麵』，誤；『麩』，《敦煌吐魯番醫藥文獻新輯校》據文義校補，《敦煌中醫藥全書》《敦煌古醫籍校證》《中國出土古醫書考釋與研究》未能釋讀，按原件此字可以釋讀，《敦煌醫藥文獻真跡釋録》漏録。

〔一一九〕『□』，《英藏敦煌醫學文獻圖影與注疏》釋作『酒糟』，《敦煌吐魯番醫藥文獻新輯校》校補作『酒糟』。

〔一二〇〕『鹽』，《敦煌吐魯番醫藥文獻新輯校》據文義校補，《敦煌中醫藥全書》《敦煌古醫籍校證》《中國出土古醫書考釋與研究》《敦煌吐魯番醫藥文獻新輯校》均未能釋讀，按原件此字可以釋讀。

〔一二一〕『椒』，《敦煌吐魯番醫藥文獻新輯校》據文義校補，《敦煌中醫藥全書》《敦煌古醫籍校證》《中國出土古醫書考釋與研究》《敦煌吐魯番醫藥文獻新輯校》未能釋讀，按原件此字可以釋讀，此字後《英藏敦煌醫學文獻圖影與注疏》《敦煌醫藥文獻真跡釋録》《敦煌吐魯番醫藥文獻新輯校》據伯三五九六校補作「等五種物等分，總熬令熱，以布裹熨瘡」。

〔一二二〕「後」，《英藏敦煌醫學文獻圖影與注疏》釋作「酸」，《敦煌醫藥文獻真跡釋録》釋作「灸」，《敦煌中醫藥全書》《中國出土古醫書考釋與研究》《敦煌吐魯番醫藥文獻新輯校》均未能釋讀，《敦煌吐魯番醫藥文獻新輯校》校補作「酸」，按原件此字可以釋讀；「□」，《英藏敦煌醫學文獻圖影與注疏》釋作「癢」，《敦煌醫藥文獻真跡釋録》釋作「之」，《敦煌吐魯番醫藥文獻新輯校》校補作「癢」。

〔一二三〕「即差」，《英藏敦煌醫學文獻圖影與注疏》釋作「定更」，《敦煌醫藥文獻真跡釋録》釋作「不□即□」，《敦煌吐魯番醫藥文獻新輯校》校補作「定更封」，《敦煌中醫藥全書》《中國出土古醫書考釋與研究》未能釋讀。

〔一二四〕此行《英藏敦煌醫學文獻圖影與注疏》據伯三五九六校補作「封不過七八日差」，《敦煌吐魯番醫藥文獻新輯校》校補作「不過七八日瘥」。

〔一二五〕「作」，《敦煌吐魯番醫藥文獻新輯校》據文義校補，按原件此字可以釋讀。此句前《英藏敦煌醫學文獻圖影與注疏》《敦煌醫藥文獻真跡釋録》《敦煌吐魯番醫藥文獻新輯校》據伯三五九六校補作「又方瘡中風水腫疼，皆取青蔥葉及乾黄葉煮」。

〔一二六〕「徹」，《英藏敦煌醫學文獻圖影與注疏》《敦煌吐魯番醫藥文獻新輯校》釋作「微」。

〔一二七〕此句《英藏敦煌醫學文獻圖影與注疏》據伯三五九六校補作「療上氣積年唾膿血方」。

〔一二八〕「煮」，《敦煌吐魯番醫藥文獻新輯校》據文義校補，《英藏敦煌醫學文獻圖影與注疏》逕釋作「煮」，並據伯三五九六於此字前校補「療上氣積年唾膿血方莨菪子一小升半，以清酒六升緩火」。

〔一二九〕「蜜」，當作「密」，《敦煌吐魯番醫藥文獻新輯校》據文義校改。

〔一三〇〕『洩』，《敦煌中醫藥全書》《敦煌醫藥文獻真跡釋録》《敦煌吐魯番醫藥文獻新輯校》校改作『泄』，不必，《敦煌古醫籍校證》逕釋作『泄』。

〔一三一〕『棗』，《敦煌吐魯番醫藥文獻新輯校》據文意校補，《英藏敦煌醫學文獻圖影與注疏》逕釋作『棗』；『卌』，《英藏敦煌醫學文獻圖影與注疏》據伯三五九六校補；『枚』，《敦煌吐魯番醫藥文獻新輯校》據文義校補，按原件此字可以釋讀。

〔一三二〕『煮汁』，《敦煌吐魯番醫藥文獻新輯校》據文義校補，《敦煌中醫藥全書》《敦煌古醫籍校證》《中國出土古醫書考釋與研究》未能釋讀，按原件此二字可以釋讀。此二字後《英藏敦煌醫學文獻圖影與注疏》《敦煌醫藥文獻真跡釋録》《敦煌吐魯番醫藥文獻新輯校》據伯三五九六校補作『盡置棗於冷露中，旦服一枚，午服一』。

〔一三三〕『壯』，《敦煌吐魯番醫藥文獻新輯校》據文義校補，按原件此字可以釋讀；『壯』，《敦煌本〈備急單驗藥方並序〉考釋》於其後校補『即差』。

〔一三四〕『又方』，《敦煌吐魯番醫藥文獻新輯校》據文義校補，《敦煌中醫藥全書》《敦煌古醫籍校證》《中國出土古醫書考釋與研究》未能釋讀，按原件此二字可以釋讀。

〔一三五〕『灸』，《敦煌吐魯番醫藥文獻新輯校》據文義校補，《敦煌中醫藥全書》《敦煌古醫籍校證》《中國出土古醫書考釋與研究》未能釋讀，按原件此字可以釋讀，此字後《英藏敦煌醫學文獻圖影與注疏》《敦煌醫藥文獻真跡釋録》《敦煌吐魯番醫藥文獻新輯校》據伯三五九六校補『足陽明穴在足』；『趺』，《敦煌吐魯番醫藥文獻新輯校》據文義校補，按原件此字可以釋讀，此字後《英藏敦煌醫學文獻圖影與注疏》《敦煌醫藥文獻真跡釋録》《敦煌吐魯番醫藥文獻新輯校》據伯三五九六校補作『上三寸動脈上是，二七壯』。

〔一三六〕『灸臍』，《敦煌吐魯番醫藥文獻新輯校》據伯三五九六校補。

〔一三七〕『服』，當作『腹』，《敦煌古醫籍校證》據文義校改，『服』爲『腹』之借字，《英藏敦煌醫學文獻圖影與注疏》

逕釋作『腹』。

〔一三八〕『升』，據殘筆劃補。此句《英藏敦煌醫學文獻圖影與注疏》《敦煌醫藥文獻真跡釋録》《敦煌吐魯番醫藥文獻新輯校》據伯三五九六校補作『楸葉五升，水五升，煮一百沸，去滓』。

〔一三九〕『桑』，據殘筆劃及伯三五九六『醫藥方』補，《英藏敦煌醫學文獻圖影與注疏》《敦煌醫藥文獻真跡釋録》《敦煌吐魯番醫藥文獻新輯校》逕釋作『桑』。此字前《敦煌古醫籍校證》《英藏敦煌醫學文獻圖影與注疏》《敦煌吐魯番醫藥文獻新輯校》校補作『又方』。

〔一四〇〕『沸』，《敦煌吐魯番醫藥文獻新輯校》據伯三五九六校補，《英藏敦煌醫學文獻圖影與注疏》逕釋作『沸』。

〔一四一〕此句《英藏敦煌醫學文獻圖影與注疏》《敦煌醫藥文獻真跡釋録》《敦煌吐魯番醫藥文獻新輯校》據伯三五九六校補作『去滓，頓服，氣下消腫，古醫秘之』。

〔一四二〕『五』，《敦煌中醫藥全書》《敦煌古醫籍校證》《中國出土古醫書考釋與研究》釋作『六』。

〔一四三〕『隨』，據殘筆劃及伯三五九六補，《敦煌醫藥文獻真跡釋録》《敦煌吐魯番醫藥文獻新輯校》逕釋作『隨』。此字後《英藏敦煌醫學文獻圖影與注疏》《敦煌醫藥文獻真跡釋録》校補作『年』，《敦煌吐魯番醫藥文獻新輯校》校補作『年壯』。

〔一四四〕『鍚』，當作『錫』，《敦煌古醫籍校證》據文義校改；『斤』，《敦煌醫藥文獻真跡釋録》《敦煌吐魯番醫藥文獻新輯校》校改作『升』。

〔一四五〕『瓮』，《敦煌醫藥文獻真跡釋録》《敦煌吐魯番醫藥文獻新輯校》釋作『瓷』，《敦煌中醫藥全書》《中國出土古醫書考釋與研究》未能釋讀。

〔一四六〕『拈』，《中國出土古醫書考釋與研究》釋作『熱』，《敦煌中醫藥全書》《敦煌古醫籍校證》《英藏敦煌醫學文獻圖影與注疏》《敦煌醫藥文獻真跡釋録》《敦煌吐魯番醫藥文獻新輯校》未能釋讀，按原件此字可以釋讀；

『取』，《敦煌古醫籍校證》《英藏敦煌醫學文獻圖影與注疏》《中國出土古醫書考釋與研究》《敦煌醫藥文獻真跡釋録》《敦煌吐魯番醫藥文獻新輯校》未能釋讀，按原件此字可以釋讀。

〔一四七〕『萸茱』，當作『茱萸』，《敦煌吐魯番醫藥文獻新輯校》據文義校改，《敦煌中醫藥全書》《敦煌古醫籍校證》《中國出土古醫書考釋與研究》逕釋作『茱萸』。

〔一四八〕『蘇』，《敦煌中醫藥全書》校改作『酥』，《敦煌古醫籍校證》逕釋作『酥』，按『蘇』通『酥』，不煩校改，以下同，不另出校；『煮』，《敦煌吐魯番醫藥文獻新輯校》據文義校補，按此字原件可以釋讀，《敦煌中醫藥全書》《敦煌古醫籍校證》《中國出土古醫書考釋與研究》釋作『去』，誤；『令』，《敦煌吐魯番醫藥文獻新輯校》據文義校補。

〔一四九〕『炒』，《敦煌吐魯番醫藥文獻新輯校》據文義校補，《英藏敦煌醫學文獻圖影與注疏》逕釋作『炒』。

〔一五〇〕『忌』，《敦煌吐魯番醫藥文獻新輯校》據文義校補，《英藏敦煌醫學文獻圖影與注疏》逕釋作『忌』。

〔一五一〕『燕』，當作『咽』，《敦煌吐魯番醫藥文獻新輯校》據文義校改，《敦煌中醫藥全書》《敦煌古醫籍校證》《中國出土古醫書考釋與研究》逕釋作『咽』，《英藏敦煌醫學文獻圖影與注疏》釋作『嚥』，雖義可通而字誤。

〔一五二〕『擣』，《敦煌吐魯番醫藥文獻新輯校》據殘筆劃及文義校補，《英藏敦煌醫學文獻圖影與注疏》逕釋作『擣』；『藥』，據殘筆劃補，《英藏敦煌醫學文獻圖影與注疏》《敦煌醫藥文獻真跡釋録》《敦煌吐魯番醫藥文獻新輯校》釋作『□少』；『也』，《英藏敦煌醫學文獻圖影與注疏》《敦煌醫藥文獻真跡釋録》《敦煌吐魯番醫藥文獻新輯校》釋作『必』。此句《敦煌中醫藥全書》《敦煌古醫籍校證》《中國出土古醫書考釋與研究》未能釋讀。

〔一五三〕『急』，《敦煌吐魯番醫藥文獻新輯校》釋作『色』，《英藏敦煌醫學文獻圖影與注疏》《敦煌醫藥文獻真跡釋録》未能釋讀，《英藏敦煌醫學文獻圖影與注疏》校補作『色』；『欲（？）』，《敦煌吐魯番醫藥文獻新輯校》釋作『如』；『即』，《敦煌醫藥文獻真跡釋録》《敦煌吐魯番醫藥文獻新輯校》未能釋讀。此句《敦煌中醫藥全書》《敦煌古醫籍校證》《中國出土古醫書考釋與研究》未能釋讀。

〔一五四〕『已』，《敦煌醫藥文獻真跡釋録》《敦煌吐魯番醫藥文獻新輯校》校改作『以』，按『已』可通，不煩校改。以下同，不另出校。

〔一五五〕『分』，《敦煌吐魯番醫藥文獻新輯校》據文義校補，《敦煌中醫藥全書》《中國出土古醫書考釋與研究》未能釋讀，按原件此字可以釋讀；『作』，《敦煌吐魯番醫藥文獻新輯校》據文義校補，《敦煌醫藥文獻真跡釋録》逕釋作『作』，《敦煌古醫籍校證》釋作『日』。

〔一五六〕『九』，當作『丸』，據文義改，《英藏敦煌醫學文獻圖影與注疏》《敦煌醫藥文獻真跡釋録》《中國出土古醫書考釋與研究》《敦煌吐魯番醫藥文獻新輯校》逕釋作『丸』。

〔一五七〕『涂』，《中國出土古醫書考釋與研究》疑當校改作『治』，《敦煌醫藥文獻真跡釋録》釋作『除』，《敦煌吐魯番醫藥文獻新輯校》未能釋讀，校補作『除』。

〔一五八〕『錫』，當作『餳』，《敦煌吐魯番醫藥文獻新輯校》據文義校改，《敦煌中醫藥全書》《敦煌古醫籍校證》《中國出土古醫書考釋與研究》逕釋作『餳』。

〔一五九〕『臘』，當作『蠟』，《敦煌吐魯番醫藥文獻新輯校》據文義校改。

〔一六〇〕『臘』，當作『蠟』，《敦煌吐魯番醫藥文獻新輯校》據文義校改。

〔一六一〕『立』，據殘筆劃及文義補；『定』，《敦煌吐魯番醫藥文獻新輯校》釋作『之』。

〔一六二〕『療』，《敦煌吐魯番醫藥文獻新輯校》據文義校補，按原件此字可以釋讀，《敦煌中醫藥全書》《敦煌古醫籍校證》《中國出土古醫書考釋與研究》漏録。

〔一六三〕『厲』，當作『蠣』，《英藏敦煌醫學文獻圖影與注疏》據文義校改，『厲』爲『蠣』之借字。

〔一六四〕『亭歷』，《英藏敦煌醫學文獻圖影與注疏》《敦煌吐魯番醫藥文獻新輯校》校改作『葶藶』，按不改亦可通。以下同，不另出校。

〔一六五〕「一服」，此二字後《英藏敦煌醫學文獻圖影與注疏》《敦煌醫藥文獻真跡釋録》據伯三五九六校補「十丸即瀉，唯食白粥」，《敦煌吐魯番醫藥文獻新輯校》校補「十丸，即瀉，惟食白粥」。

〔一六六〕「寫」，《敦煌醫藥文獻真跡釋録》《敦煌吐魯番醫藥文獻新輯校》校改作「瀉」，按「寫」有「瀉」義，不煩校改。以下同，不另出校。

〔一六七〕「棗」，當作「藻」，據文義改，《敦煌古醫籍校證》未能釋讀，校補作「藻」，《英藏敦煌醫學文獻圖影與注疏》《敦煌吐魯番醫藥文獻新輯校》逕釋作「藻」，《敦煌醫藥文獻真跡釋録》釋作「葉」，誤。

〔一六八〕「脂」，當作「豬」，《敦煌吐魯番醫藥文獻新輯校》據文義校改，《敦煌中醫藥全書》《中國出土古醫書考釋與研究》疑此處作「茯」。

〔一六九〕「如」，當作「加」，《敦煌吐魯番醫藥文獻新輯校》據文義校改。

〔一七〇〕「知」，《中國出土古醫書考釋與研究》釋作「如」，校改作「知」。

〔一七一〕「猪」，當作「楮」，據文義改，《敦煌古醫籍校證》《英藏敦煌醫學文獻圖影與注疏》《敦煌醫藥文獻真跡釋録》《敦煌吐魯番醫藥文獻新輯校》逕釋作「楮」。

〔一七二〕「旦」，《英藏敦煌醫學文獻圖影與注疏》《敦煌醫藥文獻真跡釋録》《敦煌吐魯番醫藥文獻新輯校》據三五九六在其後校補「午時、夜半，皆空腹暖服，驗」。

〔一七三〕「黏鼠」，《敦煌中醫藥全書》《中國出土古醫書考釋與研究》疑當乙正爲「鼠黏」；「杪」，《敦煌中醫藥全書》《中國出土古醫書考釋與研究》釋作「炒」。

〔一七四〕「苦」，底本原作「若」，按寫本中「苦」「若」形近易混，故據文義逕釋作「苦」。

〔一七五〕第二個「小」，《敦煌醫藥文獻真跡釋録》《敦煌吐魯番醫藥文獻新輯校》校改作「少」，按「小」通「少」，不煩校改。此句前《英藏敦煌醫學文獻圖影與注疏》《敦煌醫藥文獻真跡釋録》《敦煌吐魯番醫藥文獻新輯校》據伯三五九六校補作『須去滓，煎可丸，丸如胡豆大，一服二丸』。

〔一七六〕『方』，《敦煌吐魯番醫藥文獻新輯校》據殘筆劃及伯三五九六『醫藥方』校補。此句後《英藏敦煌醫學文獻圖影與注疏》《敦煌醫藥文獻真跡釋録》《敦煌吐魯番醫藥文獻新輯校》據伯三五九六校補『方取蓼菜釀酒服之，良』。

〔一七七〕『煞』，《敦煌中醫藥全書》釋作『殺』，《敦煌吐魯番醫藥文獻新輯校》校改作『殺』，按『煞』有『殺』義，不煩校改。

〔一七八〕『取』，此字後《英藏敦煌醫學文獻圖影與注疏》《敦煌醫藥文獻真跡釋録》《敦煌吐魯番醫藥文獻新輯校》據伯三五九六校補『汁四升，温浸以下，日浸，若已入腹但服小豆，勿更雜食』。

〔一七九〕『水氣』，《敦煌吐魯番醫藥文獻新輯校》據文義校補。此二字後《英藏敦煌醫學文獻圖影與注疏》《敦煌醫藥文獻真跡釋録》《敦煌吐魯番醫藥文獻新輯校》據伯三五九六校補『藥主方』。

〔一八〇〕『服』，據殘筆劃補，《英藏敦煌醫學文獻圖影與注疏》《敦煌醫藥文獻真跡釋録》《敦煌吐魯番醫藥文獻新輯校》逕釋作『服』。

〔一八一〕『爲』，據殘筆劃及伯三五九六補，《敦煌中醫藥全書》《敦煌古醫籍校證》《中國出土古醫書考釋與研究》《敦煌吐魯番醫藥文獻新輯校》逕釋作『爲』；『度』，《敦煌吐魯番醫藥文獻新輯校》據殘筆劃及伯三五九六校補，《敦煌中醫藥全書》《敦煌古醫籍校證》《中國出土古醫書考釋與研究》逕釋作『度』。此句後《英藏敦煌醫學文獻圖影與注疏》《敦煌醫藥文獻輯校》據伯三五九六校補作『又方棗膏和』。

〔一八二〕『南』，據殘筆劃補，《敦煌古醫籍校證》校補作『南枝』，《敦煌吐魯番醫藥文獻新輯校》逕釋作『南』。

〔一八三〕『滓』，此字前《英藏敦煌醫學文獻圖影與注疏》《敦煌醫藥文獻輯校》據伯三五九六校補『護風細細刮削五升，熬令黄，以酒五升熱淋讫，即以絹袋盛』。

〔一八四〕『蜜』，當作『密』，《英藏敦煌醫學文獻圖影與注疏》據文義校改，『蜜』爲『密』之借字。此句後《英藏敦煌醫學文獻圖影與注疏》《敦煌醫藥文獻真跡釋録》《敦煌吐魯番醫藥文獻新輯校》據伯三五九六校補作『再宿。一服一盞，日三』。

〔一八五〕『隔』，當作『膈』，《敦煌吐魯番醫藥文獻新輯校》據文義校改，《敦煌中醫藥全書》《敦煌古醫籍校證》《英藏敦煌醫學文獻圖影與注疏》《中國出土古醫書考釋與研究》《敦煌醫藥文獻真跡釋録》逕釋作『膈』。

〔一八六〕『伏』，《英藏敦煌醫學文獻圖影與注疏》《敦煌吐魯番醫藥文獻新輯校》校改作『茯』，按不改亦可通。

〔一八七〕『復』，當作『覆』，《英藏敦煌醫學文獻圖影與注疏》據文義校改，『復』爲『覆』之借字，《敦煌中醫藥全書》《敦煌古醫籍校證》《中國出土古醫書考釋與研究》逕釋作『覆』。此句後《敦煌吐魯番醫藥文獻新輯校》校補作『郁李人□□，蘇子□□』。

〔一八八〕『昌』，《英藏敦煌醫學文獻圖影與注疏》據殘筆劃校補，《敦煌醫藥文獻真跡釋録》校補作『蘇子』，《敦煌吐魯番醫藥文獻新輯校》校補作『昆布』。

〔一八九〕『瘖（？）』，《英藏敦煌醫學文獻圖影與注疏》釋作『溏』，《敦煌中醫藥全書》《敦煌古醫籍校證》《中國出土古醫書考釋與研究》《敦煌醫藥文獻真跡釋録》《敦煌吐魯番醫藥文獻新輯校》未能釋讀；『爲』，《敦煌中醫藥全書》《敦煌古醫籍校證》《中國出土古醫書考釋與研究》《敦煌醫藥文獻真跡釋録》《敦煌吐魯番醫藥文獻新輯校》未能釋讀，按原件此字可以釋讀。

〔一九〇〕『療失』，《英藏敦煌醫學文獻圖影與注疏》據伯三五九六校補；『音』，《敦煌吐魯番醫藥文獻新輯校》據伯三五九六校補，《英藏敦煌醫學文獻圖影與注疏》《敦煌醫藥文獻真跡釋録》逕釋作『音』。

〔一九一〕『又方』至『醋和傅（敷）頭』，《敦煌中醫藥全書》《中國出土古醫書考釋與研究》漏録。

〔一九二〕『竹』，《敦煌吐魯番醫藥文獻新輯校》據文義校補，《敦煌古醫籍校證》《敦煌醫藥文獻真跡釋録》均未能釋讀，按原件此字可以釋讀；「葉」，《英藏敦煌醫學文獻圖影與注疏》釋作「青」，《敦煌古醫籍校證》《敦煌醫藥文獻真跡釋録》《敦煌吐魯番醫藥文獻新輯校》未能釋讀，《敦煌吐魯番醫藥文獻新輯校》校補作「半」；「并」，《英藏敦煌醫學文獻圖影與注疏》釋作「破」，《敦煌古醫籍校證》《敦煌醫藥文獻真跡釋録》《敦煌吐魯番醫藥文獻新輯校》未能釋讀，《敦煌吐魯番醫藥文獻新輯校》校補作「破」；「枝」，《英藏敦煌醫學文獻圖影與注疏》釋作「如」，《敦煌古醫籍校證》《敦煌醫藥文獻真跡釋録》《敦煌吐魯番醫藥文獻新輯校》未能釋讀，《敦煌吐魯番醫藥文獻新輯校》校補作「如」。「枝」後《英藏敦煌醫學文獻圖影與注疏》據伯三五九六校補「運算元四十（疑誤）九，蒸烏豆二升，以水八升和竹煮令爛，去滓，取汁」，《敦煌吐魯番醫藥文獻新輯校》校補「算子卌九莖，烏豆二升，以水八升，和竹煮令爛，去滓，取汁」。

〔一九三〕「苽」，《敦煌醫藥文獻真跡釋録》校改作「瓜」，不必，《敦煌吐魯番醫藥文獻新輯校》釋作「芥」，《敦煌本《備急單驗藥方並序》考釋》校改作「芥」。

〔一九四〕「傅」，當作「敷」，《英藏敦煌醫學文獻圖影與注疏》據文義校改，「傅」爲「敷」之借字，此句後《英藏敦煌醫學文獻圖影與注疏》《敦煌醫藥文獻真跡釋録》《敦煌吐魯番醫藥文獻新輯校》據伯三五九六校補作「一周，衣覆之，一日一夜解，效」。

〔一九五〕「令」，據《龍門藥方》「造像題記下方」補，《英藏敦煌醫學文獻圖影與注疏》《敦煌醫藥文獻真跡釋録》《敦煌吐魯番醫藥文獻新輯校》逕釋作「令」。此句後《英藏敦煌醫學文獻圖影與注疏》《敦煌醫藥文獻真跡釋録》《敦煌吐魯番醫藥文獻新輯校》據《龍門藥方》「造像題記下方」校補作「咽汁並良」。

〔一九六〕「結」，當作「鯽」，《敦煌醫藥文獻真跡釋録》據文義校改。

〔一九七〕「二」，據殘筆劃及伯三五九六補，《英藏敦煌醫學文獻圖影與注疏》《敦煌醫藥文獻真跡釋録》《敦煌吐魯番醫藥文獻新輯校》逕釋作「二」。此字後《英藏敦煌醫學文獻圖影與注疏》《敦煌醫藥文獻真跡釋録》《敦煌吐魯番醫藥文獻新輯校》據伯三五九六校補作「斗，煮三五沸，頓服，驗」。

〔一九八〕「桑」，《敦煌古醫籍校證》在其後校補一「根」字，《英藏敦煌醫學文獻圖影與注疏》《敦煌醫藥文獻真跡釋録》《敦煌吐魯番醫藥文獻新輯校》據伯三五九六校補作「根入土三尺者白皮灸令黄，去惡皮細切，以水相淹，煮」。

〔一九九〕「樓」，《英藏敦煌醫學文獻圖影與注疏》《敦煌醫藥文獻真跡釋録》《敦煌吐魯番醫藥文獻新輯校》校改作「蔞」，按不改亦可通。以下同，不另出校。

〔二〇〇〕此句後《英藏敦煌醫學文獻圖影與注疏》據伯三五九六校補作「三十丸」，《敦煌醫藥文獻真跡釋録》校補作「卅丸」。

〔二〇一〕「刺」，當作「刮」，《敦煌醫藥文獻真跡釋録》據文義校改，《敦煌吐魯番醫藥文獻新輯校》逕釋作「刮」。

〔二〇二〕「門」，《敦煌古醫籍校證》釋作「門冬」，《敦煌吐魯番醫藥文獻新輯校》在此字後校補「冬」。

〔二〇三〕「差」，據殘筆劃補，《敦煌醫藥文獻輯校》釋作「至」，《英藏敦煌醫學文獻圖影與注疏》《敦煌醫藥文獻真跡釋録》《敦煌吐魯番醫藥文獻新輯校》逕釋作「差」。

〔二〇四〕「漠」，當作「膜」，《敦煌醫藥文獻真跡釋録》據文義校改，「漠」爲「膜」之借字，《敦煌中醫藥全書》《敦煌古醫籍校證》《中國出土古醫書考釋與研究》未能釋讀。

〔二〇五〕「錫」，《英藏敦煌醫學文獻圖影與注疏》校改作「飴」。

〔二〇六〕「内」，當作「肉」，《英藏敦煌醫學文獻圖影與注疏》據文義校改。

〔二〇七〕「喫」，《英藏敦煌醫學文獻圖影與注疏》釋作「之」，《敦煌中醫藥全書》《敦煌古醫籍校證》《中國出土古醫書考釋與研究》漏録，《敦煌吐魯番醫藥文獻新輯校》未能釋讀，按此字原件可以釋讀。

〔二〇八〕「覽」，當作「覺」，《敦煌醫藥文獻真跡釋録》據文義校改；「藏」，《敦煌中醫藥全書》《敦煌古醫籍校證》

《英藏敦煌醫學文獻圖影與注疏》《中國出土古醫書考釋與研究》《敦煌醫藥文獻真跡釋録》《敦煌吐魯番醫藥文獻新輯校》釋作「減」。

〔二〇九〕「頓」，《英藏敦煌醫學文獻圖影與注疏》《敦煌醫藥文獻真跡釋録》釋作「頻」，《敦煌吐魯番醫藥文獻新輯校》疑當校改作「頻」。

〔二一〇〕「参」，當作「芩」，據文義改，《敦煌中醫藥全書》《敦煌古醫籍校證》《英藏敦煌醫學文獻圖影與注疏》《中國出土古醫書考釋與研究》《敦煌醫藥文獻真跡釋録》《敦煌吐魯番醫藥文獻新輯校》逕釋作「芩」。

〔二一一〕「檗」，《敦煌中醫藥全書》《敦煌古醫籍校證》《中國出土古醫書考釋與研究》未能釋讀，《敦煌吐魯番醫藥文獻新輯校》釋作「蘗」。

〔二一二〕「加至」，《敦煌中醫藥全書》《敦煌古醫籍校證》《中國出土古醫書考釋與研究》《敦煌吐魯番醫藥文獻新輯校》未能釋讀。

〔二一三〕第一個「□」，《英藏敦煌醫學文獻圖影與注疏》《敦煌醫藥文獻真跡釋録》《敦煌吐魯番醫藥文獻新輯校》釋作「皂」；第二個「□」，《英藏敦煌醫學文獻圖影與注疏》《敦煌醫藥文獻真跡釋録》釋作「莢」，《敦煌吐魯番醫藥文獻新輯校》校補作「莢」；第三個「□」，《英藏敦煌醫學文獻圖影與注疏》《敦煌醫藥文獻真跡釋録》《敦煌吐魯番醫藥文獻新輯校》據伯三五九六校補作「末」；「安」，《敦煌吐魯番醫藥文獻新輯校》據文義校補，《英藏敦煌醫學文獻圖影與注疏》《敦煌醫藥文獻真跡釋録》未能釋讀，按原件此字可以釋讀。此句後《英藏敦煌醫學文獻圖影與注疏》《敦煌醫藥文獻真跡釋録》《敦煌吐魯番醫藥文獻新輯校》據伯三五九六校補作「鼻内合底陽即下，效」。

〔二一四〕「度」，《敦煌醫藥文獻真跡釋録》《敦煌吐魯番醫藥文獻新輯校》據文義校補，《敦煌中醫藥全書》《敦煌古醫籍校證》《中國出土古醫書考釋與研究》未能釋讀，按原件此字可以釋讀。

〔二一五〕『檎』，《敦煌中醫藥全書》《敦煌古醫籍校證》《英藏敦煌醫學文獻圖影與注疏》《中國出土古醫書考釋與研究》《敦煌醫藥文獻真跡釋録》《敦煌吐魯番醫藥文獻新輯校》釋作『橘』。

〔二一六〕『一具』，《敦煌吐魯番醫藥文獻新輯校》據文義校補，《敦煌中醫藥全書》《敦煌古醫籍校證》《中國出土古醫書考釋與研究》未能釋讀，按原件此二字可以釋讀；『一具』後《敦煌吐魯番醫藥文獻新輯校》校補作『去糞，勿洗，内葸等肚中』。

〔二一七〕此句後《英藏敦煌醫學文獻圖影與注疏》《敦煌醫藥文獻真跡釋録》《敦煌吐魯番醫藥文獻新輯校》據伯三五九六校補『甚良』二字。

〔二一八〕『他』，當作『佗』，《敦煌古醫籍校證》據文義校改，《敦煌中醫藥全書》《中國出土古醫書考釋與研究》逕釋作『佗』。

〔二一九〕『卒』，《敦煌中醫藥全書》《敦煌古醫籍校證》《中國出土古醫書考釋與研究》釋作『雜』，《敦煌醫藥文獻真跡釋録》《敦煌吐魯番醫藥文獻新輯校》校改作『猝』，按『卒』有『猝』義，不煩校改。

〔二二〇〕此句《敦煌醫藥文獻輯校》《敦煌醫藥文獻真跡釋録》《敦煌吐魯番醫藥文獻新輯校》據伯三五九六校補作『漸加，以爲慎風』。

〔二二一〕『又』，《敦煌吐魯番醫藥文獻新輯校》據文義校補，按原件此字可以釋讀。

〔二二二〕『椀』，《敦煌吐魯番醫藥文獻新輯校》校改作『碗』，不必。

〔二二三〕『服』，當作『腹』，《敦煌醫藥文獻真跡釋録》據文義校改，《敦煌中醫藥全書》《敦煌古醫籍校證》《中國出土古醫書考釋與研究》漏録。

〔二二四〕『□□』，《英藏敦煌醫學文獻圖影與注疏》《敦煌醫藥文獻真跡釋録》《敦煌吐魯番醫藥文獻新輯校》釋作『後膏』。

〔二二五〕『□』，《英藏敦煌醫學文獻圖影與注疏》釋作『成』，《敦煌吐魯番醫藥文獻新輯校》校補作『成』。

〔二二六〕『□□□』，《英藏敦煌醫學文獻圖影與注疏》《敦煌醫藥文獻真跡釋録》《敦煌吐魯番醫藥文獻新輯校》據伯三五九六校補作『療腳忽』；『下』，當作『不』，《敦煌古醫籍校證》據伯三五九六校改。

〔二二七〕『升』，《敦煌醫藥文獻真跡釋録》釋作『三升』，《敦煌吐魯番醫藥文獻新輯校》釋作『斗』。此字前《英藏敦煌醫學文獻圖影與注疏》《敦煌吐魯番醫藥文獻新輯校》據伯三五九六校補作『麥麴末一』，《敦煌醫藥文獻真跡釋録》校補作『麴末一』。

〔二二八〕『冷』字後《敦煌古醫籍校證》釋作『□又方』，《英藏敦煌醫學文獻圖影與注疏》《敦煌醫藥文獻真跡釋録》《敦煌吐魯番醫藥文獻新輯校》據伯三五九六校補作『易，亦除一切病。又方』。

〔二二九〕『跨』，當作『蹻』，據文義改，《英藏敦煌醫學文獻圖影與注疏》《敦煌吐魯番醫藥文獻新輯校》逕釋作『蹻』，《敦煌中醫藥全書》《中國出土古醫書考釋與研究》未能釋讀；第二個『與』，《英藏敦煌醫學文獻圖影與注疏》《敦煌醫藥文獻真跡釋録》《敦煌吐魯番醫藥文獻新輯校》未能釋讀，據伯三五九六校補作『處』，按此字原件可以釋讀。此句後《英藏敦煌醫學文獻圖影與注疏》《敦煌醫藥文獻真跡釋録》《敦煌吐魯番醫藥文獻新輯校》據伯三五九六校補『灸五百壯』。

〔二三〇〕『方』，此字前《敦煌古醫籍校證》校補『療癲癇』，《英藏敦煌醫學文獻圖影與注疏》《敦煌醫藥文獻真跡釋録》《敦煌吐魯番醫藥文獻新輯校》據伯三五九六校補『療癲癇狂』。

〔二三一〕『神』，《敦煌中醫藥全書》《敦煌古醫籍校證》《英藏敦煌醫學文獻圖影與注疏》《中國出土古醫書考釋與研究》《敦煌醫藥文獻真跡釋録》《敦煌吐魯番醫藥文獻新輯校》未能釋讀，按原件此字可以釋讀。此句後《英藏敦煌醫學文獻圖影與注疏》《敦煌醫藥文獻真跡釋録》《敦煌吐魯番醫藥文獻新輯校》據伯三五九六校補作『又方灸陰頭七壯』。

〔二三二〕此句後《英藏敦煌醫學文獻圖影與注疏》《敦煌醫藥文獻真跡釋録》《敦煌吐魯番醫藥文獻新輯校》據伯三五九

六校補作「中并中指節上立效」。

〔二三三〕「研」，當作「緣」，《敦煌古醫籍校證》據文義校改，「研」爲「緣」之借字。

〔二三四〕「壯」，《敦煌吐魯番醫藥文獻新輯校》據文義校補。

〔二三五〕「瘟」，《敦煌中醫藥全書》《中國出土古醫書考釋與研究》釋作「歡」，《敦煌醫藥文獻真跡釋録》釋作「瘢」，《敦煌吐魯番醫藥文獻新輯校》釋作「瘟」，校改作「瘢」。

〔二三六〕「合」，《敦煌吐魯番醫藥文獻新輯校》據文義校補。此句後《英藏敦煌醫學文獻圖影與注疏》《敦煌醫藥文獻真跡釋録》《敦煌吐魯番醫藥文獻新輯校》據伯三五九六校補作「淨洵經宿露中，平旦服，研半，以噀瘡上」。

〔二三七〕「也」，據殘筆劃及文義補，《敦煌吐魯番醫藥文獻新輯校》逕釋作「也」。

〔二三八〕「顔」，《敦煌中醫藥全書》《英藏敦煌醫學文獻圖影與注疏》《中國出土古醫書考釋與研究》《敦煌醫藥文獻真跡釋録》《敦煌吐魯番醫藥文獻新輯校》釋作「須」。

〔二三九〕「帖」，當作「貼」，《英藏敦煌醫學文獻圖影與注疏》據文義校改，「帖」爲「貼」之借字。

〔二四〇〕「以」，《敦煌吐魯番醫藥文獻新輯校》據文義校補，《英藏敦煌醫學文獻圖影與注疏》釋作「似」，《敦煌中醫藥全書》《中國出土古醫書考釋與研究》未能釋讀，按原件此字可以釋讀；「艾」，《敦煌吐魯番醫藥文獻新輯校》據文義校補，按原件此字可以釋讀。

〔二四一〕「已」，當作「以」，《英藏敦煌醫學文獻圖影與注疏》據文義校改，「已」爲「以」之借字，《中國出土古醫書考釋與研究》逕釋作「以」。

〔二四二〕「□」，《敦煌中醫藥全書》《中國出土古醫書考釋與研究》疑作「槐」，《敦煌古醫籍校證》校補作「楸」，《英藏敦煌醫學文獻圖影與注疏》釋作「椒」，《敦煌醫藥文獻真跡釋録》《敦煌吐魯番醫藥文獻新輯校》釋作「楸」。

〔二四三〕「新」，《敦煌中醫藥全書》《英藏敦煌醫學文獻圖影與注疏》《中國出土古醫書考釋與研究》《敦煌吐魯番醫藥文獻新輯校》未能釋讀，按原件此字可以釋讀。

參考文獻

《東洋學報》一九六四年四七卷一號，一至二六（一三九至一六四）頁；《敦煌寶藏》二七册，臺北：新文豐出版公司，一九八二年，六七九至六八〇頁（圖）；《敦煌寶藏》二八册，臺北：新文豐出版公司，一九八二年，二四六頁（圖）；《敦煌古醫籍考釋》，南昌：江西科學技術出版社，一九八八年，二〇九至二一一、三〇四至三一八頁（録）；《敦煌研究》一九九一年四期，一〇三至一〇六頁（録）；《中華醫史雜誌》一九九一年二期，七一至七五頁；《英藏敦煌文獻》五卷，成都：四川人民出版社，一九九二年，五〇至五二、七三頁（圖）；《英國圖書館藏敦煌漢文非佛教文獻殘卷目録（斯六九八一至一三六二四）》，臺北：新文豐出版公司，一九九四年，一四六至一四七頁（録）；《敦煌中醫藥全書》，北京：中醫古籍出版社，一九九四年，四四一至四五六、六三七至六四一頁（録）；《英藏敦煌文獻》一三卷，成都：四川人民出版社，一九九五年，五、七頁（圖）；《中国医学古典と日本：書誌と伝承》，東京：塙書房，一九九六年，五九九頁；《敦煌醫藥文獻輯校》，南京：江蘇古籍出版社，一九九八年，二七五至二七八、四一三至四二五、四五二至四五七頁（録）；《中華醫史雜誌》一九九八年二期，一一三至一一七頁；《龍門藥方釋疑》，鄭州：河南醫科大學出版社，一九九八年，四頁；《敦煌石窟秘藏醫方》，北京醫科大學、中國協和醫科大學聯合出版社，一九九九年，三五至三六、七一至七三頁；《敦煌中醫藥精萃發微》，北京：中醫古籍出版社，二〇〇〇年，二六八、三九五頁；《文史》五二輯，北京：中華書局，二〇〇〇年，一二〇頁；《中華醫史雜誌》二〇〇一年一期，四八至五三頁（録）；《法藏敦煌西域文獻》二六册，上海古籍出版社，二〇〇二年，四八至五一頁（圖）；《敦煌吐魯番研究》六卷，北京大學出版社，二〇〇二年，一三五頁；《敦煌與絲路文化講座》第一輯，北京圖書館出版社，二〇〇三年，一二二頁；《敦煌學國際研討會論文集》，北京圖書館出版社，二〇〇五年，一二三六頁；《出土亡佚古醫籍研究》，北京：中醫古籍出版社，二〇〇五年，一〇三至一〇五頁；《敦煌古醫方研究》，北京：科學普及出版社，二〇〇六年，一四至一五頁；《敦煌佛儒道相關醫書釋要》，北京：民族出版社，二〇〇六年，二八九頁；《中國出土資料研究》十號，山梨：中國出土資料學會，二〇〇六年，六五至八四頁；《敦煌古醫籍校證》，廣州：廣東科技出版社，二〇〇八年，二一二、四一二頁；《英藏敦煌醫學文獻圖影與注疏》，北京：人民衛生出版社，二〇一二年，七四至八七、二一一至二一三（圖、録）；《石河子大學學報》二〇一四年一期，一〇三至一一〇頁（録）；《中國出土古醫書考釋與研究》，上海科技出版社，二〇一五年，上册之一二三至一二五頁，中册之三六五至三六七、五四六至五七七、六〇九至六一九頁（圖、録）；《敦煌醫藥文獻真跡釋録》，北京：中醫古籍出版社，二〇一五年，二九四至三〇六頁（圖、録）；《敦煌吐魯番醫藥文獻新輯校》，北京：高等教育出版社，二〇一六年，四一六至四三七頁（圖、録）；《敦煌醫學文獻研究集成》，北京：中醫古籍出版社，二〇一六年，一至二四頁；《敦煌的醫療與社會》，北京：中國大百科全書出版社，二〇一八年，二六一頁；《敦煌學輯刊》二〇一八年四輯，九七至一〇三頁；《敦煌研究》二〇一八年六期，七七至八四頁。

斯三三四八　妙法蓮華經卷第六題記

釋文

上元元年九月廿五日，左春坊楷書蕭敬寫。

用紙二十張。

裝潢手解善集〔一〕。

初校福林寺僧智彦。

再校西明寺僧行軌〔二〕。

三校西明寺僧懷瓚〔三〕。

詳閲太原寺大德神符〔四〕。

（後缺）

説明

此件《英藏敦煌文獻》未收，現予增收。上元元年即公元六七四年。此件與斯四五六《妙法蓮華經》

卷第三爲同一書手所寫，題記略同，可用該件校補此件。

校記

〔一〕『善』，據殘筆劃及斯四五六《妙法蓮華經》卷第三題記補，《敦煌遺書總目索引》《敦煌遺書總目索引新編》逕釋作『善』。

〔二〕『行』，《敦煌遺書總目索引》《敦煌遺書總目索引新編》釋作『苻』，《中國古代寫本識語集録》釋作『符』，均誤。

〔三〕『三』，據殘筆劃及斯四五六《妙法蓮華經》卷第三題記補。

〔四〕『詳閱太』，據斯四五六《妙法蓮華經》卷第三題記補；『原』，據殘筆劃及斯四五六《妙法蓮華經》卷第三題記補。

參考文獻

Descriptive Catalogue of the Chinese Manuscripts from Tunhuang in the British Museum, The Trustees of the British Museum, London 1957, pp. 81－82；《敦煌寶藏》三册，臺北：新文豐出版公司，一九八一年，六六八頁（圖）；《敦煌寶藏》二七册，臺北：新文豐出版公司，一九八二年，六八六頁（圖）；《敦煌學要籥》，臺北：新文豐出版公司，一九八二年，一三一頁（録）；《敦煌遺書總目索引》，北京：中華書局，一九八三年，一七八頁（録）；《中國古代寫本識語集録》，東京大學東洋文化研究所，一九九〇年，二二〇頁（録）；《敦煌遺書總目索引新編》，北京：中華書局，二〇〇〇年，一〇三頁（録）。

斯三三四九　大乘無量壽經勘經題記

釋文

兑。

説明

以上文字書寫於《大乘無量壽經》最後一紙經文天頭，表示此紙佛經抄寫有誤，已經作廢。《英藏敦煌文獻》未收，現予增收。

參考文獻

《敦煌寶藏》二八册，臺北：新文豐出版公司，一九八二年，二頁（圖）。

伯二七六七＋斯三三五四　春秋左氏經傳集解節本（襄公十八年、十九年）

釋文

（前缺）

［　］矣〔一〕。』烏烏得空營，故樂也。邢伯告中行伯邢伯，晉大夫邢侯〔二〕。中行伯，獻子。曰：『有班馬之聲，夜遁，馬不祖（相）見〔三〕，故鳴。班，別也。齊師其遁。』叔向告晉侯曰：『城上有焉（烏）〔四〕，齊師其遁。』丁卯，入平陰，遂從齊師。夙沙衛連大車以寔（塞）隧而殿〔五〕。此衛所欲守險。殖綽、郭最〔曰〕〔六〕：『子殿國師，齊之辱〔七〕。奄人殿師，故以爲辱。子姑先乎！』乃代之殿。衛煞馬於隘以塞道〔八〕。恨二子，故塞其道，欲使晉得人（之）〔九〕。晉州綽及之，射〔殖〕綽〔一〇〕，中肩，兩矢夾脰。脰，頸〔一一〕。曰：『止，將爲三軍獲；不止，將取其衷。丁仲〔一二〕。』不止，復反欲射兩矣（矢）〔中〕央〔一三〕。顧曰：『爲私誓。』州綽曰：『有如日！』言必不煞汝〔一四〕，明如日。乃弛弓而自後縛之。反縛之。其右具丙州綽之右。亦舍兵而縛郭最。皆衿甲面縛，衿甲，不解甲。坐於中軍之鼓下。荀偃、士丐以中軍剋京茲〔一五〕。在平陰城東面〔一六〕。魏降（絳）〔一七〕、欒盈以下軍剋邿。平陰西有邿山。式之反〔一八〕。趙武、韓起以上軍圍盧，弗剋。戊戌〔一九〕，及秦周伐雍門之萩。雍門，齊城門也〔二〇〕。范鞅門于雍門，其御追御憙以戈煞犬于門中〔二一〕；煞［犬　］暇也〔二二〕。孟莊子斬其橁以爲公琴。莊子，孺子速也。橁，木名。己亥，焚雍門［及　］郭〔二三〕。劉難、士弱率諸侯之

師焚申池水（之）竹木〔二四〕。二子皆晉大因〔二五〕。壬郭〔二六〕，范鞅門于揚門。齊西門也〔二七〕。州綽門于東閭，齊東門也〔二八〕。左□枚數闔〔二九〕。枚，馬檛也。闔，門扇〔三〇〕。數其板〔三一〕，示不恐也〔三二〕。齊侯駕，將走卸（郵）棠〔三三〕。卸（郵）棠〔三四〕，齊邑。□太子〔三五〕，光也。榮，齊大夫也〔三六〕。曰：『師速而疾，略〔三七〕。言欲行其地〔三八〕，無久攻意。將退矣，君何懼□輕則（失）衆〔三九〕。君必待之！』將犯之。太子抽劍斷鞅，乃止。□及沂維水出東莞（莞）東北〔四〇〕，至北海都昌縣入海。沂水出東莞（莞）蓋縣，至下邳入泗也〔四一〕。

鄭子孔欲去諸〔四二〕，□而起楚師以去之。使告子庚，子庚弗許。子庚，楚令尹公子午。楚□宜告子庚曰：『不穀即位，于今五年〔四三〕，師徒不出，大夫諸侯方睦於晉〔四四〕，臣諸侯請嘗之〔四五〕。嘗，試其難易也。若可，君而繼之〔四六〕。□師而退，可以無害，君亦無辱。』子庚帥師治兵於汾。襄城縣東北有汾丘城。楚師伐鄭〔四七〕，次於魚陵。魚陵，魚齒山〔四八〕，在南陽犨縣北，鄭地也〔四九〕。右師城上棘，遂涉潁（潁）〔五〇〕，次於旃然。將涉口，故（於）水口權築小城〔五一〕，以爲進退備〔五二〕。旃然水出滎陽城皋縣〔五三〕，東入汴也〔五四〕。蔿子馮、公子格率鋭師侵費滑、胥靡、獻于、雍梁〔五五〕。胥靡、獻于、雍梁，皆鄭邑。河南陽翟縣東北有雍氏縣（城）〔五六〕。右因（回）梅山〔五七〕，在滎陽密縣東北也〔五八〕。侵鄭東北，至于蟲牢而反〔五九〕。子庚門於城（純）門〔六〇〕，信於城下而還〔六一〕。涉於魚齒之下。魚齒山之下有湛水〔六二〕，故之（言）涉〔六三〕。甚雨及之，楚師多陳（凍）〔六四〕，役徒幾盡。晉人聞有楚師，師曠曰：『不害。吾驟歌北風，〔又〕〔歌〕〔南〕〔風〕〔六五〕，〔南〕風不競〔六六〕，歌者，吹律以詠以（八）風〔六七〕。南風音微，故曰『不競』〔六八〕。師曠唯歌南北風者，聽晉、楚之强弱。多死聲。楚必無功。』董叔曰：『天道多在〔西〕〔北〕〔六九〕，（歲在豕韋，月又建亥，故曰『多在西北』也〔七〇〕。）南師不時，必無功。』（不時，胃觸歲月〔七一〕。）叔向曰：『在其君之德〔七二〕。』（言天時、地利不如人和。）

經十九〔七三〕 漷水（漷水出東海合鄉縣。）

傳春，諸侯還自沂上，盟於督揚，曰：『大無侵小〔七四〕。』（督揚即祝阿也〔七五〕。）遂次於泗上，彊我田〔七六〕。取邾田，自漷水歸之于我。（邾田在漷水北，今更以漷爲界，故曰取邾田。）晉侯先歸。公享晉六卿於蒲圃，（六卿過魯。）賜之三命之服；軍尉、司馬、司空、輿尉、候奄皆受一命之服。賄荀偃束錦、加璧、乘馬，先吴壽夢之鼎。（荀偃，中軍元帥，故特賄之。五疋爲束〔七七〕。四馬爲乘。壽夢，吴子乘也。獻鼎於魯，因以爲名。古之獻物，必有以先，今以璧馬爲鼎先也〔七八〕。）╲荀偃癉╲疽〔七九〕，生瘍於頭。（╲癉疽╲，瘡〔八〇〕。）惡濟河，及著〔雍〕〔八一〕，病〔八二〕，目〔出〕〔八三〕。大夫先歸╲者皆反〔八四〕╲。╲士╲丐請見，弗納〔八五〕。請後，曰：『鄭生（甥）可也〔八六〕。』（士丐，中軍佐，故問後〔八七〕。鄭甥，荀〔吴〕〔八八〕。）甲寅，卒，而視，不可含。（目開口〔噤〕〔八九〕，奇錦反〔九〇〕。）寅（宣）子盥而撫之〔九一〕，曰：『事吴敢不如事主！』猶視。（大夫稱主。）欒懷子曰：『其爲未卒事於齊故也〔九二〕？』（懷子，欒盈。）乃復撫之曰：『主荀（苟）終〔九三〕，所不嗣事于齊〔九四〕，有如河！』乃暝，受含。（嗣，續〔九五〕。）宣子出，曰：『吾淺之爲大（丈）夫〔九六〕。』（自恨以私待人〔九七〕。）

季武子如晉拜師，（謝討齊。）晉侯享之。范宣子爲政，賦《黍苗》。（《詩·小雅》。美召伯（伯）勞來諸侯〔九八〕。）季武子興，再拜稽首，曰：『小國之仰大國也，如百穀之仰膏雨焉！若常膏之，其天下集睦〔九九〕，豈唯弊邑〔一〇〇〕？』賦《六月》。《六月》，尹吉甫佐天子。季武子以所侵得於齊之兵作林鍾而銘魯功焉〔一〇一〕。林鍾，律名。鑄鍾，聲應林鍾，因以爲名。臧武仲謂季孫曰：『非禮也！夫銘，天子令德，天子銘德不銘功。諸侯言詩時計功〔一〇二〕，舉動得時有功〔一〇三〕，則可銘〔一〇四〕。大夫稱伐。銘其攻伐之勞〔一〇五〕。今稱伐，則下等〔一〇六〕；從大夫故。計功，則借人也；借晉力〔一〇七〕。言時，則妨民多矣，何以爲銘？且夫大伐小，取其所得以作彝器。彝，常也。胃鍾鼎爲宗廟之常器〔一〇八〕。銘其功烈以示子孫，昭明德〔而〕懲無禮也〔一〇九〕。今將借人之力以救其死，若之何銘之？小國幸於大國，以勝大國爲宰（幸）〔一一〇〕。而昭所獲焉〔以〕〔怒〕〔之〕〔一一一〕，〔亡〕〔之〕〔道〕〔也〕〔一一二〕。』

齊侯娶於魯，曰顔懿姬，無子。其姪鬷聲姬生光〔一一三〕，以爲太子。兄子曰姪，顔、鬷皆二姬母姓，因以爲兄（號）〔一一四〕。懿、聲，謚〔一一五〕。諸子仲子、戎子，諸子，諸妾姓子者。二子，皆宋女。〔戎〕〔子〕嬖〔一一六〕。仲子生牙，屬諸戎子。屬，託之。戎子請以爲太子，許之。仲子曰：『不可！廢常，不祥。』廢立適之常〔一一七〕。公曰：『在我而已。』遂東太子光。廢而從（徙）東鄙〔一一八〕。使高厚傅牙以爲太子。云云〔一一九〕。齊侯疾，崔杼□無黥、刖。

（後缺）

説明

此件由伯二七六七和斯三三五四綴合而成，綴合後仍首尾均缺，起『矣。烏烏得空瞽，故樂也。』，訖『無黥刖』。

此件楷法嚴整，大字爲經傳文，雙行小字爲杜預注。其經傳注與傳世本有所不同，陳鐵凡推測其爲杜預注本《左傳》之删節本（參看《左傳節本考——從英法所藏敦煌兩殘卷之綴合論左傳節本與群書治要之淵源》，《大陸雜誌》一九七〇年四一卷七期，二一〇頁），許建平擬名《春秋左氏經傳集解節本（襄公十八——十九年）》（參看《敦煌經籍敘録》，二七四頁），兹從之。底本大字間或留有數字空白，蓋係抄者爲添加注文而留。因兩件綴合處成波綫型，爲便於區分，在釋録綴合處的文字時，以標點爲單位，用『／』表示保存在伯二七六七的文字，即在兩個『／』之間的文字，是保存在伯二七六七上的文字。

以上釋文以伯二七六七+斯三三五四爲底本，用流行較廣的《十三經注疏》（中華書局，一九八〇年）之《春秋左傳正義》（稱其爲甲本）參校。因此件爲删節本，故僅校補缺文、校改錯誤、出校異文，而於節略文字不復出校。

校記

〔一〕『矣』，甲本無。

〔二〕『邢』，甲本同，底本原作『刑』形，按寫本中『刑』『邢』二字形近易混，故據文義逕釋作『邢』；『侯』，甲本作『侯也』。

〔三〕『祖』，當作『相』，據甲本改。

〔四〕『焉』，當作『烏』，據甲本改。

〔五〕『寔』，當作『塞』，據甲本改。

〔六〕『曰』，據甲本補。

〔七〕『辱』，甲本作『辱也』。

〔八〕『煞』，甲本作『殺』，按『煞』有『殺』義。以下同，不另出校。

〔九〕『人』，當作『之』，據甲本改。

〔一〇〕『殖』，據甲本補。

〔一一〕『頸』，甲本作『頸也』。

〔一二〕『丁仲』，甲本無。

〔一三〕『反』，甲本無，按底本『反』應係『衷』字音注『丁仲反』之『反』字；『矣』，當作『矢』，據甲本改；『中』，據甲本補。

〔一四〕『汝』，甲本作『女』，按『女』有『汝』義。

〔一五〕『丐』，甲本作『匄』，以下同，不另出校；『剋』，甲本作『克』，以下同，不另出校。

〔一六〕『面』，甲本作『南』，《敦煌經部文獻合集》疑『面』爲『南』之形誤。

〔一七〕『降』，當作『絳』，據甲本改，『降』爲『絳』之借字。

〔一八〕『式之反』，甲本無，《敦煌經部文獻合集》認爲此反切注音當爲後人所添。

〔一九〕『戌』，《敦煌經部文獻合集》釋作『戍』，校改作『戌』。

〔二〇〕『也』，甲本無。

〔二一〕第二個『御』，甲本無，據文義應係衍文，當删；『憙』，甲本作『喜』。

〔二二〕『犬』，據殘筆劃及甲本補；『也』，甲本無。

〔二三〕『及』，據殘筆劃及甲本補。

〔二四〕『水』，當作『之』，據甲本改。

〔二五〕「皆」，甲本無；「夫」，據殘筆劃及甲本補。

〔二六〕「壬」，據殘筆劃及甲本補。

〔二七〕「也」，甲本無。

〔二八〕「也」，甲本無。

〔二九〕「枚」，甲本同，底本原作「牧」形，按寫本中「牧」「枚」二字形近易混，故據文義逕釋作「枚」，以下同，不另出校。

〔三〇〕「扇」，甲本作「扇也」。

〔三一〕「板」，甲本作「枚」。

〔三二〕「也」，甲本無。

〔三三〕「卸」，當作「郵」，據甲本改。

〔三四〕「卸」，當作「郵」，據甲本改。此句及下句乃雙行注文，《敦煌經部文獻合集》誤作單行傳文。

〔三五〕「太」，甲本作「大」，按「大」有「太」義。以下同，不另出校。

〔三六〕「也」，甲本無。

〔三七〕「略」，甲本作「略也」。

〔三八〕「行」，甲本作「略行」。

〔三九〕「失」，據甲本補。

〔四〇〕「維」，甲本作「濰」，均可通；「出」，甲本作「在」；「菀」，當作「莞」，據甲本改，以下同，不另出校。

〔四一〕「也」，甲本無。

〔四二〕「諸」，據甲本補。

〔四三〕『今』，甲本同，底本原作『令』形，按寫本中『今』『令』二字形近易混，故據文義逕釋作『今』。
〔四四〕『諸』，據殘筆劃及甲本補；『侯方』，據甲本補；『睦』，據殘筆劃及甲本補。
〔四五〕『諸侯』，甲本無，據文義應係衍文，當删。
〔四六〕『之』，據殘筆劃及甲本補。
〔四七〕『楚』，據殘筆劃及甲本補；『師』，據甲本補。
〔四八〕『山』，甲本作『山也』。
〔四九〕『也』，甲本無。
〔五〇〕『潁』，當作『穎』，據甲本改，『潁』爲『穎』之借字，《敦煌經部文獻合集》逕釋作『穎』。
〔五一〕『於』，據甲本補。
〔五二〕『備』，甲本作『之備』。
〔五三〕『滎』，甲本作『熒』。
〔五四〕『也』，甲本無。
〔五五〕『雍』，據殘筆劃及甲本補。
〔五六〕『縣』，當作『城』，據甲本改。
〔五七〕『因』，當作『回』，據甲本改。
〔五八〕『滎』，甲本作『熒』；『也』，甲本無。
〔五九〕『牢』，據殘筆劃及甲本補。
〔六〇〕『城』，當作『純』，據甲本改。
〔六一〕《敦煌經部文獻合集》認爲此句下有殘泐文字，據甲本補『信，再宿也』，按底本原留有兩大字空间，並無殘泐文字。
〔六二〕「下」，據殘筆劃及甲本補。
〔六三〕「之」，當作「言」，據甲本改。
〔六四〕「陳」，當作「凍」，據甲本改。
〔六五〕「又歌南風」，據甲本補。
〔六六〕「南」，據甲本補。
〔六七〕「以」，當作「八」，據甲本改，《敦煌經部文獻合集》逕釋作「八」。
〔六八〕「競」，甲本作「競也」。
〔六九〕「西北」，據甲本補。
〔七〇〕「也」，甲本無。
〔七一〕「胃」，甲本作「謂」，《敦煌經部文獻合集》認爲「胃」爲「謂」之古字。
〔七二〕「德」，甲本作「德也」。
〔七三〕「十九」，甲本作「十有九年」，且爲單行大字。
〔七四〕「無」，甲本作「毋」。
〔七五〕「阿」，甲本作「柯」。
〔七六〕「彊」，甲本作「疆」，均可通。
〔七七〕「疋」，甲本作「匹」，《敦煌經部文獻合集》釋作「匹」。
〔七八〕「先也」，甲本作「之先」。
〔七九〕斯三三五四始於此句之「疸」。

〔八〇〕『惡』，據殘筆劃及甲本補；『瘡』，甲本作『創』，均可通。
〔八一〕『雍』，據甲本補，《敦煌經部文獻合集》逕釋，按底本『雍』字脱。
〔八二〕『病』，《敦煌經部文獻合集》認爲底本脱，並據甲本校補。
〔八三〕『出』，據甲本補。
〔八四〕『反』，底本原作『及』，按寫本中『及』『反』二字形近易混，故據文義逕釋作『反』。
〔八五〕『納』，甲本作『内』，按『内』爲本字。
〔八六〕『生』，當作『甥』，據甲本改，『生』爲『甥』之借字；『也』，甲本無。
〔八七〕『後』，甲本作『後也』。
〔八八〕『吴』，據甲本補。
〔八九〕『噤』，據甲本補。
〔九〇〕『奇錦反』，甲本無。
〔九一〕『寅』，當作『宣』，據甲本改。
〔九二〕『也』，甲本作『也乎』。
〔九三〕『荀』，當作『苟』，據甲本改。
〔九四〕『齊』，甲本作『齊者』。
〔九五〕『續』，甲本作『續也』。
〔九六〕『大』，當作『丈』，據甲本改；『夫』，甲本作『夫也』。
〔九七〕『恨以私』，據殘筆劃及甲本補。
〔九八〕『佝』，當作『伯』，據甲本改。

〔九九〕「集」，甲本作「輯」，均可通。

〔一〇〇〕「弊」，甲本作「敝」。

〔一〇一〕「侵」，甲本無，《敦煌經部文獻合集》疑係衍文。

〔一〇二〕「詩」，甲本無，據文義應係衍文，當刪，《敦煌經部文獻合集》漏校。

〔一〇三〕「動」，甲本作「得」；「得」，甲本作「時」；「時」，甲本作「動」。

〔一〇四〕「銘」，甲本作「銘也」。

〔一〇五〕「攻」，甲本作「功」。

〔一〇六〕「等」，甲本作「等也」。

〔一〇七〕「力」，甲本作「力也」。

〔一〇八〕「胃」，甲本作「謂」，「胃」古有「謂」義。

〔一〇九〕「而」，據甲本補。

〔一一〇〕「宰」，當作「幸」，據甲本改，《敦煌經部文獻合集》逕釋作「幸」。

〔一一一〕「以怒之」，據甲本補。

〔一一二〕「亡之道也」，據甲本補。

〔一一三〕「光」，甲本同，底本原作「先」形，按寫本中「光」「先」二字形近易混，故據文義逕釋作「光」。

〔一一四〕「兄」，當作「號」，據甲本改。

〔一一五〕「謚」，甲本作「皆謚」。

〔一一六〕「戎子」，據甲本補。

〔一一七〕「適」，甲本作「嫡」，按「適」有「嫡」義。

〔一一八〕『從』，當作『徙』，據甲本改，《敦煌經部文獻合集》逕釋作『徙』；『東』，甲本作『之東』。
〔一一九〕『云云』，甲本無。

參考文獻

Descriptive Catalogue of the Chinese Manuscripts from Tunhuang in the British Museum, The Trustees of the British Museum, London 1957, p. 231；《唐代長安與西域文明》，北京：生活·讀書·新知三聯書店，一九五七年，二一九頁；《敦煌古籍敘録》，北京：商務印書館，一九五八年，五七頁；《大陸雜誌》一九七〇年四一卷七期，二一〇頁；《孔孟學報》一九七一年二一期，一四七頁；《十三經注疏》下册，北京：中華書局，一九八〇年，一九六五至一九六八頁；《敦煌寶藏》二八册，臺北：新文豐出版公司，一九八二年，二〇頁（圖）；《敦煌寶藏》一二四册，臺北：新文豐出版公司，一九八五年，四〇頁（圖）；《敦煌古籍敘録新編》三册，臺北：新文豐出版公司，一九八六年，二六三至二六六頁（圖）；《英藏敦煌文獻》五卷，成都：四川人民出版社，一九九二年，五三頁（圖）；《高雄師大學報》一九九七年九期，三八至三九頁；《法藏敦煌西域文獻》一八册，上海古籍出版社，二〇〇一年，一三四頁（圖）；《敦煌學》二五輯，臺北：樂學書局，二〇〇四年，三一三至三一四、三三三頁；《河北師範大學學報》二〇〇五年二期，九四頁；《敦煌寫卷〈春秋經傳集解〉校證》，北京：中國社會科學出版社，二〇〇五年，二五四至二五七頁（録）；《敦煌經籍敘録》，北京：中華書局，二〇〇六年，二七一至二七五頁；《敦煌寫卷〈春秋經傳集解〉異文研究》，北京：中國社會科學出版社，二〇〇七年，一七、一九頁；《敦煌經部文獻合集》三册，北京：中華書局，二〇〇八年，一三三五至一三四七頁（録）。

斯三三五四背+伯二七六七背　齋儀抄

釋文

官齋行道文

夫駕象藍園，開瑞花於七步；伏龍石室，放靈光於一尋。自闡教五天，祇樹與黄金並價；寂言二月，雙林將白鶴齊形。於是慧日融心，朗覺花於意樹；慈雲比蓋，蔭福牙於大千。天上天下之尊，三乘一乘之主。大雄壯觀，其在兹乎！伏惟某皇帝，聖胎先習，賢首降生，清動植於山河，洗乾坤於日月。故得伐香鼓，延大堰，仰惟衛之靈姿，卷祇闍（園）之絶影〔一〕。

我陛下道邁羲軒，德光堯舜，人歸獄頌（訟）〔二〕，神武自天，日月可以重光，乾坤因而再造。爰因忌日，遂闡良緣，大集僧徒，轉經行道。以此衆多功德，無量善根，奉用莊嚴先聖靈識，惟願上菩提坐，登降三空；昇自在天，遨遊五淨。復憑願力，上資皇帝陛下，壽齊北極，命固南山，天龍將地馬俱亨，日殿與月宫相耀。皇太子至孝光於三善，聖德楙於重離。諸王永固於維城，公主演慶於琁萼。百辟盡忠以奉職，萬人咸化以常安。旁周一切群生，普及十方含識，共拔塵勞之境，同臻妙樂之因。

官事得免

惟某清廉成性，慎密自天，言中範而乃彰，身合禮而[彌]顯〔三〕。頃者枉羅視聽，横被縶維，請佛日以照臨，仰法雲而垂蔭，冀得理明[秦]鏡〔四〕，事潔隨珠〔五〕。寒松肅而更貞，秋水皎而逾淨。故於今日慶荅鴻恩，/惟願年/無九横〔六〕，永離百憂，飾儀宇於功德之香，瑩心靈於般若/之水/。/□擢千尋之幹/，/還/澄萬/傾（頃）之陂〔七〕/。/德標/青蒲之/内/，/聲[聽]白雲之外〔八〕/。

逆修齋

惟某覺沿漚之易壞，知火石之難留，痛五蘊之微躬，慨六塵之假質。欲冀捨部洲之穢剎，託兜率之淨居，預建福因，逆修某七。

社邑

然今社邑諸宿老等，寔謂五陵豪族，六郡名家。或代襲簪纓，或里稱冠蓋，或三明表異，或八俊標奇。知芥城之易空，悟藤井之難久。共崇至福，各契深誠。

課邑

惟某並家傳杞餶（梓）〔九〕，代襲冠纓。丈夫云居少長之中尊，處鄉閭之重望。女婦云節儉貞柔〔一〇〕，温仁善教。慕善如不及，遠惡如探湯〔一一〕。結彼岸之良緣，契菩提之勝侶。於是共敦誠素，各罄珍財，冀彌勒於道初，供釋迦於季運。功德云云。惟某等並是別宗昆季，追朋十室之間；異族弟兄，託交四海之內。可謂邦家令望，鄉黨楷模。麗水無可棄之珍，荆山有見知之寶。爾復信根成就〔一二〕，惠業熏修。怖三惡之長悲，愍四生之多苦。所以家家發菩提之意，各各起檀戒□結勝因，僉崇妙善〔一三〕。功德云云。惟願善根永茂，方成佛樹之榮；惠命逾長，更□□剛之固。法財日富，給孤之寶盈家；天眼時嚴（臨）〔一四〕，提伽之繒滿庫。龍神□□，讚美空中；凡聖咨嗟，宣功冥路。尊親長宿，萬壽無疆；妻室子□

燃燈歎

惟某長居大夜，永固昏迷。火宅限以重關，險路失其□□樂王〔□〕先□〔一五〕，導喜見之高蹤，遂能翹至想於玄門，罄誠□新年啓正之日，初春上月之辰，爰施九仞之輪，當於〔一六〕。□梁盈構，嵯峨與星漢相連；桂棟横開，□□燈吐其朱焰，麗日爭明；龍燭曜其丹輝，滿月〔一七〕，上通有頂之天；虛裹晗曨，下照阿鼻之獄。

祈雨

比見土龍矯首，玄寺無徵，泥人鶴立，往時□自我西郊，所以展敬真宗，虔誠妙覺，傾心懃思，勵□依調御，儼邀蓮座，直詣龍宮，敬設清齋，仰祈甘雨□音遠震，梵響遐傳，勑彼八龍，蔭我千里。慧雲玉葉，霎霴醴泉〔一八〕，霶霈於厚地。草木霑潤，浹野抽翹；菽麥承滋，彌川合穎。□收穫千箱；寡婦摇杞，儲留十歲。上願天心永暢，壽保金輪；地德含光，禎符玉女。云云。

皇王

竊以法蓋遥臨，乘　帝雲而演慶；慈舟廣運，浮　聖海而通祥。藻七淨於珠旒，果崇珠帳；發三明於金鏡，道暢金輪。故使萬國之歡心，能匡得一之淳化。崇宗所以岳鎮，景祚所以天長。伏惟　皇帝陛下澤掩四空〔一九〕，德光千祀。垂仁被物，遐通有頂之區；積慧澄襟，普照無邊之域。滌薰風於庶品，沐甘露於群生。期逾劫石之期，祚逸恒沙之祚。丹墀表慶，紫極延祥。就日騰暉，與星虹而等耀；望雲流彩，共樞電而同鮮。寶運遐崇，琁儀永泰。於是傾埏疊憘〔二〇〕，罄宇馳懽，率土懷生，咸思薦壽。某等忝居黎庶，同獻丹誠〔二一〕，仰讚　皇猷〔二二〕，式陳清供〔二三〕，惟願□〔二四〕

（後缺）

説明

此件由斯三三五四背和伯二七六七背綴合而成，兩件綴合後首全尾缺，中間下部亦有殘缺，存『官齋行道文』『官事得免』『逆修齋』『社邑』『課邑』『燃燈歎』『祈雨』『皇王』等，應屬供起草齋文的僧人參考的文樣抄，故擬名作『齋儀抄』。此件篇題上有墨筆分節符號和朱筆點勘，行間有極淡朱字，無法辨識。此件紙質甚差，很可能寫於唐晚期五代或宋初（參看寧可、郝春文《敦煌社邑文書輯校》，五九〇至五九一頁）。

因兩件綴合處成波紋型，爲便於區分，在釋録綴合處的文字時，以標點爲單位，用『／』表示保存在伯二七六七背上的文字，即在兩個『／』之間的文字，是保存在伯二七六七背上的文字。

校記

〔一〕『闍』，當作『園』，據文義改。

〔二〕『頌』，當作『訟』，據文義改，『頌』爲『訟』之借字。

〔三〕『彌』，據殘筆劃及文義補。

〔四〕『秦』，據殘筆劃及文義補。

〔五〕『隨』，當讀作『隋』，在寫本和石刻資料中，『隋』或作『隨』。

〔六〕伯二七六七背始於此句。

〔七〕『傾』，當作『頃』，據文義改，『傾』爲『頃』之借字。

〔八〕『聽』，據殘筆劃及文義補。

〔九〕『梓』，當作『梓』，據文義改。

〔一〇〕『云』，《敦煌社邑文書輯校》釋作『之』。

〔一一〕『探』，《敦煌社邑文書輯校》釋作『撫』。
〔一二〕『復』，《敦煌社邑文書輯校》釋作『後』。
〔一三〕『僉』，《敦煌社邑文書輯校》釋作『咸』。
〔一四〕『嚴』，當作『臨』，據伯三八〇六背『社文』改。
〔一五〕『樂』，據殘筆劃及文義補；『先』，據殘筆劃及文義補。
〔一六〕『於』，據殘筆劃及文義補。
〔一七〕『月』，據殘筆劃及文義補。
〔一八〕『鏈』，據殘筆劃及文義補。
〔一九〕『掩』，據殘筆劃及伯二九四〇『慶皇猷』補。
〔二〇〕『於』，據殘筆劃及伯二九四〇『慶皇猷』補。
〔二一〕『同獻丹誠』，據殘筆劃及伯二九四〇『慶皇猷』補。
〔二二〕『仰讚皇猷』，據殘筆劃及伯二九四〇『慶皇猷』補。
〔二三〕『式陳清供』，據殘筆劃及伯二九四〇『慶皇猷』補。
〔二四〕『惟願』，據殘筆劃及伯二九四〇『慶皇猷』補。

參考文獻

Descriptive Catalogue of the Chinese Manuscripts from Tunhuang in the British Museum, The Trustees of the British Museum, London 1957, p. 231；《敦煌寶藏》二八册，臺北：新文豐出版公司，一九八二年，二〇頁（圖）；《敦煌寶藏》一二四

册，臺北：新文豐出版公司，一九八五年，四一頁（圖）；《北京師範學院學報》一九九〇年三期，九五頁；《英藏敦煌文獻》五卷，成都：四川人民出版社，一九九二年，五三頁（圖）；《敦煌佛學·佛事篇》，蘭州：甘肅民族出版社，一九九五年，七二至七三頁（録）；《敦煌社邑文書輯校》，南京：江蘇古籍出版社，一九九七年，五八九至五九二頁（録）；《法藏敦煌西域文獻》一五册，上海古籍出版社，二〇〇一年，二七一頁（圖）；《法藏敦煌西域文獻》一八册，上海古籍出版社，二〇〇一年，一三五頁（圖）；《法藏敦煌西域文獻》二〇册，上海古籍出版社，二〇〇二年，一七八頁（圖）；《法藏敦煌西域文獻》二八册，上海古籍出版社，二〇〇四年，一一六頁（圖）；《敦煌吐魯番研究》九卷，北京：中華書局，二〇〇六年，三〇七頁。

斯三三六一　妙法蓮華經卷第一題記

釋文

上元三年七月廿八日，門下省書手袁元悊寫。
用紙十八張。
裝潢手解善集。
初校慧日寺義威。
再校慧日寺義威。
三校慧日寺義威。
詳閲太原寺大德神符。
詳閲太原寺大德嘉尚。
詳閲太原寺寺主慧立〔一〕。
詳閲太原寺上座道成。
判官司農寺上林署令李德。

使朝散大夫守尚舍奉御閻玄道監。

説明

此件《英藏敦煌文獻》未收，現予增收。上元三年即公元六七六年。

校記

〔一〕第二個『寺』，《敦煌遺書總目索引》《中國古代寫本識語集録》《敦煌遺書總目索引新編》漏録。

參考文獻

Descriptive Catalogue of the Chinese Manuscripts from Tunhuang in the British Museum, The Trustees of the British Museum, London 1957,p. 64；《敦煌寶藏》二八册，臺北：新文豐出版公司，一九八二年，四五頁（圖）；《敦煌學要籥》，臺北：新文豐出版公司，一九八二年，一三一至一三二頁（録）；《敦煌遺書總目索引》，北京：中華書局，一九八三年，一七八頁（録）；《中國古代寫本識語集録》，東京大學東洋文化研究所，一九九〇年，二二五至二二六頁（録）；《敦煌研究》一九九四年三期，一一五頁；《敦煌遺書總目索引新編》，北京：中華書局，二〇〇〇年，一〇三頁（録）。

斯三三六五背　轉帖

釋文

（前缺）

轉帖

□兆兆身

色物两文（一）

（後缺）

説明

此卷正面爲《梵網經》。此件保存在修補佛經之殘紙上，首殘尾缺，上下部亦缺，僅存中間三殘行。

《英藏敦煌文獻》未收，現予增收。

校記

〔一〕『色』，據殘筆劃及文義補。

參考文獻

《敦煌寶藏》二八册，臺北：新文豐出版公司，一九八二年，六七頁（圖）。

斯三三六六　大般涅槃經音

釋文

大般涅槃經音

第一袟〔第〕一卷〔一〕：佉。櫓。竅。葶。藶。机。睒。皃。煕〔二〕。稍。啅。向〔三〕。

第二卷：株。杌。糜。蜂。螫。隧。囹。圄。徑〔四〕。蹬。俾。倪。醎。眩〔五〕。麩。

第三卷：揃。踚〔六〕。掠。完。薹。曹。

第五卷：創。疣。瞑。髑。糜。瞉。積。

第六卷：惡。稊。叛。邏。

第七卷：鍑。躄。斲。

第八卷：醪〔七〕。囈〔八〕。咽。呿。蠶。蛣〔九〕。蛲。蔗〔一〇〕。

第九：盆。陂。緻。蹈。蒴。疱。癘。

第十：爽。姝〔一一〕。瑰〔一二〕。恕。

第十一：蟠。刻。温〔一三〕。煗。潰。毦。氍。毹。

第十二：胲。皴。趺。瓌〔一四〕。瑋〔一五〕。螌。
第十三：鉗。眴。
第十四：涎。眄。
第十六：劓。
十八：鞆。
第十九：緊。掖〔一六〕。
第廿二：澓。
廿三：戮。哲〔一七〕。族。栰。
廿四：懶。
廿五：橛。估。睒〔一八〕。
廿六：粘。糲〔一九〕。
廿七：毳。
廿八：互。熛。鴿。橘。睖。
廿九：豚。匏。嘴。剖。
卅：捔。
卅一：呻。號。托〔二〇〕。

卅二：舀（臼）〔二二〕。　緶。眊。脆。

卅三：駮。瓠。脔。踋。

卅四：閉。氀〔二三〕。毾。

卅六：瘦。坻。鼠。

卅七：紝。沾。

卅八：膜。糙〔二三〕。曄（曅）〔二四〕。兕。屠。眴。礪。鉋。怙（怗）〔二五〕。瓶。

卅九：禰。嚚。憒〔二六〕。綾〔二七〕。榛。

卌：机。槊。

卌二：壜。稍。罥。雉。纛。掠。慘。慨。悼。

説明

此件首尾完整，首題『大般涅槃經音』，但卷中並無注音，《敦煌經部文獻合集》根據卷中每個難字之下均留有空格，認爲空格當爲注音預留，抄手原來準備把難字摘出後再注音，但後來因故没有完成。此件所據經本爲四十卷本《大般涅槃經》北本和兩卷本《大般涅槃經後分》合併之四十二卷本。其中卷三二等字次與經文相反（參看《敦煌經部文獻合集》十册，五二五六頁）。此件中多字不見於現知經本的相應位置，值得研究。

《敦煌音義匯考》推斷敦煌本《大般涅槃經音》撰成之上限當在慧琳《一切經音義》之後（《敦煌音義匯考》，一〇三二頁）。

校記

〔一〕第一個「第」，底本原作「弟」，按手書中「弟」「第」形近易混，故據文義逕釋作「第」，《敦煌經部文獻合集》釋作「弟」，以下同，不另出校；第二個「第」，據文義補。

〔二〕「熙」，底本原有「氵」旁，當係增旁俗字。

〔三〕「向」，底本原寫作「扃」，《敦煌經部文獻合集》認爲係「向」之增旁俗字。

〔四〕「徑」，《敦煌音義匯考》釋作「□」，認爲係「恪」之殘。

〔五〕「眩」，底本作「酤」，係涉上文「醎」字而成之類化俗字。

〔六〕「踰」，經本相應位置未見，《敦煌音義匯考》認爲係衍文。

〔七〕「醪」，經本相應位置未見，《敦煌經部文獻合集》疑底本所據經本「酵」又作「酢」。

〔八〕「囈」，《敦煌音義匯考》釋作「讛」，雖義可通而字誤。

〔九〕「蛣」字下有未寫成之「虫」字旁。

〔一〇〕「蔗」字下有「艹」字旁。

〔一一〕「姝」，《敦煌音義匯考》認爲據經文，「姝」當在「瓌」之後。

〔一二〕「瑰」，底本原寫作「璝」，「璝」同「瑰」，《敦煌音義匯考》認爲「璝」同「瓌」，《敦煌經部文獻合集》認爲「璝」係「瓌」之俗字。

〔一三〕「温」，底本原寫作「煴」，係涉下文「煐」字而成之類化俗字。

〔一四〕『瓌』字下有未寫成之『王』字旁。

〔一五〕『瑋』，《敦煌音義匯考》認爲係涉上文『瓌』字而成之類化俗字，疑未當。

〔一六〕『掖』，《敦煌經部文獻合集》釋作『旅』，認爲該字乃『旅』之俗字，按經文原文中既無『旅』，亦無『掖』。

〔一七〕『哲』，底本原寫作『喆』，『喆』爲『哲』之古字。

〔一八〕『睒』，《敦煌經部文獻合集》認爲據經文，『估』『睒』當在『橛』之前。

〔一九〕『穤』，《敦煌音義匯考》認爲當作『穤』，『穤』同『穤』，《敦煌經部文獻合集》認爲係『穤』之俗字。

〔二〇〕『抵』，《敦煌音義匯考》認爲『抵』同『撓』，《敦煌經部文獻合集》認爲係『撓』之俗字，按『抵』字亦有據。

〔二一〕『舀』，當作『臼』，《敦煌經部文獻合集》據《大般涅槃經》校改。

〔二二〕『氉』字下有未寫成之『毛』字旁。

〔二三〕『煯』，《敦煌經部文獻合集》認爲係『煒』之俗訛字，疑未當。

〔二四〕『瞸』，當作『曄』，《敦煌經部文獻合集》據《大般涅槃經》校改。

〔二五〕『怗』，當作『怙』，《敦煌經部文獻合集》據《大般涅槃經》校改。

〔二六〕『憒』，《敦煌經部文獻合集》認爲係『責』之增旁俗字。

〔二七〕『綾』，《敦煌音義匯考》認爲據《大般涅槃經》當作『桵』，《敦煌經部文獻合集》認爲係『綏』之訛。

參考文獻

Descriptive Catalogue of the Chinese Manuscripts from Tunhuang in the British Museum, The Trustees of the British Museum, London, 1957, p. 267；《敦煌寶藏》二八册，臺北：新文豐出版公司，一九八二年，六八頁（圖）；《英藏敦煌文獻》五

卷，成都：四川人民出版社，一九九二年，五四頁（圖）；《敦煌研究》一九九七年二期，一一五至一一六頁；《敦煌音義匯考》，杭州大學出版社，一九九六年，一〇三一至一〇三二、一〇九一至一〇九五頁（圖）；《敦煌經部文獻合集》十册，北京：中華書局，二〇〇八年，五二五六至五二六四頁（圖、録）。

中國文化遺産研究院藏西域文獻遺珍〇七三+伯二三九五+斯三三七〇　道要靈祇神鬼品經

釋文

（前缺）

故用道者與神明期〔一〕，道之與德更明思〔二〕，神與人者内相持〔三〕，□

《太平經》云〔四〕：古者，神聖真人皆能守道〔五〕，清静之時〔六〕，且食諸神皆呼而與其語言〔七〕，比若今人呼客矣〔八〕。

《太平經》云〔九〕：天地四時五行，衆神吏直人命録〔一〇〕，可不敬重，念報其恩。不欲爲善，事反天神。天神使風雨不調〔一一〕，行氣轉易〔一二〕，當寒反温，〔當〕〔温〕反寒〔一三〕。

《太平經》云〔一四〕：大神比如國家中臣〔一五〕，治輔公位，名爲大神。大神有小私，天君聞知，復退矣，故不敢懈息〔一六〕。小神走使〔一七〕，安得自在。

又云：四時之精神，猶風也、水也，隨人意而爲邪正。人正則正，人邪則邪。故須得其人，廼可立事也〔一八〕。不得其人，道難用也。夫水，本隨器方員〔一九〕，〔方〕〔員〕無常〔二〇〕，風氣亦隨人治爲，善惡無常〔二一〕。此即其明戒也〔二二〕。天地之神與風氣影響但隨人〔二三〕，爲明戒耳〔二四〕。

《老子觀身太清中經》云：八卦天神下著於人〔二五〕，常衛太一，爲八方使者，主八節之日上計，校定天下吉凶。乾神，字仲尼，號伏戲。坎神，字大象子。艮神，字非先王。震神，字小曾子。巽神〔二六〕，字大憂侯。離神，字文昌。坤神，字揚翟耀王，號曰女媧。兑神，字一世。人常以八節日存念之，吉。

《太上女青鬼律》云：甲子十日一旬，凶神姓玄，名玉衡。甲戌十日一旬，凶神姓恆，名捧。甲申十日一旬，凶神姓既，名閏音盈〔二七〕。甲午十日一旬，凶神姓本，名滿。甲辰十日一旬，凶神姓垣〔二八〕，名堅子〔二九〕。甲寅十日一旬，凶神姓蘇，名⿺辶各音落〔三〇〕。右六甲凶神主惡逆煞事。

《太上八素真經》云：第一之戒，不得不敬於天，不得謂天無神，呼地無鬼。

魔王〔三一〕

《太上太霄琅書經》云：東華青童曰：魔爲數種〔三二〕，有天魔、地魔、人魔〔三三〕、鬼魔。今言六天大魔王者〔三四〕，是天地之大魔王，其宿世有大功德，故得爲此魔王，與帝釋比德，共執事於天地人，上屬太上玉京，爲天帝之下官耳，其餘無所不制。夫人學道，先經小魔試，道成時大王皆臨〔三五〕，大試過，便保舉上登玉京臺。

《昇玄經》云：太上曰：有八男子、十一女人，初聞此經，生不信意，從座而退，爲天魔異道惑亂其心。

力士〔三六〕

《洞淵經》云：守堂力士録人名字，付考官。考官考煞人精神，令人炁力惙〔三七〕，魂遊揚，遂致死亡。天下有力士名烏玄，卌九萬人〔三八〕，遊行國界，若有三洞法師轉經之處，三五之人，一二護之，不令有惡。

空神〔三九〕

《昇玄經》云：太上呪曰：東極虚空天神地祇龍鬼，乃至下極虚空天神地祇龍鬼等，諦聽吾命，是善男子道陵，今以建意，於將來世作大法師〔四〇〕，護度一切。汝等便於今日宜當建意，率領官屬殷勤覆護。

社神〔四一〕

《老子天地鬼神目録》云：京師社神，天之正。左陰右陽〔四二〕，姓黄名崇，本揚州九江歷陽人也，秩萬石，主天下名山，大神社皆臣從〔四三〕。河南社神〔四四〕，天帝三光也。左青右白，姓戴名高，本冀州勃海人也〔四五〕，秩萬石，主陰陽連相〔四六〕，祝咀取人也〔四七〕，人命故終也。諸神（社）神天封之〔四八〕，各自主督，天下血食鬼〔四九〕，無大小〔五〇〕，莫有不伏者。

《三皇經》云：豫州社姓范名禮，雍州社姓脩名理，梁州社姓黄名宗，荆州社姓張名豫，揚州社姓鄒名昆〔五一〕，徐州社姓韓名季，青州社姓殷名育，兖州社姓費名明，冀州社姓馮名遷，稷州社姓戴名高〔五二〕。右九州，上應天九星之根，九宫所在，領九州。爲常人，能憶九州之社，一天之稷，呼其姓名，問其是非，皆白兆吉凶，可而使之〔五三〕，賞善罰惡，救濟蒼生也。

山神〔五四〕

《仙公請問經下》云：欲入山居幽處，宜先受經業，恭肅事師，脩諸善功，以伏山神。山無大小，皆有神靈。山大則神大，山小則神小。山神壞〔五五〕，人亦不立也。人不解至法，不知脩善立功，此何以能久山栖乎？

《老子天地鬼神目録》云：太山獄丞，姓君名後。陽山獄丞，姓朱名兆。雨山，天之井也，姓夏名澤，治在會稽南山，號曰泄公，得治已五百年。袁山君，天之都吏，姓袁名章，治在吴郡陽羨南山，秩三千石，得治已七百廿年〔五六〕。越山君，天之從事，姓許名軫。鄞縣東山神，姓吕名承，本廣漢人，秩六千石。故是蜀太守〔五七〕，死，天封之，得限食鄞縣治已五百一十年。章安山神，姓傭名遂〔五八〕，本自縣民，無秩，相白衣，年七十死，從天帝在將軍侯食〔五九〕，其山號曰傭〔六〇〕，漸有功〔六一〕，得血食治已七百七十二年〔六二〕。剡縣黄山神〔六三〕，姓吴名女動，稱地限食侯官，血食治已得七百廿年〔六四〕。東方蜀山神，姓千名李舉〔六五〕。南方劉山神，姓劉字太伯〔六六〕。西方九銅山神，姓箕字起陽。北方崐崘山，天之中也，地之母也，姓陽字大卿〔六七〕。父子山神，姓周字仲諸。大穀山神，姓武字幼父〔六八〕。滿車山神，姓傅字幼思。綷公山〔神〕〔六九〕，姓皇字太初。皖公山〔神〕〔七〇〕，姓皇字仲曾。放公山〔神〕〔七一〕，姓皇字元台。灊公山神，姓皇字幼林。越漢公山〔神〕〔七二〕，姓陳字景元。尼浦山神，姓陳字少思。西塞山姥，字女勝。樊山姥，字女娥，宫亭本名銅鋌山。廬匡君，在中治廬，君名俗字君孝〔七三〕。滿山君，姓吕名冀〔七四〕，字叔謀〔七五〕，生時爲師，治在婁縣南山。柯山君，姓馮字夷〔七六〕，叔父故是邯鄲令〔七七〕，治在本縣西也。

水神〔七八〕

《仙公請〔問〕經下》云〔七九〕：水皆有神，八海則有神王居焉，江湖河濟，皆有神也。又龍治其清淵。河伯、水官，各有宫殿府寺，亦七寶琱琢〔八〇〕，悉諸仙人之下官〔宫〕

也〔八一〕。

《老子觀天太清中經》云：河伯神，名曰馮夷，號無梁使者。

《老子天地鬼神目録》云：河政公，字青曾，一名有。河上公，字定明。河陽公，字定陵。河陰公，字定勝。河持法公，字少恆。南海公，字少明。北海公，字永昌。一名水昌。東海公，字四易。一名西易。河伯，字崙仲。一名崇仲。濤中君，字流相。回水君〔八二〕，字伯行。溝淵君，字泉荆。一名衆探〔八三〕。水澤君，字扶牲。河仙君，字伯陽。一名河陽。大河使君，字定安。鉤河君，字女倉。食河始（姹）〔八四〕，字少首。太河父，字元效。東海胡君〔八五〕，屬侍北斗。東海神，姓辱名牧，主駕飛龍，號曰天帝公，秩萬石，得治已七百五十年。西海神，姓馮名脩，主駕小魚，號曰地太一，秩萬石。南海神，姓句名大，主駕水鯉，號曰地天公，秩萬石。北海神，姓何名伯〔八六〕，主駕蛟龍，號曰地天一，秩萬石。孟津河侯〔八七〕，姓周名歐。東海馬銜君，治在東海中，與河伯供（共）參事東王父〔八八〕。北湖姹，姓帛。孳湖姹，姓皇字幼女〔八九〕。

（後缺）

説明

此件由中國文化遺産研究院藏西域文獻遺珍〇七三、伯二三五九、斯三三七〇綴合而成，三件綴合後仍是首尾均缺，起『故用道者與神明期』，訖『姓皇字幼女』之『幼』字。其内容爲《道要靈祇神鬼品經》。其中，中國文化遺産研究院西域文獻〇七三爲原中央文化部收集品，首尾均缺，起『故用道者與神明期』，訖『夫水本隨器方員』；伯二三九五，首尾均缺，起『無常風氣』，訖『漸有功』，其中有朱筆校勘；斯三三七〇，首尾均缺，起『漸有功』，訖『姓皇字幼女』。

現知敦煌文獻中保存有《道要靈祇神鬼品經》的寫本尚有斯九八六A、斯九八六B、斯一七二八、伯二四三二、伯二七五三、伯三二九七、伯三三五六、BD一四八四一（L）［新一〇四一（L）］和北大D一九九。據王卡研究，中國文化遺産研究院藏本、伯二三九五、斯三三七〇可以直接綴合，斯九八六B、伯二四三二可以直接綴合，伯二七五三、斯九八六A可以直接綴合，並且以上七件筆跡、紙質相同，原係同一抄本。抄本不避『治』字諱，當是唐初抄本。伯三二九七、伯三三五六、斯一七二八、BD一四八四一（L）、北大D一九九等五件筆跡相同，亦應係同一抄本之不同部分，其中伯三三五六及斯一七二八可直接綴合（參看《敦煌道教文獻研究：綜述·目録·索引》，二五五至二五六頁）。

以上釋文以中國文化遺産研究院藏西域文獻遺珍〇七三+伯二三九五+斯三三七〇爲底本，用對此件有校勘價值的伯三二九七（稱其爲甲本）、《中華道藏》（稱其爲乙本）參校。

校記

（一）『故用道』，據乙本補；『期』，乙本無。

〔二〕「道之與德更明」，據乙本補。
〔三〕「持」，乙本作「恃」。
〔四〕「太平經」，乙本作「又」。
〔五〕「皆能守道」，據乙本補。
〔六〕「清靜」，據乙本補。
〔七〕「語言」，據殘筆劃及乙本補。
〔八〕「比若」，據乙本補；「客」，底本原作「容」形，因「容」「客」形近，在手書中易混，故逕釋作「客」。
〔九〕「太平經」，乙本作「又」。
〔一〇〕「吏」，乙本作「更」。
〔一一〕「天神」，據殘筆劃及乙本補；「不調」，據乙本補。
〔一二〕「氣」，據殘筆劃及乙本補；「轉」，據乙本補；「易」，據殘筆劃及乙本補。
〔一三〕「當温」，據乙本補。
〔一四〕「太平經」，乙本作「又」。
〔一五〕「中」，乙本作「忠」。
〔一六〕「息」，乙本作「怠」。
〔一七〕「走使」，乙本作「者」。
〔一八〕「事」，據乙本補；「也」，據殘筆劃及乙本補。
〔一九〕「員」，乙本作「圓」。
〔二〇〕「方」，據乙本補；「員」，據文義補，乙本作「圓」。伯二三九五始於此句之「無」字。

〔二一〕『無』，據殘筆劃及乙本補；『常』，據乙本補。
〔二二〕『此即其』，據乙本補。
〔二三〕『嚮』，乙本作『響』；『但』，乙本無；『人』，據乙本補。
〔二四〕『爲明』，據乙本補。
〔二五〕『於』，據殘筆劃及乙本補。
〔二六〕『巽』，據殘筆劃及乙本補。
〔二七〕『閏』，乙本作『閨』；『盈音』，乙本作『音盈』。
〔二八〕『垣』，乙本作『恆』。
〔二九〕『子』，據乙本補。
〔三〇〕『落音』，乙本作『音落』。
〔三一〕『王』，乙本作『正品』。
〔三二〕『爲』，乙本作『有』。
〔三三〕『人魔』，乙本無。
〔三四〕『王』，據殘筆劃及乙本補。
〔三五〕『大』，乙本作『大魔』。
〔三六〕『士』，乙本作『士品』。
〔三七〕『炁』，乙本作『氣』，『炁』同『氣』；『惙』，乙本作『惙惙』。
〔三八〕『卌』，乙本作『四十』。
〔三九〕『神』，乙本作『神品』。

〔四〇〕「世作」，據殘筆劃及乙本補。
〔四一〕「神」，乙本作「神品」。
〔四二〕「陰」，乙本作「陽」；「陽」，乙本作「陰」。
〔四三〕「從」，乙本作「從之」。
〔四四〕甲本始於「神」字。
〔四五〕「勃」，甲本同，乙本作「渤」，均可通。
〔四六〕「連」，甲本同，乙本作「相」；「相」，甲本同，乙本作「運」。
〔四七〕「祝」，甲本同，乙本作「呪」，均可通；「咀」，甲本同，乙本作「詛」，均可通；「也」，甲本同，乙本作「及」，誤。
〔四八〕第一個「神」，甲本同，當作「社」，據乙本改。
〔四九〕「鬼」，甲本同，乙本作「鬼邪」。
〔五〇〕「小」，甲本同，乙本作「無小」。
〔五一〕「昆」，甲本同，乙本作「混」。
〔五二〕「州社」，甲本同，乙本無，疑係衍文，當删。
〔五三〕「而」，甲本同，乙本無。
〔五四〕「神」，甲本同，乙本作「神品」。
〔五五〕「山」，甲本同，乙本無。
〔五六〕「廿」，甲本同，乙本作「二十」。
〔五七〕「蜀」，甲本同，乙本作「蜀郡」。

〔五八〕『傭』，甲本同，乙本作『煦』。
〔五九〕『在』，甲本同，乙本作『左』。
〔六〇〕『傭』，甲本同，乙本作『煦』。
〔六一〕甲本止於此句之『有』字。
〔六二〕『得』，乙本無。
〔六三〕『剡』，乙本作『郯』，誤。
〔六四〕『廿』，乙本作『二十』。
〔六五〕『李』，乙本作『季』。
〔六六〕『太』，乙本無。
〔六七〕『姓』，乙本作『神姓』；『陽』，乙本作『湯』。
〔六八〕『父』，乙本作『文』。
〔六九〕『神』，據乙本補。
〔七〇〕『神』，據乙本補。
〔七一〕『神』，據乙本補。
〔七二〕『神』，據乙本補。
〔七三〕『君』，乙本作『盧君』。
〔七四〕『名』，底本原有兩個『名』，一在行末，一在次行行首，此爲當時的一種抄寫習慣，可以稱作『提行添字例』，第二個『名』應不讀，故未録。
〔七五〕『謀』，乙本作『諶』。

〔七六〕『夷』，乙本作『子夷』。
〔七七〕『令』，乙本作『今』，誤。
〔七八〕『神』，乙本作『神品』。
〔七九〕『問』，據乙本補。
〔八〇〕『琢』，乙本作『瑑』。
〔八一〕『官』，當作『宮』，據乙本改。
〔八二〕『回』，乙本作『四』。
〔八三〕『衆』，乙本作『泉』；『探』，乙本作『棕』。
〔八四〕『始』，當作『姥』，據乙本改。
〔八五〕『海』，乙本作『河』。
〔八六〕『何』，乙本作『河』。
〔八七〕『孟』，乙本作『益』。
〔八八〕『供』，當作『共』，據乙本改。
〔八九〕『女』，據乙本補。

參考文獻

Descriptive Catalogue of the Chinese Manuscripts from Tunhuang in the British Museum, The Trustees of the British Museum, London, 1957, p. 223；《文物》一九六四年八期，五五至五六頁（圖）；《敦煌寶藏》二八册，臺北：新文豐出版公司，

一九八二年，九四、三六〇頁（圖）；《敦煌寶藏》一一九册，臺北：新文豐出版公司，一九八二年，五八八至五九四頁（圖）；《道藏》一八册，上海書店，一九八八年，三八四至三八六頁（録）；《英藏敦煌文獻》五卷，成都：四川人民出版社，一九九二年，五四至五五頁（圖）；《法藏敦煌西域文獻》一三册，上海古籍出版社，二〇〇〇年，一九六至一九七頁（圖）；《法藏敦煌西域文獻》二三册，上海古籍出版社，二〇〇二年，一〇三頁（圖）；《中華道藏》一八册，北京：華夏出版社，二〇〇四年，三七一至三七三頁（録）；《敦煌道教文獻研究：綜述·目録·索引》，北京：中國社會科學出版社，二〇〇四年，二二五至二二六頁；《英藏敦煌社會歷史文獻釋録》四卷，北京：社會科學文獻出版社，二〇〇六年，四六二至四九一頁（録）；《英藏敦煌社會歷史文獻釋録》七卷，北京：社會科學文獻出版社，二〇〇六年，五五三至五六〇頁（録）；《中國文化遺産研究院藏西域文獻遺珍》，北京：中華書局，二〇一一年，一二六頁（圖、録）。

斯三三七五+斯一一四四六EV+斯一一四四六F　唐永徽二年（公元六五一年）東宮諸府職員令

釋文

（前缺）

□□人兼有官[一]、封者，府佐[二]、國官各依官爵置。若官兩應得府佐、親事、帳内者，准從多，不虛並置。其有散官下行職事者[三]，依本品置。

諸職事官三品以上應置府佐者，其記室、功曹，聽自訪。有學□□無保任者[四]，准擬送名，所司簡試。其通經文義者[五]，試一中經、一小經以上及《孝經》《論語》十條得六以上[六]。其白讀者，試一大經、一小經，或一中經[七]、一小經[八]，皆兼《孝經》《論語》。其試□帖[九]，各率十條得六以上[一〇]。如有史學者，試《史記》《前漢書》《後漢書》《三國志》内任帖一部[一一]，試及通數准經。其解屬文者，試時務三條得二，或□雜文一首，皆文詞順序，不失意義。□□不□□□願依舊任者加散官〔一二〕，即試□□後〔一三〕，經一考中上〔一四〕，而以理去任，更無人舉擬者，聽於常選視品府佐内續勞〔一五〕。

諸府佐、國官及親事、帳内，府主有解免者〔一六〕，隨所因得者追。其以理去官者，並不追。

諸府佐、國官、親事、帳内，府主身薨者，府佐、親事、帳内過葬追，無子〔一七〕，亦准此。國官聽終喪。若有襲爵者，即聽其迴事。□□□人無五品以上職事者，□准帶五品以上職事效留〔一八〕。

□□□人有爵而無五品以上職事者，亦准帶五品職事置〔一九〕。國伯以下不合。其二王後國官及親事□即迴事□不在追官之□〔二〇〕。非理死，若除、免者，□□即追配。

令卷第六　東宮諸府職員〔二一〕

永徽二年閏九月十四日朝散大夫守刑部郎中上柱國判删定臣賈敏行上〔二二〕

將仕郎守秘/書省正字武騎尉臣□□/〔二三〕

尚書刑部主事武騎/尉臣袁武/〔二四〕

尚書刑部主事飛騎　〔二五〕

尚書都省主事飛騎尉　〔二六〕

登仕郎行門下　〔二七〕

（後缺）

說明

此件由斯三三七五、斯一一四四六EV、斯一一四四六F綴合而成，綴合後的文本仍是首尾均缺。因其尾部有『令卷第六東宮諸府職員』、『永徽二年閏九月十四日』及『刪定臣賈敏行』、『武騎尉臣袁武』等内容，故可以確定其爲《永徽令》卷六《東宮諸府職員令》的部分内容。

現知與此件屬於同一寫卷的還有伯四六三四A（位置在此件之前）、『斯一八八〇A+斯一一四四六CV+斯一一四四六D+斯一八八〇B』（位置亦在此件之前）和伯四六三四C（位置在此件之後）等斷片。本書第八卷曾收録另一斷片即『斯一八八〇A+斯一一四四六CV+斯一一四四六D+斯一八八〇B』，關於此件與同寫卷其他斷片之關係及寫卷背面的情況等均請參看本書第八卷斯一八八〇之『說明』。

因綴合處呈現不規則形狀，爲便於區分，在釋録綴合處的文字時，以標點爲單位，用『/』表示保存在斯三三七五上的文字，即兩個「/」之間的文字，是保存在在斯三三七五上的文字。

校記

〔一〕「□□」，*Tun-huang and Turfan Documents Concerning Social and Economic History* I 校補作「諸一」。

〔二〕「佐」，*Tun-huang and Turfan Documents Concerning Social and Economic History* I 據文義校補，《敦煌吐魯番法制文書考釋》《敦煌社會經濟文獻真蹟釋録》均逕釋作「佐」。

〔三〕「下」，《敦煌社會經濟文獻真蹟釋録》釋作「以下」，誤；「行」，*Tun-huang and Turfan Documents Concerning Social and Economic History* I、《敦煌社會經濟文獻真蹟釋録》均未能釋讀，《敦煌吐魯番法制文書考釋》認爲底本原殘，校補作「無」；「職」，《唐令拾遺補》據文義校補，*Tun-huang and Turfan Documents Concerning Social and Economic History* I、《敦煌吐魯番法制文書考釋》、《敦煌社會經濟文獻真蹟釋録》均釋作「親」。

〔四〕第一個「□」，《敦煌吐魯番法制文書考釋》校補作「行」；第二個「□」，《唐永徽職員令の復元——S. 一一四四六の剝離結果について》校補作「人」，《敦煌吐魯番法制文書考釋》校補作「而」；「無」，《唐永徽東宮諸府職員令殘卷若干問題》釋作「並」。

〔五〕「經」，*Tun-huang and Turfan Documents Concerning Social and Economic History* I 據殘筆劃及文義校補，《唐永徽職員令の復元——S. 一一四四六の剝離結果について》校補作「曉」。

〔六〕「小」，*Tun-huang and Turfan Documents Concerning Social and Economic History* I 據殘筆劃及文義校補。

〔七〕「經」，*Tun-huang and Turfan Documents Concerning Social and Economic History* I 據文義校補，《敦煌吐魯番法制文書考釋》逕釋作「經」。

〔八〕「一小」，*Tun-huang and Turfan Documents Concerning Social and Economic History* I 據文義校補。

〔九〕『其』，*Tun-huang and Turfan Documents Concerning Social and Economic History* Ⅰ據文義校補，《敦煌吐魯番法制文書考釋》逕釋作『其』；『試』，*Tun-huang and Turfan Documents Concerning Social and Economic History* Ⅰ據文義校補；『□』，*Tun-huang and Turfan Documents Concerning Social and Economic History* Ⅰ校補作『經』。

〔一〇〕『條』，*Tun-huang and Turfan Documents Concerning Social and Economic History* Ⅰ據文義校補；『得』，*Tun-huang and Turfan Documents Concerning Social and Economic History* Ⅰ據殘筆劃及文義校補。

〔一一〕『後漢』，*Tun-huang and Turfan Documents Concerning Social and Economic History* Ⅰ據殘筆劃及文義校補。

〔一二〕第三個『□』，《唐代制度史略論稿》疑當釋作『願』；第六個『□』，《唐代制度史略論稿》釋作『而』；『願』，《唐永徽職員令の復元——S. 一一四四六の剝離結果について》據殘筆劃及文義校補，《敦煌吐魯番法制文書考釋》校補作『須』。

〔一三〕『□□』，《敦煌吐魯番法制文書考釋》校補作『得官』。

〔一四〕『中上』，*Tun-huang and Turfan Documents Concerning Social and Economic History* Ⅰ據文義校補。

〔一五〕『内』，*Tun-huang and Turfan Documents Concerning Social and Economic History* Ⅰ疑當釋作『曰』，《敦煌社會經濟文獻真蹟釋録》釋作『曰』。

〔一六〕『主』，*Tun-huang and Turfan Documents Concerning Social and Economic History* Ⅰ據殘筆劃及文義校補，《敦煌吐魯番法制文書考釋》逕釋作『主』。

〔一七〕『無』，《敦煌吐魯番法制文書考釋》據殘筆劃及文義校補，*Tun-huang and Turfan Documents Concerning Social and Economic History* Ⅰ疑當校補作『無』；『子』前，《敦煌吐魯番法制文書考釋》校補『妻』字。

〔一八〕『□』，《唐代制度史略論稿》校補作『聽』。

〔一九〕『帶五』，*Tun-huang and Turfan Documents Concerning Social and Economic History* Ⅰ據文義校補。

〔二〇〕『追』，《唐代制度史略論稿》釋作『退』，誤；『之』，*Tun-huang and Turfan Documents Concerning Social and Economic History* Ⅰ校補作『之』；『□』，*Tun-huang and Turfan Documents Concerning Social and Economic History* Ⅰ校補作『限』。

〔二一〕『諸』，據殘筆劃及文義補，*Tun-huang and Turfan Documents Concerning Social and Economic History* Ⅰ逕釋作『諸』，《中國古代寫本識語集録》釋作『王』；『府職員』，*Tun-huang and Turfan Documents Concerning Social and Economic History* Ⅰ據文義校補，《中國古代寫本識語集録》逕釋作『府職員』。

〔二二〕『朝散』，《中國古代寫本識語集録》據殘筆劃及文義校補，*Tun-huang and Turfan Documents Concerning Social and Economic History* Ⅰ疑當校補作『朝散』，《歐洲所藏西域出土漢文寫本調査隨記》逕釋作『朝散』。

〔二三〕『將』，《唐永徽職員令の復元——S. 一一四四六の剥離結果について》據殘筆劃及文義校補，《歐洲所藏西域出土漢文寫本調査隨記》逕釋作『將』；『仕』，《歐洲所藏西域出土漢文寫本調査隨記》據殘筆劃及文義校補；『郎』，《唐永徽職員令の復元——S. 一一四四六の剥離結果について》據殘筆劃及文義校補，《歐洲所藏西域出土漢文寫本調査隨記》逕釋作『郎』；『守』，《唐永徽職員令の復元——S. 一一四四六の剥離結果について》據文義校補；『秘』，*Tun-huang and Turfan Documents Concerning Social and Economic History* Ⅰ據文義校補。

〔二四〕『騎』，《唐永徽職員令の復元——S. 一一四四六の剥離結果について》據殘筆劃及文義校補，《永徽二年東宮諸府職員令の復元——大英圖書館藏同職員令斷片（斯一一四四六）の發見に際して》疑當校補作『騎』，《歐洲所藏西域出土漢文寫本調査隨記》逕釋作『騎』；『尉』，*Tun-huang and Turfan Documents Concerning Social and Economic History* Ⅰ據文義校補，《永徽二年東宮諸侯府職員令の復元——大英圖書館藏同職員令斷片（斯一一四四六）の發見に際して》逕釋作『尉』。『尚書刑部主事武騎』在斯一一四四六EV上。

〔二五〕『刑部』，《唐代制度史略論稿》釋作『都省』，誤；此句後，《唐永徽職員令の復元——S. 一一四四六の剥離結果について》校補『尉臣』二字。此句在斯一一四四六EV上。

〔二六〕『尉』，*Tun-huang and Turfan Documents Concerning Social and Economic History* I據殘筆劃及文義校補，《歐洲所藏西域出土漢文寫本調査隨記》逕釋作『尉』；『尉』後，《唐永徽職員令の復元——S. 一一四四六の剝離結果について》校補『臣』字。此句在斯一一四四六F上。

〔二七〕此句後，《唐永徽職員令の復元——S. 一一四四六の剝離結果について》校補『典儀』二字，《唐令拾遺補》逕釋作『典儀』。此句在斯一一四四六F上。

參考文獻

Tun-huang and Turfan Documents Concerning Social and Economic History I，Legal Texts（A），Tokyo，The Toyo Bunko，1980，pp. 36–37，101–102（録），（B），1978，pp. 40–41；《敦煌寶藏》一八册，臺北：新文豐出版公司，一九八一年，一三三至一三四頁（圖）；《國學院雜誌》八三卷二號，一九八二年，二〇頁；《中國史研究動態》一九八六年一〇期，二五頁（録）；《敦煌吐魯番文獻研究論集》三輯，北京：北京大學出版社，一九八六年，二三一至二三三頁（録）；《東洋法史の探究——島田正郎博士頌壽記念論集》，東京：汲古書院，一九八七年，一八七、二〇八至二〇九（録）；《敦煌吐魯番唐代法制文書考釋》，北京：中華書局，一九八九年，一九三至一九六頁（録）；《敦煌社會經濟文獻真蹟釋録》二輯，北京：全國圖書館文獻縮微複製中心，一九九〇年，五五二至五五三頁（録）；《中國古代寫本識語集録》，東京：大藏出版株式會社，一九九〇年，一九五頁（録）；《英藏敦煌文獻》五卷，成都：四川人民出版社，一九九二年，五六頁（圖）；《英國圖書館藏敦煌漢文非佛教文獻殘卷目録（S. 6981–13624）》，臺北：新文豐出版公司，一九九四年，二〇六至二〇七頁；《唐令拾遺補》，東京：東京大學出版會，一九九七年，三五二至三五四頁（録）；《唐代制度史略論稿》，北京：中國政法大學出版社，一九九八年，五七至六一頁（録）；《中國中古禮律綜論》，北京：商務印書館，二〇一七年，四八〇至四九四頁。

斯三三八〇　太上靈寶洗浴身心經一卷

釋文

太上靈寶洗浴身心經一卷〔一〕

元始天尊時於太玄都玉京山金闕七寶紫微宫〔二〕，與十方聖衆、諸天真仙、諸天帝王，及一切種類人天龍鬼、應受度者無量之衆，登真一位，得無爲心，同會其所。爾時天尊，告諸四衆：汝等身心，本地清淨，實相不動，始終恒一，猶如虚空，去來無礙。但以倒想〔三〕，隨業受形，積邪僞塵，聚貪癡垢，欲惡染性，穢濁纏身。譬如明珠，恒埋糞壤，歷劫隱蔽〔四〕，不顯珠光。將來衆生，迷真道本，造顛倒業，種邪僞根，埋智惠珠，增煩惱垢，墮生死海，溺貪愛流，驅馳五欲，處魔怨境，煩惱結縛，身心臭穢，隨業流轉，三惡五道，瘖蓋正性〔五〕，沈没玄珠，翳本光明〔六〕，亦復如是。汝等四衆，以本分力，汲道性水，採無爲香，調智惠湯〔七〕，居清淨室，爲諸衆生，洗愚癡垢，滌身心穢，得真實淨，畢竟無染，平等解脱，令入道場。爾時大衆，聞是説已，奉教思惟〔八〕，心開意解，歡喜踴躍，仰瞻尊儀，而説頌曰：

元始無上大慈尊，善説衆〔生〕邪倒業〔九〕。
不悟妙本常清淨，動則沈淪經萬劫。
妄想既植貪癡根，隨根即生煩惱業。
根葉繁滋彌世界，善惡輪迴互重疊〔一〇〕。
狂迷競貪邪僞果〔一一〕，子果不絶恒相接。
煩惱垢重覆明珠，身心臭穢乖清淨〔一二〕。
示我汲引道性水，洗滌千邪歸一正。
平等清淨智惠湯，蕩除癡垢開真性。
有縁速入正觀空〔一三〕，無爲香水澄如鏡。
能照去來邪倒業，洗滌貪瞋歸誠定〔一四〕。
心垢惱病豁以除，各復真根增惠命。
慈尊所説頗思議〔一五〕，我故稽首咸恭敬。

時此會中，天真皇人從座而起，上白天尊：唯願慈雲廣覆無外，上妙法雨遍灑人天。衆生愚癡，隨業生滅，垢穢深重，邪或纏身〔一六〕。令調法湯，建清淨室〔一七〕，洗滌罪垢，消除邪穢。未審儀軌，其事云何？天尊曰：凡諸行道，入靜燒香，爲己及人，請謝罪福，皆當沐浴，蕩滌身心。過此，每月一浴，是其常法。然諸天帝王，勑其男女，依法清靜

（淨）〔一八〕，作五種香水，廣開淨室，散花燒香，行道禮拜，持齋奉誡，講説經文。每至年終上八，集仙真聖，天中男女，洗濯身形，將勸衆生，迴向正道〔一九〕，出生死煩勞。汝等宜依此法，至是八日，勸諸男女及以國王、大臣宰輔、天下人民，作法香水，懸諸旛蓋，建齋行道，懺悔禮拜，講誦此經。入清淨室，正念安坐，先觀身心，垢穢聚積，無量邪或，不淨塵勞，共成我身，内外貪癡，麤細不淨，生老無常，衆苦結縛，三業障道，六塵覆心，彌天雲翳，日月光〔明〕〔二〇〕。作是觀已，了了分明〔二一〕。以法香水，先從首面皮膚、四支五體〔二二〕、六根九竅，次第灌洗，悉令清淨。外清淨已，復以淨觀，重（熏）修内心〔二三〕，邪或煩惱，妄想執計，貪瞋癡垢〔二四〕，普令清淨。内外既淨，住法身心，常居道場，斷邪僞垢，是名法水，洗浴身心〔二五〕。若有善男子〔二六〕、善女人能爲國主人王、九玄七祖、所生父母、己身男女、天下人民、三徒五苦一切衆生，施法香水、出家法服、俗衣香藥、沐浴之具，修齋行道，散花燒香，禮拜念誦，聽講經教，受誡發願，供養十方諸天上聖、妙行真人、神仙王（玉）女〔二七〕，及出家法身，所得功德，最爲無量，不可思議。所以者何？是人能爲一切行人洗塵垢故。塵垢既除，得見真道，是故得福最爲無量。作是説已，諸仙歡喜，各隨儀軌，依法奉行，禮拜天尊，一時而退。

太上靈寶洗浴身心經一卷〔二八〕

校定〔二九〕。

説明

此件首尾完整，首尾均題『太上靈寶洗浴身心經一卷』，首題下有朱印一方，内容待考。此經經過時人審校，卷中地腳有朱書『校』字、卷末有朱書『校定』二字。

此經《正統道藏》未收，現知敦煌文獻中保存的相關寫本尚有伯二四〇二，該件首殘尾全，起『太上靈寶洗浴身心經』，訖『太上靈寶洗浴身心經』；BD 一四五二三（二）（羅振玉貞松堂舊藏本、散六九〇、北新七二三）首缺尾全，起『元始天尊時於太玄都玉京山金闕七寶紫微宫』之『京』字，訖『太上靈寶洗浴身心經一卷』。

大淵忍爾認爲此經乃唐初李榮所作（參看《敦煌道經·目録篇》，八二頁）。程存潔認爲此經屬於道教靈寶系經典，融合了佛道二教的思想（參看《敦煌本〈太上靈寶洗浴身心經〉研究》，《道家文化研究》十三輯，二九五至三〇九頁）。

此卷背書有『諸雜經一束』等五字，應爲該經流入寺院後僧人所題。

以上釋文以斯三三八〇爲底本，用伯二四〇二（稱其爲甲本）、BD 一四五二三（二）（稱其爲乙本）參校。

校記

〔一〕『一卷』，甲本無。

〔二〕乙本始於此句。

〔三〕『倒』，乙本作『顛倒妄』。

〔四〕『歷』，乙本同，甲本作『塵』。

〔五〕『廕』，甲、乙本同，《敦煌本〈太上靈寶洗浴身心經〉研究》釋作『蔭』，雖義可通而字誤。

〔六〕『翳』，甲、乙本同，《敦煌本〈太上靈寶洗浴身心經〉研究》釋作『醫』，誤。以下同，不另出校。

〔七〕『惠』，甲、乙本同，《中華道藏》釋作『慧』，雖義可通而字誤。

〔八〕『惟』，甲本同，乙本作『帷』，誤。

〔九〕『生』，乙本亦脱，據甲本補；『邪』，乙本同，甲本作『顛』。

〔一〇〕『互』，甲、乙本同，《敦煌本〈太上靈寶洗浴身心經〉研究》釋作『牙』，誤。

〔一一〕『貪』，甲、乙本同，《中華道藏》釋作『食』，誤；『邪』，底本及甲、乙本原作『耶』，『耶』爲『邪』之俗字，據文義當作『邪』，《敦煌本〈太上靈寶洗浴身心經〉研究》《中華道藏》釋作『耶』，以下同，不另出校。

〔一二〕『乖』，乙本同，甲本作『華』，誤。

〔一三〕『觀』，甲、乙本同，《中華道藏》釋作『性』，誤。

〔一四〕『瞋』，甲、乙本同，《中華道藏》釋作『嗔』，雖義可通而字誤。

〔一五〕『頗』，甲、乙本同，《正統道藏》本《太上玄都妙本清靜身心經》作『叵』，均可通。

〔一六〕『或』，《敦煌本〈太上靈寶洗浴身心經〉研究》釋作『惑』，雖義可通而字誤。以下同，不另出校。

〔一七〕此句後甲本有『爲諸衆生』四字。

〔一八〕『靜』，乙本同，當作『淨』，據甲本改，《敦煌本〈太上靈寶洗浴身心經〉研究》逕釋作『淨』。

〔一九〕『向』，乙本同，甲本作『心』。

〔二〇〕『明』，乙本亦脱，據甲本補。
〔二一〕『明』，乙本同，甲本作『别』。
〔二二〕『支』，甲、乙本同，《敦煌本〈太上靈寶洗浴身心經〉研究》釋作『肢』，雖義可通而字誤。
〔二三〕『重』，當作『熏』，據甲、乙本改。
〔二四〕『瞋』，甲、乙本同，《中華道藏》釋作『嗔』。
〔二五〕『身』下地脚處有朱筆所書『校』字，未録。
〔二六〕『有』，乙本同，甲本無。
〔二七〕『王』，當作『玉』，據甲、乙本改，《中華道藏》逕釋作『玉』。
〔二八〕『一卷』，乙本同，甲本無。
〔二九〕『校定』，二字爲朱筆所書。

參考文獻

Descriptive Catalogue of the Chinese Manuscripts from Tunhuang in the British Museum, The Trustees of the British Museum, London, 1957, p. 221；《道藏源流考》，北京：中華書局，一九六三年，二〇七至二〇八頁；《敦煌寶藏》二八册，臺北：新文豐出版公司，一九八二年，一六〇至一六一頁（圖）；《敦煌寶藏》七三册，臺北：新文豐出版公司，一九八二年，二二六至二二八頁（圖）；《敦煌道經·目録篇》，東京：福武書店，一九七八年，八二頁；《英藏敦煌文獻》五卷，成都：四川人民出版社，一九九二年，五七至五八頁（圖）；《法藏敦煌西域文獻》一三册，上海古籍出版社，二〇〇〇年，二一八至二一九頁（圖）；《敦煌道教文獻研究：綜述·目録·索引》，北京：中國社會科學出版社，二〇〇

四年，一三二至一三三頁；《道家文化研究》一三輯，北京：生活·讀書·新知三聯書店，一九九八年，七二至七三、二九五至三〇九頁（録）；《中華道藏》六册，北京：華夏出版社，二〇〇四年，八六至八七頁（録）；《國家圖書館藏敦煌遺書》一二九册，北京圖書館出版社，二〇一〇年，四至五頁（圖）。

斯三三八〇背　背題

釋文

諸雜經一束。

説明

此件是正面道經的背題，應爲該經流入寺院後僧人所題。《英藏敦煌文獻》未收，現予增收。

參考文獻

Descriptive Catalogue of the Chinese Manuscripts from Tunhuang in the British Museum, The Trustees of the British Museum, London, 1957, p. 221；《敦煌寶藏》二八册，臺北：新文豐出版公司，一九八二年，一六二頁（圖）。

斯三三八四　妙法蓮華經卷第四題記

釋文

菩薩戒弟子蕭大嚴敬造。第八百八十九部。

説明

此件《英藏敦煌文獻》未收，現予增收。

參考文獻

Descriptive Catalogue of the Chinese Manuscripts from Tunhuang in the British Museum, The Trustees of the British Museum, London, 1957, p. 74（録）；《敦煌遺書總目索引》，北京：中華書局，一九六二年，一七八頁（録）；《敦煌學要籥》，臺北：新文豐出版公司，一九八二年，一三二頁（録）；《敦煌寶藏》二八册，臺北：新文豐出版公司，一九八二年，一九三頁（圖）；《中國古代寫本識語集録》，東京大學東洋文化研究所，一九九〇年，二五〇頁（録）；《敦煌學》一五輯，一九九〇年，一〇七頁（録）；《敦煌遺書總目索引新編》，北京：中華書局，二〇〇〇年，一〇三頁（録）。

斯三三八七　太玄真一本際經聖行品卷第三

釋文

（前缺）

莊嚴道慧資〔一〕。

道君頌已，一切衆會同聲稱善。稱善力故〔二〕，即使道陵神開意解，轉階聖位，便整衣巾，稽首三禮，右遶七匝〔三〕，於地長跪〔四〕，端心合掌〔五〕，仰瞻尊容，安詳正念〔六〕，而説讃曰：

昔聞深妙教，奉脩成其真。存念三度師，進品玉清賓。
冥機感上聖，神應靡不均。變現叵思議〔七〕，昔所未曾親。
轉此卑陋室，嚴麗無等倫。錐頭針鋒上，容衆巨微塵〔八〕。
蓮華満虚座〔九〕，稱可遍空身。大小相容入，形量無涯津。
戰懼懷猶豫〔一〇〕，渴仰尊所陳。唯願説元始〔一一〕，所脩奇特因。
開悟有緣者，增益無上心。疾登不退位，同迴正法輪〔一二〕。

爾時太上道君住大慈悲，方便善巧〔一三〕，示無比身，微妙第一，靈相嚴儀，衆好備發，皆悉映照。諸來大衆，容狀光明，晃曜希有，猶如盛火燒金剛山，如琉璃珠照百千日。諸聖真仙身相光明，皆悉隱蔽，譬如泥聚在玉山側。叩齒含笑〔一四〕，九色寶光，從面門出，照道陵身，吐柔軟音，告道陵曰：卿可還坐，入實相念，端慮思惟，令心澄静。授金色手，摩道陵頂〔一五〕，安慰其心，增益慧力。道陵歡喜，作禮復座，恬神靜志，伏聽教言。道君告曰：天元轉運〔一六〕，刧量無窮，一死一生，一成一壞〔一七〕，滅而復興，眇邈長久，非是籌算，所可計知。自非三達洞照，五眼明徹〔一八〕，莫知其本，莫究其源。元始天尊，初發道意，入定位來〔一九〕，甚爲久遠。假使碎於十方世界，皆成埃塵。一一細塵，以數十方無極世界，取此世界，復以爲末〔二〇〕，世界之數，如彼微塵，復盡爲末，此諸塵數，猶可得知。天尊發行，時節久遠，所經刧數，不可得知，亦復如是。行六度行，具四等心，捨身手足，頭目髓腦，國城妻子，勤心布施，安樂衆生，不可稱計。習諸行法，精進勇猛，究竟終成，無有退轉，護持禁誡，信行檢勑，寧捨身命，細微不犯，忍辱容非，謙卑不諍，衆來加我，志在不報。靜定思微，安心宴默，想念雌柔，專一不散，離諸酒色，慧識明了，照悟空有，洞達真性，無生無滅，非有非無，清淨畢竟，離一切法，絶言説道。平等無礙，慈仁一切，念與安樂，怨親中人，平等無二，悉使具足〔二一〕，上妙安隱，悲愍在苦〔二二〕，方便救拔，如母愛子，必命免離〔二三〕。齊等其心，無偏異想，見他勝利，内懷慶喜，如己自得，無嫌娟心〔二四〕，常行善念，除嫉恨想，親視非親〔二五〕，平等如一。於愛憎所，常生捨心，忍分別想〔二六〕，捐棄執滯，取捨兼忘，入真實際。未開度者〔二七〕，誓使開度；未安樂者，誓使安樂；未解脱者，誓令解脱〔二八〕；未昇玄者，誓使昇玄。以此弘誓，開道初門，爲習法藥度衆生故，歷詣名岳，尋訪明師，祈請要術。三洞妙文，天書玉字，雲篆龍章，金篇寶秘，皆悉具受。所受諸法，雖復無邊，總括條疏〔二九〕，唯十二事，部類分別，隨根不同。一者自然本文，二者神符，三者寶訣，四者靈圖，五者譜録，六者戒律，七者威儀，八者方法，九者術數，十者記傳，十一者讚誦〔三〇〕，十二者章表。自然本文者，天書八會，鳳篆龍章，是爲天地萬物之本。開化人神，成立諸法，主召九天神仙上帝〔三一〕，校定圖録〔三二〕，調政琁璣，攝制酆都，降魔伏鬼，勑命水帝〔三三〕，召龍上雲〔三四〕。天地劫期，聖真名諱，所治城臺，衆聖境界，廣宣分別〔三五〕，種種階差，服御元精，化形之法，皆演玄妙，自然虛無，正真妙趣，明了具足〔三六〕。神符者〔三七〕，雲篆之文〔三八〕，神真之信〔三九〕，召攝衆魔〔四〇〕，威制神鬼〔四一〕，總炁御運，保命留年。玉訣者，天真上聖述釋天書八會之字，以爲正音，開示大道。靈圖者，衆聖化跡，應現無方，圖寫變通，令物悟解。譜録者，衆聖記述，仙真名諱，宗本胄胤，神官位緒。戒律者，條制勑約，防非檢過，詮量罪福，分別輕重〔四二〕。威儀者，具示齋戒，進退楷模，俯仰節度〔四三〕，軌式容止。方法者，衆聖著述，丹藥秘要，神草靈芝，柔金水玉，脩養之道。術數者，明辯思神〔四四〕，存真念道，心齊虛妄〔四五〕，遊空飛步，餐吸六炁，導引三光〔四六〕，練質化形，仙度之法。記傳者，是諸衆聖，載述學業，得道成真，通玄入妙，脩因方所，證果時節。讚頌者〔四七〕，衆真大聖，巧飾法言，稱揚正道，令物信樂，發起迴向，生尊重心。章表者，師資授受，妙寶奇文，登壇告明〔四八〕，啓誓傳度，悔謝請福，關告之辭〔四九〕。此十二事，總統衆法〔五〇〕，一切意趣，無不備周，化引三乘，入一乘道。既從明師，稟受尊教，具得要訣，聞已思惟，洞解玄妙。通達明了，覺悟俗境，皆非真實；分析觀察，知世俗相〔五一〕，皆悉空寂。入無相門，離愛染心，斷滅煩惱；到解脱地，詣長壽宮，常住清淨〔五二〕。自在無礙，安隱快樂。非身離身，亦不不身，而以一形，周遍六道，現一切相，隨類色像。非心離心，亦非非心，而以一念，了一切法〔五三〕，以圓通眼，〔照〕道真性〔五四〕。深達緣起，了法本源，解衆生性，即真道性。天眼了達，一切衆生，死此生彼，善惡苦樂，無不悉知〔五五〕。山何（河）石壁〔五六〕，徹見無礙。肉根眼淨，了一切色。若近若遠，莫不皆見。法眼明了〔五七〕，善知諸法。明見衆生，根性差別〔五八〕。若人厭苦，怖畏世間。虚妄不真〔五九〕，如夢如幻，無我無主，不久摩滅〔六〇〕。見身無常，不淨臭穢。但樂長生，以自過度。求世俗行，改練尸形。爲説小乘，導引丹藥〔六一〕，現得延年〔六二〕，地仙之道。中根之人，力能進趣，樹德立功，志欲騰舉。爲説次品，飛天之法。習中乘道，淨三業行，飛昇三界，諸天之宮，轉練信根，伏諸結習。至於四民，離免災横〔六三〕，隨願生人，轉形練質。若諸上士，志度一切，忘己外身，濟他利物，但求道場，成無上道。爲説三洞大乘法門，使得脩習，悟真實性，生無漏品，白日仙度，登上清道。進業圓滿，超昇大羅，證太一果，紹法王位，惡根永斷，衆德普會。智慧之眼〔六四〕，曉了真俗。一切法中，空有之相，非空非有，正觀平等，畢竟清淨，猶如虚空。以此五種，明眼淨智，能照世法及出世法。於一念中，了達三世一切諸法，無所罣礙，深解法相，知是知非。了衆生根，利鈍差别，所欲不同，志樂各異。隨所稟行，各成其性〔六五〕。造世間業，作善惡因。脩習静定，專炁柔軟。學道念真，志求出世。以天眼智，覺未來事。以宿命通，知過去法〔六六〕。以漏盡故，知現在相。巧説諸法，而無窮盡。知如是等，種種之相。智力分明，如觀指掌。以一切智，滅諸煩惱。亦復令人，離苦盡欲。能知能説，決定無畏。異道邪論，無不摧伏。於諸世間，獨一無侣。以大悲故，捨恬寂樂〔六七〕。遊於五濁，化度衆生。憐愍將來〔六八〕，劫運多惱，水火兵災，種種疾疫。其中衆生多造惡行，偷盗傷煞〔六九〕，具諸不善，貪著諸見，不識正道，滯染我人，封執邪行，起貪恚癡，憍慢自恣，煩惱自纏，不得解脱，年命短促，任業死生，造不善行，輪轉無極。爲此五濁諸衆生故，開教三乘及人天道，調伏其心，淨三業惡。既調淨已，然後乃爲演説假名，隨幾利益〔七〇〕，開方便門，令得悟入，曉因縁相，正觀正解，究竟真一平等大道。道陵當知，元始天尊所脩所證無量功德〔七一〕，若具説者，終天窮載，不能宣一，唯得道眼，乃能了知。今略顯示，宜諦信受。時會大聖，聞是妙法，歡喜作禮，一時稱善，各還本坐〔七二〕，諦想思惟，同時發聲，説頌歎曰：

妙哉元始尊，功業叵思議。太上不敷演〔七三〕，一切豈能知？
善思捨憎愛〔七四〕，惠救適所宜。弘誓荷群生，勇猛志不移。
勤施信師戒，精進守柔雌。忍非常諫諍〔七五〕，酒色不能疵。
天眼六神通〔七六〕，明達無所畏。智力無礙辯，巧説無終既〔七七〕。
魔精喪鬼兵，異道息邪謂。世間諸天人，一切所尊貴。
名稱普十方，聞者無毁誹。我等宿福慶，預餐甘露味。
善哉大道君，演説真實道。善開方便門〔七八〕，癡瞋皆明曉。
若有見此經，誦詠思所表。必定乘大乘，出離生死惱。
雖有重障人，不預聞法音。由此經力故，發起迴向心。
亦以我等力，冥導悟幽深〔七九〕。終得不退位，嬉遊七寶林。
我等咸隨喜，今故稽首吟〔八〇〕。

衆真大聖説是頌已〔八一〕，諸天各奏神龍妓樂，散衆名花〔八二〕，燒無價香，以用供養太上大道君〔八三〕。經七億載，時衆謂如一彈指頃〔八四〕。所以者何？皆由神力，延役（促）自在不可思議之所爲也〔八五〕。於是道陵從座而起，稽首道前，上白道言：我自覲對天尊已來，未聞妙法，神通感動，乃至如此，心自欣慶〔八六〕，不知所陳，唯蒙慈愍，重垂告示〔八七〕。不審元始天尊未得道時，宗祖所因、本根源起，其事云何？伏願顯示，令衆見明。道君答曰：夫道無也，無祖無宗，無根無本，一相無相，以此爲源，了此源故，成無上道，而獨能爲萬物之始。以是義故，名爲元始。既稱元始，何得復有宗本者耶〔八八〕？雖復運導一切〔八九〕，道爲極尊而常處三清，出諸天上。以是義故，故稱天尊。亦曰高皇：高出無上〔九〇〕，莫能過者，故謂爲高〔九一〕；皇者光明也。以智慧光照明一切，故號高皇。亦曰玉帝：其德真淳，潤益一切〔九二〕，不可染污，諦了諸法，所説的當，定爲物宗，故稱玉帝。諸如此等，名稱不同，隨順世間人君假號，引物歸依，使重尊敬。總一切有，名曰世間；共所寶貴，號天尊也。於時道陵避座而起，頭面作禮，上白道君：臣以凡鄙，忝預真儔，雖叨總司，多所不了。今蒙弘慜，示以衆要，始知天尊神德巍巍，諒不虚矣。諸疑頓盡，無復餘滯，銜荷而已，非辭可謝。是時十方諸來大衆，聞所説法，心開意解，各隨品位而得增長。道君即皆授與記別：於當來世決定成道，具一切智，如我今日名號國土〔九三〕，無有異也。仙人紀法成，承道威神，與其同類三十三人〔九四〕，於大衆中而自言曰：我等志小，慕求神仙〔九五〕，厭畏死魔，患無常苦，覺身不淨，穢惡如賊，速求免離，學地仙道，遊遁仙宮，不求出世。今睹斯會，始悟大乘奇特希有，發真道意，誓捨小乘，迴向大業（乘）〔九六〕，普度一切，俱得昇玄。當竭身命擁護此法，爲當來世開道津梁。太上告曰：善哉！善哉！子能建意作大法師，於此身後〔九七〕，必得解悟，成無漏慧，登乎上清。即勑道陵案筆書撰，清齋三日，付授流通，使藏經文於玉清玄闕高上虚皇丹房之裏〔九八〕。素靈玉女三千人，紫房金童三千人，侍衛其文，檢制漏慢，有信樂者，稽首而傳。是諸大聖，東海小童、四極真人、大谷先生、太真丈人、扶桑太帝〔九九〕、九皇上真、太素元君、上清太真、玄都仙王〔一〇〇〕、太極元景君等無量之衆，受經畢訖，作禮而退，各還本國，忽然不見。天師治舍，還復如本。

太玄真一本際經聖行品卷第三〔一〇一〕

説明

此件首缺尾全，起『莊嚴道慧資』，訖『太玄真一本際經聖行品卷第三』，卷中有朱筆和墨筆點校。關於敦煌寫本中保存的此經概況，請參看本書第五卷斯一二四六《太玄真一本際經聖行品卷第三》説明。除本書第五卷所列校本外，現知Дх二二二六+Дх二九三八亦是《太玄真一本際經聖行品卷第三》，該件起『莊嚴道慧資』，訖『取此世界復以爲末』。本書在釋録斯一二四六號時，曾以此件爲校本，自『天眼了達』至『遊於五濁』間之内容，諸本之異同，均可見斯一二四六號校記。

以上釋文以斯三三八七爲底本，用伯二七九五（稱其爲甲本）、伯二三九八（稱其爲乙本）、伯二八三九（稱其爲丙本）、伯二一七〇（稱其爲丁本）、伯二四〇四（稱其爲戊本）、斯三八三一（稱其爲己本）、伯三三〇四（稱其爲庚本）、伯二三五七（一）（稱其爲辛本）、伯二三七二（稱其爲壬本）、Дх二二二六+Дх二九三八（稱其爲癸本）和津藝一三一（稱其爲甲二本）參校。其中自『天眼了達』至『遊於五濁』，僅用甲本校改錯誤，不再出校各校本之異文。

校記

〔一〕癸、甲二本始於此句。

〔二〕『稱善』，甲、乙、丙、丁、辛、壬、甲二本同，癸本脱。

〔三〕『遶』，甲、乙、丙、丁、辛、癸、甲二本同，壬本作『繞』，均可通。

〔四〕『地』，甲、乙、丙、丁、辛、壬、甲二本同，癸本脱。

〔五〕『掌』，甲、乙、丙、丁、壬、癸、甲二本同，辛本作『手』。

〔六〕『詳』，甲、乙、丙、丁、辛、癸、甲二本同，壬本作『祥』，『祥』爲『詳』之借字。

〔七〕『現』，甲、乙、丁、辛、壬本同，丙、癸、甲二本作『見』，均可通。

〔八〕『巨』，乙、丙、丁、壬、癸、甲二本同，甲、辛本作『臣』，誤。

〔九〕『華』，甲、乙、丁、壬本同，丙、癸、辛、甲二本作『花』，均可通。

〔一〇〕『豫』，甲、乙、丙、丁、辛、癸、甲二本同，壬本作『預』，按『豫』通『預』。

〔一一〕『元』，甲、乙、丙、壬、癸、甲二本同，丁、辛本似『无』，但因寫本中『元』『无』形近易混，故可視作『元』。

〔一二〕『同』，甲、乙、丁、辛、壬、甲二本同，丙本作『周』。

〔一三〕戊本始於此句。

〔一四〕『含』，甲、乙、丙、丁、辛、癸、甲二本同，壬本原寫作『唅』，係涉該件下文『嗼』而成之類化俗字。

〔一五〕『摩』，丁戊本同，甲、乙、丙、辛、壬、癸、甲二本作『撫』，均可通；『頂』，丁、戊本同，甲、乙、丙、辛、壬、癸、甲二本作『身』。

〔一六〕『元』，底本作『无』，按寫本中『元』『无』形近易混，故據文義逕釋作『元』，乙、丁本似『无』，可視作『元』。以下同，不另出校。
〔一七〕『壞』，甲、乙、丙、丁、戊、壬、癸、甲二本同，辛本似『懷』，但因寫本中『懷』『壞』形近易混，故可視作『壞』。
〔一八〕『五』，甲、丙、丁、戊、癸、甲二本同，乙、辛、壬本作『天』，誤。
〔一九〕『位』，甲、丙、丁、辛、壬、癸、甲二本同，乙、戊本作『來』；『來』，甲、丙、丁、辛、壬、癸、甲二本同，乙、戊本作『位』。
〔二〇〕癸本止於此句。
〔二一〕『使』，乙、丙、丁、戊、辛、壬、甲二本同，甲作『皆』。
〔二二〕『悲』，甲、乙、丙、丁、戊、辛、甲二本同，壬本作『非』，誤。
〔二三〕『命』，丁本同，甲、乙、丙、戊、辛、壬、甲二本作『令』。
〔二四〕『娼』，甲、乙、丁、戊、辛、壬本同，丙、甲二本作『妒』，均可通。
〔二五〕『親視』，乙、丁、戊本同，甲、丙、辛、壬、甲二本作『視親』。
〔二六〕『想』，丁、壬本同，甲、乙、丙、戊、辛、甲二本作『相』，『相』爲『想』之借字。
〔二七〕『開』，甲、乙、丙、丁、戊、辛、甲二本同，壬本作『聞』，誤。
〔二八〕『令』，甲、乙、丙、丁、戊、辛、甲二本同，壬本作『使』。
〔二九〕『疏』，甲、乙、丁、戊、辛、壬本同，丙、甲二本作『流』。
〔三〇〕『讀』，丁本同，甲、乙、丙、戊、辛、壬、甲二本作『讚』。
〔三一〕『召』，甲、乙、丙、丁、戊、辛、甲二本同，壬本作『名』，誤。

〔三二〕己本始於此句。

〔三三〕庚本始於此句。

〔三四〕『召』，甲、乙、丙、丁、己、庚、辛、壬、甲二本同，戊本作『名』，誤。

〔三五〕『宣』，甲、乙、丙、丁、己、庚、辛、壬、甲二本同，戊本脱。

〔三六〕乙本此句後爲『法，皆演玄妙，自然虚無』，據文義係衍文，當删。

〔三七〕『神』，甲、丙、丁、戊、己、庚、辛、甲二本同，乙本脱；『符』，甲、丙、丁、戊、己、庚、辛、壬、甲二本同，乙本脱；『者』，甲、丙、丁、戊、己、庚、辛、甲二本同，乙本脱。

〔三八〕『雲篆之文』，甲、丙、丁、戊、己、庚、辛、壬、甲二本同，乙本脱。

〔三九〕『神真之信』，甲、丙、丁、戊、己、庚、辛、壬、甲二本同，乙本脱。

〔四〇〕『召』，甲、乙、丙、丁、己、庚、辛、壬、甲二本同，乙本脱，戊本作『名』，誤；『攝衆魔』，甲、丙、丁、戊、己、庚、辛、壬、甲二本同，乙本脱。

〔四一〕『威』，甲、丙、丁、戊、己、庚、辛、壬、甲二本同，乙本脱。

〔四二〕『輕重』，乙、丙、丁、戊、己、庚、辛、壬、甲二本同，甲本作『重輕』。

〔四三〕『俯』，甲、乙、丙、丁、戊、己、庚、壬、甲二本同，辛本作『府』，『府』爲『俯』之借字。

〔四四〕『辯』，甲、乙、丁、戊、己、庚、辛、壬、甲二本同，丙本作『辨』，均可通。

〔四五〕『齊』，乙、丁、戊、己、庚、辛本同，甲、丙、壬、甲二本作『齋』；『妄』，乙、丁、戊本同，甲、丙、己、庚、辛、壬、甲二本作『忘』。

〔四六〕『導』，乙、丙、丁、戊、己、庚、辛、壬、甲二本同，甲本作『道』均可通。

〔四七〕『讚』，甲、乙、丙、丁、戊、己、辛、壬、甲二本同，庚本作『讀』；『頌』，甲、乙、丙、丁、戊、己、庚、辛、甲二本同，壬本作『誦』，均可通。
〔四八〕『明』，乙、丁、戊本同，甲、丙、己、庚、辛、壬、甲二本作『盟』，『明』有『盟』義。
〔四九〕『關』，甲、丙、丁、戊、庚、辛、甲二本同，乙、己、壬本作『開』，誤。
〔五〇〕『統』，甲、乙、丙、丁、戊、庚、辛、壬、甲二本同，己本作『繞』，誤。
〔五一〕『相』，甲、乙、丙、丁、戊、己、庚、辛、甲二本同，壬本作『想』，『想』爲『相』之借字。
〔五二〕『常』，甲、乙、丁、戊、己、庚、辛、壬、甲二本同，丙本作『帝』，誤。
〔五三〕『法』，甲、乙、丙、丁、戊、己、辛、壬、甲二本同，庚本作『法法』，據文義衍一『法』字，當删。
〔五四〕『照』，乙、戊本亦脱，據甲、丙、丁、己、庚、辛、壬、甲二本補。
〔五五〕『無』，甲、乙、丙、丁、戊、己、庚、辛、壬本同，甲二本作『已』，誤。
〔五六〕『何』，當作『河』，據甲、乙、丙、丁、戊、己、庚、辛、壬、甲二本改，『何』爲『河』之借字。
〔五七〕『眼』，甲、乙、丙、丁、戊、己、庚、壬、甲二本同，辛本作『性』。
〔五八〕『差』，甲、丙、丁、戊、己、庚、辛、壬、甲二本同，乙本作『善』，誤。
〔五九〕『妄』，乙、丙、丁、戊、己、庚、辛、壬、甲二本同，甲本作『忘』，『忘』爲『妄』之借字。
〔六〇〕『摩』，甲、乙、丙、丁、戊、己、辛、壬、甲二本同，庚本作『魔』，『魔』爲『摩』之借字。
〔六一〕『導』，乙、丙、丁、戊、己、庚、辛、壬、甲二本同，甲本作『道』，均可通。
〔六二〕『現』，乙、丙、丁、戊、己、庚、辛、壬、甲二本同，甲本作『見』，均可通。
〔六三〕『免』，甲、乙、丙、丁、戊、庚、辛、壬、甲二本同，己本作『色』，誤。
〔六四〕『眼』，甲、乙、丙、戊、己、庚、辛、壬、甲二本同，丁本作『根』。
〔六五〕『成』，乙、丙、丁、戊、己、庚、辛、壬、甲二本同，甲本作『城』，『城』爲『成』之借字。

〔六六〕『法』，甲、丙、丁、戊、己、庚、辛、壬、甲二本同，乙本脱。

〔六七〕『恬』，甲、乙、丁、戊本同，丙、己、庚、辛、壬、甲二本作『寂』；『寂』，甲、乙、丁、戊本同，丙、己、庚、甲二本作『静』，辛本作『滅』，壬本作『淨』。

〔六八〕『愍』，甲、丙、丁、戊、己、庚、辛、壬、甲二本同，乙本作『愍衆』，據文義『衆』係衍文，當删。

〔六九〕『煞』，甲、丁、壬本同，乙、丙、戊、己、庚、辛、甲二本作『殺』，『煞』有『殺』義。

〔七〇〕『幾』，甲、乙、丁、戊、辛本同，丙、己、庚、壬、甲二本作『機』，均可通。

〔七一〕『功』，甲、乙、丙、丁、戊、己、庚、辛、壬本同，甲二本作『巧』，誤。

〔七二〕『坐』，甲、乙、丙、丁、戊、己、庚、辛、甲二本同，壬本作『座』，『坐』有『座』義。

〔七三〕『太』，甲、乙、丁、戊、己、庚、辛、壬、甲二本同，丙本作『大』，『大』通『太』。

〔七四〕『思』，甲、乙、丁、戊、辛本同，丙、己、庚、壬、甲二本作『忍』。

〔七五〕『諫』，甲、乙、丙、丁、戊、己、庚、壬、甲二本同，辛本作『練』，誤；『静』，甲、乙、丙、丁、己、庚、辛、壬、甲二本同，戊本作『淨』，誤。

〔七六〕『天』，乙、丙、丁、戊、己、庚、辛、甲二本同，甲、壬本作『五』。

〔七七〕『巧』，甲、乙、丙、丁、戊、己、庚、辛、甲二本同，壬本作『功』，誤。

〔七八〕『開』，甲、乙、丁、戊、己、庚、辛、壬、甲二本同，丙本作『聞』，誤。

〔七九〕『導』，乙、丙、丁、戊、己、庚、甲二本同，甲、辛、壬本作『道』，均可通。

〔八〇〕『故』，甲、乙、丙、丁、戊、己、庚、壬、甲二本同，辛本作『古』，『古』爲『故』之借字。

〔八一〕『頌』，乙、丙、丁、戊、己、庚、辛、壬、甲二本同，甲本作『誦』，『誦』爲『頌』之借字。

〔八二〕『花』，乙、丙、丁、戊、己、庚、甲二本同，甲、壬本作『華』，均可通。

〔八三〕『大』，乙、丙、丁、戊、己、庚、壬、甲二本同，甲本上有墨點，右側有删除符號。
〔八四〕『頃』，甲、乙、丙、丁、戊、己、庚、辛、甲二本同，壬本作『須』，誤。
〔八五〕『役』，乙、丁、己本同，當作『促』，據甲、丙、戊、庚、辛、壬、甲二本改。
〔八六〕壬本止於此句。
〔八七〕『垂』，甲、丙、丁、戊、己、庚、辛、甲二本同，乙本脱。
〔八八〕『耶』，甲、乙、丁、戊、己、庚、辛、甲二本同，丙本作『邪』。
〔八九〕『導』，甲、乙、丙、丁、己、庚、辛、甲二本同，戊本作『道』，均可通。
〔九〇〕『无』，甲、乙、丁、戊、己、庚、辛、甲二本同，丙本作『元』，但因寫本中『元』『无』形近易混，故可視作『无』。
〔九一〕『高』，甲、丙、丁、己、庚、辛、甲二本同，乙、戊本作『高皇』，據文義『皇』係衍文，當删。
〔九二〕『潤』，乙、丙、丁、戊、己、庚、辛、甲二本同，甲本作『閏』，『閏』爲『潤』之借字。
〔九三〕『土』，甲、乙、丙、丁、戊、己、庚、甲二本同，辛本作『王』，誤。
〔九四〕『三十』，乙、丁本同，甲、戊、己、庚、甲二本作『卅』，丙本作『卅十』，據文義『十』係衍文，當删。辛本止於此句。
〔九五〕『神仙』，乙、丁、戊本同，甲、丙、己、庚、甲二本作『小乘』。
〔九六〕『業』，甲、丁、戊本同，當作『乘』，據乙、丙、己、庚、甲二本改。
〔九七〕『於』，甲、乙、丙、丁、戊、己、甲二本同，庚本作『即於』。
〔九八〕『闕』，乙、丙、丁、戊、己、庚、甲二本同，甲本作『關』；『虚』，甲、乙、丙、丁、戊、己、庚、甲二本同，底本作『靈』，但因寫本中『虚』『靈』形近易混，故據文義逕釋作『虚』。

〔九九〕『扶』，甲、乙、丁、戊、己、庚、甲二本同，丙本作『狀』，誤。
〔一〇〇〕『都』，甲、乙、丙、戊、己、庚、甲二本同，丁本作『睹』，『睹』爲『都』之借字。
〔一〇一〕『太玄真一』，甲、乙、丙、丁、戊、己、甲二本同，庚本無；『聖行品』，甲、乙、丙、丁、戊、甲二本同，己、庚本無；『卷』，乙、丙、丁、戊、己、庚、甲二本同，甲本無。

參考文獻

Descriptive Catalogue of the Chinese Manuscripts from Tunhuang in the British Museum, The Trustees of the British Museum, London, 1957, p. 221；《敦煌寶藏》二八册，臺北：新文豐出版公司，一九八二年，二一二至二一七頁（圖）；《敦煌寶藏》三一册，臺北：新文豐出版公司，一九八二年，五五三至五五七頁（圖）；《敦煌寶藏》一一六册，臺北：新文豐出版公司，一九八五年，一八六至一九一頁（圖）；《敦煌寶藏》一一九册，臺北：新文豐出版公司，一九八五年，五六三至五六八頁（圖）；《敦煌寶藏》一二〇册，臺北：新文豐出版公司，一九八五年，五四至五八、二一三至二一七、二三〇至二三四頁（圖）；《敦煌寶藏》一二七册，臺北：新文豐出版公司，一九八五年，三六七至三六九頁（圖）；《英藏敦煌文獻》五卷，成都：四川人民出版社，一九九二年，五八至六一、一六一至一六三頁（圖）；《天津市藝術博物館藏敦煌文獻》三册，上海古籍出版社，一九九七年，五八至六二頁（圖）；《俄藏敦煌文獻》九册，上海古籍出版社，一九九八年，九九頁（圖）；《法藏敦煌西域文獻》七册，上海古籍出版社，一九九八年，三四一至三四六頁（圖）；《法藏敦煌西域文獻》一二册，上海古籍出版社，二〇〇〇年，三四三至三四七、三七五至三八三頁（圖）；《法藏敦煌西域文獻》一三册，上海古籍出版社，二〇〇〇年，五六至五九、二〇四至二〇九、二二一至二二四頁（圖）；《法藏敦煌西域文獻》一八册，上海古籍出版社，二〇〇一年，二五〇至二五五頁（圖）；《法藏敦煌西域文獻》一九册，上海古籍出

版社，二〇〇一年，六八至七三頁（圖）；《法藏敦煌西域文獻》二三册，上海古籍出版社，二〇〇二年，一二九至一三一頁（圖）；《敦煌道教文獻研究：綜述·目録·索引》，北京：中國社會科學出版社，二〇〇四年，一九八至二〇〇頁；《中華道藏》五册，北京：華夏出版社，二〇〇四年，二二七至二三一頁（録）；《英藏敦煌社會歷史文獻釋録》五卷，北京：社會科學文獻出版社，二〇〇六年，二九〇至二九三頁（録）；《敦煌本〈太玄真一本際經〉輯校》，成都：巴蜀書社，二〇一〇年，八〇至一一九頁（録）。

斯三三八九　洞淵神呪經卷第四

釋文

（前缺）

怪亂人心〔一〕。動欲作祟〔二〕，祟耗田蠶〔三〕，凡百不利〔四〕，恐人家親〔五〕。强生異端〔六〕，令主人大小疾病〔七〕，六畜暴死。口舌官事，水火數起〔八〕，令人不吉〔九〕。此都是汝等世間客死之鬼，與雲中李子敖〔一〇〕，浮遊雲間，來往海賓〔一一〕，東西南北。乘風駕雀，捉人雞犬。鳥獸妄鳴〔一二〕，令作妖魅〔一三〕。妖魅生人〔一四〕，求其血食。俗師邪占〔一五〕，惚怖主人〔一六〕。卜言家親，家親共爲作祟〔一七〕，遂生鬼道〔一八〕。汝等小鬼，聞之因便，依峻放石〔一九〕，無有不下。以凶重加，無往不衰〔二〇〕，肉人元元〔二一〕，自謂汝神〔二二〕。如是以來，世人枉死者半。自今以去，大魔王等卅八億萬王〔二三〕，王有八億萬小國王〔二四〕，王等各各勑下，收取世間一切小鬼。何者？疾病主人，今病人危困病苦〔二五〕，甚爲困篤，恐不生〔二六〕。令汝等速收病鬼〔二七〕，急去千里。若不從令〔二八〕，吾大煞將軍九億萬人〔二九〕，次次逐汝等鬼〔三〇〕，斬之不怨也。魔王等各各急攝之焉〔三一〕。

道言：自今有口舌向人云云者〔三二〕，太陰官廿四萬人〔三三〕，煞汝妒鬼〔三四〕。若有官事刑獄囚繫之者，導示君七十二萬人煞汝〔三五〕。罣陶木索斗核鬼〔三六〕，及有水火之炁者〔三七〕，吾遣宋就文昌〔三八〕，領風水將軍廿八萬人煞之〔三九〕。悉令解丁令鬼〔四〇〕、山圖木子鬼、犬狄走死鬼〔四一〕、六畜人形鬼、五木百魅鬼、蠻夷氐蠍鬼〔四二〕、北狄羌虜鬼、山上鬼、山下鬼、水中鬼〔四三〕、火中鬼、射江萬種鬼〔四四〕、十二亂瘧鬼〔四五〕、六畜奴婢鬼、自刺自煞鬼、一切大小鬼子，自今以去〔四六〕，入地千尺勿復，更令主人病患者差〔四七〕、官事者了，鬼炁自散。若復不去者〔四八〕，斬汝等不怨之也〔四九〕。

道言：自今以去，道士爲人治病，病人家來迎子〔五〇〕。子等先爲作符，安宅十二辰上〔五一〕，門户之上〔五二〕，及井竈清廁上〔五三〕，各各丹書懸之。作符吞三七枚〔五四〕，一日三與服之〔五五〕，夜亦三服〔五六〕。道士三爲庭中〔五七〕，北向上口章，請於轉經行道，用三昧步虛〔五八〕。若不能作大齋者，但即暮〔五九〕，道士三時行道。若能作大齋者，一一如法耳，亦訖布施〔六〇〕。布施者，天神爲人，可利人耳。不布施〔六一〕，經神不祐人〔六二〕，令人有罪〔六三〕，病即不差〔六四〕。

（中空十三行）〔六五〕

道言〔六六〕：靈圖既煥，萬帝朝真。口詠仙章，記後聖人。太上案筆，玉妃拂筵〔六七〕。

鑄金爲簡，刻書玉篇，出於空洞，自然之文，帝王寶之，社稷長存。紫雲吐輝，流灑諸天。檢録天度，選擇種人。祀維丁卯，當由其賢。命召五帝，嘯朗九玄。昌季之秀，日下十田。金石入卯，草木罡堅。三鱗之代，庚子之年。吾之大道，合於竺乾〔六八〕。五龍飛泉，止戈爲先〔六九〕。聖女開釋，流祚百千。既知其母，復知其子。既知其子〔七〇〕，復守其母。有國之母，可以長久龍久〔七一〕。龍漢之下，赤明之後，積德累功，在乎文武。文武千萬，始從我願。五穀自生，無相責恨。九都上格，其名分明。下循中土，上化玉京。善者列言左宮〔七二〕，惡者記之右宮。年月之期，如吾所記。寶而行之，必招大福。輕而洩之，禍至滅族。是時，諸天一時稽首作禮，而作誦曰：

天尊迴玉駕，無極天中王。靈書八會字，五音合成章。
天真解妙韻，普成天地功。上植諸天根，落落神仙宗。
地獄五苦解，刀山不生峰。堂堂大乘化，一切不偏功〔七三〕。
如是靈寶法，是爲王中王。焕爛飛空内，流光三界庭。
神圖啓靈會，玉書應景生。

道言：大聖龍興，下世度人。誅罷僞座，退剪逆人。壬子之初，乙卯之年，至甲子之旨，以保甲申。遇吾此道，其祚自强。

（中空九行）

道言：今有三洞大法〔七四〕，法中最上〔七五〕。若三界之中，有道士男女之人，有受經者〔七六〕，鬼王護之。令治病悉差〔七七〕，人鬼無他。自今以去，若道士轉此經〔七八〕，疾病不愈、仕宦不遷〔七九〕、刑獄不解者，鬼王青真大魔王等，頭破作十二分矣。

道言：十方諸鬼，一切真僞邪神〔八〇〕，萬八千道炁〔八一〕，三千六萬赤鬼。自今以去，各各攝汝等下兵士〔八二〕，一切勑之〔八三〕，令斥去萬里，未令病瘧萬民也〔八四〕，及此間土地之靈。若道士所行之處〔八五〕，病自差愈，萬願從心。若一旦不如法〔八六〕，汝等大倫鬼王，頭破作三千（十）分矣〔八七〕。

道言：令人瘧病者〔八八〕，連子所爲也。天下十二種力士〔八九〕，自今聞太上三洞法師、道士救護病人，轉經行道男女之人，作齋之家，若不助道士，令主人病不差者〔九〇〕，斬煞之，不恕矣。

道言：連子等八十萬人〔九一〕，專行毒炁，令人温炁重病〔九二〕。令連子卌六萬人〔九三〕，下行因痛〔九四〕。自今以去，汝等攝汝下人〔九五〕。若復不去者，此二鬼王等〔九六〕，頭破作六十分矣。

道言：中國無有善人〔九七〕，善人者，天上來耳。國王大信道士者〔九八〕，天上生也〔九九〕。今有奉三洞之者，先世之重緣〔一〇〇〕，今則聞見也。自今以去，若道士化行之地，鬼王追逐佐之〔一〇一〕。有病令差矣，勿使死也。若一旦不如法〔一〇二〕，斬之，不恕之焉〔一〇三〕。

道言：中國人不信大法〔一〇四〕，是以多有罪人，罪人入地獄，鬼兵亂行，善惡不別。今中國有一人受道者〔一〇五〕，大魔紫真〔一〇六〕、犯倫〔一〇七〕、焉延歸〔一〇八〕、案淵等〔一〇九〕，各各助爲作力。令道士心堅固〔一一〇〕，〔國〕主奉之〔一一一〕，開化愚人。若道士治病之處，鬼炁自攝，斥去千里。若不伏者，魔王等斬之，不恕也〔一一二〕。

道言：今十方之鬼，則魔王所統也。自今以去，不聽枉煞良善〔一一三〕，晝藏夜行，取人男女。道士行處，鬼王佐助，未令惡人邪鬼觸犯道士也〔一一四〕。若有人鬼圖向道士，施其惡心者，一一誅之。令人鬼俱死，以明道心。太上至言，汝等慎之〔一一五〕。若一旦不從，斬之，不恕矣。

道言：中國罪人有八十九種煞鬼〔一一六〕，山林水火風土大鬼三千九百衆，大和鬼王領之，行萬種病。卅二種六畜之鬼〔一一七〕，鬼王名都奴，領八十萬鬼〔一一八〕，下行惡創下血之病〔一一九〕。復有三千烏鬼，鬼王名文變子〔一二〇〕，行赤病白癩〔一二一〕，人不可治〔一二二〕。中國之人有作惡之者〔一二三〕，不信三洞之要者，悉值此惡烏飛來下此病，病之萬不可差也〔一二四〕。自今以去，若有道士所救人之處〔一二五〕，便令疾病除差，萬願從心矣。鬼王等，遷功萬等也。

道言：中國有三千九萬人應仙，奉（秦）川〔一二六〕、漢蜀、三吳之中，孫道留、王子寧、唐萬生、焦石子、劉光之、馬承慶、荀太初〔一二七〕、司馬平、郭秀之、丁大倫〔一二八〕、樂法護、謝莫女〔一二九〕、侯王子〔一三〇〕、林元伯、任元孫、支道林等三千人，爲杜蘭香採藥〔一三一〕，悉來當宫中〔一三二〕。今世道士，一心受此三洞法，亦得與此仙人等相值耳。道士但力自救萬民有厄之人〔一三三〕，令得無他。汝等行道轉經之地，魔王自伏耳。若不伏者，次次斬之〔一三四〕，不恕也〔一三五〕。

道言：三洞之法，神呪爲要，何以故？此經伏一切魔〔一三六〕，魔王不得遶（撓）之也〔一三七〕。自今以去，若道士經行之處〔一三八〕，魔王卌九王〔一三九〕，鳥川、連子、文吉、休渴〔一四〇〕、憐子等三千六百小王〔一四一〕，各各護治此道士〔一四二〕，勿令犯觸此道士也〔一四三〕。若爾者當〔遷〕汝等〔一四四〕，令昇仙無爲矣〔一四五〕。若不救此道士，助惡爲勢，忽壞亂道法〔一四六〕，令道士治救不差〔一四七〕，所爲不差（允）〔一四八〕，一旦有惡者，魔王等悉坐斬之〔一四九〕，不恕。一一如太上口勑〔一五〇〕，急急如律令。

道言：中國有卌九萬惡鬼〔一五一〕。鬼來病人〔一五二〕，鬼來病人奄死〔一五三〕，行萬種惡炁。炁來煞人，得道士轉經之時則止〔一五四〕。國王亦信道〔一五五〕，行受三洞〔一五六〕，子孫傅（富）貴〔一五七〕。大魔子烏純林期八千萬人〔一五八〕，壬午、癸亥之年，領萬鬼煞人。以（已）知汝名字〔一五九〕，自今以後〔一六〇〕，不得枉煞人〔一六一〕。煞人者〔一六二〕，大魔王小王等〔一六三〕，惠信忿陽〔一六四〕，各各斬之，不恕矣。

道言：中國壬辰之年有真君〔一六五〕，亂〔一六六〕，出李弘〔一六七〕。三千萬人，主者一人耳。時世多病男女之人，壬午年入山，人間勤（勸）化愚人〔一六八〕。愚人不信道〔一六九〕，不受三洞，水來煞人〔一七〇〕，刀兵交興。奈何〔一七一〕！奈何！惟有受經道士〔一七二〕，魔王護之，終不死也〔一七三〕。當令道士治病，病無不差也。若一旦不如法〔一七四〕，魔王等頭破作十八分矣。

道言：中國多有惡人〔一七五〕，不知有道，見善不從〔一七六〕，是以多死〔一七七〕。今有三洞法師，人鬼所奉。若自今以去，道士之人轉經〔一七八〕，經行之處〔一七九〕，魔王等不得遶（撓）之也〔一八〇〕。若一旦違令〔一八一〕，鬼王等天斧斬之，不恕矣。急急如太上口勑令〔一八二〕。

〔道〕言〔一八三〕：一一告下，卅六天魔王〔一八四〕、魔王子一切等矣〔一八五〕。

洞淵神呪經卷第四〔一八六〕

說明

此件首缺尾全，起『不利』，訖尾題『洞淵神呪經卷第四』。卷中有朱筆標記。

現知敦煌文獻中保存的《洞淵神呪經》卷第四尚有斯一〇六一，首尾均缺，起『道言：靈圖既煥』，訖『其祚自强』；BD一一五七（宿五七），首尾均缺，起『道言：靈圖既煥』，訖『見善有（不）從』；斯三四一二，首缺尾全，起『之處』，訖尾題『洞淵神呪經卷第四』；羽六三七R，首全尾缺，起『洞淵神呪經煞鬼品第四』，訖『水中鬼』；Дx一〇八七二首缺尾全，起『是以多死』，訖尾題『洞淵神呪經卷第四』。此件及以上各件雖均非完本，但互相比勘，可湊成敦煌本『洞淵神呪經卷第四』之完本。《中華道藏》所收之敦煌本『洞淵神呪經卷第四』，所據僅爲此件，未能參考上列其他各件，因而是殘本。值得注意的是，敦煌本『洞淵神呪經卷第四』與傳世本『洞淵神呪經卷第四』内容不同，除了個別文字差異，主要不同就是斯一〇六一保存的十幾行文字在傳世本中是十六符。

以上釋文以斯三三八九爲底本，用羽六三七R（稱其爲甲本）、傳世本《道藏》『洞淵神呪經卷第四』（稱其爲乙本）、BD一一五七（稱其爲丙本）、斯三四一二（稱其爲丁本）、Дх一〇八七二（稱其爲戊本）參校。因本書在對斯一〇六一進行釋録時，曾以此件和BD一一五七爲校本，故此件與斯一〇六一號重合部分各校本之異文，均可見斯一〇六一號校記，這裏不再一一出校。

校記

〔一〕『怪亂』，據甲、乙本補；『人心』，據殘筆劃及甲、乙本補。

〔二〕『動』，據殘筆劃及甲、乙本補；『欲作祟』，據甲、乙本補。

〔三〕『祟耗田蠶』，據甲、乙本補。

〔四〕『凡百』，據甲、乙本補。

〔五〕『恐』，甲本同，乙本作『惱』，《中華道藏》釋作『恕』，誤。

〔六〕『强』，甲本同，乙本作『張』；『端』，《中華道藏》未能釋讀。

〔七〕『令』，據甲、乙本補；『主』，據甲本補，乙本作『生』；『人大小疾』，據甲、乙本補；『病』，據殘筆劃及甲、乙本補。

〔八〕『數起』，據甲、乙本補。

〔九〕『令』，據甲、乙本補；『人』，據殘筆劃及甲、乙本補。

〔一〇〕『與』，據甲、乙本補；『雲』，據殘筆劃及甲、乙本補；『熬』，甲本同，乙本作『敖』。

〔一一〕「賓」，甲本同，乙本作「濱」，均可通。
〔一二〕「鳴」，甲本同，乙本無。
〔一三〕「令」，甲本同，乙本無；「魅」，甲本同，乙本作「怪」。
〔一四〕「妖魅」，甲本同，乙本作「夭横」。
〔一五〕「邪」，甲本同，乙本作「所」，《敦煌本〈太上洞淵神呪經〉輯校》釋作「耶」，按「耶」爲「邪」之俗字，以下同，不另出校。
〔一六〕「惚」，甲本同，乙本作「恐」；「主」，甲本同，乙本作「生」。
〔一七〕「家親」，甲本同，乙本無，據文義係衍文，當删；「爲」，甲本同，乙本無；「祟」，甲本同，乙本作「其禍」。
〔一八〕「鬼」，甲本同，乙本作「俗」。
〔一九〕「依」，甲本同，乙本作「承」。
〔二〇〕「往」，甲、乙本同，《中華道藏》釋作「注」，誤。
〔二一〕「肉」，甲本同，乙本作「害」，《中華道藏》釋作「害」。
〔二二〕「神」，甲本同，乙本作「等」。
〔二三〕「等」，甲本同，乙本無；「卌」，甲本同，乙本作「四十」。
〔二四〕「國王」，甲本同，乙本無。
〔二五〕「令」，甲本同，乙本作「主人令」，《中華道藏》釋作「令」；「人」，甲本同，乙本無；「困」，甲本同，乙本作「厄」；「病苦」，甲本同，乙本無。
〔二六〕「生」，甲本同，乙本作「全活」。
〔二七〕「令」，甲本同，乙本無；「鬼」，甲本同，乙本作「人之鬼」。

〔二八〕『令』，甲本同，乙本作『命』。
〔二九〕『吾』，甲本同，乙本作『吾遣』。
〔三〇〕『鬼』，甲本同，乙本無。
〔三一〕『焉』，甲本同，乙本作『矣』。
〔三二〕『有』，甲本同，乙本作『若有』。
〔三三〕『廿』，甲本同，乙本作『一十』。
〔三四〕『煞』，甲本同，乙本作『殺』，『煞』有『殺』義。以下同，不另出校。
〔三五〕『導』，甲本同，乙本作『尊』。
〔三六〕『罣陶』，甲本同，乙本無；『斗』，甲、乙本同，《中華道藏》釋作『升』，誤；『核』，甲本同，乙本作『枷之』。
〔三七〕『及』，甲本同，乙本作『若』。
〔三八〕『就』，甲本同，乙本作『銑』，《中華道藏》釋作『乾』，誤；『昌』，甲本同，乙本作『曰』。
〔三九〕『廿』，甲本同，乙本作『二十』。
〔四〇〕『悉』，甲本同，乙本無；『解』，甲、乙本作『瓦解』；第二個『令』，甲本同，乙本作『零』。
〔四一〕『犬』，甲、乙本作『大』；『狄』，甲本同，乙本作『殃』。
〔四二〕『夷』，甲、乙本同，《中華道藏》釋作『幾』，誤；『蟟』，甲本同，乙本作『獠』，《敦煌本〈太上洞淵神呪經〉輯校》釋作『瞰』，誤。
〔四三〕甲本止於此句。
〔四四〕『江』，乙本作『公』。

〔四五〕『瘧』，乙本作『病』，《中華道藏》釋作『虐』，誤。
〔四六〕『去』，乙本脱。
〔四七〕『更』，乙本無；『主』，乙本無；『病』，乙本作『病困』；『患者差』，乙本無。
〔四八〕『復』，乙本無。
〔四九〕『也』，乙本作『矣』。
〔五〇〕『子』，乙本作『子等』。
〔五一〕『宅』，乙本無；『上』，乙本作『及』。
〔五二〕『之上』，乙本無。
〔五三〕『及』，乙本無；『清廁上』，乙本無。
〔五四〕『作』，乙本作『又作』；『符吞』，乙本作『吞符』；『枚』，乙本作『道』。
〔五五〕『三』，乙本作『三時』；『與』，乙本作『與病人』。
〔五六〕『服』，乙本作『服之』。
〔五七〕『三』，乙本作『三時』；『庭中』，乙本作『中庭』。
〔五八〕『昧』，乙本作『時』。
〔五九〕『暮』，乙本作『慕』。
〔六〇〕『訖』，乙本作『説』。
〔六一〕『不』，乙本作『若不』。
〔六二〕『人』，乙本無。
〔六三〕『罪』，乙本作『病』。

〔六四〕『病』，乙本無；『差』，乙本作『瘥矣』。
〔六五〕乙本此處畫有十六個符，底本應是預留出畫符的空間，但未完成。
〔六六〕丙本始於此句。自此句至『道言：今有三洞大法』，乙本無。
〔六七〕『玉』，丙本同，《中華道藏》釋作『王』，誤。
〔六八〕『竺』，丙本同，《中華道藏》釋作『空』，誤。
〔六九〕『止』，丙本同，《中華道藏》釋作『正』，誤。
〔七〇〕『知』，丙本同，《敦煌本〈太上洞淵神呪經〉輯校》釋作『如』，誤。
〔七一〕『龍久』，丙本無，據文義係衍文，當删。
〔七二〕『列』，丙本同，《中華道藏》釋作『立』，誤。
〔七三〕『徧』，丙本同，《中華道藏》釋作『偏』，雖義可通而字誤。
〔七四〕『法』，丙本同，乙本作『法師』。
〔七五〕『法』，丙本同，乙本作『法師』；『上』，丙本同，乙本作『上矣』。
〔七六〕『經』，丙本同，乙本無。
〔七七〕『差』，丙本同，乙本作『瘥』，均可通。以下同，不另出校。
〔七八〕『若』，丙本同，乙本作『若有』。
〔七九〕『宦』，乙、丙本同，《中華道藏》釋作『官』，誤。
〔八〇〕『邪』，丙本同，乙本作『等』。
〔八一〕『萬』，丙本同，乙本作『一萬』。
〔八二〕底本原有兩個『兵』字，一在行末，一在次行行首，此爲當時的一種抄寫習慣，可以稱作『提行添字例』，第二個「兵」字應不讀，故未録，《敦煌本〈太上洞淵神呪經〉輯校》釋作「兵兵」。
〔八三〕「勑」，丙本同，乙本作「刺」，誤。
〔八四〕「未」，丙本同，乙本作「莫」；「瘧」，丙本同，乙本作「虐」，《中華道藏》釋作「虚」，誤。
〔八五〕「所行」，丙本同，乙本作「行經」。
〔八六〕「法」，丙本同，乙本作「法者」。
〔八七〕「千」，丙本同，當作「十」，據乙本改。
〔八八〕「人」，丙本同，乙本作「世人」；「瘧」，丙本同，乙本無，《中華道藏》釋作「虐」，誤。
〔八九〕「下」，丙本同，乙本作「遣」；「士」，丙本同，乙本作「士收之」。
〔九〇〕「令」，乙本同，丙本作「今」，誤；「主」，丙本同，乙本作「生」；「不」，丙本同，乙本作「復不」。
〔九一〕「十」，丙本同，乙本作「千」。
〔九二〕「温」，丙本同，乙本作「瘟」。
〔九三〕「令」，丙本同，乙本作「今」；「卌」，丙本同，乙本作「三十」。
〔九四〕「因」，丙本同，乙本作「目」。
〔九五〕「人」，丙本同，乙本作「絶」。
〔九六〕「此」，丙本同，乙本無；「二」，乙、丙本無。
〔九七〕「中國」，丙本同，乙本作「世間」；「有」，丙本同，乙本無。
〔九八〕「士者」，丙本同，乙本無。
〔九九〕「天」，丙本同，乙本作「亦天」；「生」，丙本同，乙本作「來」。
〔一〇〇〕「之」，丙本同，乙本作「有其」。

〔一〇一〕『佐』，丙本同，乙本作『佐助』。
〔一〇二〕『法』，丙本同，乙本作『法者』。
〔一〇三〕『之焉』，丙本同，乙本作『矣』。
〔一〇四〕『中國』，丙本同，乙本作『世』。
〔一〇五〕『中國』，丙本同，乙本無；『人』，丙本同，乙本無。
〔一〇六〕『魔』，丙本同，乙本作『魔王』。
〔一〇七〕『犯』，丙本同，乙本作『孔』。
〔一〇八〕『焉』，丙本同，乙本作『馬』；『歸』，丙本同，乙本作『帥』。
〔一〇九〕『案』，丙本同，乙本作『崇仇』。
〔一一〇〕『士』，丙本同，乙本無。
〔一一一〕『國』，據乙、丙本補。
〔一一二〕『也』，丙本同，乙本作『矣』。
〔一一三〕『聽』，丙本同，乙本作『得』。
〔一一四〕『未』，丙本同，乙本作『莫』。
〔一一五〕『之』，丙本同，乙本作『之慎之』。
〔一一六〕『中國』，丙本同，乙本作『世間』。
〔一一七〕『卅二』，丙本同，乙本作『三十六』。
〔一一八〕『鬼』，丙本同，乙本作『小鬼』。
〔一一九〕『創』，丙本同，乙本作『瘡』，『創』有『瘡』義。

〔一二〇〕「變」，丙本同，乙本作「慶」。
〔一二一〕「癩」，丙本同，乙本作「癩病」。
〔一二二〕「人」，丙本同，乙本作「病」。
〔一二三〕「中國之人」，丙本同，乙本無；「之者」，丙本同，乙本作「逆」。
〔一二四〕「之」，丙本同，乙本作「者」。
〔一二五〕「人」，丙本同，乙本無。
〔一二六〕「奉」，當作「秦」，據乙、丙本改。
〔一二七〕「苟」，丙本同，乙本作「苟」。
〔一二八〕「大」，丙本同，乙本作「太」。
〔一二九〕「莫女」，丙本同，乙本作「英安」。
〔一三〇〕「侯」，丙本同，乙本作「費侯」，《敦煌本〈太上洞淵神呪經〉輯校》釋作「候」，誤；「王」，乙本同，丙本作「玉」。
〔一三一〕「採」，丙、乙本同，《中華道藏》釋作「棌」，誤。
〔一三二〕「當」，丙本同，乙本作「武當」。
〔一三三〕「力」，丙本同，乙本作「努力」；「人」，丙本同，乙本作「者」。
〔一三四〕第二個「次」，乙本同，丙本無；「斬」，丙本同，乙本作「轉」，誤。
〔一三五〕「也」，丙本同，乙本作「矣」。
〔一三六〕「魔」，丙本同，乙本作「大魔王」。
〔一三七〕「得」，丙本同，乙本作「敢」；「遶」，丙本同，當作「撓」，據乙本改，《中華道藏》釋作「遠」，誤。

〔一三八〕『若』，丙本同，乙本作『若有』。丁本始於此句。
〔一三九〕第一個『王』，丙、丁本同，乙本作『王等』；『卌』，丙、丁本同，乙本作『四十』。
〔一四〇〕『渇』，丙本同，乙本作『馮』，《敦煌本〈太上洞淵神呪經〉輯校》校改作『馮』。
〔一四一〕『憐』，丙、丁本同，乙本作『鄰』，《敦煌本〈太上洞淵神呪經〉輯校》校改作『鄰』。
〔一四二〕『治』，丙、丁本同，乙本作『持』。
〔一四三〕『犯觸』，丙、丁本同，乙本作『觸犯』。
〔一四四〕『遷』，丙、丁本亦脱，據乙本補。
〔一四五〕『昇』，乙、丙、丁本同，《中華道藏》釋作『升』，雖義可通而字誤。
〔一四六〕『忽』，丙、丁本同，乙本無；『壞』，底本原寫作『懷』，但因寫本中『懷』『壞』形近易混，故可據文義逕釋作『壞』。
〔一四七〕『治救』，丙、丁本同，乙本作『救治』。
〔一四八〕『差』，當作『允』，據乙、丙、丁本改。
〔一四九〕『王』，乙、丁本同，丙本無。
〔一五〇〕『如』，乙、丙本同，丁本作『恕』，誤。
〔一五一〕『中國』，丙、丁本同，乙本作『天下』；『卌』，丙、丁本同，乙本作『四十』。底本『中』字旁有『言』字，當爲雜寫，未録。
〔一五二〕『鬼來病人』，丙、丁本同，乙本無。
〔一五三〕『病』，丙、丁本同，乙本作『令』；『奄』，丙、丁本同，乙本作『殗』。
〔一五四〕『則』，丙、丁本同，乙本作『其疾則』；『止』，乙、丙、丁本同，《中華道藏》釋作『正』，誤。

〔一五五〕『亦』，丙、丁本同，乙本作『因亦』。
〔一五六〕『行』，丙、丁本同，乙本作『奉』。
〔一五七〕『傅』，丁本同，當作『富』，據文義改，『傅』爲『富』之借字，乙、丙本作『傳』，《中華道藏》釋作『傳』，均誤。
〔一五八〕『子』，丙、丁本同，乙本作『王王子』。
〔一五九〕『以』，丙、丁本同，當作『已』，據乙本改，『以』爲『已』之借字。
〔一六〇〕『後』，丙、丁本同，乙本作『去』。
〔一六一〕『人』，丙、丁本同，乙本作『良民』。
〔一六二〕『煞人』，丙、丁本同，乙本作『如此』。
〔一六三〕第二個『王』，丙、丁本同，乙本作『鬼』。
〔一六四〕『陽』，丙、丁本同，乙本作『陽之徒』。
〔一六五〕『之』，丙、丁本同，乙本無。
〔一六六〕『亂』，丙、丁本同，乙本作『出』。
〔一六七〕『出』，丙、丁本同，乙本作『世』；『李弘』，丙、丁本同，乙本無。
〔一六八〕『人間』，丙、丁本同，乙本無；『勸』，丙、丁本同，當作『勸』，據乙本改。
〔一六九〕『道』，丙、丁本同，乙本作『道法』。
〔一七〇〕『煞人』，丙、丁本同，乙本作『淹殺』。
〔一七一〕『奈』，乙、丁本同，丙本作『秦』，誤。
〔一七二〕『惟』，丙、丁本同，乙本作『唯』，均可通。

〔一七三〕『死也』，丙、丁本同，乙本作『横死』。
〔一七四〕『不』，丙、丁本同，乙本作『違』；『如』，丙、丁本同，乙本無。
〔一七五〕『中國』，丙、丁本同，乙本作『天下』；『有』，丙、丁本同，乙本無。
〔一七六〕『善』，丙、丁本同，乙本作『者』；『不』，乙、丁本同，丙本作『有』，誤。丙本止於此句。
〔一七七〕『死』，丁本同，乙本作『死耳』。戊本始於此句。
〔一七八〕『之人』，丁、戊本同，乙本無。
〔一七九〕『經行』，丁、戊本同，乙本作『行道』。
〔一八〇〕『遶』，丁、戊本同，當作『繞』，據乙本改。
〔一八一〕『令』，丁、戊本同，乙本作『命』。
〔一八二〕『令』，丁、戊本同，乙本作『律令』。
〔一八三〕『道』，丁、戊本亦脱，據乙本補。
〔一八四〕『卅』，丁、戊本同，乙本作『三十』。
〔一八五〕『一切等矣』，丁、戊本同，乙本作『等，一切敬受奉行』。
〔一八六〕『洞淵』，丁、戊本同，乙本作『太上洞』；『第』，丁、戊本同，乙本作『之』。

參考文獻

Descriptive Catalogue of the Chinese Manuscripts from Tunhuang in the British Museum, The Trustees of the British Museum, London, 1957, p. 219；《敦煌寶藏》二八册，臺北：新文豐出版公司，一九八二年，二一九至二二三頁（圖）；《敦煌寶

藏》一一〇册，臺北：新文豐出版公司，一九八五年，三七三至三七六頁（圖）；《道藏》六册，北京：文物出版社、上海書店、天津古籍出版社，一九八八年，一三至一六頁（録）；《英藏敦煌文獻》二卷，成都：四川人民出版社，一九九〇年，二二三頁（圖）；《英藏敦煌文獻》五卷，成都：四川人民出版社，一九九二年，六二至六四、七九頁（圖）；《道家文化研究》一三輯，北京：生活·讀書·新知三聯書店，一九九八年，二〇〇至二二五頁；《敦煌道藏》二册，北京：全國圖書館文獻縮微複製中心，一九九九年，七九八至八一五頁（圖）；《俄藏敦煌文獻》一五册，上海古籍出版社，二〇〇〇年，七六頁（圖）；《敦煌道教文獻研究：綜述·目録·索引》，北京：中國社會科學出版社，二〇〇四年，一四二至一四三頁；《中華道藏》三〇册，北京：華夏出版社，二〇〇四年，一三至一六、九二至九五頁（録）；《英藏敦煌社會歷史文獻釋録》五卷，北京：社會科學文獻出版社，二〇〇六年，五一至五三頁（録）；《敦煌秘笈》八册，二〇一二年，三六五頁（圖）；《敦煌本〈太上洞淵神呪經〉輯校》，北京：中國社會科學出版社，二〇一三年，六一至七五頁（録）。

斯三三九一　失題道經

釋文

（前缺）

□爲陽氣〔一〕，上昇爲天。□氣〔二〕，下沈爲地。清濁氣合，在中爲人。□□陽精之精，爲日爲星；陰精之質，爲月爲物。故天從一得清，地從一得寧，神從一得靈，君從一得正。子可合道抱一，以臨萬姓可矣。

黃帝稽首再拜曰：無始之氣爲至極大道，太一既分，以爲質像，未審無始之氣今復安在？君曰：無始之氣函匣天地，苞裹萬物。天地亡而無始之氣存焉，萬物喪〔而〕無始之氣在焉〔三〕。與天地而同質，共萬物以爲形。死以之死，生以之生；有與之有，無與之無；始與之始，終與之終〔四〕；是與之是，非與之非；形與之形，名與之名；虚與之虚，空與之空；物與之物，情與之情；闇與之闇，明與之明；聖與之聖，靈與之靈。略以示子，子而勗之。

黃帝稽首再拜，而重問曰：今天有四時，地有五行，云何無始氣一，四五有別？伏願神君爲釋此惑。君曰：天有四時，依於四方；地有五行，依於五方。天無中可依，故有四；地有五可依，故有五。四時者，無始之氣也。氣呼爲春，氣呵爲夏，氣嘘爲秋，氣吹爲冬。故春夏温熱，故秋冬涼冷。故四時五行，無始之氣也，無數天地□

（後缺）

說明

此件首尾均缺，存二十二行，失題，内容爲黃帝向神君詢問天道，不見於《道藏》。王卡疑係《黃老玄示經》（參看《敦煌道教文獻研究：綜述·目録·索引》，二四五頁）。

校記

〔一〕『爲陽』，據殘筆劃及文義補，《敦煌道教文獻研究：綜述·目録·索引》校補作『清輕者陽』。

〔二〕『氣』，據殘筆劃及文義補，《敦煌道教文獻研究：綜述·目録·索引》校補作『重濁者陰氣』。

〔三〕『而』，《敦煌道教文獻研究：綜述·目録·索引》據文義校補。

〔四〕此句前有『終與之始』一句，其上有塗抹痕跡，疑已删除。

參考文獻

《敦煌寶藏》二八册，臺北：新文豐出版公司，一九八二年，二三九頁（圖）；《英藏敦煌文獻》五卷，成都：四川人民出版社，一九九二年，六五頁（圖）；《敦煌道教文獻研究：綜述·目録·索引》，北京：中國社會科學出版社，二〇〇四年，二四四至二四五頁（録）。

斯三三九二　天寶十四載（公元七五五年）三月十七日騎都尉秦元□告身

釋文

（前缺）

疆禦寇〔一〕，底定爲勞〔二〕，宜[策勳]

庸〔三〕，以勤征戍。可依前件，[主]

者施行〔四〕。

天寶十四載三月十七[日]〔五〕

司空兼右相文部尚書臣國忠[宣]〔六〕

中書侍郎[闕]〔七〕

中書舍人上柱國臣宋昱奉[行]〔八〕

武部尚書同中書門下平章事臣見素

門下侍郎闕

給　事　中　上　柱　國　臣　納　等言：

制書如右，請奉

制付外施行。謹言。

天寶十四載五月九[日][九]

制可

五　月　　日　申　時　都　事

左　司　郎　中　[付][一〇]

司　空　兼　文　部　尚　書

尚　書　左　僕　射　在　范　陽

尚　書　右　僕　射　　闕

文　部　侍　郎　上　柱　國[一一]

文　部　侍　郎　　闕

尚　書　左　丞　　闕

告騎都尉秦元□

奉被

制書如右。符到奉[行][一二]。

主事　湘□
令史　郭彦□
書令史　劉觀□

員外郎　希寂

天寶十四載五月十一日下〔一三〕

説明

此件首缺尾全，下部亦有殘損，爲『天寶十四載（公元七五五年）三月十七日騎都尉秦元□告身』原件。其中官名係小字書寫，制書内容、年月日、官員署名等則爲濃墨大字，係後寫（參看張弓《〈英藏敦煌文獻〉第五卷敍録》，《英國收藏敦煌漢藏文獻研究：紀念敦煌文獻發現一百周年》，一三二頁）。

此件在日期、尚書省符等處共鈐有方形陽篆『尚書司勳告身之印』二十三方。

校記

〔一〕『彊禦寇』，《英國收藏敦煌文獻敍録》釋作『張衛冠』，誤。

〔二〕『底』，《敦煌社會經濟文獻真蹟釋録》《〈英藏敦煌文獻〉第五卷敍録》釋作『應』，誤。

〔三〕『策』，據殘筆劃及文義補，《唐宋法律文書の研究》《敦煌社會經濟文獻真蹟釋録》《唐代公文書研究》《〈英藏敦煌文獻〉第五卷敍録》均逕釋作『策』；『勳』，《唐宋法律文書の研究》據文義校補，《〈英藏敦煌文獻〉第五卷敍録》逕釋作『勳』。

〔四〕『主』，《唐宋法律文書の研究》據文義校補。

〔五〕『日』，據殘筆劃及文義補，《唐宋法律文書の研究》《敦煌社會經濟文獻真蹟釋録》《唐代公文書研究》《〈英藏敦煌文獻〉第五卷敘録》均逕釋作『日』。

〔六〕『宣』，《唐宋法律文書の研究》據文義校補，《敦煌社會經濟文獻真蹟釋録》逕釋作『宣』。

〔七〕『闕』，《唐宋法律文書の研究》據文義校補，《敦煌社會經濟文獻真蹟釋録》《唐代公文書研究》逕釋作『闕』。

〔八〕『行』，《唐宋法律文書の研究》據文義校補，《敦煌社會經濟文獻真蹟釋録》《唐代公文書研究》逕釋作『行』。

〔九〕『日』，《唐宋法律文書の研究》據文義校補。

〔一〇〕『付』，《唐宋法律文書の研究》據文義校補。

〔一一〕『侍郎』，《敦煌社會經濟文獻真蹟釋録》釋作『尚書』，誤。

〔一二〕『行』，《唐宋法律文書の研究》據殘筆劃及文義校補。

〔一三〕『日下』，《唐宋法律文書の研究》據文義校補。

參考文獻

《唐宋法律文書の研究》，東京：東方文化學院東京研究所，一九三七年，七九四至七九七頁（録）；《西域文化研究（第三）・敦煌吐魯番社會經濟資料（下）》，京都：法藏館，一九六〇年，三〇三頁；《敦煌寶藏》二八册，臺北：新文豐出版公司，一九八二年，二三〇至二三一頁（圖）；《敦煌社會經濟文獻真蹟釋録》四輯，北京：全國圖書館文獻縮微複製中心，一九九〇年，二八七至二八八頁（録）；《英藏敦煌文獻》五卷，成都：四川人民出版社，一九九二年，六六至六八頁（圖）；《唐代公文書研究》，東京：汲古書院，一九九六年，一一〇至一一二頁（録）；《英國收藏敦煌漢藏文獻研究：紀念敦煌文獻發現一百周年》，北京：中國社會科學出版社，二〇〇〇年，一三一至一三二頁（録）。

釋文

王梵志詩一卷〔一〕

兄弟須和順〔二〕，叔姪莫輕欺〔三〕，財物同相（箱）櫝〔四〕，房中莫畜私〔五〕。

夜眠須在後，起則每須先〔六〕，家中勤檢校，衣食莫令偏〔七〕。

兄弟相憐愛〔八〕，同生莫異居，若人欲得別〔九〕，此則是兵奴。

好事須相讓〔一〇〕，惡事莫相推〔一一〕，但能辦（辨）此意〔一二〕，禍去福將來〔一三〕。

昔日填（田）真分〔一四〕，庭荊當即衰〔一五〕，平章卻不異〔一六〕，其樹重還滋〔一七〕。

孔懷須敬重，同氣並連枝〔一八〕，不見恒山鳥〔一九〕，孔子惡聞離〔二〇〕。

兄弟保（寶）難得〔二一〕，他人不可親〔二二〕，但尋莊子語，手足斷難論〔二三〕。

尊人相逐出〔二四〕，子莫向前行，識事相逢見〔二五〕，情知乏禮生〔二六〕。

尊人共客飲〔二七〕，側立在傍聽〔二八〕，莫向前頭鬧，喧亂作鵶鳴〔二九〕。

主人無牀枕〔三〇〕，坐旦捉狗狐（親）〔三一〕，莫學庸才漢〔三二〕，無事棄他門〔三三〕。

立身行孝道，雀（省）事莫爲愆〔三四〕，但能長無過〔三五〕，耶孃高枕眠。

耶孃行不正〔三六〕，萬事任依從〔三七〕，打罵但知默〔三八〕，無應即是能〔三九〕。

尊人嗔約束，共語莫江降〔四〇〕，縱有奢（些）奢（些）理〔四一〕，無煩説短長〔四二〕。

有事須相問〔四三〕，平章莫自專，和同相用語〔四四〕，莫取婦兒言。

耶孃年七十，不得遠東西〔四五〕，出後傾危去（起）〔四六〕，元知兒故違〔四七〕。

耶孃絶年邁，不得離傍邊〔四八〕，曉夜專看侍〔四九〕，仍須更省眠〔五〇〕。

四大乖和起〔五一〕，諸方早療醫〔五二〕，長病煎湯藥，求神覓好師。

親中除父母〔五三〕，兄弟更無過〔五四〕，有莫相輕賤〔五五〕，無時始認他〔五六〕。

主人相屈至〔五七〕，客莫先入門〔五八〕，若是尊人處，臨時自打門。

親家會賓客，在席有尊卑，諸人未下筯〔五九〕，不得在前椅〔六〇〕。

親還同席坐，知卑莫上頭〔六一〕，忽然人怪責〔六二〕，不可衆中羞〔六三〕。

尊人立莫坐，賜坐莫背人，在（蹲）坐無方便〔六四〕，席上被人嗔。

尊人對客飲〔六五〕，側立莫東西〔六六〕，使喚須依命〔六七〕，弓身莫不齊〔六八〕。

尊人與酒喫〔六九〕，即把莫推辭〔七〇〕，性少無方便〔七一〕，圓融莫遣知〔七二〕。

尊人同席飲〔七三〕，不問莫多言，縱有文章好，留將餘處宣。

巡來莫多飲〔七四〕，[性]少自須監〔七五〕，勿使聞狼狽〔七六〕，交（教）他諸客嫌〔七七〕。

坐見人來去（起）〔七八〕，尊親盡遠迎〔七九〕，無論貧與富〔八〇〕，一槩總須平。

黃金未是寶，學問勝珠珍〔八一〕，丈夫無伎藝〔八二〕，虛霑一世人。

養子莫徒使，先交（教）勤讀書〔八三〕，一朝乘駟馬，還得似相如〔八四〕。

欲得兒孫孝〔八五〕，無〔過〕教及身〔八六〕，一朝千度打，有罪更須嗔。

養兒從小打，莫道憐不答（笞）〔八七〕，長大欺父母，後悔更無疑〔八八〕。

男年七（十）十（七）八〔八九〕，莫遣倚街衢，若不行奸盜，相構即榻（樗）蒲〔九〇〕。

有兒（女）欲嫁娶〔九一〕，不用絕高門，但得身超後（俊）〔九二〕，錢財總莫論。

欲得於身吉，無過莫作非，但知牢閉口，禍去阿寧來〔九三〕。

飲酒妨生計，摴蒲心（必）破家〔九四〕，但看此等色〔九五〕，不久作窮恭（查）〔九六〕。

見惡須藏掩〔九七〕，知賢唯讚揚〔九八〕，若能依此語，秘蜜（密）立身方〔九九〕。

昔（借）物莫交（教）索〔一〇〇〕，用了送還他，損失酬高價，求嗔得夜（也）摩〔一〇一〕。

借物色（索）不得〔一〇二〕，貸錢不肯還，貧（頻）來論即鬬〔一〇三〕，過在阿誰邊？

鄰並須來往，借取共交通，急緩相憑丈（仗）〔一〇四〕，人生莫不從〔一〇五〕。

長幼同飲（欽）敬〔一〇六〕，知尊莫不尊，但能行禮樂，鄉里自稱人。

庭客勿叱狗〔一〇七〕，對客莫頻眉，供給千餘日，臨枝（歧）請不飢〔一〇八〕。

親客無疏伴，唤（來）即盡須唤〔一〇九〕，食了寧且休，只可待他散。

爲客不呼客，去必主人嗔，欲得能行事，無過莫避人。

逢人須斂手，避道莫煎（前）湯〔一一〇〕，忽然相衝著〔一一一〕，他强必自傷。

惡口深乖禮，條中卻没文，若能不駡詈，即便是賢人〔一一二〕。

見貴當須避，知强遠利（離）他〔一一三〕，高飛能去網，豈得值低羅。

結交須擇善，非知莫與心，若知鮑管志，還共不分金。

惡人相遠離，善者近相知，縱使天無雨，雲陰自潤衣。

有德人身（心）下〔一一四〕，無才意即高，但看行濫勿（物）〔一一五〕，若個是堅牢。

典史頻多擾，從饒必莫嗔，但知多爲酒，火艾不欺人〔一一六〕。

惡人相觸誤〔一一七〕，被駡必從饒〔一一八〕，喻若園中韭，由（猶）如得雨澆〔一一九〕。

駡妻早是惡，打婦更無知，索强欺得客，可是丈夫兒？

有勢不煩意（倚）〔一二〇〕，欺他必自危，但看木裏火，出則自燒伊〔一二一〕。

貧來（親）須拯濟〔一二二〕，富眷不煩饒〔一二三〕，情知蘇蜜味，何用更添膏〔一二四〕。

有錢莫掣鑊（擢）〔一二五〕，不得事奢華〔一二六〕，鄉里人僔惡，差科必破家。

他貧不得笑，他若（弱）不得欺〔一二七〕，但看人頭數，[即]須受逢迎〔一二八〕。

〔莫〕〔不〕〔安〕爪〔肉〕〔一二九〕，魚〔吞〕在腸裏〔一三〇〕，善惡有千般〔一三一〕，〔人〕〔心〕〔難〕〔可〕〔知〕〔一三二〕。

在鄉須下意，爲客莫高心，相見作先拜，膝下没黄金。

貧人莫簡棄，有食最須呼，但惠封瘡藥〔一三三〕，何愁不奉珠。

得言請莫説，有語不須傳〔一三四〕，見事如不見，終身無過愆〔一三五〕。

無親莫充保，無事莫作媒，雖失鄉人意，終身無害災〔一三六〕。

雙陸智人戲，圍碁出專能，解事（時）終不惡〔一三七〕，久後與仙通〔一三八〕。

逢爭不須看，見打莫前僞（爲）〔一三九〕，損即追有（友）鄧（證）〔一四〇〕，能勝總不知。

立身在（存）篤信〔一四一〕，景行勝將金，在處人攜接，諳知無負心〔一四二〕。

有恩須報上，保（得）濟莫孤恩〔一四三〕，但看千里井，誰爲重來尋〔一四四〕。

知恩須報恩，有恩莫不報，雨（更）在枯井中〔一四五〕，誰能重來救。

先得他恩重〔一四六〕，償酬勿使輕，一餐所重直，感賀百千金〔一四七〕。

蒙人惠可（一）恩〔一四八〕，終身酬不極，若濟桑下飢，扶輪可惜力。

得他一束絹〔一四九〕，還他一束羅〔一五〇〕，計時應有重，直爲歲年多。

貸人伍斗米，送還壹碩粟〔一五一〕，算時應有餘，剩者充臼直。

世間難捨割，無過財色深，丈夫須遠（達）命〔一五二〕，割斷暗迷心〔一五三〕。
煞生罪最重，喫肉亦非輕〔一五四〕，欲得身長命，無過點續明。
偷盜雖無命〔一五五〕，侵欺罪更多，將他物己用，思量得夜（也）摩〔一五六〕。
邪孃（淫）及妄語〔一五七〕，知非總勿作〔一五八〕，但知依道行〔一五九〕，萬里無求（迷）錯〔一六〇〕。
喫肉多病報，知者不須餐〔一六一〕，一朝無諫（间）他（地）〔一六二〕，有罪始知難〔一六三〕。
飲酒是癡報，如人落糞坑，情知有不淨〔一六四〕，豈合岸頭行。
造酒罪甚重，喫肉亦〔不〕輕〔一六五〕，若人不信語〔一六六〕，檢取《涅盤經》〔一六七〕。
見泥須避道，莫入汙腳鞋〔一六八〕，若知己有罪，莫破戒時齋〔一六九〕。
相交莫嫉妒，相勸（歡）莫蛆儜〔一七〇〕，一日無常去，王前擺（罷）手行〔一七一〕。
見病慈（須）須（慈）愍〔一七二〕，知方速爲醫〔一七三〕，若能行此孝（行）〔一七四〕，大是不思議〔一七五〕。
經紀須平直，心中莫側斜，些些微取利，可可苦他家〔一七六〕。
布施生生福〔一七七〕，慳貪世世貧，若人苦吝惜〔一七八〕，卻（劫）卻（劫）受辛勤〔一七九〕。
忍辱生端正〔一八〇〕，多嗔作毒蛇，若人不儜惡〔一八一〕，必得上三車。
尋常勤念佛〔一八二〕，晝夜受書經〔一八三〕，心裏無蛆佞〔一八四〕，何愁佛不成。

六時長禮懺，日暮廣燒香，十齋莫使闕〔一八五〕，有力煞三場（長）〔一八六〕。持戒須含忍，長齋不得嗔，莫隨風火性，參差悞煞〔人〕〔一八七〕。逢[師]須禮拜〔一八八〕，過道向前參，莫生多（分）別相〔一八九〕，見過不和南〔一九〇〕。聞鍾身[須]側〔一九一〕，臥轉莫前（纏）眠〔一九二〕，萬一無常去〔一九三〕，免至獄門前〔一九四〕。〔師〕〔僧〕〔來〕〔乞〕〔食〕〔一九五〕，〔必〕〔莫〕〔惜〕〔家〕〔常〕〔一九六〕，布施無邊福，來生不少[糧]〔一九七〕。家貧從力貸〔一九八〕，不得賴（嬾）乖慵〔一九九〕，但知勤作福，衣食自然豐。惡事總須去〔二〇〇〕，善事莫相違〔二〇一〕，智（至）意求妙法〔二〇二〕，必得見如來〔二〇三〕。

王梵志詩一卷〔二〇四〕

説明

此件首尾完整，首尾均題『王梵志詩一卷』，卷中有墨筆修改。關於敦煌寫本中保存的《王梵志詩》寫本概況，可參看本書第四卷所收斯七七八『王梵志詩集並序』、第一三卷所收斯二七一〇『王梵志詩一卷』的説明。此件卷首至『學問勝珠珍』之間的内容與以下寫本有重合：伯二七一八、伯三六五六、伯三七一六背，均首尾完整，首尾均題『王梵志詩一卷』；伯三五五八，首尾完整，首題『[王梵志]詩一卷』，卷末有題記『六年正月十七日三界寺』；伯三二六六，首尾均缺，起『主人相屈至』，訖『見事如不見，終』；伯二九一四，抄寫於『王梵志詩卷第三』之後，首題『王梵志時（詩）卷第一』，訖『子膳妹須先』；伯二八四二背，首全尾缺，首題『王梵志詩一卷』，訖『元知兒故違』；斯四六六九+斯五七九四，兩件綴合後的寫本首尾均缺，起『不得在前椅』，訖『人心難可知』；日本奈良寧樂美術館藏本，首缺尾全，無題，起『雀事莫爲愆』，訖『必得見如來』；Дх八九〇+Дх八九一，首尾均缺，起『平章卻不異』，訖『巡來莫多飲』；Дх四七五四爲一小殘片，約存五十字，起『和順』，訖『尊人相』；Дх一〇七三六，存八殘行，起『人無牀』，訖『諸方早』；羽三〇R首尾完整，存五紙，其中第一紙和第二紙下半部分殘損，首題『王梵志一卷』，訖尾題『王梵志一卷第一』，題記『辛巳年十月六日金光明寺學郎氾員宗寫記之耳』。另外，伯二六〇七背有雜寫『王梵志詩一卷』『兄弟須』（寫兩次）等文字殘存，校勘價值不大。此件自『丈夫無伎藝』至卷末内容與斯二七一〇内容重合，本書在對斯二七一〇號進行釋録時，曾以此件爲校本參校，故該部分内容與其他寫本之異同，均可參見斯二七一〇號校記。

以上釋文以斯三三九三爲底本，自卷首至『學問勝珠珍』之間的内容，用伯二七一八（稱其爲甲本）、伯三五五八（稱其爲乙本）、伯三六五六（稱其爲丙本）、伯三七一六背（稱其爲丁本）、伯三二六六（稱其爲戊本）、伯二九一四（稱其爲己本）、伯二八四二背（稱其爲庚本）、斯四六六九+斯五七九四（稱其爲辛本）、寧樂美術館藏本（稱其爲壬本）、Дх八九〇+Дх八九一（稱其爲癸本）、Дх四七五四（稱其爲甲二本）、Дх一〇七三六（稱其爲乙二本）、羽三〇R（稱其爲丙二本）參校。而『丈夫無伎藝」至卷末内容，因本書在對斯二七一〇號進行釋録時，未以羽三〇R作參校本，故此部分增加斯二七一〇爲校本，僅出校羽三〇R和斯二七一〇與此件内容重合的異文，其他各本異文不再一一出校。

校記

〔一〕「詩」，甲、乙、丙、丁、庚本同，丙二本脱，己本作「時」，「時」爲「詩」之借字；「一卷」，甲、乙、丙、丁、庚、丙二本同，己本作「卷第一」。

〔二〕甲二本始於此句。

〔三〕「輕」，甲、乙、丙、庚本同，丁本作「鄉」，己本作「爰」，均誤。

〔四〕「相」，乙本同，當作「箱」，據丙、丁、己、庚、丙二本改，「相」爲「箱」之借字；「櫝」，乙、丙、丁、己、庚本作「櫃」，丙二本作「匱」，均可通。

〔五〕「畜」，甲、乙、丁、丙二本同，丙、庚本作「蓄」，均可通，己本作「充」，誤。

〔六〕「起」，甲、乙、丙、丁本同，庚本作「去」，「去」爲「起」之借字，己本作「子」，誤；「則」，甲、乙、丙、丁、庚本同，己本作「膳」，誤；「每」，甲、乙、丙、丁、庚本同，己本作「妹」，「妹」爲「每」之借字。己本止於此句。

〔七〕「衣」，甲、乙、丙、庚、丙二本同，丁本作「依」，「依」爲「衣」之借字。

〔八〕「弟」，乙、丙、丁、庚本同，甲本作「弟弟」，第二個「弟」字係衍文，當删，甲二本似「第」，但因寫本中「弟」「第」形近易混，故可視作「弟」；「相」，甲、乙、丙、庚、丙二本同，丁本作「想」，「想」爲「相」之借字。

〔九〕「若」，乙、丙、丁、庚本同，甲本作「爲」，誤；「得」，甲、丙、丁、庚本同，乙本脱；「别」，甲、乙、丙、丁、庚本同，丙二本作「刑」，誤。

〔一〇〕『相』，甲、丙、庚、丙二本同，乙本脱，丁本作『想』，『想』爲『相』之借字。

〔一一〕『相』，甲、乙、丙本同，庚本脱，丁本作『想』，『想』爲『相』之借字；『推』，乙、丙、庚本同，甲、丁本作『堆』，誤。

〔一二〕『辦』，甲、丙本同，乙、丁本作『辯』，當作『辦』，據庚本改，『辯』同『辦』。

〔一三〕『將』，丙二本同，甲、乙、丙、丁、庚、甲二本作『招』。

〔一四〕『昔』，甲、乙、丙、丁、庚本同，丙二本作『借』，誤；『填』，丁本同，當作『田』，據甲、乙、丙、庚、丙二本改，『填』爲『田』之借字；『分』，甲、乙、丙、庚、丙二本同，丁本作『粉』，『粉』爲『分』之借字。

〔一五〕『荆』，甲、乙、丙、庚、丙二本同，丁本作『刑』，誤；『衰』，甲、丙、庚本同，乙、丁本作『襄』，誤。

〔一六〕癸本始於此句。

〔一七〕『重』，乙、丙、丁、庚、丙二本同，甲本作『復』。

〔一八〕『枝』，甲、乙、丙、丁、庚本同，甲二本作『肢』，『肢』爲『枝』之借字。

〔一九〕『鳥』，甲、乙、丁、丙本同，庚本作『鳴』，誤。

〔二〇〕『聞』，底本上有校改痕跡，似校改作『文』。

〔二一〕『保』，丙本作『報』，當作『寶』，據甲、乙、丁、庚本改，『保』『報』均爲『寶』之借字，丙二本作『實』，亦可通；『得』，甲、丙、丁、庚、甲二、丙二本同，乙本作『德』，『德』爲『得』之借字。

〔二二〕『親』，乙、丙、丁、癸本同，甲、庚本作『嗔』。

〔二三〕『足』，甲、乙、丙、丁、庚本同，丙二本作『頭』，誤；『斷』，甲、丙、丁、庚、丙二本同，乙本作『但』。

〔二四〕甲二本止於此句。

〔二五〕『相』，乙、丙、庚、癸本同，甲本作『須』，丁本作『想』，『想』爲『相』之借字；『逢見』，乙、丙、丁、庚、癸本同，甲本作「相逢」。

〔二六〕「知」，甲、丙、丁、庚、癸本同，乙本作「之」，「之」爲「知」之借字。

〔二七〕「飲」，甲、乙、丙、丁、庚、癸、丙二本作「語」。

〔二八〕「立」，甲、丙、丁、庚、癸、丙二本同，乙本脱。

〔二九〕「鵶」，甲、乙、丙、丁、癸、丙二本同，庚本作「啞」，「啞」爲「鵶」之借字。

〔三〇〕乙二本始於此句。

〔三一〕「狐」，甲、乙、癸、丙二本同，丙、丁、庚本作「孤」，當作「親」，《王梵志詩校注》據文義校改。

〔三二〕「庸」，乙、丙、丁、癸、丙二本同，庚本作「用」，「用」爲「庸」之借字，甲本作「痛」，誤；「才」，甲、乙、丙、癸、丙二本同，丁、庚本作「財」，「財」爲「才」之借字。

〔三三〕「棄」，甲、乙、丁、庚、癸本同，丙、丙二本作「去」，均可通。

〔三四〕「雀」，丙、壬本同，甲本作「有」，庚本作「才」，當作「省」，據乙、丁、癸、丙二本改；「愆」，甲、乙、丙、丁、庚、壬、癸本同，丙二本作「僭」。壬本始於此句。

〔三五〕「但」，乙、丙、丁、庚、癸、丙二本同，甲本作「行」；「能」，甲、乙、丙、庚、癸、丙二本作「使」，丁本作「知」。

〔三六〕「正」，甲、乙、丁、庚、壬、乙二、丙二本同，丙本作「政」，「政」爲「正」之借字，癸本作「止」，誤。

〔三七〕「萬」，丙、丁、庚、壬、癸、乙二、丙二本同，甲本作「不」，乙本作「方」，均誤；「事」，甲、乙、丁、庚、壬、癸、丙二本同，丙本作「是」，「是」爲「事」之借字；「依」，甲、乙、丙、丁、庚、癸、丙二本同，乙二本作「衣」，「衣」爲「依」之借字。

〔三八〕「罵」，甲、丙、丁、庚、癸、丙二本同，乙本作「馬」，「馬」爲「罵」之借字；「默」，甲、乙、丙、丁、癸本同，庚本作『墨』，『墨』爲『默』之借字，丙二本作『點』，誤。

〔三九〕『是』，甲、乙、丁、壬、癸、丙二本同，庚本作『事』，『事』爲『是』之借字。

〔四〇〕『江』，甲、丁、庚、癸、乙二本同，乙本作『肛』，丙本作『矼』；『降』，甲、乙、庚、癸、乙二本同，丁本作『綘』，丙本作『騂』。

〔四一〕『縱』，甲、乙、丙、庚、癸本同，丁本作『從』，誤；『奢奢』，當作『些些』，據甲、乙、丙、丁、庚、癸、丙二本改。

〔四二〕『短』，乙、丁本同，庚本脱，甲、丙、壬、癸、乙二、丙二本原作『矩』，按寫本中『短』『矩』形近易混，故可視作『短』；『長』，甲、乙、丙、丁、壬、癸、乙二、丙二本同，庚本脱。

〔四三〕『事』，甲、乙、丁、庚、壬、癸、乙二、丙二本同，丙本脱；『相』，甲、乙、丙、庚、壬、乙二、丙二本同，丁本作『想』，『想』爲『相』之借字。

〔四四〕『相』，甲、乙、丙、庚、癸本同，丁本作『想』，『想』爲『相』之借字。

〔四五〕『遠東』，甲、乙、丙、丁、庚、丙二本同，癸本作『離傍』；『西』，甲、乙、丙、丁、庚本同，癸本作『邊』。

〔四六〕『後』，甲、丙、丁、庚、壬、癸本同，乙本作『使』；『去』，乙、丁、壬、癸本同，當作『起』，據甲、丙、庚本改，『去』爲『起』之借字。

〔四七〕『元』，甲、乙、丙、丁、庚、壬本同，癸本作『无』，按寫本中『元』『无』形近易混，故可視作『元』；『皃』，甲、乙、丙、丁、庚、壬本同，癸本作『如』，『如』爲『皃』之借字；『故』，甲、乙、丁、庚、壬、癸、乙二本同，丙本作『固』，『固』爲『故』之借字。庚本止於此句。

〔四八〕『離傍邊』，甲、乙、丙、丁、壬、丙二本同，癸本作『遠東西』。

〔四九〕『待』，丙、丁、癸本同，甲、壬本作『待』。

〔五〇〕『仍』，甲、乙、丙、癸本同，丁本作『何』；『更』，乙二本同，丙本作『雀』，誤，甲、乙、丁、癸本作『省』；『省』，甲、乙、丙、丁、癸、乙二本作『睡』。

〔五一〕『起』，甲、乙、丙、丁、癸、丙二本同，乙二本作『去』，『去』爲『起』之借字。

〔五二〕『早』，乙、丙、丁、壬、癸、丙二本同，甲本作『請』；『療』，甲、乙、丙、丁、壬、癸本同，丙二本作『寮』，『寮』爲『療』之借字。乙二本止於此句。

〔五三〕『中』，甲、乙、丙、壬、癸、丙二本同，丁本作『終』，『終』爲『中』之借字。

〔五四〕『弟』，甲、乙、丙、丁、壬、丙二本同，癸本作『第』，按寫本中『第』『弟』形近易混，故可視作『弟』。

〔五五〕『相』，乙、丙、癸本同，丁本作『想』，『想』爲『相』之借字，甲本作『相相』，第二個『相』字係衍文。

〔五六〕『時』，甲、乙、丙、癸本同，丁本作『始』，『始』爲『時』之借字；『始』，甲、乙、丙、癸本同，丁本作『時』，『時』爲『始』之借字；『認』，甲、丙、丁、丙二本同，乙本作『忍』，癸本作『任』，『忍』『任』均爲『認』之借字。

〔五七〕『相』，甲、乙、丙、戊、壬、癸、丙二本同，丁本作『想』，『想』爲『相』之借字。戊本始於此句。

〔五八〕『入』，甲、丙、丁、戊、癸、丙二本同，乙本作『人』，誤。

〔五九〕『筯』，甲、乙、丙、戊、壬、癸本同，丁本作『箱』，誤。底本此字右下角似有一改字，無法識别。

〔六〇〕『在』，甲、乙、丙、丁、戊、辛、壬、癸本同，丙二本脱；『椅』，甲、辛、壬本同，乙、丙二本作『倚』，丙本作『據』，丁、戊本作『椅』，癸本作『其』。辛本始於此句。

〔六一〕『知』，乙、丙、丁、戊、癸本同，甲本脱。

〔六二〕『怪』，甲、丙、丁、戊、壬、癸本同，乙本作『乖』，『乖』爲『怪』之借字。

〔六三〕『不可』，丁本同，甲、乙、丙、戊、壬、癸、丙二本作『可不』，誤；『中』，甲、丙、丁、戊、辛、壬、丙二本同，乙本作『衆』，『衆』爲『中』之借字。

〔六四〕『在』，壬本同，甲、乙、丁、戊、癸本作『存』，丙本作『鐏』，當作『蹲』，據文義改，《王梵志詩校注》校改作『踳』，『踳』同『蹲』。

〔六五〕『飲』，甲、乙、丙、丁、戊、壬、丙二本同，辛本作『語』。

〔六六〕『側』，甲、乙、丙、丁、戊、辛、壬、丙二本作『卓』；『立』，據殘筆劃及甲、乙、丙、丁、戊、辛、丙二本補。

〔六七〕『依』，甲、乙、丙、丁、戊、壬本同，辛、丙二本作『於』，癸本作『衣』，『於』『衣』均爲『依』之借字。

〔六八〕『弓』，甲、丁、戊、壬本同，乙、丙、辛本作『躬』，丙二本作『恭』。

〔六九〕『酒』，乙、丙、丁、戊、辛、壬、丙二本同，甲本作『須』。

〔七〇〕『推』，乙、丙、辛本同，甲、丁、戊、癸本作『堆』，誤。

〔七一〕『性』，甲、乙、丙、戊、辛、壬、癸本同，丁本作『姓』；『少』，甲、乙、丁、戊、壬、癸本同，丙、辛本作『小』；『無』，甲、乙、丙、丁、戊、辛、壬、癸本作『由』，丙二本作『猶』。

〔七二〕『融』，乙、丙、丁、戊、辛、壬、丙二本同，甲本作『隔』，《王梵志詩校勘零拾》認爲『隔』爲『滿』之訛；『遺』，甲、乙、丁、辛、壬、丙二本同，丙、戊本作『遺』，誤；『知』，甲、丁、戊、辛、壬、丙二本同，乙、丙本作『之』，『之』爲『知』之借字。

〔七三〕『同』，甲、乙、丙、戊、辛、壬、丙二本同，丁本脱。

〔七四〕『多』，甲、乙、丙、戊、辛、壬、丙二本同，丁本脱。癸本止於此句。

〔七五〕『性』，據殘筆劃及甲、乙、丙、丁、戊、辛、壬、丙二本補；『少』，甲、乙、丁、戊、丙二本同，辛本脱，丙本作『小』；『自』，甲、乙、丙、戊、辛本同，丁本脱；『須』，甲、乙、丁、戊、壬本同，辛本脱，丙本作

「莫」，誤；「監」，甲、乙、丙、丁、戊、壬本同，辛本脱。

〔七六〕「聞」，甲、乙、丙、丁、戊、壬本同，丙二本作「文」，「文」爲「聞」之借字；「狼」，甲、乙、丙、丁、戊、壬本同，丙二本作「即」，誤；「狽」，乙、丙、丁、戊、壬本同，丙二本作「背」，「背」爲「狽」之借字，甲本作「相」，誤。此句辛本脱。

〔七七〕「交」，甲、乙、丙、丁、戊、壬本同，當作「教」，據丙二本改，「交」爲「教」之借字，《王梵志詩校注》認爲「交」通作「教」。此句辛本脱。

〔七八〕「去」，丙二本同，當作「起」，據甲、乙、丙、丁、戊、壬本改，「去」爲「起」之借字。此句辛本脱。

〔七九〕「尊親」，甲、乙、丙、丁、戊、壬本同，辛本脱。

〔八〇〕「論」，甲、乙、丙、戊、辛、壬、丙二本同，丁本脱；「與」，甲、丁、戊、辛、壬本同，乙、丙本作「以」，丙二本作「異」，「以」「異」均爲「與」之借字。

〔八一〕「珠珍」，甲、乙、丙、丁、戊、壬本同，辛本作「珍珠」。

〔八二〕「伎」，斯二七一〇同，丙二本作「才」。

〔八三〕「交」，當作「教」，據斯二七一〇改，「交」爲「教」之借字。

〔八四〕「如」，斯二七一〇同，丙二本作「知」，誤。

〔八五〕「得」，斯二七一〇同，丙二本作「使」。

〔八六〕「過」，據斯二七一〇補。

〔八七〕「答」，當作「笞」，據斯二七一〇改。

〔八八〕「更」，斯二七一〇、丙二本作「定」；「疑」，斯二七一〇同，丙二本作「益」。

〔八九〕「七十」，丙二本同，當作「十七」，據斯二七一〇改。

〔九〇〕『構』，斯二七一〇同，丙二本作『知』；『楫』，斯二七一〇、丙二本同，當作『榑』，《王梵志詩校輯》據文義校改。

〔九一〕『兒』，當作『女』，據斯二七一〇、丙二本改。此句前斯二七一〇尚有『有兒欲娶婦，須擇大家兒，縱使無姿首，終成有禮儀』，丙二本尚有『有兒欲娶婦，須擇大兒家，縱□，終身有禮儀』。

〔九二〕『超』，斯二七一〇同，丙二本作『磐』；『後』，斯二七一〇同，當作『俊』，據辛本改。

〔九三〕『來』，斯二七一〇同，丙二本作『殘』，誤。

〔九四〕『心』，斯二七一〇、丙二本同，當作『必』，據丙、丁、戊、辛本改。

〔九五〕『看此等色』，斯二七一〇同，丙二本作『能行禮樂』。

〔九六〕『作』，斯二七一〇同，丙二本作『依』，誤；『恭』，斯二七一〇作『茶』，當作『查』，據甲、丙二本改，『茶』爲『查』之借字。

〔九七〕『藏掩』，斯二七一〇同，丙二本作『奄藏』。

〔九八〕『唯』，斯二七一〇同，丙二本作『爲』，『爲』爲『唯』之借字。

〔九九〕『蜜』，當作『密』，據斯二七一〇、丙二本改，『蜜』爲『密』之借字。

〔一〇〇〕『昔』，當作『借』，據斯二七一〇、丙二本改；『交』，斯二七一〇、丙二本同，當作『教』，據文義改，『交』爲『教』之借字。

〔一〇一〕『夜』，當作『也』，據斯二七一〇、丙二本改，『夜』爲『也』之借字；『摩』，斯二七一〇同，丙二本作『磨』。

〔一〇二〕『色』，當作『索』，據斯二七一〇、丙二本改。

〔一〇三〕『貧』，當作『頻』，據斯二七一〇改，『貧』爲『頻』之借字。

〔一〇四〕「丈」，當作「仗」，據斯二七一〇、丙二本改，「丈」爲「仗」之借字。
〔一〇五〕「人生」，斯二七一〇同，丙二本作「冬如」，誤；「不」，斯二七一〇同，丙二本作「下」，誤。
〔一〇六〕「飲」，斯二七一〇同，當作「欽」，據乙、戊、壬、丙二本改。
〔一〇七〕「庭」，斯二七一〇同，丙二本作「停」，均可通；「勿」，斯二七一〇同，丙二本作「物」，「物」爲「勿」之借字。
〔一〇八〕「枝」，當作「歧」，據斯二七一〇、丙二本改。
〔一〇九〕「唤」，斯二七一〇、丙二本同，當作「來」，據丁本改。
〔一一〇〕「煎」，斯二七一〇同，當作「前」，據丙二本改；「湯」，丙二本同，斯二七一〇作「蕩」，「湯」通「蕩」。
〔一一一〕「然」，斯二七一〇、丙二本作「若」；「衝」，斯二七一〇同，丙二本作「充」，「充」爲「衝」之借字。
〔一一二〕「便是」，斯二七一〇同，丙二本作「是大」。
〔一一三〕「利」，斯二七一〇同，當作「離」，據乙、丙、丁、辛、壬本改，「利」爲「離」之借字。
〔一一四〕「身」，當作「心」，據斯二七一〇、丙二本改。
〔一一五〕「勿」，當作「物」，據斯二七一〇、丙二本改，「勿」爲「物」之借字。
〔一一六〕「艾」，斯二七一〇同，丙二本脱。
〔一一七〕「誤」，斯二七一〇、丙二本作「悮」。
〔一一八〕「從」，斯二七一〇同，丙二本作「縱」，誤。
〔一一九〕「由」，斯二七一〇同，當作「猶」，據丙本改，「由」爲「猶」之借字。
〔一二〇〕「不」，斯二七一〇同，丙二本脱；「煩」，斯二七一〇同，丙二本作「繁」，「繁」爲「煩」之借字；「意」，斯二七一〇、丙二本同，當作「倚」，據丙、丁、辛本改，「意」爲「倚」之借字。

〔一二一〕『伊』，斯二七一〇同，丙二本作『身』。

〔一二二〕『來』，當作『親』，據斯二七一〇、丙二本改；『拯』，斯二七一〇同，丙二本作『救』。

〔一二三〕『不』，斯二七一〇同，丙二本作『莫』。

〔一二四〕『添』，斯二七一〇同，丙二本作『忝』，『忝』爲『添』之借字；『膏』，斯二七一〇同，丙二本作『高』，『高』爲『膏』之借字。

〔一二五〕『鑊』，當作『擢』，據斯二七一〇、丙二本改，『鑊』爲『擢』之借字。

〔一二六〕『華』，本書第十三卷以底本爲『萃』，誤。

〔一二七〕『若』，斯二七一〇脱，當作『弱』，據甲、乙、丙、丁、戊、辛、壬、丙二本改，『若』爲『弱』之借字；『得』，丙二本同，斯二七一〇作『須』，誤。

〔一二八〕『即』，據殘筆劃及斯二七一〇補。

〔一二九〕『莫不安』，據斯二七一〇、丙二本補；『肉』，據乙、丁、丙二本補。

〔一三〇〕『吞』，斯二七一〇亦脱，據乙、丁、丙二本補；『腸』，丙二本同，斯二七一〇作『腹』。

〔一三一〕『善』，丙二本同，斯二七一〇作『若』，誤。

〔一三二〕『人心難可知』，據辛本補。辛本止於此句。

〔一三三〕『封』，斯二七一〇同，丙二本作『對』，誤。

〔一三四〕『傳』，斯二七一〇同，丙二本作『論』。

〔一三五〕『愆』，斯二七一〇同，丙二本作『僭』，誤。

〔一三六〕『災』，據殘筆劃及斯二七一〇補。

〔一三七〕『事』，當作『時』，據斯二七一〇、丙二本改，『事』爲『時』之借字。

〔一三八〕「與」，斯二七一〇同，丙二本作「以」，「以」爲「與」之借字。

〔一三九〕「僞」，斯二七一〇、丙二本同，當作「爲」，據丙本改，「僞」爲「爲」之借字。

〔一四〇〕「即」，斯二七一〇同，丙二本作「失」；「有」，當作「友」，據斯二七一〇改，「有」爲「友」之借字，丙二本作「皮」，誤；「鄧」，當作「證」，據斯二七一〇、丙二本改。

〔一四一〕「在」，當作「存」，據斯二七一〇改。

〔一四二〕「負」，據殘筆劃及斯二七一〇、丙二本補。

〔一四三〕「保」，當作「得」，據斯二七一〇改。

〔一四四〕「爲」，斯二七一〇同，丙二本作「人」；「來」，斯二七一〇同，丙二本作「求」。

〔一四五〕「雨」，當作「更」，據斯二七一〇改。

〔一四六〕「他」，斯二七一〇同，丙二本脱。

〔一四七〕「千金」，斯二七一〇、丙二本作「金傾」。

〔一四八〕「蒙」，斯二七一〇同，丙二本作「家」，誤；「可」，當作「一」，據斯二七一〇、丙二本改。

〔一四九〕「一」，斯二七一〇同，丙二本作「壹」。

〔一五〇〕「一」，斯二七一〇同，丙二本作「壹」。

〔一五一〕「送還」，斯二七一〇同，丙二本作「還他」。

〔一五二〕「須」，斯二七一〇同，丙二本作「雖」，「雖」爲「須」之借字；「遠」，斯二七一〇、丙二本同，當作「達」，《王梵志詩校輯讀後記》據文義校改。

〔一五三〕「暗」，斯二七一〇同，丙二本作「闇」。

〔一五四〕「喫」，斯二七一〇同，丙二本作「契」，誤。

〔一五五〕『雖』，斯二七一〇同，丙二本作『須』，『須』爲『雖』之借字。
〔一五六〕『夜』，當作『也』，據斯二七一〇改，『夜』爲『也』之借字。
〔一五七〕『孃』，當作『淫』，據斯二七一〇、丙二本改。
〔一五八〕『總勿』，斯二七一〇同，丙二本作『勿總』。
〔一五九〕『依』，斯二七一〇同，丙二本作『於』，『於』爲『依』之借字。
〔一六〇〕『求』，當作『迷』，據斯二七一〇、丙二本改。
〔一六一〕『知』，斯二七一〇、丙二本作『智』，『知』通『智』。
〔一六二〕『諫』，斯二七一〇同，當作『間』，據丙二本改；『他』，當作『地』，據斯二七一〇、丙二本改。
〔一六三〕『有』，斯二七一〇、丙二本作『受』；『知』，丙二本同，斯二七一〇作『智』，『智』爲『知』之借字。
〔一六四〕『淨』，斯二七一〇同，丙二本作『諍』，誤。
〔一六五〕『喫』，斯二七一〇、丙二本作『酒』；『亦』，斯二七一〇、丙二本作『俱』；『不』，據斯二七一〇、丙二本補。
〔一六六〕『語』，丙二本同，斯二七一〇作『義』。
〔一六七〕『盤』，斯二七一〇、丙二本同，按寫本時代『涅槃』並未成爲固定搭配，或作『涅槃』，或作『涅盤』。
〔一六八〕『汙腳』，斯二七一〇同，丙二本作『惡卻』，誤。
〔一六九〕『破』，丙二本同，斯二七一〇作『被』，誤。
〔一七〇〕『勸』，斯二七一〇同，當作『歡』，《王梵志詩校注》據文義校改。
〔一七一〕『擺』，丙二本作『霸』，當作『罷』，據斯二七一〇改，『霸』爲『罷』之借字。
〔一七二〕『慈須』，斯二七一〇、丙二本同，當作『須慈』，據甲、乙、丙本改；『慇』，斯二七一〇同，丙二本作『敏』，

「敏」爲「愍」之借字。
〔一七三〕「速」，斯二七一〇同，丙二本作「早」。
〔一七四〕「孝」，當作「行」，據斯二七一〇、丙二本改。
〔一七五〕「議」，斯二七一〇同，丙二本作「儀」，「儀」爲「議」之借字。
〔一七六〕「苦」，斯二七一〇同，丙二本原作「若」，按寫本中「苦」「若」形近易混，故可視作「苦」。
〔一七七〕「福」，斯二七一〇、丙二本作「富」。
〔一七八〕「吝」，斯二七一〇同，丙二本作「慳」。
〔一七九〕「卻卻」，斯二七一〇同，丙二本作「卻後」，當作「劫劫」，《王梵志詩集》據文義校改。
〔一八〇〕「正」，斯二七一〇同，丙二本作「政」，「政」爲「正」之借字。
〔一八一〕「不停」，斯二七一〇同，丙二本作「寧不」。
〔一八二〕「佛」，丙二本同，斯二七一〇作「善」。
〔一八三〕「書經」，斯二七一〇同，丙二本作「經書」。
〔一八四〕「佞」，斯二七一〇同，丙二本作「寧」，「寧」爲「佞」之借字。
〔一八五〕「齋」，丙二本同，斯二七一〇作「濟」，誤；「使」，斯二七一〇同，丙二本作「令」。
〔一八六〕「力」，斯二七一〇同，丙二本作「刀」，誤；「場」，斯二七一〇同，當作「長」，據丙、丙二本改，「場」爲「長」之借字。
〔一八七〕「人」，據斯二七一〇、丙二本補。
〔一八八〕「師」，據斯二七一〇、丙二本補；「須禮」，丙二本同，斯二七一〇作「即須」。
〔一八九〕「多」，斯二七一〇同，丙二本作「名」，當作「分」，《王梵志詩校注》據文義校改；「别」，斯二七一〇同，丙二本作『利』，誤。

〔一九〇〕『和』，斯二七一〇、丙二本作『知』，誤。

〔一九一〕『身』，斯二七一〇同，丙二本作『聲』；『須』，據斯二七一〇、丙二本補。

〔一九二〕『前』，斯二七一〇同，當作『纏』，據丙、丙二本改，『前』爲『纏』之借字。

〔一九三〕『去』，斯二七一〇同，丙二本作『逼』。

〔一九四〕『獄門』，斯二七一〇同，丙二本作『地獄』；『前』，斯二七一〇作『邊』，丙二本作『門』。

〔一九五〕『師僧來乞食』，據斯二七一〇、丙二本補。

〔一九六〕『必』，據斯二七一〇補；『莫』，據斯二七一〇補，丙二本作『須』；『惜家』，據斯二七一〇、丙二本補；『常』，據丙、丙二本補。

〔一九七〕『少』，斯二七一〇同，丙二本作『小』；『糧』，據斯二七一〇、丙二本補。

〔一九八〕『力』，斯二七一〇同，丙二本作『人』。

〔一九九〕『賴』，丙二本作『爛』，當作『嬾』，據斯二七一〇改；『慵』，斯二七一〇同，丙二本作『庸』，『庸』爲『慵』之借字。

〔二〇〇〕『去』，斯二七一〇、丙二本作『棄』。

〔二〇一〕『相』，斯二七一〇同，丙二本作『生』。

〔二〇二〕『智』，斯二七一〇同，丙二本作『志』，當作『至』，據丁本改，『智』『志』均爲『至』之借字。

〔二〇三〕『得』，斯二七一〇同，丙二本作『定』。

〔二〇四〕『詩』，斯二七一〇、丙二本脱；『卷』，斯二七一〇同，丙二本作『卷弟一』。丙二本另有題記『辛巳年十月六日金光明寺學郎氾員宗寫記之耳』，以及五個大字『張延受書卷』。

參考文獻

《敦煌寶藏》二八册，臺北：新文豐出版公司，一九八二年，二三二至二三四頁（圖）；《王梵志詩校輯》，北京：中華書局，一九八三年，一〇五至一四四頁（録）；《文藝研究》一九八三年一期，六八頁；《王梵志詩研究》（下），臺北：學生書局，一九八七年，二六七至三三六頁（録）；《敦煌研究》一九八七年四期，七七頁；《敦煌學》一二輯，臺北：新文豐出版公司，一九八七年，八九至九七頁；《王梵志詩校注》，上海古籍出版社，一九九一年，四四七至五七〇頁（録）；《英藏敦煌文獻》五卷，成都：四川人民出版社，一九九二年，六九至七〇頁（圖）；《英藏敦煌文獻》六卷，成都：四川人民出版社，一九九二年，二三一頁（圖）；《俄藏敦煌文獻》七册，上海古籍出版社，一九九六年，一八二頁（圖）；《俄藏敦煌文獻》一一册，上海古籍出版社，一九九九年，三一二頁（圖）；《俄藏敦煌文獻》一五册，上海古籍出版社，二〇〇〇年，二一一頁（圖）；《法藏敦煌西域文獻》一六册，上海古籍出版社，二〇〇一年，二一九頁（圖）；《法藏敦煌西域文獻》一七册，上海古籍出版社，二〇〇一年，三四九至三五〇頁（圖）；《法藏敦煌西域文獻》一九册，上海古籍出版社，二〇〇一年，八五頁（圖）；《法藏敦煌西域文獻》二〇册，上海古籍出版社，二〇〇一年，五二頁（圖）；《法藏敦煌西域文獻》二二册，上海古籍出版社，二〇〇二年，三二七至三二八頁（圖）；《法藏敦煌西域文獻》二五册，上海古籍出版社，二〇〇二年，二六四至二六六頁（圖）；《法藏敦煌西域文獻》二六册，上海古籍出版社，二〇〇二年，二四四至二四六頁（圖）；《法藏敦煌西域文獻》二七册，上海古籍出版社，二〇〇二年，七八至七九頁（圖）；《全敦煌詩》四册，北京：作家出版社，二〇〇六年，一三八四至一四一四頁（録）；《英藏敦煌社會歷史文獻釋録》四卷，北京：社會科學文獻出版社，二〇〇六年，七一頁（録）；《敦煌秘笈》一册，大阪：武田科學振興財團，二〇〇九年，二一五至二一八頁（圖）；《王梵志詩校注》（增訂本），上海古籍出版社，二〇一〇年，三八〇至四八八頁（録）；《英藏敦煌社會歷史文獻釋録》一三卷，北京：社會科學文獻出版社，二〇一五年，五〇二至五二六頁（録）。

斯三三九三　二　雜寫

釋文

王梵志詩一卷　卷

廿千□

王梵志詩一卷　二　八日

兄弟須和順，叔

卷（？）　卷（？）

説明

以上文字爲時人隨手寫於『王梵志詩一卷』之後，與『王梵志詩一卷』的筆跡相似。

參考文獻

《敦煌寶藏》二八册，臺北：新文豐出版公司，一九八二年，二三四頁（圖）；《英藏敦煌文獻》五卷，成都：四川人民出版社，一九九二年，七〇頁（圖）。

斯三三九三　　三　莫道今朝大奇哉詩

釋文

莫道今朝大其（奇）哉〔一〕，日落西夏（下）眼不開〔二〕。

不是等閑遊行許，前世天生配業來。

説明

此件抄於『王梵志詩一卷』之後，詩題、撰者無，與『王梵志詩一卷』的筆跡明顯不同，應爲不同人所書。

校記

〔一〕『其』，當作『奇』，《敦煌詩集殘卷輯考》據文義校改，『其』爲『奇』之借字。

〔二〕『夏』，當作『下』，《敦煌詩集殘卷輯考》據文義校改，『夏』爲『下』之借字。

參考文獻

《敦煌寶藏》二八册，臺北：新文豐出版公司，一九八二年，二三四頁（圖）；《英藏敦煌文獻》五卷，成都：四川人民出版社，一九九二年，七〇頁（圖）；《敦煌詩集殘卷輯考》，北京：中華書局，二〇〇〇年，八七七頁（録）；《全敦煌詩》一〇册，北京：作家出版社，二〇〇六年，四三三二至四三三三頁（録）。

斯三三九三背　一　雜寫（社司轉帖等）

釋文

（前缺）

社司

楊

八月□戊午年五□□日，刺史滿月内

八日張善（？）□

大女（？）

戊午年□

丁巳年八月九日　　令狐員抵舍　八衙（？）〔一〕

半

南無　　太傅阿郎〔二〕

李佛□　　丁巳年〔三〕

有錢惜不喫，身死〔四〕

有錢惜不　　見人之〔五〕　　見人康宅官〔六〕

順子□文書一卷書□

文才比僧政大雲寺［　　］文才

乾祐三年二月十八日〔七〕

社司轉帖　右緣

　社。見人康宅官之了也〔八〕

　三界寺學郎董〔九〕　　□之耳〔一〇〕

卜□爲有

□□爲爲（？）　　　　之之〔一一〕

王孝兒

有錢借（惜）不喫〔一二〕，身死

　　之之之　之之〔一三〕

　　之

河（？）首　戊午年［　　］日刺史海

宣冠（？）〔一四〕

三界寺學郎

宣　　　　　　　□□

□□年

摸〔一五〕

住〔一六〕

己酉年九〔月〕拾五日楊〔一七〕

丁巳年九月八日

丁乙（巳）年（？）二月廿五日三〔一八〕

説明

以上内容爲時人隨手所寫，頗爲蕪雜，正倒書相間，可見『社司轉帖』『紀年題記』『習字』等，另有小人畫像等若干，書法稚拙，似係學郎所爲。

校記

〔一〕『八衙』，係倒書。

〔二〕『太傅阿郎』，係倒書。
〔三〕『李佛□』與『丁巳年』中間有一處塗鴉，應係學郎所爲。
〔四〕『死』，據殘筆劃及此件第廿二行補。
〔五〕『見人之』，係倒書。
〔六〕『見人康宅官』，係倒書。
〔七〕此句右側有兩處塗鴉，應係學郎所爲。
〔八〕此句係倒書。
〔九〕『三界寺學郎董』，係倒書。
〔一〇〕『□之耳』，係倒書。
〔一一〕『之之』，係倒書。
〔一二〕『借』，當作『惜』，據此件第十一、十二行改。
〔一三〕最後兩個『之』字係倒書。
〔一四〕此句右側有一處小人像塗鴉，應係學郎所爲。
〔一五〕『摸』，係倒書。
〔一六〕『住』，係倒書。
〔一七〕『月』，據文義補。
〔一八〕『乙』，當作『巳』，據文義改。

參考文獻

《敦煌寶藏》二八册，臺北：新文豐出版公司，一九八二年，二三四至二三五頁（圖）；《英藏敦煌文獻》五卷，成都：四川人民出版社，一九九二年，七一至七二頁（圖）；《英藏敦煌文獻》八卷，成都：四川人民出版社，一九九二年，二三八頁（圖）；《敦煌社邑文書輯校》，南京：江蘇古籍出版社，一九九七年，二三九至二四〇頁。

斯三三九三背　二　去三害賦

釋文

去三害賦　　七略王四韻〔一〕

伊昔周處，剛腸無類▭膂（？）之猛〔二〕，作鄉里之害。肆狂狷，而性以早（？）茂（？）□▭成而俗莫之泰〔三〕，既不省於己過，爰將詢乎？▭里人〔四〕，人曰：吾實齊□躬不親，所患者有▭所苦者有子之身，三害之未去，維勸力▭歸〔五〕。處乃察其由，徵其旨，恐二物見異於▭心（？）〔六〕。恐一身有陷於州里□是勗〔七〕，迺試察迺始▭弓崟之石〔八〕，鼓噪駭稱之水冀□▭禮義修〔九〕，白額殄而蛟死，一之日其□▭而必踐〔一〇〕，倏瞋目以電爥〔一一〕，駃□戈▭□絶巘，跨層巒〔一二〕，振緑野□□群擒□▭□千鼓怒聲厲咆氣憚不存之□□▭□□之喉莫完〔一三〕，乃言此去一害也〔一四〕。今□□▭之日〔一五〕，安步蛟渚〔一六〕，期必去裂顔有□□▭攘臂於盤渦之所〔一七〕，莫不測涉，深明□

[　　]□海之大〔一八〕，不可匿鱗之跡不測戀□波[　　]騰之遠派（？）〔一九〕。俄開白刃再飛，天鏑之□玩[　　]言曰去二害也〔二〇〕。人可以處□之日〔二一〕；[　　]□□明誠□□□□未修乃□□也〔二二〕。[　　]學將悟乎〔二三〕？一薰一蕕。唯德是□□[　　]二人於百世〔二四〕，惟姦是斥□初□□[　　]□曰去三害也〔二五〕。人何以憂？必□□[　　]□□剛腸於□□乃害既去□[　　]道既消〔二六〕，而功必□消諸猛□□[　　]風□之害〔二七〕，斯既擇以德鄰[　　]當有待〔二八〕，然後邑里歡慶，漁樵有常[　　]□功流水，鄉里人曰〔二九〕：苟能去害□勸[　　]我曹之可量〔三〇〕。

説明

此件首尾完整，全文係倒書，約存二十八行，每行中間横裂爲二，並殘損數字，加之墨跡甚淡，致使難以卒讀。因黑白圖版極不清晰，一些文字係查閲原件所獲。此件首題『去三害賦』，撰者姓名漫漶難識。

此賦唐人詩文集未載，據其内容，主要描述周處除三害的故事。其本事最早見於《世説新語・自新》，後見載於《晉書》卷五八《周處傳》。潘重規據同號寫卷『雜寫』中『乾祐三年』『己酉年』『丁巳年』等推測此件係五代人寫本（參看《敦煌賦校録》，《華岡文科學報》一一期，一九七八年，二七五至三〇三頁）。

校記

〔一〕『七略』，《敦煌賦校録》《敦煌賦校注》《敦煌賦彙》均未能釋讀；『四』，《敦煌賦校録》《敦煌賦校注》《敦煌賦彙》均未能釋讀。

〔二〕『無類』，《敦煌賦校録》《敦煌賦校注》釋作『是賴』；『胥』，《敦煌賦校録》《敦煌賦校注》《敦煌賦彙》均未能釋讀。

〔三〕『早茂』，《敦煌賦校録》《敦煌賦校注》《敦煌賦彙》釋作『年歲』；『成』，《敦煌賦校録》《敦煌賦校注》《敦煌賦彙》均未能釋讀。

〔四〕『人』，《敦煌賦校録》《敦煌賦校注》漏録。

〔五〕『維勸力』，《敦煌賦校録》《敦煌賦校注》《敦煌賦彙》均未能釋讀；『歸』，《敦煌賦校録》《敦煌賦校注》《敦煌賦彙》均未能釋讀。

〔六〕『心』，《敦煌賦校録》《敦煌賦校注》《敦煌賦彙》均未能釋讀。

〔七〕『恐』，《敦煌賦校録》《敦煌賦校注》《敦煌賦彙》均未能釋讀。

〔八〕『察』，《敦煌賦彙》釋作『君爾』，《敦煌賦校録》《敦煌賦校注》未能釋讀。

〔九〕『稱』，《敦煌賦校録》《敦煌賦校注》《敦煌賦彙》均未能釋讀。

〔一〇〕『之日』，《敦煌賦校注》釋作『日之』；『其』，《敦煌賦校録》《敦煌賦校注》《敦煌賦彙》均未能釋讀。

〔一一〕『瞋』，《敦煌賦校注》未能釋讀。

〔一二〕『層』，《敦煌賦校注》釋作『蔡』。

〔一三〕「緑野」，《敦煌賦校録》《敦煌賦校注》《敦煌賦彙》均未能釋讀；「群」，《敦煌賦校録》《敦煌賦校注》《敦煌賦彙》均未能釋讀。

〔一四〕「乃」，《敦煌賦校注》釋作「月」；「去」，《敦煌賦校録》釋作「出」，《敦煌賦彙》釋作「苦」。

〔一五〕「今」，《敦煌賦校録》《敦煌賦校注》《敦煌賦彙》均未能釋讀。

〔一六〕「安」，《敦煌賦校録》《敦煌賦校注》《敦煌賦彙》釋作「乃」。

〔一七〕「裂顔有」，《敦煌賦校録》《敦煌賦校注》《敦煌賦彙》均未能釋讀。

〔一八〕「深明」，《敦煌賦校録》《敦煌賦校注》《敦煌賦彙》均未能釋讀。

〔一九〕「跡」，《敦煌賦校録》《敦煌賦校注》《敦煌賦彙》均未能釋讀；「測戀」，《敦煌賦校録》《敦煌賦校注》《敦煌賦彙》均未能釋讀；「波」，《敦煌賦校録》《敦煌賦校注》《敦煌賦彙》均未能釋讀。

〔二〇〕「玩」，《敦煌賦校録》《敦煌賦校注》《敦煌賦彙》均未能釋讀。

〔二一〕「處」，《敦煌賦校録》《敦煌賦校注》《敦煌賦彙》釋作「害」；「之日」，《敦煌賦校録》《敦煌賦校注》《敦煌賦彙》均未能釋讀。

〔二二〕「也」，《敦煌賦校録》《敦煌賦校注》《敦煌賦彙》均未能釋讀。

〔二三〕「學」，據殘筆劃及文義補，《敦煌賦校録》《敦煌賦校注》《敦煌賦彙》均未能釋讀。

〔二四〕「二」，《敦煌賦校録》《敦煌賦校注》《敦煌賦彙》釋作「文」；「人」，《敦煌賦校録》《敦煌賦校注》《敦煌賦彙》均未能釋讀。

〔二五〕「初」，《敦煌賦校録》《敦煌賦校注》《敦煌賦彙》均未能釋讀；「曰」，《敦煌賦校録》《敦煌賦校注》《敦煌賦彙》均未能釋讀。

〔二六〕「道」，《敦煌賦校録》《敦煌賦校注》《敦煌賦彙》均未能釋讀。

〔二七〕『風』，《敦煌賦校録》《敦煌賦校注》《敦煌賦彙》均未能釋讀。

〔二八〕『既』，《敦煌賦校録》《敦煌賦校注》《敦煌賦彙》均未能釋讀；『當』，《敦煌賦校録》《敦煌賦校注》《敦煌賦彙》均未能釋讀；『有』，《敦煌賦校録》《敦煌賦校注》《敦煌賦彙》釋作『自』。

〔二九〕『里』，《敦煌賦校録》《敦煌賦校注》釋作『時』。

〔三〇〕『勸』，據殘筆劃及文義補，《敦煌賦校録》《敦煌賦校注》《敦煌賦彙》均未能釋讀。

參考文獻

《晉書》五册，北京：中華書局，一九七四年，一五六九至一五七〇頁；《華岡文科學報》一一期，一九七八年，二七五至三〇三頁；《敦煌寶藏》二八册，臺北：新文豐出版公司，一九八二年，二三六頁（圖）；《敦煌研究》一九八九年四期，九七至九八頁（録）；《英藏敦煌文獻》五卷，成都：四川人民出版社，一九九二年，七二頁（圖）；《敦煌賦校注》，蘭州：甘肅人民出版社，一九九四年，三五〇至三五二頁（録）；《敦煌賦彙》，南京：江蘇古籍出版社，一九九六年，三三一至三三五頁（録）；《世説新語箋疏》，北京：中華書局，二〇一一年，五四二至五四四頁。

斯三三九四　維摩詰經卷中題記

釋文

永徽三年五月十五日佛弟子鄧元受持〔一〕。

説明

此件《英藏敦煌文獻》未收，現予增收。永徽三年即公元六五二年。

校記

〔一〕『弟』，底本作『第』，按寫本中『第』『弟』形近易混，故據文義逕釋作『弟』。

參考文獻

Descriptive Catalogue of the Chinese Manuscripts from Tunhuang in the British Museum, The Trustees of the British Museum, London,1957, p. 93（録）；《敦煌寶藏》二八册，臺北：新文豐出版公司，一九八二年，二四五頁（圖）；《敦煌學要籥》，臺北：新文豐出版公司，一九八二年，一三二頁（録）；《敦煌遺書總目索引》，北京：中華書局，一九八三年，

一七九頁（録）；《中國古代寫本識語集録》，東京大學東洋文化研究所，一九九〇年，一九六頁（録）；《敦煌遺書總目索引新編》，北京：中華書局，二〇〇〇年，一〇四頁（録）。

斯三三九五A＋斯九九八七B背　相書

釋文

（前缺）

□[人]異能〔一〕，方正[　]惡（？）光，爲性嫉姡（妬）〔二〕，喜[　]白齒赤脣〔三〕，骨節藏没，上應熒惑星[　]方，龍額高鼻，大意經良〔四〕，博問好事，[　]候（猴）目〔五〕。

五行曰：商人面白圓方，羽人面[黑][　]莽如方〔六〕，各得其體，大吉。

占額〔第〕〔三〕〔七〕

[　]一女有名，聞萬里，富貴，俠四夫，年九十五[　]石〔八〕，封侯王。額有山文，封侯王，年百歲。[　]年九十，女爲后〔九〕，保子十二。角如龍角[　]□有五理文〔一〇〕，封侯，年百歲。[　]右月，三公，在輔角。一云左日右月內[　]□大（？）憂〔一一〕。玄犀眉，千石。交角，二千[石][　]□方角〔一二〕，男樂至老〔一三〕，無文者[　]□入髮際。[redacted]：雙卯

角〔一四〕，二□二千石〔一五〕，明經，通達，資財多有龍理〔一六〕，不及髮際。：此理□：牛解理〔一七〕，二千石。其人忠直□□□方積財〔一八〕，若是田鄙人，則多愁苦〔一九〕。□壁理〔二〇〕，令長而憂獄〔二一〕。一云：在眉頭上，至□□師〔二二〕，小則爲偃月〔二三〕。：利壁〔二四〕，四百石。□□上左右無在。：此理二千石。：玉環理〔二五〕：此文保三男。：天柱理，方州牧，執□：四百石，世世富貴。：角弓理，六百石〔二六〕。□：角理，丞相，從鼻至天中，三公，非命□：貧，至老無子，多病。：售（九）理〔二七〕，貧□□官並□□無子〔二八〕。：常貧賤。額上天中偏歧短狹，及頞卻陷決（？）□□〔二九〕四分始〔三〇〕，一年半〔三一〕，百日；三分過，二三年；四分過，三四年，半□皆終身〔三二〕，文重顯署〔三三〕，陷徵而四獄貌〔三四〕，失官而已；陷□腰□□〔三五〕；陷□終貌〔三六〕，其理至驗也〔三七〕。：五達理，大富□十（？）四瘰理〔三八〕，貧。

眉部第四

眉欲得直而昂□□滿腹巧藝〔三九〕，若太過，五不壽。眉頭交通厄相逢□□壽百

年〔四〇〕。眉黑長〔四一〕，主公王〔四二〕。兩眉皆闊〔四三〕，得死人□親反〔四四〕。眉連〔四五〕，嫉妬
（妬）〔四六〕。眉小上大，好惡，少子。眉成□眉反而厚〔四七〕，富。眉多缺，少信行。眉直
昂〔四八〕，世世□不識親疏。許負曰：何以知之，人之苦多樂少〔四九〕？女煞四夫〔五〇〕。
凡人眉生毫毛〔五一〕，富貴，良善人也〔五二〕。皆□□凡人眉平直，富貴，孝□〔五三〕。□
事。眉毛黑長，行義。得護若□右眉上有黑子〔五四〕，一千石。眉左〔五五〕

眼部第五

《經》曰：左目爲日，右目面〔五六〕，□□□面〔五七〕，不如三寸之鼻；三寸之
鼻，不如三寸之耳〔五八〕；三寸之耳分別青白〔五九〕，知吉凶矣。目有重童□平懷
温良〔六〇〕。目正黑，信人也。目有赤□匡赤〔六一〕，好喜怒，數被刑。目盼睛數□□
皆姦惡，卻盜兵死。黑脈入童人中，虎狼所食。□貪如豺狼，亦兵死〔六二〕。目直視，性
剛强，亦兵死〔六三〕。目數□目缺多理〔六四〕，至老無子。目下有臥蠶，視子如金。目下有
□少，男必不臣〔六五〕，女不孝。目擁捲頭，不作常偷。目有光澤目胆鷄精〔六六〕，
命不久停，亦兵死〔六七〕。目急，少子孫。目如水，浮漚命〔六八〕。□得父母力，後亦畏

人〔六九〕。左目小，亦畏人；婦人右目小，畏夫。目□多白少黑，視瞻不傾側者。人行低頭〔七〇〕，忠義深廣，此人情性□畏人〔七一〕；數顧，多詐；直視，性剛。女右目小，畏夫。凡人右目大者□童人小者，亦小〔七二〕，見事淺。目童子上有黑子，忠信。目赤脈□視〔七三〕，如百日小兒視者，富貴人也。雞視者，鬬怒人也□。牛視，富貴。馬視，勇。虎視，惡〔七四〕。龍視，姡（姤）〔七五〕。猴視，無志□□視〔七六〕，淫，煞夫及長子。《經》曰：龍目貴，昂夫〔七七〕；馬目勇，煞□與交，煞害人，不中親近〔七八〕。

耳部第六

耳長□厚無輪郭〔七九〕，不長壽。耳門黄，喜鬬爭。耳郭厚□〔八〇〕。耳圓如珠，死而更蘇。耳缺，無子。耳門成〔八一〕，百歲〔八二〕。耳前□耳中毛生，富貴長命。耳好，生貴子。耳赤，貴而壽。□耳前後皆有綿骨，壽九十四，財十萬。耳困骨長一寸□卷者〔八三〕，貧苦至老。耳無潤澤，不得自足〔八四〕，無可依〔八五〕。□耳如佩環，遷綬無極〔八六〕。耳上卷，獄死。耳下與口齊〔八七〕，資（？）□下垂〔八八〕，無子，害夫。許負曰：耳小，短命。耳高於眉長□劫〔八九〕。耳垂者，不利官。耳如端者，朝病暮死〔九〇〕，

孔□□外繼子〔九一〕。耳中黑子，逆人少信。耳圓方者〔九二〕，壽百□□〔九三〕

□**〔鼻〕〔部〕〔第〕〔七〕**〔九四〕

墜死〔九五〕。鼻頭小而臨孔大者，此貪通豺狼。鼻如懸□□鼻有雙柱〔九六〕，老壽，聰明，宜士宦〔九七〕，富貴〔九八〕。鼻小而下臨，計謀不成〔九九〕。鼻洪直傅無（？）□鼻左右橫起〔一〇〇〕，錢財散，仕宦少功〔一〇一〕。鼻□無光〔一〇二〕，至老貧苦。鼻孔薄大，亦窮〔一〇三〕，夫□火燒死〔一〇四〕。鼻柱東委目男，西委目女，□□賈衣不裳〔一〇五〕。鼻平長，終樂。鼻頭□嫉，貪。鼻准上不正，多病。鼻高□鼻大人中正〔一〇六〕，長命。許負曰：凡人鼻柱□鼻上文交者，必無父母。鼻中高，厄車〔一〇七〕□

〔人〕〔中〕〔部〕〔第〕〔八〕〔一〇八〕

□人中曲，墮井〔一〇九〕。左慈曰〔一一〇〕：人中廣長一寸，壽□。人中橫理，必老孤獨。人中正，性端長〔一一一〕。人中並斜理文入口〔一一二〕，餓死子。人中深長，子孫滿堂。人中立理□

脣部第九

脣赤如丹，不叩醫門〔一一三〕，少病，貴。脣[厚]理貴〔一一四〕。脣大（文）斷慢〔一一五〕，少信行假〔一一六〕。斷結（？）如似刀環者〔一一七〕，□□脣青於面，恒常貧賤，貪濁。脣上厚下薄，其人□盜作劫；下覆上脣，亦劫誦記〔一一八〕。兩脣平舉，步檐□□脣短著齒〔一一九〕，百歲。上脣當中央有出異物現起者〔一二〇〕，其人□□。有異趍〔一二一〕，其人不慈。□不壽。下脣長，不嗽好食。脣口不短自不接，是見相惡。言語未發舌先見者〔一二二〕，道他善惡〔一二三〕。許負曰：凡人薄脣疏齒者，多戲言語，不中信任，大事多反覆。女人重頤者〔一二四〕，無子孫〔一二五〕，寡〔一二六〕。脣有缺，遠方死。下脣薄，不善人也。下脣厚者，其婦不處畜〔一二七〕，必不忠直。許負曰：凡人脣青，上奄下者〔一二八〕，貧賤相。青脣黃齒，見人不喜。脣無根喎〔一二九〕，食飲恆惡。脣內有黑子，耽酒〔一三〇〕。

口部第十

口小舌長，壽，反覆言語。脣厚薄口不正者〔一三一〕，難與信〔一三二〕；□□者，性行端直。口開欲令大，閉欲令小，飲食當豐飽。口大方，富貴難當〔一三三〕。口開欲令大〔一三四〕，□□[側]四指〔一三五〕，富貴。口如縮囊，飢無糧，寄他鄉。口如撮聚，步檐隨後〔一三六〕。□如吹火，至□少信〔一三七〕。口恆開露齒，不壽。口有縱理文入口，餓死□□口中白氣〔一三八〕，賤人。口中黑氣，瑕少相子孫多〔一三九〕，少巧〔一四〇〕，勿（？）使奴婢〔一四一〕。□言不安。《經》云：口大如海，百川歸；不容諸穢〔一四二〕，善自來〔一四三〕。□如□口小如方〔一四四〕，常食天倉。口平厚如閤〔一四五〕，問無不答〔一四六〕。左慈曰〔一四七〕□

齒部第十一〔一四八〕

卅六齒者，方白齊正〔一四九〕，豪貴人；卅四者〔一五〇〕；卅二□命貧賤，爲人所使，多病，無子孫。齒青歷黑歷者〔一五一〕，富。□期信〔一五二〕。齒短〔一五三〕，壽而賤。卅三者，齒短内入者，訥言畏事〔一五四〕。□其人□□不噉惡食，常噉糧酒肉，封侯。齒齊□共兄弟爭語。男卅六齒，封侯；女有之，封郡□齒如鋸齒，肉食。齒生一前一後，多厄難（？）〔一五五〕□

〔舌〕〔部〕〔第〕〔十〕〔二〕〔一五六〕

□吐舌及鼻者，三公。一云非命。舌上□□/者三公/〔一五七〕。舌厚而方，貴。舌長下正，貴。舌無文理一□/舌欲得厚/如鎧甲文〔一五八〕，大富貴。舌短，語不自達。舌有亂□/凡人舌薄/而水者，喜歌舞。

項部第十三

□/者富/。/頸連/頷車者〔一五九〕、方大者，善。項博平，富貴。□/子子爲三公/〔一六〇〕。/頸/後方直與項，名曰虎頸〔一六一〕。項長，喜，失財〔一六二〕，甚□□/廣者貧/〔一六三〕。項小者，常貧苦。項如甖壺腰□□縣〔一六四〕，□/頷車廣而項小/〔一六五〕，貧。

胸臆部第十四

胸臆廣（？）平〔一六六〕，多謀。□/□後/。/胸色/與體色同，善。若特亦爽爽者〔一六七〕，形□如□/上尺/〔一六八〕，/二千石/；/不滿/，令、長。心厭（壓）起而（如）大搥搥者〔一六九〕，膽勇〔一七〇〕，小而不見者□/勢不可〔一七一〕，獨出/，/折衝/。

/臂/部第十五

臂方，有財，短矗者〔一七二〕，則勞苦。□/至高官/。/臂長/，/貴/；/垂及膝/，/大/貴。肘上爲龍，下爲虎，通則富貴〔一七三〕。許負曰：/□方伯/，/封侯/，/大富貴/，/年九十一/。/女人爲/王妃，奴婢數百，年九十八。

相人面及身上豪毛十六（以下原缺文）

說明

此號已斷裂爲A、B兩片。第一片正面爲《相書》，背面爲《莊子郭象注摘抄》；第二片爲《備急單驗藥方》。因兩片内容、字體均不同，所以現在已無法確定這兩片原來是否爲一卷。兩片的排列次序，《英藏敦煌文獻》圖版是將《備急單驗藥方》放在前面，《相書》在後。但IDP網站圖版是將《相書》標爲A片，放在前面；《備急單驗藥方》標爲B片，放在後面。此將兩片分别釋文，其排列次序從IDP網站圖版。

此件由斯三三九五A和斯九九八七B背綴合而成。斯三三九五A首尾均缺，存一一四行，其中完整的僅有七行，有朱筆句讀和點勘符號；斯九九八七B背僅存數斷行。兩件綴合後首缺尾全，原未抄完，失總題，存子目『占額第三』『眉部第四』『眼部第五』『耳部第六』『鼻部第七』『人中部第八』『唇部第九』『口部第十』『齒部第十一』『舌部第十二』『項部第十三』『胸臆部第十四』『臂部第十五』『相人面及身上毫毛十六』，共有十五篇。

目前所知敦煌寫本相書共十二件，黄正建將其分爲許負相書系統、黶子圖和面色圖三種類型（《敦煌占卜文書與唐五代占卜研究》（增訂版），四九至五三頁），王晶波則分爲許負相書系統、相書殘卷、相痣類圖書、面部氣色吉凶法和相法類相書五種類型（《敦煌占卜文獻與社會生活》，二〇一至二三三頁）。此件一般被歸入許負相書系統，但王晶波認爲其與Ch. 八七、伯二五七二爲代表的許負系統相書在篇目名稱、排列次序、内容上均有較大差異，文中出現了『許負曰』『經曰』『左慈曰』的字樣，她推測此件是在許負等傳統相書的基礎上，匯録當時的各種相書及流行的相法，重新編纂而成的一部新的相書，是許負相書與傳世相書之間的一種具有過渡性質的相書（《敦煌寫本相書研究》，四七至五八頁）。

此件之年代，王晶波據『旦』字缺筆，及斯三三九五B片之《備急單驗藥方》中避『治』『葉』二字諱，推側其抄寫年代應在唐睿宗及其以後的年代（《敦煌寫本相書研究》，五八頁），但她所據之『旦』字實乃『亦』字，故此件當係唐高宗以後的抄本。

校記

〔一〕『人』，據殘筆劃及文義補，《敦煌寫本相書校録研究》逕釋作『人』。

〔二〕『姡』，當作『姤』，據文義改。

〔三〕『赤』，《敦煌寫本相書校録研究》《敦煌寫本相書研究》未能釋讀。

〔四〕『大』，《敦煌寫本相書校録研究》未能釋讀。

〔五〕『候』，當作『猴』，據文義改，《敦煌寫本相書校録研究》《敦煌寫本相書研究》逕釋作『猴』，『候』爲『猴』之借字。

〔六〕『黑』，據殘筆劃及文義補，《敦煌寫本相書校録研究》《敦煌寫本相書研究》逕釋作『黑』。

〔七〕『第三』，據文例補。

〔八〕『五』，《敦煌寫本相書校録研究》釋作『九』，誤。

〔九〕『后』，《敦煌寫本相書校録研究》釋作『右』，誤。

〔一〇〕『五理』，《敦煌寫本相書校録研究》釋作『立里』，誤。

〔一一〕『内』，《敦煌寫本相書校録研究》未能釋讀。

〔一二〕「石」，據殘筆劃及文義補，《敦煌本數術文獻輯校》《敦煌寫本相書校録研究》均逕釋作「石」。

〔一三〕「樂」，《敦煌本數術文獻輯校》釋作「榮」誤。

〔一四〕「卯」，《敦煌本數術文獻輯校》釋作「𠁩」。

〔一五〕第一個「二」，《敦煌寫本相書校録研究》釋作「二千」，並校補一「石」字。

〔一六〕「多」，據殘筆劃及文義補，《敦煌寫本相書校録研究》逕釋作「多」，《敦煌本數術文獻輯校》釋作「五」；「有」，據殘筆劃及文義補，《敦煌寫本相書校録研究》逕釋作「有」。

〔一七〕「解」，《敦煌寫本相書校録研究》疑當作「角」。

〔一八〕第二個「□」，《敦煌寫本相書校録研究》釋作「石」。

〔一九〕「苦」，據殘筆劃及文義補，《敦煌寫本相書校録研究》《敦煌本數術文獻輯校》均逕釋作「苦」。

〔二〇〕「壁」，據殘筆劃及文義補。

〔二一〕「令」，《敦煌寫本相書校録研究》釋作「命」，誤。

〔二二〕「師」，《敦煌寫本相書校録研究》釋作「迊」，誤。

〔二三〕「偃」，《敦煌寫本相書校録研究》釋作「濕」，誤。

〔二四〕「壁」，《敦煌寫本相書校録研究》釋作「璧」，誤。

〔二五〕「理」，據殘筆劃及文義補，《敦煌寫本相書校録研究》《敦煌本數術文獻輯校》均逕釋作「理」。

〔二六〕「石」，據殘筆劃及文義補，《敦煌寫本相書校録研究》《敦煌本數術文獻輯校》均逕釋作「石」。

〔二七〕「售」，當作「九」，據伯二七九九《相書》改，《敦煌寫本相書校録研究》釋作「舊」，並疑爲「九」之音訛字，《敦煌本數術文獻輯校》釋作「焦口」。

〔二八〕第三個「□」，《敦煌寫本相書校録研究》釋作「餓」；「子」，《敦煌寫本相書校録研究》釋作「子女」，誤。

〔二九〕『頞』，《敦煌寫本相書校録研究》釋作『頬』，誤；『決』，《敦煌寫本相書校録研究》釋作『中』，誤；『囗』，《敦煌寫本相書校録研究》釋作『者』。

〔三〇〕『始』，《敦煌寫本相書校録研究》釋作『拾』，並斷入下句。

〔三一〕『半』，《敦煌寫本相書校録研究》釋作『貴』，誤。

〔三二〕『半』，據殘筆劃及文義補。

〔三三〕『文』，《敦煌本數術文獻輯校》釋作『災』，誤；『顯』，《敦煌寫本相書校録研究》釋作『額』，誤；『署』，《敦煌寫本相書校録研究》釋作『者』，誤，《敦煌本數術文獻輯校》釋作『四者』。

〔三四〕『徵』，《敦煌寫本相書校録研究》釋作『微』；『貌』，底本作『皃』，爲『貌』之俗字，《敦煌寫本相書校録研究》釋作『白』，《敦煌本數術文獻輯校》釋作『皃』，疑爲『白』之訛，均誤。

〔三五〕『陷』，《敦煌寫本相書校録研究》未能釋讀；『腰』，《敦煌寫本相書校録研究》釋作『貴』，《敦煌本數術文獻輯校》未能釋讀。

〔三六〕『陷』，《敦煌寫本相書校録研究》未能釋讀；『終』，《敦煌本數術文獻輯校》未能釋讀；『貌』，底本作『皃』，爲『貌』之俗字，《敦煌寫本相書校録研究》釋作『白』，《敦煌本數術文獻輯校》釋作『皃』，均誤。

〔三七〕『至』，《敦煌寫本相書校録研究》未能釋讀；『驗』，《敦煌寫本相書校録研究》釋作『稔』，《敦煌本數術文獻輯校》釋作『儉』，均誤。

〔三八〕『十』，《敦煌寫本相書校録研究》未能釋讀；『瘵』，《敦煌寫本相書校録研究》漏録，《敦煌本數術文獻輯校》未能釋讀。

〔三九〕『昂』，《敦煌寫本相書校録研究》釋作『黑』。

〔四〇〕『頭』，《敦煌寫本相書校録研究》漏録；『厄』，《敦煌寫本相書校録研究》釋作『心』，誤。

〔四一〕「眉」，《敦煌寫本相書校録研究》釋作「人眉」，誤。

〔四二〕「主」，《敦煌寫本相書校録研究》釋作「三」；「王」，《敦煌寫本相書校録研究》未能釋讀，並斷入下句。《敦煌本數術文獻輯校》認爲此句中之「公王」當乙作「王公」。

〔四三〕「兩」，《敦煌寫本相書校録研究》釋作「□□」。

〔四四〕「親反」，《敦煌寫本相書校録研究》釋作「闕及」，並斷入下句。

〔四五〕「眉」，《敦煌寫本相書校録研究》釋作「二眉」，誤。

〔四六〕「姡」，當作「姤」，據文義改。

〔四七〕「成」，《敦煌寫本相書校録研究》《敦煌本數術文獻輯校》均釋作「淺」；「反」，《敦煌寫本相書校録研究》釋作「及」。

〔四八〕「昂」，《敦煌寫本相書校録研究》釋作「臥」，誤。

〔四九〕「多」，《敦煌寫本相書校録研究》未能釋讀；「少」，《敦煌寫本相書校録研究》未能釋讀。

〔五〇〕「女煞四夫」，據殘筆劃及文義補，《敦煌寫本相書校録研究》《敦煌本數術文獻輯校》均逕釋作「女煞四夫」。

〔五一〕「凡人眉生」，據殘筆劃及文義補，《敦煌寫本相書校録研究》《敦煌本數術文獻輯校》均逕釋作「凡人眉生」。

〔五二〕「良」，《敦煌寫本相書校録研究》釋作「眉」，誤，《敦煌本數術文獻輯校》釋作「長」；「善」，《敦煌寫本相書校録研究》《敦煌本數術文獻輯校》均未能釋讀。

〔五三〕「□」，《敦煌本數術文獻輯校》校補作「子」。

〔五四〕「得」，《敦煌寫本相書校録研究》釋作「眉」；「護若」，《敦煌寫本相書校録研究》未能釋讀；「右」，《敦煌寫本相書校録研究》釋作「左」，誤。

〔五五〕「左」，據殘筆劃及文義補，《敦煌本數術文獻輯校》逕釋作「左」，《敦煌寫本相書校録研究》釋作「右」。

〔五六〕『目』，據殘筆劃及文義補，《敦煌寫本相書校録研究》《敦煌本數術文獻輯校》均逕釋作『目』，《敦煌寫本相書校録研究》於此字後校補『爲月』。

〔五七〕『□□□面』，《敦煌寫本相書校録研究》漏録。

〔五八〕『耳』，據CH八七補，《敦煌寫本相書校録研究》《敦煌本數術文獻輯校》均逕釋作『耳』。

〔五九〕『耳』，據CH八七補，《敦煌寫本相書校録研究》《敦煌本數術文獻輯校》均逕釋作『耳』。

〔六〇〕『童』，《敦煌寫本相書校録研究》認爲當校改作『瞳』，按『童』通『瞳』，不煩校改。以下同，不另出校。

〔六一〕『匡』，《敦煌寫本相書校録研究》釋作『眶』，雖義可通而字誤，《敦煌本數術文獻輯校》於『匡』前校補『目』字。

〔六二〕『亦』，《敦煌寫本相書校録研究》釋作『者』，並斷入上句。

〔六三〕『亦』，《敦煌寫本相書校録研究》漏録。

〔六四〕『缺』，《敦煌寫本相書校録研究》釋作『垂』，誤。

〔六五〕『必』，《敦煌本數術文獻輯校》釋作『男』。

〔六六〕『澤』，據殘筆劃及文義補，《敦煌寫本相書校録研究》逕釋作『澤』；『鷄』，《敦煌寫本相書校録研究》釋作『雜』，誤。

〔六七〕『亦』，《敦煌寫本相書校録研究》釋作『直』。

〔六八〕『浮』，《敦煌寫本相書校録研究》釋作『漂』，誤。

〔六九〕『畏』，《敦煌寫本相書校録研究》釋作『貴』，誤。

〔七〇〕『人』，《敦煌寫本相書校録研究》《敦煌本數術文獻輯校》均漏録；『低』，《敦煌寫本相書校録研究》釋作『任』，誤。

〔七一〕『性』，據殘筆劃及文義補，《敦煌寫本相書校録研究》《敦煌本數術文獻輯校》均逕釋作『性』。

〔七二〕『亦』，《敦煌寫本相書校録研究》釋作『旦』，校改作『膽』，誤。

〔七三〕『脈』，據殘筆劃及CH八七補。

〔七四〕『惡』，《敦煌寫本相書校録研究》釋作『威』，誤。

〔七五〕『姡』，《敦煌寫本相書校録研究》釋作『德』，當作『姤』，據文義改，《敦煌本數術文獻輯校》逕釋作『姤』。按此字在校記〔二〕和〔四六〕亦曾出現，三處寫法相同，前兩處《敦煌本數術文獻輯校》均釋作『姡』。

〔七六〕『□』，《敦煌寫本相書校録研究》校補作『羊』。

〔七七〕『昂夫』，《敦煌寫本相書校録研究》釋作『即天』，誤。

〔七八〕『中』，《敦煌本數術文獻輯校》釋作『可』，誤。

〔七九〕『耳』，據殘筆劃及文義補，《敦煌寫本相書校録研究》《敦煌本數術文獻輯校》均逕釋作『耳』。

〔八〇〕『耳』，據殘筆劃及文義補，《敦煌寫本相書校録研究》《敦煌本數術文獻輯校》均逕釋作『耳』。

〔八一〕『門成』，《敦煌寫本相書校録研究》未能釋讀。

〔八二〕『百歲』，《敦煌寫本相書校録研究》未能釋讀。

〔八三〕『困』，《敦煌本數術文獻輯校》釋作『困』，《敦煌寫本相書校録研究》未能釋讀；『骨長一寸』，《敦煌寫本相書校録研究》未能釋讀。

〔八四〕『足』，《敦煌寫本相書校録研究》釋作『如』，誤。

〔八五〕『無可依』，《敦煌寫本相書校録研究》未能釋讀。

〔八六〕『綬』，《敦煌寫本相書校録研究》釋作『侵』，誤；『極』，《敦煌寫本相書校録研究》釋作『煞』，《敦煌本數術文獻輯校》釋作『亟』，均誤。

〔八七〕『下與口齊』，《敦煌寫本相書校録研究》未能釋讀。

〔八八〕『資』，《敦煌寫本相書校録研究》未能釋讀。

〔八九〕『高於眉長』，《敦煌寫本相書校録研究》釋作『耳□耳□陽成百歲』。

〔九〇〕『病暮死』，《敦煌寫本相書校録研究》未能釋讀。

〔九一〕『孔□』，《敦煌寫本相書校録研究》釋作『亦貴而壽』，誤。

〔九二〕『圓方』，《敦煌寫本相書校録研究》釋作『闕』，誤。

〔九三〕『壽百□』，《敦煌寫本相書校録研究》釋作『圓骨長一寸』，誤。

〔九四〕『鼻部第七』，據文例補。

〔九五〕『墜』，《敦煌寫本相書校録研究》釋作『且』，誤。

〔九六〕『鼻如懸』，據殘筆劃及文義補，《敦煌寫本相書校録研究》釋作『之無所』，誤；『□』，《敦煌寫本相書校録研究》釋作『依』。

〔九七〕『宦』，《敦煌寫本相書校録研究》釋作『官』，誤。

〔九八〕『貴』，《敦煌寫本相書校録研究》於此字後另釋有『□與口齊，盜』，誤。

〔九九〕『成』，《敦煌寫本相書校録研究》釋作『淺』，誤。

〔一〇〇〕『傅』，《敦煌寫本相書校録研究》釋作『博』，誤；『無』，《敦煌寫本相書校録研究》未能釋讀，並於此字後另釋有『□高於眉，長』，誤。

〔一〇一〕『宦』，《敦煌寫本相書校録研究》釋作『官』，誤。

〔一〇二〕『鼻』，《敦煌寫本相書校録研究》於此字後另釋有『□□暮死，孔□』，誤。

〔一〇三〕「亦」，《敦煌寫本相書校録研究》釋作「者」，並斷入上句，誤。

〔一〇四〕「夫」，《敦煌寫本相書校録研究》於此字後另釋有「□者壽百」，誤；「火燒」，《敦煌寫本相書校録研究》釋作「聰錢」，誤。

〔一〇五〕「□」，《敦煌寫本相書校録研究》釋作「鼻」，並於此字後另釋有「□鼻如懸□」，誤。

〔一〇六〕「大」，《敦煌寫本相書校録研究》釋作「入」，誤；「正」，《敦煌寫本相書校録研究》釋作「者」，誤。

〔一〇七〕「厄」，《敦煌寫本相書校録研究》未能釋讀。

〔一〇八〕「人中部第八」，據文例補。

〔一〇九〕「墮」，《敦煌寫本相書校録研究》釋作「墜」，誤。

〔一一〇〕「左慈」，《敦煌寫本相書校録研究》釋作「袁應」，誤。

〔一一一〕「長」，《敦煌本數術文獻輯校》校改作「良」。

〔一一二〕「人」，《敦煌寫本相書校録研究》釋作「命」；「中」，據殘筆劃及文義補，《敦煌寫本相書校録研究》釋作「中」；「並」，《敦煌寫本相書校録研究》釋作「人中」，誤。

〔一一三〕「醫」，《敦煌寫本相書校録研究》《敦煌寫本相書研究》釋作「墜」，誤。

〔一一四〕「厚」，據殘筆劃及文義補，《敦煌寫本相書校録研究》《敦煌寫本相書研究》逕釋作「厚」；「理貴」，《敦煌寫本相書校録研究》《敦煌寫本相書研究》未能釋讀。

〔一一五〕「大」，當作「文」，據文義改，《敦煌寫本相書校録研究》《敦煌寫本相書研究》逕釋作「文」；「斷」，《敦煌本數術文獻輯校》疑爲「斷」之訛；「慢」，《敦煌寫本相書校録研究》《敦煌寫本相書研究》未能釋讀，《敦煌本數術文獻輯校》疑爲「鏝」之訛。

〔一一六〕『信』，《敦煌寫本相書校録研究》未能釋讀；『假』，《敦煌寫本相書研究》釋作『賤』，誤。

〔一一七〕『斷』，《敦煌寫本相書校録研究》未能釋讀；『結』，《敦煌寫本相書校録研究》《敦煌寫本相書研究》《敦煌本數術文獻輯校》均未能釋讀。

〔一一八〕『劫』，《敦煌寫本相書校録研究》《敦煌寫本相書研究》釋作『勤』，誤。

〔一一九〕『檜』，《敦煌寫本相書校録研究》未能釋讀；『短』，《敦煌寫本相書校録研究》《敦煌寫本相書研究》釋作『濕』，誤。

〔一二〇〕『當』，《敦煌寫本相書校録研究》《敦煌寫本相書研究》釋作『處』，誤。

〔一二一〕『異』，《敦煌寫本相書校録研究》《敦煌寫本相書研究》未能釋讀。

〔一二二〕『發』，《敦煌寫本相書校録研究》《敦煌寫本相書研究》釋作『效』，誤；『者』，《敦煌寫本相書校録研究》《敦煌寫本相書研究》釋作『老』，並斷入下句。

〔一二三〕『道他善惡』，《敦煌寫本相書校録研究》《敦煌寫本相書研究》釋作『貧也，大賤』，誤。

〔一二四〕『頤』，《敦煌寫本相書校録研究》《敦煌寫本相書研究》未能釋讀；『者』，《敦煌寫本相書校録研究》《敦煌寫本相書研究》釋作『老』，並斷入下句。

〔一二五〕『孫』，《敦煌寫本相書校録研究》《敦煌寫本相書研究》未能釋讀。

〔一二六〕『寡』，《敦煌寫本相書校録研究》《敦煌寫本相書研究》漏録。

〔一二七〕『畜』，《敦煌寫本相書校録研究》《敦煌寫本相書研究》未能釋讀。

〔一二八〕『者』，《敦煌寫本相書校録研究》《敦煌寫本相書研究》釋作『結』。

〔一二九〕『無』，《敦煌寫本相書校録研究》《敦煌寫本相書研究》釋作『與』，誤；『嘮』，《敦煌寫本相書研究》釋作

『鍔』，《敦煌本數術文獻輯校》釋作『堮』均誤。

〔一三〇〕『眈』，《敦煌寫本相書校録研究》《敦煌寫本相書研究》釋作『鐃』，誤。

〔一三一〕『正』，《敦煌寫本相書校録研究》釋作『正□』，誤。

〔一三二〕『信』，《敦煌寫本相書校録研究》釋作『言』，誤。

〔一三三〕『富貴難當』，《敦煌寫本相書校録研究》釋作『多□□□』，誤。

〔一三四〕『令』，《敦煌寫本相書校録研究》未能釋讀；『大』，《敦煌本數術文獻輯校》釋作『上』。

〔一三五〕『側』，據殘筆劃及CH八七補。

〔一三六〕『檐隨』，《敦煌寫本相書校録研究》釋作『檢□』，誤。

〔一三七〕『至』，《敦煌寫本相書校録研究》《敦煌寫本相書研究》未能釋讀。

〔一三八〕『餓死』，《敦煌寫本相書校録研究》未能釋讀，『死』字後《敦煌本數術文獻輯校》據《神相全篇》校補『不久』。

〔一三九〕『瑕』，《敦煌寫本相書校録研究》未能釋讀；『子孫多』，《敦煌寫本相書校録研究》未能釋讀。

〔一四〇〕『少巧』，《敦煌寫本相書校録研究》未能釋讀。

〔一四一〕『勿』，《敦煌寫本相書校録研究》未能釋讀，《敦煌本數術文獻輯校》釋作『爲』；『使奴婢』，《敦煌寫本相書校録研究》未能釋讀。

〔一四二〕『不』，《敦煌寫本相書校録研究》釋作『來』，誤；『容諸穢』，《敦煌寫本相書校録研究》未能釋讀。

〔一四三〕『善自來』，《敦煌寫本相書校録研究》未能釋讀。

〔一四四〕『口如』，《敦煌寫本相書校録研究》未能釋讀。

〔一四五〕『閤』，《敦煌寫本相書校録研究》釋作『閣』，雖義可通而字誤。

〔一四六〕『問』，《敦煌寫本相書校録研究》未能釋讀；『答』，《敦煌寫本相書校録研究》未能釋讀。
〔一四七〕『左慈曰』，《敦煌寫本相書校録研究》未能釋讀。
〔一四八〕『齒』，據殘筆劃及文義補。
〔一四九〕『正』，《敦煌寫本相書校録研究》釋作『口』，誤。
〔一五〇〕『者』，《敦煌寫本相書校録研究》未能釋讀。
〔一五一〕『歷者』，《敦煌寫本相書校録研究》未能釋讀。
〔一五二〕『富』，《敦煌寫本相書校録研究》未能釋讀。
〔一五三〕『短』，據殘筆劃及文義補。
〔一五四〕《敦煌寫本相書校録研究》於此句後另釋有『卅三者齒短内入者，訥言畏事』。此爲斷裂之小片上的文字，《英藏敦煌文獻》貼於空白處，《敦煌寫本相書校録研究》綴合有誤，IDP圖版已經正確綴合。
〔一五五〕『難』，《敦煌寫本相書校録研究》釋作『齒』。
〔一五六〕『舌部第十二』，據文例補。
〔一五七〕『者』，《敦煌本數術文獻輯校》據殘筆劃及文義校補，《敦煌寫本相書校録研究》《敦煌寫本相書研究》校補作『爲』。斯九九八七B背始於此句。
〔一五八〕『二』，《敦煌寫本相書校録研究》《敦煌寫本相書研究》未能釋讀；『舌』，《敦煌本數術文獻輯校》據殘筆劃及文義校補。
〔一五九〕『頷』，《敦煌寫本相書校録研究》《敦煌寫本相書研究》釋作『頜』。
〔一六〇〕第二個『子』，《敦煌寫本相書校録研究》《敦煌寫本相書研究》漏録。
〔一六一〕『頸』，《敦煌寫本相書研究》釋作『項』，誤。

〔一六二〕『失』，《敦煌寫本相書研究》釋作『文』。

〔一六三〕『甚』，《敦煌寫本相書校録研究》《敦煌寫本相書研究》釋作『滿』，誤。

〔一六四〕『腰』，《敦煌寫本相書校録研究》《敦煌寫本相書研究》未能釋讀；『縣』，《敦煌寫本相書校録研究》《敦煌寫本相書研究》未能釋讀。此句後《敦煌寫本相書校録研究》另釋有『有欲』二字，底本未見。

〔一六五〕『頜』，《敦煌本數術文獻輯校》據殘筆劃及文義校補，《敦煌寫本相書校録研究》《敦煌寫本相書研究》釋作『頷』。

〔一六六〕『胸』，《敦煌寫本相書校録研究》《敦煌寫本相書研究》未能釋讀；『廣平』，《敦煌寫本相書校録研究》《敦煌寫本相書研究》《敦煌本數術文獻輯校》均未能釋讀。

〔一六七〕『特』，《敦煌寫本相書校録研究》《敦煌寫本相書研究》釋作『持』，誤；『亦』，《敦煌寫本相書校録研究》《敦煌寫本相書研究》釋作『四』，《敦煌本數術文獻輯校》釋作『赤』，均誤；『爽爽』，《敦煌寫本相書校録研究》《敦煌寫本相書研究》均未能釋讀。

〔一六八〕『形』，《敦煌寫本相書校録研究》《敦煌寫本相書研究》釋作『臆』，誤。

〔一六九〕『厭』，當作『壓』，《敦煌本數術文獻輯校》據文義校改，《敦煌寫本相書校録研究》《敦煌寫本相書研究》逕釋作『壓』；『而』，當作『如』，據文義改，『而』爲『如』之借字；『搥搥』，《敦煌寫本相書校録研究》未能釋讀。

〔一七〇〕『膽勇』，《敦煌寫本相書校録研究》未能釋讀。

〔一七一〕『者』，《敦煌寫本相書校録研究》《敦煌寫本相書研究》釋作『爲』，誤；『勢』，據殘筆劃及文義補，《敦煌本數術文獻輯校》逕釋作『勢』。

〔一七二〕『羸』，《敦煌寫本相書校録研究》《敦煌寫本相書研究》釋作『羸臂』，誤。

〔一七三〕『則』，《敦煌寫本相書校録研究》釋作『財』。

參考文獻

《敦煌寶藏》二八册，臺北：新文豐出版公司，一九八二年，二四六至二四七頁（圖）；《英藏敦煌文獻》五卷，成都：四川人民出版社，一九九二年，七四至七五頁（圖）；《法國學者敦煌學論文選萃》，北京：中華書局，一九九三年，三五二頁；《英藏敦煌文獻》一三卷，成都：四川人民出版社，一九九五年，六頁（圖）；《敦煌占卜文書與唐五代占卜研究》，北京：學苑出版社，二〇〇一年，五九頁；《敦煌研究》二〇〇四年二期，九二至九八頁；《蘭州大學學報》二〇〇四年四期，二一一至二二九頁；《敦煌寫本相書校録研究》，北京：民族出版社，二〇〇四年，一二〇至一四五頁（録）；《敦煌研究》二〇〇五年二期，八一至八二頁；《敦煌學國際研討會論文集》，北京圖書館出版社，二〇〇五年，一六八頁；《敦煌寫本相書研究》，北京：民族出版社，二〇一〇年，四七至五八頁；《敦煌占卜文獻與社會生活》，蘭州：甘肅教育出版社，二〇一三年，二一四至二一八頁；《敦煌占卜文獻敘録》，蘭州大學出版社，二〇一四年，二三一頁；《敦煌占卜文書與唐五代占卜研究》（增訂版），北京：中國社會科學出版社，二〇一四年，五一頁；《敦煌本數術文獻輯校》，北京：中華書局，二〇一九年，九一三至九二八頁（録）。

斯三三九五A背+斯九九八七B　莊子郭象注摘抄（徐無鬼、庚桑楚、知北遊、田子方）

釋文

（前缺）

吾與之邀食〔一〕，吾與之乘天地之誠而不以物□之□爲事所宜〔二〕。今也然有□行〔三〕。殆乎，非我與吾子之□無幾何而使梱之於燕〔四〕，□若刖之則易，於是□終身食肉而終〔五〕。□所謂暖姝者〔六〕，學□未知未始有物也〔七〕，是以謂□〔八〕□廣宮大囿，奎蹄曲□一朝鼓臂布草操煙火〔九〕，而□者也，此所謂濡需也〔一〇〕。

卷婁者，□也。舜有羶行，百姓悦之。故□舜賢〔一一〕，舉乎童土之地〔一二〕，

[曰]童土[之]地〔一三〕，年齒長矣，聰明衰矣，□

是以神人惡衆至，衆至則不比，不比□所甚於疏。抱德煬和，以順天□楚

老聃之役，有庚桑楚是（者）〔一四〕，偏[其]臣之畫然知者去之〔一五〕；其妾之□〔一六〕

□人乎〔一七〕？子（？）胡（？）不（？）□

簡髮而櫛，數米而□

[善]乎顯明之中者〔一八〕，人得□明乎人，明乎鬼者，然□

[可]散者也〔一九〕。觀室者，周於寢廟，□寢廟□廁矣〔二〇〕。

徹志之勃，解心之謬，去德之□名利六者，勃志者也〔二一〕；動〔二二〕、容〔二三〕、色、

理、[氣喜]〔二四〕、怒、哀、樂六者，累德者也〔二五〕。去、就、取、與□六者，不盪

匈中則正，正則靜，靜則明，□不爲〔二六〕。盪，動也。

知北遊

夫人之生，[氣散]則爲死〔二七〕。若死生爲徒，吾□者爲神奇，其所惡者爲臭[腐]〔二八〕，

臭腐〔二九〕。故曰：『通天下一氣耳。』各以所美爲神奇〔三〇〕。

□子曰：『所謂道，惡乎在？』莊子曰□曰：『期而後可。』莊子曰：『在螻蟻。』曰〔三一〕：『何其愈下耶〔三二〕？』曰：『在瓦甓。』□□。東郭子不應。莊子曰

□

婀荷甘與神農同學晝瞑〔三三〕，婀荷甘日中奓户□擁杖而起，嚗然放杖而□□也〔三四〕。已矣夫予（子）〔三五〕！無所發予之□

大馬之捶鉤者〔三六〕，年八十矣，而不失鉤□與〔三七〕？曰：『臣有守也。臣之年廿而好捶也〔三八〕。是用之者，假不用〔者〕也〔三九〕。』云云。

田子方

吾終身與汝交一臂而失之，可不哀與！夫變化不可執而留也。故雖支（執）臂相守而不能令停〔四〇〕。彼已盡矣，而汝求之以〔爲〕有〔四一〕，是求馬於唐肆〔四二〕。唐肆，非停馬處也。人之生，若馬之過肆耳。吾服汝也甚忘〔四三〕，服〔四四〕。汝服吾也亦甚忘。云云。

日改月化，□

□也，不修而物不能離焉。若天之□月之自明〔四五〕，夫何修焉！孔子出，以

□其列醯雞與〔四六〕！微夫子之發吾□〔四七〕

□公。公曰：魯多儒士，少爲先□圓冠者，知天時；履方\屨\□而斷。君

子有其道者，未\必爲\□知其道也〔四八〕。哀公曰：無此道\而爲其\□魯國無敢儒

服者〔四九〕。唯莊\子一人\□〔五〇〕

□於心，故飯牛而牛肥〔五一〕，使\秦穆公忘其賤\〔五二〕，□

宋元君將畫圖，衆史皆至，\受揖而立\，\舐筆\□有一史後至者，儃儃然不趨，\

受揖不立\，\因之舍\。\公使人視之\〔五三〕，則解衣槃薄臝〔五四〕。君曰：『可\矣\，\是真

畫〔者〕也\〔五五〕。』

\文王觀於\□夫釣，而其釣莫釣；\非持其釣\，\有釣也\〔五六〕，\常釣也\。

\文□兄　欲終而釋□〔五七〕

（後缺）

説明

此件由斯三三九五A背+斯九九八七B綴合而成。兩件綴合後仍是首尾均缺，上下亦殘，所存内容爲《莊子》郭象注摘抄，存《雜篇·徐無鬼》第廿四、《雜篇·庚桑楚》第廿三、《外篇·知北遊》第廿二、《外篇·田子方》第廿一。此件之抄寫格式正文爲大字，注釋爲雙行小字，其文字與傳世本略有不同。

以上釋文以斯三三九五A背+斯九九八七B爲底本，因兩件綴合處呈不規則形狀，爲便於區分，在釋録綴合處的文字時，以標點爲單位，用『/』表示保存在斯九九八七B上的文字，即兩個『/』之間的文字，是保存在斯九九八七B上的文字。

校記

〔一〕『吾』，據殘筆劃補；『食』，據殘筆劃補。

〔二〕『吾』，據殘筆劃補；『以』，據殘筆劃補；『之』，據殘筆劃補；『事』，《〈英藏敦煌文獻〉第五卷敘録》釋作『世』，誤。

〔三〕『有』，據殘筆劃補。

〔四〕『梱』，《〈英藏敦煌文獻〉第五卷敘録》釋作『困』，誤；『於』，據殘筆劃及伯二五〇八B《莊子徐無鬼篇郭象注》補。

〔五〕『是』，據殘筆劃及伯二五〇八B《莊子徐無鬼篇郭象注》補。

〔六〕『所』，據殘筆劃及伯二五〇八B《莊子徐無鬼篇郭象注》補。

〔七〕「學」，據殘筆劃及伯二五〇八B《莊子徐無鬼篇郭象注》補；「未」，據殘筆劃及伯二五〇八B《莊子徐無鬼篇郭象注》補。
〔八〕「謂」，據殘筆劃及伯二五〇八B《莊子徐無鬼篇郭象注》補。
〔九〕「曲」，據殘筆劃及伯二五〇八B《莊子徐無鬼篇郭象注》補；「臂」，《〈英藏敦煌文獻〉第五卷敘録》校補作「臂」。
〔一〇〕「所」，《〈英藏敦煌文獻〉第五卷敘録》校補作「其所」。
〔一一〕「舜」，《〈英藏敦煌文獻〉第五卷敘録》校補作「舜之」。
〔一二〕「地」，據殘筆劃及伯二五〇八B《莊子徐無鬼篇郭象注》補。
〔一三〕「曰」，據殘筆劃及伯二五〇八B《莊子徐無鬼篇郭象注》補；「之」，據殘筆劃及伯二五〇八B《莊子徐無鬼篇郭象注》補。
〔一四〕「是」，當作「者」，據文義改。
〔一五〕「其」，據殘筆劃及文義補。
〔一六〕「之」，據殘筆劃及文義補。
〔一七〕此句《〈英藏敦煌文獻〉第五卷敘録》未能釋讀。
〔一八〕「善」，據殘筆劃及文義補。
〔一九〕「可」，據殘筆劃及文義補。
〔二〇〕「廁」，《〈英藏敦煌文獻〉第五卷敘録》釋作「側」，誤。
〔二一〕「者」，《〈英藏敦煌文獻〉第五卷敘録》漏録。
〔二二〕「動」，《〈英藏敦煌文獻〉第五卷敘録》釋作「容」，誤。

〔二三〕『容』，《〈英藏敦煌文獻〉第五卷敘録》釋作『動』，誤。
〔二四〕『喜』，據殘筆劃及文義補。
〔二五〕『者』，《〈英藏敦煌文獻〉第五卷敘録》漏録。
〔二六〕『爲』，《〈英藏敦煌文獻〉第五卷敘録》校補作『爲也』。
〔二七〕『氣』，據殘筆劃及中村不折舊藏《南華真經知北遊品第廿二》補；『散』，據殘筆劃及中村不折舊藏《南華真經知北遊品第廿二》補。
〔二八〕『腐』，據殘筆劃及中村不折舊藏《南華真經知北遊品第廿二》補。
〔二九〕『臭』，據殘筆劃及中村不折舊藏《南華真經知北遊品第廿二》補。
〔三〇〕『所』，據殘筆劃及中村不折舊藏《南華真經知北遊品第廿二》補；『美』，據中村不折舊藏《南華真經知北遊品第廿二》補。
〔三一〕『曰』，據殘筆劃及中村不折舊藏《南華真經知北遊品第廿二》補。
〔三二〕『何』，據殘筆劃及中村不折舊藏《南華真經知北遊品第廿二》補。
〔三三〕『晝』，據殘筆劃及中村不折舊藏《南華真經知北遊品第廿二》補，《〈英藏敦煌文獻〉第五卷敘録》校補作『書』，誤。
〔三四〕『曝』，《〈英藏敦煌文獻〉第五卷敘録》釋作『暴』，誤。
〔三五〕『予』，當作『子』，據文義改，《〈英藏敦煌文獻〉第五卷敘録》逕釋作『子』。
〔三六〕『大』，據殘筆劃及中村不折舊藏《南華真經知北遊品第廿二》補。
〔三七〕『鉤』，《〈英藏敦煌文獻〉第五卷敘録》漏録；『與』，據殘筆劃及中村不折舊藏《南華真經知北遊品第廿二》補。

〔三八〕『廿』，《〈英藏敦煌文獻〉第五卷敘録》釋作『二十』；『捶』，據殘筆劃及中村不折舊藏《南華真經知北遊品第廿二》補。
〔三九〕『者』，據中村不折舊藏《南華真經知北遊品第廿二》補。
〔四〇〕『支』，當作『執』，據文義改，『支』爲『執』之借字。
〔四一〕『爲』，據文義補，《〈英藏敦煌文獻〉第五卷敘録》逕釋作『爲』；『有』，《〈英藏敦煌文獻〉第五卷敘録》校補作『有』。
〔四二〕『肆』，《〈英藏敦煌文獻〉第五卷敘録》校補作『肆也』。
〔四三〕『忘』，據殘筆劃及BD一四六三四《南華真經注卷二一》補。
〔四四〕『服』，據殘筆劃及BD一四六三四《南華真經注卷二一》補。
〔四五〕『之』，據殘筆劃及文義補。
〔四六〕『以』，據殘筆劃及文義補；『列』，《〈英藏敦煌文獻〉第五卷敘録》校改作『猶』。
〔四七〕『之發吾』，據殘筆劃及文義補。
〔四八〕『爲』，據殘筆劃及文義補。
〔四九〕『服』，《〈英藏敦煌文獻〉第五卷敘録》漏録。
〔五〇〕『唯』，《〈英藏敦煌文獻〉第五卷敘録》釋作『唯有』，誤。
〔五一〕『飯』，《〈英藏敦煌文獻〉第五卷敘録》釋作『販』，誤。
〔五二〕『忘其賤』，據殘筆劃及文義補。
〔五三〕『使人視之』，據殘筆劃及伯三七八九《莊子田子方郭象注》補。
〔五四〕『槃』，《〈英藏敦煌文獻〉第五卷敘録》釋作『般』，誤。

〔五五〕『者』，據伯三七八九《莊子田子方郭象注》補。

〔五六〕『也』，《〈英藏敦煌文獻〉第五卷敘録》釋作『者也』，誤。

〔五七〕『兄』，據殘筆劃及伯三七八九《莊子田子方郭象注》補；『欲終而釋』，據殘筆劃及伯三七八九《莊子田子方郭象注》補。

參考文獻

《敦煌本郭象注莊子南華真經輯影》，福井漢文學會，一九六〇年，一〇一至一〇二、一〇七、一一七、一二五至一二六、一二八、一三二、一三八頁（圖）；《敦煌本郭象注莊子南華真經校勘記》，福井漢文學會，一九六一年，二二三至二二五、二三四至二三五、二五五、二八一至二八二、二九一至二九二、三〇一至三〇二、三一八至三二九頁（録）；《莊子集釋》三册，北京：中華書局，一九六一年，七〇九、七一二、七一六至七二〇、七三三、七四九至七五〇、七五四、七六〇至七六一、七六九、七七四至七七五、七九四、八〇五、八一〇、八五八、八六〇、八六三至八六五頁（録）；《敦煌本郭象注莊子南華真經研究總論》，福井漢文學會，一九六六年，六二至六八頁；《敦煌寶藏》二八册，臺北：新文豐出版公司，一九八二年，二四八至二四九頁（圖）；《莊子今注今譯》，北京：中華書局，一九八三年，六一九、六二三至六二四、六二七至六三一、六四六、六六二、六六六、六七二、六八五至六八六、七〇一、七〇八、七一三、七五一、七五五至七五六頁（録）；《英藏敦煌文獻》五卷，成都：四川人民出版社，一九九二年，七六頁（圖）；《英國圖書館藏敦煌漢文非佛教文獻殘卷目録（斯六九八一——斯一三六二四）》，臺北：新文豐出版公司，一九九四年，一四七頁；《英藏敦煌文獻》一三卷，成都：四川人民出版社，一九九五年，六頁（圖）；《英國收藏敦煌漢藏文獻研究：紀念敦煌文獻發現一百周年》，北京：中國社會科學出版社，二〇〇〇年，一三二至一三六頁（録）；《法藏敦煌西域文獻》一六册，上海古籍出版社，二〇〇一年，一一至一二頁（圖）；《敦煌道教文獻研究：綜述·目録·索引》，北京：中國社會科學出版社，二〇〇四年，一八三頁；《法藏敦煌西域文獻》二八册，上海古籍出版社，二〇〇四年，六六頁（圖）；《敦煌吐魯番研究》七卷，北京大學出版社，二〇〇四年，三六五頁；《中村不折舊藏禹域墨書集成》卷中，東京：二玄社，二〇〇五年，三一二至三一七頁（圖）；《敦煌研究》二〇〇七年一期，一〇三頁；《國家圖書館藏敦煌遺書》一三一册，北京：國家圖書館出版社，二〇一〇年，九九頁（圖）；《中華道藏》一三册，北京：華夏出版社，二〇一四年，三五三至四一四頁（録）。

斯三三九五B+斯九九八七A+斯三三四七　備急單驗藥方（見斯三三四七）

斯三三九九　雜相賀語

釋文

雜相賀語〔一〕

□　賀本使語

鳳闕知邊務重〔二〕，□降詔書〔三〕，内臣親臨宣藩。非但某乙歡呼，直亦莫不慶抃〔四〕。

參天使語

時候。伏惟　常侍尊體起居萬福〔五〕。又　常侍久承　恩渥，歷任明朝，涉路畏途，伏惟勞倦。謝天使土毛，　常侍銜命出塞，自遠　宣恩，更蒙及珍奇，慚恧莫知所喻〔六〕。

賀本使加官

天書遠降，　寵袄（秩）西臨〔七〕。　尚書功業所彰，特加朝命，某乙等忝伏事　旌麾，下情無任戰懼。

賀赦文

聖朝恤物，遠訪安危。　赦書〔八〕，恩霑囹（囹）圄〔九〕。某乙等　忝事　旌麾〔一〇〕，下情無任慶抃。

賜物謝語

天廷念邊爲重〔一一〕，土不産蠶，特降綵綸，兼之錦帛。此皆　尚書功庸所及，某乙等，忝事　旌麾，下情無任　感荷。

端午日賀扇

蕤賓膺候，端午令晨（辰）〔一二〕。　伏蒙　鴻恩，各賜團扇，願揚　仁風。某乙等，無任惶悚。

賀破賊語

蕃賊憑淩，輒爲侵擾，官軍鼓怒，大襲凶渠，旗幟繽交，犬戒（戎）大敗〔一三〕。某乙等，忝伏事　旌麾，下情無〔任〕慶快〔一四〕。

城中有祥瑞賀語

常侍理化精明，潛通神道。忽降祥瑞，來臨郡城。某乙等，忝伏事　旌麾，下情無任歡抃。

賀雨

太陽愆疹，時雨稍乖。尚書親禱自祈，甘澤膺期滂足，人心頓安。某乙等，忝伏事
旌麾，下情無任抃躍。

賀雪

深冬月令，瑞雪膺期，三白不虧於節序，四郊有賀於豐年。某乙等，忝伏事　旌麾，下情無任歡慶。

謝分散例物

尚書福重三危，威聲早著，特降　天使，例物頓宣。某乙自料功疏，難勝厚賜，下情無任感恩惶懼。

賀加指麾使謝語

某乙奉牒，補充應管内左右兩廂馬步軍都指麾使。有幸得累伏事　旌麾，下情無任戰懼。

第二牒〔一五〕

才虧射戰，藝乏穿楊。管兵無李廣之能，指麾闕英雄〔之〕略〔一六〕；特蒙　尚書鴻造，非〔次〕獎拔〔一七〕，擢遷榮〔職〕〔一八〕，補軍都重任。非但某乙一門，直亦〔九〕族生靈〔一九〕，無任感恩惶懼。

謝僧統都衙

某乙涕猿〔彎〕〔弧〕效薄〔二〇〕，傳劍功疏，蒙　尚書獎擢提携，得事都衙階簷，無任同增歡慶。

以（與）諸大將賀語〔二一〕

某乙功微效淺，得（德）薄藝疏〔二二〕，蒙　尚書遷將指麾，諸都頭同增歡抃。

賀天公主語

某乙久承門蔭，恩寵日常〔二三〕，蒙天公主以作周旋，特加指麾美號，下情無任千生榮幸。

諸親眷謝來答語

某乙素無學才，蒙　尚書重舉梯階，以親姻同增歡慶。

説明

此件首殘，尾部完整，首題『雜相賀語』，是《書儀》之『雜相賀語』部分，内原有小標題，且有朱筆點校。趙和平推測其撰寫時間在曹氏歸義軍前期（參看《敦煌表狀箋啓書儀輯校》，三〇五至三一二頁）。

此件與伯二六五二背《諸雜謝賀》、伯三六二五《書儀（擬題）》及伯三〇四一《謝語（擬題）》的時代及内容相近，可資參照。

校記

〔一〕『語』，《敦煌表狀箋啓書儀輯校》據文義校補。
〔二〕『務』，《敦煌表狀箋啓書儀輯校》據文義校補。
〔三〕『降』，《敦煌表狀箋啓書儀輯校》據文義校補。
〔四〕『莫』，據殘筆劃及文義補；『不慶』，《敦煌表狀箋啓書儀輯校》據文義校補。
〔五〕『尊體』，據殘筆劃及文義補。
〔六〕『莫』，《敦煌表狀箋啓書儀輯校》釋作『而莫』，誤。
〔七〕『祅』，當作『秩』，《敦煌表狀箋啓書儀輯校》據文義校改。
〔八〕底本『赦書』前留有空白，據文義應有脱文。
〔九〕『囼』，當作『図』，《敦煌表狀箋啓書儀輯校》據文義校改。
〔一〇〕『忝』後《敦煌表狀箋啓書儀輯校》校補『伏』字。
〔一一〕『廷』，《敦煌表狀箋啓書儀輯校》釋作『庭』，誤。
〔一二〕『晨』，當作『辰』，據文義改，『晨』爲『辰』之借字。
〔一三〕『戒』，當作『戎』，《敦煌表狀箋啓書儀輯校》據文義校改。
〔一四〕『任』，《敦煌表狀箋啓書儀輯校》據文義校補。
〔一五〕『第』，底本作『弟』，按寫本中『第』『弟』形近易混，故據文義逕釋作『第』。
〔一六〕『之』，《敦煌表狀箋啓書儀輯校》據文義校補。
〔一七〕『次』，《敦煌表狀箋啓書儀輯校》據文義校補。
〔一八〕『職』，《敦煌表狀箋啓書儀輯校》據文義校補。

〔一九〕「九」，《敦煌表狀箋啓書儀輯校》據文義校補。
〔二〇〕「彎弧」，《敦煌表狀箋啓書儀輯校》據文義校補。
〔二一〕「以」，當作「與」，《敦煌表狀箋啓書儀輯校》據文義校改，「以」爲「與」之借字。
〔二二〕「得」，當作「德」，《敦煌表狀箋啓書儀輯校》據文義校改，「得」爲「德」之借字。
〔二三〕「日」，《敦煌表狀箋啓書儀輯校》疑當校改作「異」。

參考文獻

《敦煌寶藏》二八册，臺北：新文豐出版公司，一九八二年，二六三至二六四頁（圖）；《英藏敦煌文獻》五卷，成都：四川人民出版社，一九九二年，七七頁（圖）；《敦煌表狀箋啓書儀輯校》，南京：江蘇古籍出版社，一九九七年，三〇五至三一二頁（録）；《唐禮摭遺——中古書儀研究》，北京：商務印書館，二〇〇二年，五四三頁。

斯三四〇五　付親情社色物歷

釋文

（前缺）

主人付親情社色物：生絹八疋，非（緋）絹五疋[一]，非（緋）縷機生又一疋[二]，碧絹一疋，又碧（絹）半疋[三]，紅錦兩疋，准錦兩疋[四]。又生絹壹疋，絡壹條。紫繡禮斤（巾）兩條[五]，帖金禮斤（巾）兩條，貳屋壹張，⿰糹頓⿰糹賴壹條[六]。

楊孔目付了。張孔目付了[七]。周宅官付了。王宅官非（緋）付了[八]。龍宅官非（緋）機（？）付了[九]。氾孔目非（緋）付了[一〇]。宋住奴都頭生付了。榮客都（？）頭（？）生付了[一一]。鄧住住（？）[一二]、陰宅官生付了。索雞都頭生付了[一三]、令狐都頭絹付王宅官。

説明

此件首缺尾全，失事由及紀年。依據其他社文書，文中的主人當係發生凶喪之家的事主或社人中輪次承辦局席者。又據伯四九七五『辛未年三月八日沈家納贈歷』，在社邑幫助社人營葬時，主人有時也要提供一定數量的織物，故此件當爲某社的納贈歷的尾部，所殘缺者當爲社人納贈物品的記録賬目。『宋住奴都頭』見於斯六九八一『納贈歷（？）』，兩件年代當相近（參看寧可、郝春文《敦煌社邑文書輯校》，四六一頁）。

校記

〔一〕『非』，當作『緋』，《敦煌社邑文書輯校》據文義校改，『非』爲『緋』之借字。

〔二〕『非』，當作『緋』，《敦煌社邑文書輯校》據文義校改，『非』爲『緋』之借字；『機』，《敦煌社邑文書輯校》釋作『漪』。

〔三〕『絹』，《敦煌社邑文書輯校》據文義校補。

〔四〕此後有簽押符號。

〔五〕『斤』，當作『巾』，《敦煌社邑文書輯校》據文義校改，『斤』爲『巾』之借字。以下同，不另出校。

〔六〕『纈纐』，《敦煌社邑文書輯校》釋作『纐纈』，按底本『纈纐』右側有倒乙符號。此後有簽押符號。

〔七〕『了』，《敦煌社邑文書輯校》以底本無此字並校補。

〔八〕『非』，當作『緋』，據文義改，『非』爲『緋』之借字，《敦煌社邑文書輯校》釋作『末』。

〔九〕『非』，當作『緋』，《敦煌社邑文書輯校》據文義校改，『非』爲『緋』之借字。

〔一〇〕『非』，當作『緋』，《敦煌社邑文書輯校》據文義校改，『非』爲『緋』之借字。

〔一一〕『榮客都』，《敦煌社邑文書輯校》漏録；『頭』，《敦煌社邑文書輯校》釋作『了』。

〔一二〕第二個『住』，《敦煌社邑文書輯校》釋作『乇』。

〔一三〕『付了』，據文義補。

參考文獻

《敦煌寶藏》二八册，臺北：新文豐出版公司，一九八二年，二七二頁（圖）；《英藏敦煌文獻》五卷，成都：四川人民出版社，一九九二年，七八頁（圖）；《敦煌社邑文書輯校》，南京：江蘇古籍出版社，一九九七年，四六〇至四六二頁（録）。

斯三四〇五背　癸未年三月十四日粟麥算會抄

釋文

癸未年三月十四日

算會得羅押牙物，張通盈便粟外定欠粟拾肆碩〔一〕。

算會張進昇蒼（倉）物〔二〕，通盈便粟兩段，共計拾肆碩一斗三升〔三〕。又欠麥陸碩五斗，本利至秋〔四〕。

説明

此件紙張右下角殘缺，但文字部分不殘，抄寫者是利用殘紙抄寫以上内容的。依據其他相關文書，其内容應爲某團體算會的記録，原未書寫本利至秋之數額。癸未年爲公元九二三年或九八三年（參看唐耕耦、陸宏基《敦煌社會經濟文獻真蹟釋録》，二二三六頁）。

校記

〔一〕『欠』，《敦煌社會經濟文獻真蹟釋録》釋作『奴』，誤。

〔二〕『蒼』，當作『倉』，據文義改，『蒼』爲『倉』之借字。
〔三〕此後有簽押符號。
〔四〕此後有簽押符號。

參考文獻

《敦煌寶藏》二八册，臺北：新文豐出版公司，一九八二年，二七三頁（圖）；《敦煌社會經濟文獻真蹟釋録》二輯，北京：全國圖書館文獻縮微複製中心，一九九〇年，二三六頁（録）；《英藏敦煌文獻》五卷，成都：四川人民出版社，一九九二年，七八頁（圖）。

斯三四一二　洞淵神呪經卷第四

釋文

（前缺）

若道士經行之處[一]，魔王卌九王[二]，烏川[三]、連子、文吉、休渴[四]、憐子等三千六百小王[五]，各各護治此道士，勿令犯觸此道士也。若爾者，當〔遷〕汝等[六]，令昇仙無爲矣。若不救此道士，助惡爲勢，忽壞亂道法[七]，令道士治救不差，所爲不允[八]，一旦有惡者，魔王等悉坐斬之不恕。一一恕（如）太上口勑[九]，急急如律令。

道言：中國有卌九萬惡鬼，鬼來病人。鬼來病人奄死，行萬種惡炁。炁來煞人，得道士轉經之時則止。國王亦信道，行受三洞，子孫傳貴。大魔子烏純林期八千萬人，壬午、癸亥之年，領萬鬼煞人。以（已）知汝名字[一〇]，自今以後，不得枉煞人。煞人者，大魔王小王等，惠信忿陽，各各斬之不恕矣。

道言：中國壬辰之年有真君，亂，出李弘。三千萬人，主者一人耳。時世多病，男女之人，壬午年入山，人間勤（勸）化愚人〔一一〕。愚人不信道，不受三洞。水來煞人，刀兵交興，奈何奈何。惟有受經道士，魔王護之，終不死也。當令道士治病，病無不差也。若一旦不如法，魔王等頭破作十八分矣。

道言：中國多有惡人，不知有道，見善不從，是以多死。今有三洞法師，人鬼所奉。若自今以去，道士之人轉經，經行之處，魔王等不得遶（撓）之也〔一二〕。若一旦違令，鬼王等天斧斬之不恕矣。急急如太上口勑令！〔道〕言〔一三〕：一一告下，卌六天魔王、魔王子，一切等矣。

洞淵神呪經卷第四

説明

此件首缺尾全，存尾題。現知敦煌文獻中保存的《洞淵神呪經》卷第四的寫本共有六件，其基本情況以及介紹可參看本書同卷所收斯三三八九《洞淵神呪經》卷第四『説明』。因斯三三八九曾用包括此件在内的諸本參校，各本之異文均可見該件之『校記』，故以上釋文以斯三四一二爲底本，僅用斯三三八九（稱其爲甲本）校改錯誤和校補缺文，各本異文不再一一出校。

校記

〔一〕『若道士經行』，據甲本補；『之』，據殘筆劃及甲本補。

〔二〕『九』，據殘筆劃及甲本補；『王』，據甲本補。
〔三〕『鳥』，據甲本補；『川』，據殘筆劃及甲本補。
〔四〕『休渴』，據殘筆劃及甲本補。
〔五〕『憐子』，據殘筆劃及甲本補。
〔六〕『遷』，甲本亦脱，據《正統道藏》補。
〔七〕『壞』，底本原寫作『懷』，但因寫本中『壞』『懷』形近易混，故可據文義逕釋作『壞』。
〔八〕『爲』，據殘筆劃及甲本補。
〔九〕『恕』，當作『如』，據甲本改。
〔一〇〕『以』，當作『已』，據《正統道藏》改，『以』爲『已』之借字。
〔一一〕『勤』，當作『勸』，據《正統道藏》改。
〔一二〕『遶』，當作『撓』，據《正統道藏》改。
〔一三〕『道』，據《正統道藏》補。

參考文獻

Descriptive Catalogue of the Chinese Manuscripts from Tunhuang in the British Museum, The Trustees of the British Museum, London 1957, p. 219；《敦煌道經目録》，京都：法藏館，一九六〇年，六五頁；《スタイン將來大英博物館藏敦煌文獻分類目録·道教之部》，東京：東洋文庫，一九六九年，七頁；《敦煌道經·目録編》，東京：福武書店，一九七八年，二六六至二六七頁；《敦煌寶藏》二八册，臺北：新文豐出版公司，一九八二年，三〇一頁（圖）；《敦煌寶藏》一一〇

册，臺北：新文豐出版公司，一九八五年，三七五至三七六頁（圖）；《道藏》六册，北京：文物出版社、上海書店、天津古籍出版社，一九八八年，一六頁（録）；《英藏敦煌文獻》二卷，成都：四川人民出版社，一九九〇年，二二三頁（圖）；《英藏敦煌文獻》五卷，成都：四川人民出版社，一九九二年，六四、七九頁（圖）；《道家文化研究》一三輯，北京：生活·讀書·新知三聯書店，一九九八年，二〇〇至二二五頁；《敦煌道藏》二册，北京：全國圖書館文獻縮微複製中心，一九九九年，八〇三至八〇五頁；《俄藏敦煌文獻》一五册，上海古籍出版社，二〇〇〇年，七六頁（圖）；《敦煌道教文獻研究：綜述·目録·索引》，北京：中國社會科學出版社，二〇〇四年，一四三頁；《敦煌吐魯番研究》七卷，北京：中華書局，二〇〇四年，三五九頁；《中華道藏》三〇册，北京：華夏出版社，二〇〇四年，一六、九四至九五頁（録）；《國家圖書館藏敦煌遺書》一七册，北京圖書館出版社，二〇〇六年，一五二頁；《英藏敦煌社會歷史文獻釋録》五卷，北京：社會科學文獻出版社，二〇〇六年，五一至五三頁（録）；《敦煌秘笈》八册，大阪：武田科學振興財團，二〇一三年，三六三至三六五頁（圖）；《敦煌本〈太上洞淵神呪經〉輯校》，北京：中國社會科學出版社，二〇一三年，七二至七五頁（録）。

斯三四一二背　雜寫

釋文

五月　五月天（？）四（？）

説明

此件係倒書，文字右側似一傘狀圖形，左側爲一佛像。從文字筆跡與圖像畫法來看，似爲學郎習作。

參考文獻

《敦煌寶藏》二八册，臺北：新文豐出版公司，一九八二年，三〇二頁（圖）；《英藏敦煌文獻》五卷，成都：四川人民出版社，一九九二年，七九頁（圖）。

斯三四一七　新菩薩經一卷并題記

釋文

新菩薩經一卷〔一〕

勑賈耽，頒下諸州，衆生每〔日〕念阿彌陀佛一千口〔二〕，斷惡行善〔三〕。今年大熟，無人收刈。有數種病死：第一虐病死〔四〕，第二天行病死，第三卒病死，第四腫病死，第五産生〔病〕死〔五〕，第六患腹〔病〕死〔六〕，第七血癰〔病〕死〔七〕，第八風黄病死，第九水痢病死，第十患眼病死。今勸諸衆生，寫一本，免一身；寫兩本，免一門；寫三本，免一村。若不信者，滅門。滅（門）滅上牓之〔八〕，得過此難。但〔看〕七八月〔九〕，三家使一牛，五男同一婦，僧尼巡門，勸寫此經。其〔經〕西京（涼）州正月二日盛（城）中〔一〇〕，時雷鳴雨聲，有一石下，大如斗，石遂兩片，即見此經，報諸衆生，今載饒患。

乾德伍年歲次丁卯七月廿一日，因爲疫病，再寫此經記耳。

説明

此件首尾完整，首有原題，尾有題記，乾德伍年即公元九六七年。其内容是以預言災害將至的形式，勸世俗百姓抄寫此經弭災，故收入本書。此件前爲『救諸衆生苦難經』，内容也是勸世俗百姓抄寫經文弭災，性質與本件相同，筆跡亦同，係同一人所抄寫。敦煌文獻中保存的《新菩薩經》（又名《勸善經》）抄本甚多，相關情況請參看斯九一二『勸善經一卷』説明。

以上釋文以斯三四一七爲底本，因相關各寫本之異同已見於斯九一二『勸善經一卷』校記，故此件僅用本書第十一卷所收斯二三二〇背（稱其爲甲本）校補脱文、校改錯誤，如甲本亦有脱、誤，則據其他相關文本補、改。

校記

〔一〕『新』，據殘筆劃及甲本補。
〔二〕『日』，據甲本補。
〔三〕『斷』，據殘筆劃及甲本補。
〔四〕『第』，底本作『弟』，按寫本中『第』『弟』形近易混，故據文義逕釋作『第』。以下同，不另出校。
〔五〕『病』，甲本亦脱，據斯一五九二補。
〔六〕『病』，甲本亦脱，據斯一五九二補。
〔七〕『病』，據甲本補。
〔八〕第一個『滅』，當作『門』，據甲本改；第二個『滅』，據文義係衍文，當删。

〔九〕『看』，據甲本補。

〔一〇〕『經』，據甲本補；『京』，當作『涼』，據甲本改；『盛』，當作『城』，據斯一五九二改，『盛』爲『城』之借字。

參考文獻

Descriptive Catalogue of the Chinese Manuscripts from Tunhuang in the British Museum, The Trustees of the British Museum, London 1957, p. 155（録）；《敦煌寶藏》一二册，臺北：新文豐出版公司，一九八一年，七二頁（圖）；《敦煌寶藏》一八册，臺北：新文豐出版公司，一九八一年，三〇三頁（圖）；《敦煌寶藏》二八册，臺北：新文豐出版公司，一九八二年，三三五頁（圖）；《敦煌學要籥》，臺北：新文豐出版公司，一九八二年，一三二頁（録）；《敦煌遺書總目索引》，北京：中華書局，一九八三年，一七九頁（録）；《敦煌古醫籍考釋》，南昌：江西科學技術出版社，一九八八年，五〇〇頁；《中國古代寫本識語集録》，東京大學東洋文化研究所，一九九〇年，五〇〇頁（録）；《敦煌研究》一九九二年一期，五一至六二頁；《敦煌遺書總目索引新編》，北京：中華書局，二〇〇〇年，一〇四頁（録）；《英藏敦煌社會歷史文獻釋録》四卷，北京：社會科學文獻出版社，二〇〇六年，三八一至三九〇頁（録）；《英藏敦煌社會歷史文獻釋録》七卷，北京：社會科學文獻出版社，二〇一〇年，三〇一至三〇四頁（録）；《英藏敦煌社會歷史文獻釋録》一一卷，北京：社會科學文獻出版社，二〇一四年，四五二至四五四頁（録）。

斯三四二四背　一　端拱二年（公元九八九年）九月十六日往西天取菩薩戒兼傳授菩薩戒僧志堅狀稿

釋文

往西天取菩薩戒兼傳授菩薩戒僧志堅敬勸

受戒弟子，每日早起、夜頭二時，行道燒香，淨水供養。

呪香偈云：　戒香、定香、惠香、解脱香、解脱知見香，光明雲臺遍法界，供養十方無量佛，供養十方無量法，供養十方無量僧。遍聞普勳證寂滅，一切衆生亦如是。香真言。唵嚩日囉二合度閉惡。念三遍。更念普供養真言三遍。唵引誐誐曩三婆嚩日囉二合斛。先須稱念本師阿闍梨諸佛、菩薩名號，手抱香爐，對佛像前請云：　弟子某甲等，普及法界衆生，敬禮本師釋迦牟尼佛。三拜。敬禮文殊師利菩薩。三拜。敬禮普賢菩薩。三拜。敬禮兜率天宫慈氏菩薩。三拜。敬禮十方三世一切諸佛。三拜。敬禮十方三世一切諸大菩薩摩訶薩。三拜。若有四部弟子犯十惡五逆重罪〔一〕，志心受持諸陀羅尼，無有罪不滅。

普賢菩薩滅罪真言。七遍。支波卓　毗尼波卓　烏蘇波卓。

阿閦如來滅輕罪真言。日念七遍。佛遊十六國，度比（彼）衆生(二)，若人志心持此真言者，無有罪不滅，兼轉女成男身。曩謨婆誐嚩帝引阿屈閦二合毗底二合野怛他誐哆引野阿上囉囉曷二合帝引三去藐三没馱野怛你也二合他唵誐誐⿰寧頁⿰寧頁⿰寧頁⿰寧頁嚕者帝帝帝咄嚕二合吒⿰寧頁⿰寧頁⿰寧頁二合⿰寧頁⿰寧頁怛羅二合灑⿰寧頁⿰寧頁⿰寧頁二合⿰寧頁⿰寧頁跛婆去囉帝帝帝去帝帝賀多⿰寧頁⿰寧頁⿰寧頁鉢囉二合賀多⿰寧頁⿰寧頁⿰寧頁二合⿰寧頁⿰寧頁⿰寧頁薩囉嚩二合羯囉嚩二合鉢嚂引二合鉢囉二合野阿屈閦二合毗底二合野睹薩嚩二合賀。

三身真言。日念一七遍。阿鋑嚂憾欠阿尾羅賀佉阿羅跛佑曩。

普禮十方諸佛菩薩真言。唵引薩囉二合嚩尾微吉反。

本師釋迦牟尼佛真言。日念七遍。曩謨薄伽代帝引釋迦牟曩曳引怛他誐哆野阿囉曷帝三藐記三没馱野怛你也二合他引唵母⿰寧頁⿰寧頁⿰寧頁摩訶母⿰寧頁莎呵。

滅罪真言。若人欲求滅罪，先念一千二百遍，更行道禮佛，無有罪不滅。離婆婆帝求訶訶帝陀羅尼帝離訶羅帝毗摩羅帝莎呵。

慈氏真言。日念七遍。曩謨阿隸野梅底哩曳日月地薩埵野怛你也二合他唵梅底哩哩哩哩梅底囉摩曩洗薩嚩賀引。

每日早起、夜頭佛前手執香爐，請佛降赴道場，證明懺悔。請佛之時，正專住想，念諸佛菩薩，如在眼前。不得餘思餘想、身心散亂。請云：十方一切佛，現在成道者，我請轉法輪，安樂諸衆生。三遍三拜。頂禮歸命十方一切佛，若欲捨受命，我今頭面禮，勸請禮久住○三遍三拜。歸命十方一切佛，頂禮無邊淨覺海，亦禮妙法不思議，真如自性清淨藏。住於極愛一子地，得道得果諸聖人。我以身口清淨意，咸各歸命稽首禮○三遍三禮，五體頭（投）地〔三〕，作如是言。十方一切佛，五眼照世間。三代無不知，願示罪福相。弟子某甲頭面禮，我於多劫中，所作諸惡業。至於今生已來，身三不善行：然（煞）〔四〕、盜、婬；口四過僭：妄言、豈（綺）語〔五〕、惡口、兩舌；意三不善行：貪、嗔、邪見。如是十惡之罪，合入三塗，由斯生苦惱。諸佛具大悲，能除衆生怖，哀愍願消除，令得離憂苦。起來念歡喜摩尼寶，稽佛禮拜○念一佛名。

懺悔了，後又向西北下禮慈氏菩薩。手執香爐，呪真言：唵薩囉嚩怛他誐哆度波布惹銘伽三母捺囉娑娑囉尼三磨曳吽唵誐誐曩三婆嚩日囉二合斛○念真言了，後説偈云。南無兜率天宮慈氏如來，應正等覺，願與含識，速奉慈顏。唵梅底哩莎呵○念三遍。南無兜率天宮慈氏如來，應正等覺。願禮佛。弟子某甲等，臨命絡（終）時〔六〕，七日已前，喻知時至，身心安樂，一念之傾，聖衆現前，承佛本願，往生天宮。慈氏聖者，於白毫光滅除我等煩惱三毒於（恚）和（火）〔七〕，開覆花内止住其中。菩薩慈光，應時攝受，諸根清淨，速證無生，教化天人，龍花成佛○願共諸衆生，往生彌勒内院。

説偈了後，五體頭（投）地〔八〕，作如是言。十方一切佛，五眼照世間，三代無不知，願示罪福相。弟子某甲頭面禮，我於多劫中，所作諸惡業。所有功德，所有一切煞、盜、婬、妄言、豈（綺）語[九]、惡口、兩舌，貪、嗔、邪見，如是十惡五逆四重七者（遮）[一〇]，破齋犯戒，毁謗正法，若輕若罪（重）之罪[一一]，願罪消滅滅滅滅滅滅滅滅滅。禮三拜。

禮佛了後，迴向發願。即將上來懺悔功德，迴向真如，實際迴向無上菩提，迴向法界衆生，利障解脱。未利苦者願令利苦，未得樂者願令得樂。未發菩提心者，願發菩提〔心〕[一二]；已〔發〕菩提心者[一三]，願同生兜率内院，禮奉慈氏如來。龍花三會之中，得授菩提之記。然願禮佛。衆等（？）自從無量生死已來，至於今日今時，所有一切然（煞）[一四]、盜、婬、妄言、豈（綺）語[一五]、惡口、兩舌、貪、嗔、邪見，如是十惡五逆、四重七者，破齋犯戒，毁謗正法，若輕若重之罪，願罪消滅滅滅滅滅滅滅。禮三拜了，後又發願。然願師僧父母，過滿三祇，施主檀那，行圓六度，龍天八部，護國護人，九有四生，同得樂果。爲上因緣，念清淨法身毗盧遮那佛，圓滿報身盧舍那佛，千百億化身釋迦牟尼佛，當來下生彌勒尊佛，十二上願藥師琉璃光佛，十方三世一切諸佛，大聖文殊師利菩薩，大聖普賢菩薩，消災息災菩薩，觀世音菩薩，大勢至菩薩，兜率天宫慈氏菩薩菩薩菩薩菩薩菩薩菩薩菩薩。念三遍。清涼報山一萬菩薩摩訶薩。

（中空數行）

凡欲受齋，先須脱鞋受淨水，若不脱鞋作同提牛入佛殿堂，果報亦復如是。淨水偈云：八功德水淨諸塵，灌掌去垢心無染，執持禁戒無缺犯，一切衆生亦如是。

唱禮作梵。先念一切恭敬，敬〔禮〕常住三寶〔一六〕，然後將香爐度手，過作如來梵。如來妙色身，世間無以（與）等〔一七〕，無比不思議，是故今敬禮。如來色無盡，智惠亦復然，一切法常住，是故我歸依。敬禮常住三寶，爲天龍八部諸善神王。敬禮常住三寶，爲皇帝聖化無宮（窮）〔一八〕。敬禮常住三寶，爲今身齋主福受莊嚴。敬禮常住三寶，爲四恩三有、法界衆生。和南一切賢聖僧，方可下淨草，佛前隨多少下食。

供養諸佛了後，自己前頭下食，説施偈云：施者受者，俱獲五常，色、力、命、安、得無得（礙）辯〔一九〕。

又食總遍了後，口云：等供三德六味，獻佛及僧，法界衆生，普同供養。普供養真言。

唵引誐誐曩三婆嚩日囉二合斛。

供養已後，出衆生食，施與阿利底母，亦云鬼子母，然後齋人自食。如有，先出生。但先喫食者，五百劫墮斬手地獄。從地獄出，作餓鬼；從餓鬼出，作畜生；從畜生出，作下賤人。中又坐齋叱起，互相不得説雜話言語，若説雜話言語者，五百劫作百舌鳥身。聽法之處雜話言語者，果報亦復如是。若輪（論）量佛法者〔二〇〕，不遮。喫食過後，所者餘食，合掌説迴施偈云：齋有餘食，迴施與後坐淨人，當來無窮，不障聖道。

其有出衆生食，分收著一處，著對次坐面前，用淨水一盌（碗）〔二一〕，念水真言三遍：南無索嚕婆耶耶耶耶耶莎呵。

寫水在食中，念呪食物真言。三遍。唵婆囉囉囉三婆囉囉囉囉莎呵。

又説偈云：檀越所修福，慈悲願力故，普施諸蟲鳥，胎卵及濕化。既霑此食者，去捨十惡業，解脱生佛前。

念偈了後，發遣鬼神真言三遍，耳邊彈指三下。唵引嚩日囉二合穆叉木。

又佛前供養食、聖僧食，應施五種人喫。一者阿（？）□□，二者寺内病僧，三者不□寺人，四者守護伽藍人，五者修功德人。若世無此五種人，應擗碎一齋散施於水陸，若施主及饑人食，得貧窮果報。

齋人須用澡豆淨水漱口，方可成齋。過口用者得罪。又云齋如（？）齊義，齊斷諸惡，齊追（？）諸善。故云諸惡莫作，衆善奉行。齋了後，念佛迴施。

端拱二年九月十六日往西天取菩薩戒兼傳授菩薩戒僧志堅狀

説明

此件首尾完整，存首尾題，其中多行文字有被墨筆或横或竪塗抹的痕跡，似非抄者之删改，或是後人所爲。爲保持文義的連貫性，釋文保留了被塗抹的文字。

有關僧志堅往西天取菩薩戒的故事，尚可見於《俄藏黑水城文獻》之Ｂ六三號《端供（拱）二年智堅等往西天取菩薩戒記》。雖然兩件或作『志堅』或作『智堅』，但應爲同一人。從題記所署時間來看，二者同樣出自端拱二年（公元九八九年），一爲『八月十八日』，一爲『九月十六日』，相距不到一個月。據李正宇研究，俄B六三號當爲敦煌文獻之誤入黑水城文獻者（參看《俄藏〈端拱二年八月十九日往西天取菩薩戒僧志堅手記〉決疑》，《敦煌佛教文化研究》，一九九六年，三至一一頁）。

校記

〔一〕『弟』，底本作『第』，按寫本中『第』『弟』形近易混，故據文義逕釋作『第』。

〔二〕『比』，當作『彼』，據文義改，『比』爲『彼』之借字。

〔三〕『頭』，當作『投』，據文義改，『頭』爲『投』之借字。

〔四〕『然』，當作『煞』，據文義改。

〔五〕『豈』，當作『綺』，據文義改，『豈』爲『綺』之借字。

〔六〕『絡』，當作『終』，據文義改。

〔七〕『於』，當作『恚』，據斯五四三三《佛説父母恩重經》改；『和』，當作『火』，據斯五四三三《佛説父母恩重經》改。

〔八〕『頭』，當作『投』，據文義改，『頭』爲『投』之借字。

〔九〕『豈』，當作『綺』，據文義改，『豈』爲『綺』之借字。

〔一〇〕『者』，當作『遮』，據文義改，『者』爲『遮』之借字。

〔一一〕『罪』，當作『重』，據文義改。

〔一二〕『心』，據文義補。

〔一三〕『發』，據文義補。

〔一四〕「然」，當作「煞」，據文義改。
〔一五〕「豈」，當作「綺」，據文義改，「豈」爲「綺」之借字。
〔一六〕「禮」，據文義補。
〔一七〕「以」，當作「與」，據文義改，「以」爲「與」之借字。
〔一八〕「宫」，當作「窮」，據文義改。
〔一九〕「得」，當作「礙」，據文義改。
〔二〇〕「輪」，當作「論」，據文義改，「輪」爲「論」之借字。
〔二一〕「阸」，當作「碗」，據文義改，「阸」爲「碗」之借字。

參考文獻

《敦煌寶藏》二八册，臺北：新文豐出版公司，一九八二年，三九二至三九五頁（圖）；《敦煌寶藏》四二册，臺北：新文豐出版公司，一九八二年，四五九頁（圖）；《英藏敦煌文獻》五卷，成都：四川人民出版社，一九九二年，八〇至八四頁（圖）；《敦煌佛教文化研究》，蘭州：社科縱横編輯部，一九九五年，三至一一頁；《俄藏黑水城文獻》六册，上海古籍出版社，二〇〇〇年，六五頁（圖）。

斯三四二四背　二　難忍能忍偈

釋文

難忍能忍，是名爲忍。是人能忍，能忍是人。非人不忍，不忍非人。

說明

此件作三行大字書寫於《端拱二年（公元九八九年）九月十六日往西天取菩薩戒兼傳授菩薩戒僧志堅狀稿》末尾。

參考文獻

Descriptive Catalogue of the Chinese Manuscripts from Tunhuang in the British Museum, The Trustees of the British Museum, London 1957, p. 91（録）；《敦煌寶藏》二八册，臺北：新文豐出版公司，一九八二年，三九五頁（圖）；《敦煌遺書總目索引》，北京：中華書局，一九八三年，一七九頁（録）；《中國古代寫本識語集録》，東京大學東洋文化研究所，一九九〇年，五三四頁（録）；《英藏敦煌文獻》五卷，成都：四川人民出版社，一九九二年，八〇至八四頁（圖）；《敦煌遺書總目索引新編》，北京：中華書局，二〇〇〇年，一〇五頁（録）。

斯三四二五背　兑經題記

釋文

第四袟〔一〕。兑經。

說明

此件《英藏敦煌文獻》未收，現予增收。

校記

〔一〕『袟』，《敦煌遺書總目索引新編》釋作『帙』。

參考文獻

Descriptive Catalogue of the Chinese Manuscripts from Tunhuang in the British Museum, The Trustees of the British Museum, London 1957, p. 15（録）；《敦煌寶藏》二八册，臺北：新文豐出版公司，一九八二年，四〇三頁（圖）；《敦煌遺書總目索引新編》，北京：中華書局，二〇〇〇年，一〇五頁（録）。

斯三四二七　一　啓請文

釋文

弟子某甲等，合〔道〕場人〔一〕，同發勝心，歸依啓請。十〔方〕諸佛〔二〕，三世如來。湛若虛空，真如法體。蓮花藏界，百億如來。大賢劫中，一千化佛。誓居三界，功德山王〔三〕。同侶白衣，維摩羅詰。菩提樹下〔四〕，降魔如來。兜率宮中〔五〕，化天大覺。無量劫前，大通智勝。十六王子，恆沙劫後。釋迦牟尼，五百徒衆。東方世界，阿閦毗佛。南方世界，日月燈佛。西方世界，無量壽佛。北方世界，最勝音佛〔六〕。四維上下，亦復如是。一一法身〔七〕，恆沙世界；〔一〕〔一〕〔世〕〔界〕〔八〕，百千如來；一一如來，微塵大衆；一一大衆，皆是菩薩；一一菩薩，具六神通。三界有情，誓當濟拔。惟願去（起）金剛座〔九〕，取鐵圍山，來赴道場。證明弟子，發露懺悔。

又更啓請：天上龍宮，五乘奧典〔一〇〕；人間鷲嶺，十二部經；大涅盤山〔一一〕，大般若海；願垂沃潤，濟拔沈淪。

又更啓請：無學壁（辟）支〔一二〕、斷惑羅漢、三賢十聖，五眼六通，發慈悲心，從禪定去（起）〔一三〕，來赴道場，證明弟子。

又更啓請：東方提頭來賴吒天王〔一四〕，主領一切乾闥婆神、毗舍闍鬼，并諸眷屬，來降道場，證明弟子。

又更啓請：南方毗樓勒叉天王，主領一切鳩槃吒鬼、毗脇多鬼，并諸眷屬，來降道場。

又更啓請：西方毗樓博叉天王，主領一切諸大毒龍，及富單那鬼，并諸眷屬，來降道場，證明弟子。

又更啓請：北方大聖毗沙門天王，主領一切夜叉羅察（刹）〔一五〕、廿八部、藥叉大將，并諸眷屬，來降道場，證明弟子。

又更啓請：上方釋提桓因，主領一切日月天子、星宿五官、廿八宿、三十二神、四金剛首，并諸眷（屬）〔一六〕，來降道場，證明弟子。

又請：下方堅牢地神，主領一切山嶽靈祇、江河魍魎，并諸眷屬，來降道場，證明弟子。

又更啓請：三界九地，二十八部，那羅延神，散支大將，金剛蜜跡，轉輪聖王，護塔善神，護伽藍神，三歸五界（戒）〔一七〕，菩薩藏神，閻羅天子，啖人羅察（刹），行病鬼王，五道大神，太[山]府君〔一八〕，刹（察）命司録〔一九〕，五羅八王，三洞六府，奏使考典，預弟

（定）是非〔二〇〕，善惡童子，大阿毗獄，羅察（刹）夜叉，小捺洛伽，牛頭獄卒。諸如是等，雜類鬼神，皆有不思議大威神力，並願風飛雨驟，電擊雷奔，來降道場，證明弟子。某公可修功德，並願發歡喜心，誓當懺悔。既蒙賢聖，來降道場。我等至誠，深生慚愧，至心歸命，常住三寶。三説。

説明

此卷首尾完整，中有數處裂痕和破洞。從内容看，此卷共存三部分：啓請文、結壇散食迴向發願文和謝土地太歲文，三者之間間隔數行至十數行不等的空白。此卷背亦抄有啓請文、雜寫和結壇散食迴向發願文。

此件首尾完整，無題。關於敦煌寫本中保存的《啓請文》寫本概況，可參看本書第五卷斯一一三七、第十三卷斯二六八五背之『説明』。

因斯一一三七、斯二六八五背曾用包括此件在内的諸本參校，各本之異文均可見該兩件之校記，故以上釋文以斯三四二七爲底本，僅用斯一一三七（稱其爲甲本）、斯二六八五背（稱其爲乙本）校改錯誤和校補缺文，各本異文不再一一出校。

校記

〔一〕『道』，據甲、乙本補。

〔二〕『方』，據甲、乙本補。
〔三〕『山』，據殘筆劃及甲、乙本補。
〔四〕『提』，底本作『䚡』，係涉上文類化之俗字。
〔五〕『率』，據殘筆劃及甲、乙本補。
〔六〕『佛』，據殘筆劃及甲、乙本補。
〔七〕『法』，據殘筆劃及甲、乙本補；『身』，據甲、乙本補。
〔八〕『一一世界』，據甲、乙本補。
〔九〕『去』，甲本同，當作『起』，據斯三八七五改，『去』爲『起』之借字。
〔一〇〕『五』，據殘筆劃及甲、乙本補。
〔一一〕『涅盤』，寫本時代並未成爲固定搭配，或作『涅槃』，或作『涅槃』。
〔一二〕『壁』，當作『辟』，據甲、乙本改，『壁』爲『辟』之借字。
〔一三〕『去』，甲本同，當作『起』，據乙本改，『去』爲『起』之借字。
〔一四〕『來』，甲、乙本無，據文義係衍文，當删。
〔一五〕『察』，當作『刹』，據甲本改，『察』爲『刹』之借字。以下同，不另出校。
〔一六〕『屬』，據甲、乙本補。
〔一七〕『界』，當作『戒』，據甲、乙本改，『界』爲『戒』之借字。
〔一八〕『山』，據殘筆劃及甲、乙本補。
〔一九〕『刹』，甲本同，當作『察』，據乙本改，『刹』爲『察』之借字。
〔二〇〕『弟』，當作『定』，據甲、乙本改，『弟』爲『定』之借字。

參考文獻

《敦煌寶藏》二八册，臺北：新文豐出版公司，一九八二年，四〇七至四〇八頁（圖）；《英藏敦煌文獻》二卷，成都：四川人民出版社，一九九〇年，二三五頁（圖）；《英藏敦煌文獻》四卷，成都：四川人民出版社，一九九一年，一八九頁（圖）；《英藏敦煌文獻》五卷，成都：四川人民出版社，一九九二年，八五至八六、一八五頁（圖）；《英藏敦煌社會歷史文獻釋録》五卷，北京：社會科學文獻出版社，二〇〇六年，一一七至一二三頁（録）；《英藏敦煌社會歷史文獻釋録》一三卷，北京：社會科學文獻出版社，二〇一五年，三八六至三九八頁（録）。

斯三四二七　二　結壇散食迴向發願文

釋文

結壇散食迴向發願文

今某年某月某日，弟子某甲至心　奉請清淨法身毗盧遮那佛，奉請圓滿報身盧舍那佛，奉請千百億化身同名釋迦牟尼佛，奉請東方十二上願藥師瑠璃光佛，奉請西方極樂世界阿彌陀佛，奉請歡喜藏摩尼寶積佛，奉請當來下生彌勒尊佛，奉請瑠璃金山寶華光照吉祥功德海如來佛，奉請大聖文殊師利菩薩，奉請大聖普賢菩薩，奉請大慈如意輪菩薩，奉請大悲觀世音菩薩，奉請大慈大勢智（至）菩薩〔一〕，奉請大悲地藏菩薩。

又奉請過現未來十方三世一切諸佛，奉請十二部尊經甚深法藏，奉請諸大菩薩摩訶薩衆，奉請聲聞緣覺一切賢聖，奉請清涼山頂一萬聖慈、地上地前證[真]菩薩〔二〕，奉請摩離耶山五百羅漢、四向四果得道沙門、分斷俱詮[六]通大聖等〔三〕。

右弟子某甲等先奉爲國安人泰，社稷會昌。五穀豐盈，三農倍稔。先亡魂識，不值八難之中；過往尊親，無歷三塗之苦〔四〕。次奉爲弟子某甲延祥益壽，災殃不侵於己身；歲富年昌，横禍無來於户側〔五〕。合家長幼，長銜魚水之歡；内外親姻，永保叢花之茂。謹奉請如上大慈悲法父、三界尊師、應供聖真、隨念大士，伏願雲飛雨驟，化運神通，來降道場，潛空隱跡，證盟弟子某甲功德。隨喜結壇轉經，受斯呪供錢財，鑒領香花，五穀增長〔六〕。弟子某甲，福同春卉，隨日而生。除蕩弟子某甲，災比秋林，逐風而落。千祥輻輳，萬善盈門。所求遂心，功德圓滿。敬禮常住三寶。

又更啓請東方提頭賴吒天王，主領一切乾闥婆神、毗舍闍鬼〔七〕，并諸眷屬〔八〕，來降道場；又請南方毗樓勒叉天王，主領一切毗協多鬼，并諸眷屬，來降道場；又請西方毗樓博叉天王，主領一切諸大毒龍，及富單那鬼，并諸眷屬，來降道場；又請北方大聖毗沙門天王，主領一切夜叉羅刹、諸惡鬼神，并諸眷屬，來降道場；又請上方釋提桓因，主領一切日月天子、星宿五官、廿八宿、卅二神，并諸眷屬，來降道場；又請下方堅牢地神，主領一切山嶽靈祇、江河聖族，并諸眷屬，來降道場；又請護界善神、散脂大將、護伽藍神、金剛蜜跡、十二藥叉大將、四海八大龍王、管境土地神祇、泉源行非水族〔九〕、鎮世五嶽之主、鶉罡三峗山神、社公稷品官尊、地水火風神等，并諸眷屬，來降道場。

右弟子某甲自云：生居凡位，長乃塵軀，不諳靈異之間，起住多違乖犯。舉足動步，晨昏往來；不覺不知，積過深重。今恐禍患奔至，損害愚迷〔一〇〕；競放災殃，終於性命。今弟子某甲，虔恭懇禱，悲悔交生，露膽披肝〔一一〕，殷勤懺謝。謹於某處，結壇燃燈、誦呪轉經、捨財散食〔一二〕，三日三夜。若七日，則云七日七夜。鈴梵鳴音，念念崇修，聲聲無息。伏願如上靈聖，是衆生父母、尊師；所有控告，至誠皆蒙獲益〔一三〕。今並願離於所樂，發歡喜心，賜大慈悲，不違所請；風飛雨驟，電擊雲奔，眷屬相隨，深生濟拔；乘空著地，感動山川，來就道場，證盟功德。

自弟子某甲乃罄割私己，抽捨淨財，獻佛施僧，廣崇福品，敷壇安像，請僧轉經，虔仰能仁，濟危救苦。香果萬般，飲食散而須彌無窮；數種五穀，錢財施而塵沙不盡。銀盤花動，紅蓮捧而將歸；金瓶水流，大海飲而無竭。所有年衰月厄，願隨呪聲而霞（露）消〔一四〕；日瘴時災，逐經音而霧散。怨家債主，歡喜相辭；負命辜恩，永休讎對。敬禮常住三寶。

然後誦《勸請發願文》：以此結壇轉經功德、誦呪散食勝因、燃燈供養善緣、錢財五穀福事。先奉爲龍天八部，護國護人；釋梵四王，除災除沴。法輪常轉，佛日重興。社稷安寧，豐盈稼穡。

又持是福，次用嚴（莊）莊（嚴）弟子某甲即體〔一五〕，惟願滄溟比壽，富貴而（如）山嶽無移〔一六〕；福並松筠，貞實而春冬不變。門興萬善，千祥膺而長榮；家諱三荊，百寶鎮而永固。男忠女孝，災殃不近於義門；子貴孫昌，禍害無侵於善户。先亡七祖，蓮花迎而登天；不歷三塗，祥雲乘而證果。家中若大若小，受金剛不壞之身；枝眷内親外親，共保清平之樂。莊盈五穀，霜疸不損於田苗；圈滿群昌，六畜無災於牧廡。怨家債主，早已休雠；負命負財，各生罷散。敬禮常住三寶。然後呪師自擎盤取，再三發願，與（以）呪印加持〔一七〕，便送出。

第二盤食〔一八〕。　右弟子某甲，自結壇散食、誦呪轉經、焚香然燈，三日三夜者，遂請下[方]窈冥神理陰道官寮〔一九〕、閻摩羅王、察命司録、太山府主、五道大神、左膊右肩善惡童子、鑒齋巡使、行道天王、吸氣收魂、判命主吏、六司都長、行病鬼王、内外通申、諸方獄卒。又請四神八將、十二部官、太歲將軍、黄幡豹尾、日遊月建、黑赤星神、八卦九宫、陰陽之主、井竈雄碓磑〔二〇〕、門户妖精、街坊[巷]神〔二一〕、倉庫執捉、山河靈異、水陸神仙、宫殿非人、樓臺魍魍（魎）等〔二二〕，并諸眷屬，並願捨於所樂，離於所居，來就道場，領斯福分。

弟子某甲自云：凡夫迷闇，每犯聖賢，行往中間，干冒神理，今始覺悟，遂結香壇，散食燃燈，轉經誦呪。伏願諸大神聖，發慈悲願，救護生靈，領受呪供、錢財、花果、五轂、香藥，各生歡喜，共開神（福）門〔二三〕。三災不行於道場之家，九横無侵於增善之户。千年街（衛）護〔二四〕，長似今晨（辰）〔二五〕；萬歲吉祥，轉禍爲福。敬禮常住三寶。

又弟子某甲，自從無量劫來，至於今日。或有積生辜負，或是（見）世新熏〔二六〕，所有債主怨家、負財負命。或是經山採獵，手射傍生；或是涉草歡遊，烹於禽獸〔二七〕。又請諸（餘）浮遊浪鬼〔二八〕、因（淫）祀妖精〔二九〕、朽樹丘墳、擅行魍魎、惡瘡毒主、走火邪魂、巡歷街坊、吸人精氣，或有斷親絶嗣不葬鬼，或有離鄉失土波迸鬼，或有犯官驚魂鬼、賊喪血醒（腥）鬼〔三〇〕，或是深泉溺死鬼、大火燒煞鬼，或有無糧餓死鬼、冬寒凍亡鬼，或有懷怨俠（挾）恨鬼〔三一〕、爲財暗煞鬼，或是北方守屍鬼、傳言下語鬼等，並願依某甲所請，來詣道場。一一對佛法僧，各各領受呪供，依如來教勑，聽諸佛經言。各於今日今時，歡喜受此福分。食持百味，散而須彌有餘；錢財萬般，用而寶山無盡；金瓶香水，飲而四海不傾；銀盞神燈，照而三塗俱曉；祥花數種，持而天堂户開；月桂仙香，焚而鑊湯火滅。願汝等承此功德，早遇龍花；永離人間〔三二〕，莫生惱害。收弟子某甲三災九横，遠送他方；除弟子某甲月厄年衰〔三三〕，轉禍爲福。生生世世，長爲善品枝羅；世世生生，永保門興人貴。冥官自在，記録福因。照此一家，永安三代。敬禮常住三寶。然後呪師與（以）呪印加持〔三四〕，兼稱四如來名，及願此食遍於三千大千世界〔三五〕，衆生普同飽滿。

説明

此件首尾完整，首題『結壇散食迴向發願文』。現知敦煌文獻中保存的同類文書還有斯一一四七、斯一一六〇、臺灣一三六等號，其寫本概況，可參看本書第五卷斯一一四七的『説明』部分。因斯一一四七曾用包括此件在内的諸本參校，各本之異文均可見該件之校記，故以上釋文以斯三四二七爲底本，僅用斯一一四七（稱其爲甲本）校改錯誤和校補缺文，各本異文不再一一出校。

校記

〔一〕『智』，甲本同，當作『至』，據文義改，『智』爲『至』之借字。
〔二〕『真』，據殘筆劃及甲本補。
〔三〕『六』，據殘筆劃及甲本補。
〔四〕『苦』，據殘筆劃及甲本補。
〔五〕『禍』，據殘筆劃及甲本補。
〔六〕『長』，據殘筆劃及甲本補。
〔七〕『鬼』，據甲本補。
〔八〕『并』，據甲本補。
〔九〕『行』，據甲本補。
〔一〇〕『迷』，據殘筆劃及甲本補。

〔一一〕『露』，據殘筆劃及甲本補。

〔一二〕『散』，據殘筆劃及甲本補。

〔一三〕『益』，據甲本補。

〔一四〕『霞』，當作『露』，據甲本改。

〔一五〕『嚴莊』，當作『莊嚴』，據甲本改。

〔一六〕『而』，當作『如』，據文義改，『而』爲『如』之借字。

〔一七〕『與』，甲本同，當作『以』，《敦煌願文集》據文義校改，『與』爲『以』之借字。

〔一八〕『第』，底本作『弟』，按寫本中『第』『弟』形近易混，故據文義逕釋作『第』。

〔一九〕『方』，據殘筆劃及甲本補。

〔二〇〕『竈』，甲本作『電』，誤；『雄』，甲本無，據文義係衍文，當删。

〔二一〕『巷』，據殘筆劃及甲本補。

〔二二〕第二個『魍』，當作『魎』，據甲本改。

〔二三〕『神』，當作『福』，據甲本改。

〔二四〕『街』，當作『衛』，據甲本改。

〔二五〕『晨』，甲本同，當作『辰』，《敦煌願文集》據文義校改，『晨』爲『辰』之借字。

〔二六〕『見』，據甲本補；『世』，據殘筆劃及甲本補。

〔二七〕『禽』，底本原作『擒』，係涉上文『扵』之類化俗字。

〔二八〕『餘』，據甲本補。

〔二九〕『因』，甲本同，當作『淫』，據文義改，『因』爲『淫』之借字。

〔三〇〕『醒』，當作『腥』，《敦煌願文集》據文義校改，『醒』爲『腥』之借字。
〔三一〕『俠』，當作『挾』，據文義改，《敦煌願文集》逕釋作『挾』。
〔三二〕『離』，據殘筆劃及臺灣一三六號補。
〔三三〕『子』，《敦煌願文集》據臺灣一三六號校補。
〔三四〕『師』，《敦煌願文集》漏録；『與』，當作『以』，《敦煌願文集》據文義校改，『與』爲『以』之借字。
〔三五〕『及』，《敦煌願文集》釋作『反』，校改作『伏』。

參考文獻

《敦煌寶藏》二八册，臺北：新文豐出版公司，一九八二年，四〇八至四一〇頁（圖）；《英藏敦煌文獻》二卷，成都：四川人民出版社，一九九〇年，二三八至二三九、二四四頁（圖）；《英藏敦煌文獻》五卷，成都：四川人民出版社，一九九二年，八六至九〇頁（圖）；《敦煌願文集》，長沙：岳麓書社，一九九五年，五七二至五七九頁（録）；《敦煌佛學·佛事篇》，蘭州：甘肅民族出版社，一九九五年，三九至四一頁（録）；《英藏敦煌社會歷史文獻釋録》五卷，北京：社會科學文獻出版社，二〇〇六年，一三四至一四五、一八〇至一八一頁（録）；《敦煌學輯刊》二〇〇五年一期，五一至五三頁（録）。

斯三四二七　三　謝土地太歲文

釋文

或因修造，展拓伽藍，觸犯土公，擾動神將。太歲不避，太陰悮違〔一〕，月將凶神〔二〕，不知所趣。日遊月煞，白虎青龍，前朱後玄，致令發動。先賢碩德，奠祭不曾；土地靈祈（祇）〔三〕，實當輕拒〔四〕。伏願發歡喜心，不生瞋怒，各居本位，擁護僧田。災障永除，延年益算，怨家領福，辜命轉生。吉慶盈門，千祥護體，損傷生性，得值西方。但是諸神，請垂善願，今日今時，發露懺悔。惟三寶慈悲證明〔五〕，領（令）弟子等罪障消滅〔六〕。至心歸命，敬禮常住三寶。

説明

此件首尾完整，無題。從筆跡看，此件與前啓請文、結壇迴向發願文不同，應爲不同人所書。『消滅』二字右側有墨筆所作符號。關於此件之定名，《敦煌寶藏》《英藏敦煌文獻》《敦煌遺書總目索引》等均擬名爲『謝土地太歲文』，《敦煌願文集》擬名爲『修造伽藍發願文』（參看黃徵、吴偉《敦煌願文集》，三九三頁），劉永明認爲應體現其中僧人進行法事活動的特殊性，故當擬題爲『佛家謝土地太歲文』，其抄寫時間爲曹氏歸義軍時期（參看《論敦煌佛教信仰中的佛道融合》，《敦煌學輯刊》二〇〇五年一期，四九頁）。

校記

〔一〕『悮』，《論敦煌佛教信仰中的佛道融合》釋作『誤』，雖義可通而字誤。

〔二〕『月將凶』，《敦煌願文集》釋作『日□□』，並認爲『日』後二殘字似可補作『月諸』，誤。

〔三〕『祈』，當作『祇』，《敦煌願文集》據文義校改，『祈』爲『祇』之借字。

〔四〕『輕』，《敦煌願文集》釋作『趣』，誤。

〔五〕『惟』，《敦煌願文集》疑前當脱一『伏』字。

〔六〕『領』，當作『令』，《敦煌願文集》據文義校改，『領』爲『令』之借字。

參考文獻

《敦煌寶藏》二八册，臺北：新文豐出版公司，一九八二年，四一〇頁（圖）；《英藏敦煌文獻》五卷，成都：四川人民出版社，一九九二年，九〇頁（圖）；《敦煌願文集》，長沙：岳麓書社，一九九五年，三九三頁（録）；《敦煌學輯刊》二〇〇五年一期，四八至五一頁（録）。

斯三四二七背　一　啓請文一本

釋文

啓請文一本

奉請拾方三世一切諸佛，奉請拾二部尊經甚深法藏，奉請諸大菩薩摩訶薩衆，奉請聲聞緣覺一切賢聖，奉請清涼山頂一萬聖慈、地上地前證真菩薩，奉請摩離耶山五百羅漢、四向四果得道沙門、分斷俱全六通大聖等。

又更啓請：東方提頭賴吒天王，主領一切乾闥婆神、毗舍闍鬼，并諸眷屬，來降道場。

又請：南方毗樓勒叉天王，主領一切毗協多鬼，并諸眷屬，來降道場。

又請：西方毗樓博叉天王，主領一切諸大毒龍，及富單那鬼，并諸眷屬，來降道場。

又請：北方大聖毗沙門天王，主領一切夜叉羅刹、諸西（惡）鬼神〔一〕，并諸眷屬，來降〔道〕場〔二〕。

又請：上方釋提桓因，主領一切日月天子、星宿五官、廿八宿、卅二神，并諸眷屬，來降道場。

又請：下方堅牢地神，主領一切山嶽靈祇、江河聖族，并諸眷屬，來降道場。

又請：土地神祇、山嶽靈聖、護界善神、護伽藍神、金剛蜜跡、十二藥叉〔三〕、八大龍王、五嶽之主、地神、水神、火神、風神等，并諸眷屬。並願風飛雨驟，電擊雷奔，發歡喜心〔四〕，不違所請〔五〕，乘空著地，感□，來降道場〔六〕，證明弟子僕射功德。敬禮常住三寶〔七〕。

右今月十九日於東南角結壇，方先奉爲國安人泰〔八〕，五稼豐盈，歲稔時康，災殃殄滅。次□僕射延壽，以（與）日月而齊明〔九〕；寶位恆昌，並乾坤而永胎（治）〔一〇〕。天公主、郎君、小娘子等保慶合宅安和〔一一〕，上下歡誤（娛）〔一二〕，内外清結（吉）〔一三〕，遂乃結壇九處〔一四〕。轉最勝之金言〔一五〕，散食五方，誦蜜音之神呪〔一六〕；香焚百味〔一七〕，一一從向天來；花捧万般，掌掌聖山所摘〔一八〕。金瓶香水，澄海淨之龍宮〔一九〕；銀盞神燈，□土之珍寶。□晝夜澄心，念佛聲聲〔二〇〕，晨昏不絶〔二一〕，總持結壇功德〔二二〕，迴奉轉念福因〔二三〕。先用莊嚴梵釋四王〔二四〕、龍天八部〔二五〕，伏願威光轉盛〔二六〕，神力吉昌〔二七〕，□國境有清平之樂〔二八〕。龍王歡喜，保豐盈而稼穡〔二九〕。蝗飛避界，千年不犯於三苗〔三〇〕，萬載無侵於一境〔三一〕。又持福事　伏願長崇佛日〔三二〕，永鎮龍〔沙〕〔三三〕；秉政河西常爲父母〔三四〕，敦煌伏睹於堯年〔三五〕，歲比王高〔三六〕，　永泰，南北往來而□　郡（郎）君小娘子吉慶轉益〔三七〕，　亦願聖主再安宇宙〔三八〕，三邊廓靜〔三九〕，然後域中官吏各保清貞〔四〇〕，合城群寮俱霑勝益〔四一〕。戎煙罷戰〔四二〕，狼醜歸降〔四三〕，前有輪珍之款。寒霜不捐於川源〔四四〕；九夏花嬉〔四五〕，今對賢聖懺悔（？）披陳〔四六〕，敬禮常住三寶〔四七〕。（下缺）

説明

此件首全尾缺，首題『啓請文一本』，中間及尾部的大部分内容被裱補紙遮蓋。有的内容是後人補寫於裱補紙上，但又被新的裱補紙所掩蓋，可見此寫本經過了至少兩次裱補。文中『僕射』『令公』『天公主』等内容，顯示這件『啓請文』的形成時間爲曹議金晚期，而抄寫時間或許更晚（參看劉永明《論敦煌佛教信仰中的佛道融合》，《敦煌學輯刊》二〇〇五年一期，四九頁）。

校記

〔一〕『西』，當作『惡』，據斯一一四七改。
〔二〕『道』，據斯一一四七補。
〔三〕『叉』，據殘筆劃及斯一一四七補。
〔四〕『發歡喜心』，據殘筆劃及斯一一四七補。
〔五〕『不違』，據殘筆劃及斯一一四七補。
〔六〕『來』，據殘筆劃及斯一一四七補。
〔七〕『常』，據殘筆劃及BD六四二一補；『住三寶』，據BD六四二一補。
〔八〕『安人泰』，據斯一一四七、BD六四二一補。
〔九〕『以』，當作『與』，據文義改，『以』爲『與』之借字。
〔一〇〕『並乾坤』，據BD六四二一補；『胎』，當作『治』，據BD六四二一改。
〔一一〕『合宅安』，據BD六四二一補。
〔一二〕『誤』，當作『娛』，據BD六四二一改。
〔一三〕『結』，當作『吉』，據BD六四二一改。
〔一四〕『處』，據殘筆劃及BD六四二一補。
〔一五〕『轉最』，據BD六四二一補。
〔一六〕『神』，據殘筆劃及BD六四二一補；『呪』，據BD六四二一補。
〔一七〕『香』，據BD六四二一補。
〔一八〕『聖』，據殘筆劃及BD六四二一補；『山所摘』，據BD六四二一補。

〔一九〕『澄海淨之』，據BD六四二一補；『龍』，據殘筆劃及BD六四二一補。
〔二〇〕第一個『聲』，據殘筆劃及BD六四二一補；第二個『聲』，據BD六四二一補。
〔二一〕『晨昏』，據BD六四二一補；『不』，據殘筆劃及BD六四二一補。
〔二二〕『壇功德』，據BD六四二一補。
〔二三〕『迴奉』，據BD六四二一補。
〔二四〕『莊嚴梵』，據BD六四二一補；『釋四』，據殘筆劃及BD六四二一補。
〔二五〕『八』，據殘筆劃及BD六四二一補；『部』，據BD六四二一補。
〔二六〕『伏願威』，據BD六四二一補。
〔二七〕『昌』，據BD六四二一補。
〔二八〕『國境有清平之』，據BD六四二一補。
〔二九〕『保豐盈而』，據BD六四二一補。
〔三〇〕『千』，據殘筆劃及BD六四二一補；『年不犯於三苗』，據BD六四二一補。
〔三一〕『萬載無』，據BD六四二一補。
〔三二〕『伏願長崇』，據BD六四二一補。
〔三三〕『沙』，據BD六四二一補。
〔三四〕『河』，據殘筆劃及BD六四二一補；『西常爲父母』，據BD六四二一補。
〔三五〕『敦煌』，據BD六四二一補。
〔三六〕『王』，據殘筆劃及BD六四二一補；『高』，據BD六四二一補。
〔三七〕『郡』，當作『郎』，據文義及BD六四二一改；『益』，據BD六四二一補。

〔三八〕『宙』，據BD六四二一補。
〔三九〕『三』，據BD六四二一補。
〔四〇〕『中官吏各保清貞』，據BD六四二一補。
〔四一〕『合城群寮俱』，據BD六四二一補。
〔四二〕『戰』，據殘筆劃及BD六四二一補。
〔四三〕『狼醜歸』，據BD六四二一補。
〔四四〕『寒霜不捐』，據BD六四二一補。
〔四五〕『花嬉』，據殘筆劃及BD六四二一補。
〔四六〕『今對』，據BD六四二一補；『懺』，據殘筆劃及BD六四二一補；『悔披陳』，據BD六四二一補。
〔四七〕『敬』，據BD六四二一補；『禮』，據殘筆劃及BD六四二一補；『常住三寶』，據BD六四二一補。

參考文獻

《敦煌寶藏》二八册，臺北：新文豐出版公司，一九八二年，四一一至四一二頁（圖）；《英藏敦煌文獻》二卷，成都：四川人民出版社，一九九〇年，二三八至二三九頁（圖）；《英藏敦煌文獻》五卷，成都：四川人民出版社，一九九二年，九一至九二頁（圖）；《敦煌學輯刊》二〇〇五年一期，四九頁（録）；《國家圖書館藏敦煌遺書》八七册，北京圖書館出版社，二〇〇八年，一三至一五頁（圖）。

斯三四二七背　二　河西節度使曹公結壇散食迴向發願文

釋文

（前缺）

萬姓饒豐樂之祥[一]，□盡邦形國。□伏願敷弘至道[二]，濟育蒼生；寶位以乾象而不傾[三]，□又持勝福[四]，次用莊嚴尚書郎君貴位[五]，□玉葉時榮[六]，磐石增高，維城作固[七]。□夫人應祥[八]，保閨顔而永春；郎君俊哲[九]，□四方開泰，使人不滯於關山[一〇]；□競唱《南風》之雅韻[一一]。災殃霧廓，障軫消除[一二]。□領兹福分[一三]；□永絶煙塵之戰[一四]。三災殄滅，□

說明

此件首尾均缺，失題，筆跡很淡，大量文字被裱補紙遮住，所存部分與伯二〇五八背『河西節度使曹公結壇散食迴向發願文』略同，可據之定名。伯二〇五八背中有『節度使曹公』『河西節度使』『令公』等稱謂，可知其時代爲曹議金時期。

校記

〔一〕『萬』，據伯二〇五八背補；『姓饒』，據殘筆劃及伯二〇五八背補；『之』，據殘筆劃及伯二〇五八背補；『祥』，據伯二〇五八背補。
〔二〕『伏願』，據伯二〇五八背補；『敷』，據殘筆劃及伯二〇五八背補。
〔三〕『寶』，據殘筆劃及伯二〇五八背補；『位以乾』，據伯二〇五八背補；『而不傾』，據伯二〇五八背補。
〔四〕『又』，據伯二〇五八背補；『持』，據殘筆劃及伯二〇五八背補。
〔五〕『書』，據伯二〇五八背補；『君』，據殘筆劃及伯二〇五八背補。
〔六〕『玉葉』，據伯二〇五八背補。
〔七〕『固』，據殘筆劃及伯二〇五八背補。
〔八〕『夫』，據伯二〇五八背補；『祥』，據殘筆劃及伯二〇五八背補。
〔九〕『俊』，據殘筆劃及伯二〇五八背補；『哲』，據伯二〇五八背補。
〔一〇〕『山』，據殘筆劃及伯二〇五八背補。
〔一一〕『競唱』，據伯二〇五八背補。
〔一二〕『消』，據伯二〇五八背補；『除』，據伯二〇五八背補。
〔一三〕『領』，據伯二〇五八背補。
〔一四〕『永絶煙塵』，據伯二〇五八背補；『之』，據殘筆劃及伯二〇五八背補。

參考文獻

《敦煌寶藏》二八册，臺北：新文豐出版公司，一九八二年，四一二頁（圖）；《英藏敦煌文獻》五卷，成都：四川人民出版社，一九九二年，九二至九三頁（圖）；《法藏敦煌西域文獻》，上海古籍出版社，一九九五年，三七一頁（圖）。

斯三四二七背　　三　雜寫

釋文

遏伽水，八功德水

代　佛在並

罪障消

説明

以上文字是時人隨手書於『啓請文一本』文末。另有被裱補紙遮住的幾行，僅留半字，難以釋讀。有的文字則書於裱補紙上。

參考文獻

《敦煌寶藏》二八册，臺北：新文豐出版公司，一九八二年，四一二頁（圖）；《英藏敦煌文獻》五卷，成都：四川人民出版社，一九九二年，九二至九三頁（圖）。

斯三四二七背　四　結壇散食迴向發願文

釋文

第二槃食云〔一〕。我結壇九處〔二〕，散食五方，誦呪請齋，燃燈唱佛者〔三〕，遂請下方窈冥神里（理）陰道官寮〔四〕、閻磨羅王、察命司録、太山府主、五道大神、左博（膊）右肩善惡童子〔五〕、六司都判〔六〕、行病鬼王、内外通申、諸方獄卒、山河靈異〔七〕、水陸神仙〔八〕、宫殿非人、樓臺自在等〔九〕，并諸眷屬，並願捨於所樂〔一〇〕，理（離）於所居〔一一〕，來赴道場，欽（領）資（兹）福分〔一二〕。

又弟子　令公云：自從無量劫來，至於今日〔一三〕。或右（有）宿主辜負〔一四〕，或是現世新添，所有怨家債主、負財負命〔一五〕，亦願今日今時來赴道場，領斯福分〔一六〕。又請諸餘乳（浮）遊浪鬼〔一七〕、因（淫）祀寮（妖）精〔一八〕、朽樹丘墳〔一九〕、擅行魍魎、惡瘡毒將、走火邪魂、巡歷街防（坊）〔二〇〕、吸人精氣，或有斷親絶嗣不葬鬼、離鄉失土波迸鬼，或有犯官驚魂鬼、賊喪血醒（腥）鬼〔二一〕，或是沈泉溺死鬼、大火燒煞鬼，或有無糧餓死、冬寒凍亡鬼，或有懷怨俠（挾）恨鬼〔二二〕、爲財鬧煞鬼等〔二三〕，并諸已前，靈聖將雜類鬼神等。

今我弟子令公開佛像〔二四〕，請真僧結壇五方〔二五〕，誦呪七日，備千般飯食、百味香花〔二六〕、五穀錢〔財〕〔二七〕、疋段綵色〔二八〕，金（今）對佛對法對僧對三寶之前〔二九〕，兼稱四如來名〔三〇〕，加備焰口陀羅尼護偈（？），並願發歡喜心，一一領受。承斯功德，匡護我社稷，福備我令公。千年不害生靈，萬歲長爲吉慶。掃除災害〔三一〕，永不興行，五穀豐成，滿令公心願。三説。煞（然）後誦我（餓）鬼焰口呪〔三二〕，及四如來呪三七遍〔三三〕。

餓鬼焰口呪曰：那謨薩婆但他薩他多引嚩盧枳帝唵三婆囉三婆囉吽。

那謨皤哦嚩無可一帝婆囉二部多囉但他野但他蘉哆野。多寶如來加持，故能破一切諸鬼、多生已來慳吝惡業，即得福德圓滿。

那謨婆哦嚩帝索嚕波耶但他蘉哆野。妙色身如來加持，故能破諸鬼醜陋惡形，即得色相具足。

南無婆哦嚩帝尾布哦但囉二合耶但他蘗哆野。稱廣博身如來加持，故能令諸鬼[咽喉]寬大〔三四〕，所施之食，恣意充飽。

那謨婆哦□迦囉二合野但他蘗哆野。稱□令諸餓鬼、一〔切〕恐怖〔三五〕，悉皆[除]滅〔三六〕。□

呪師自擎盤取，默念誓，將[此食施三]千世界〔三七〕，水陸一切衆生，并諸鬼[神]〔三八〕，□〔三九〕。

説明

此件首全尾缺，無題。其内容爲『結壇散食迴向發願文』，但並非從頭抄起，而是從施食部分的第二槃食抄起。與正面同類文書不同的是，此件中有『餓鬼焰口呪』及『四如來呪』等呪語。

此件中間部分内容被小塊裱補紙遮住，尾部則被大塊裱補紙遮蓋。其中部分内容可與BD六四二一比勘。文中有『令公』等稱號，其形成時間應在曹議金晚期以後。

校記

〔一〕『第』，底本似『弟』，按寫本中『第』『弟』形近易混，故據文義逕釋作『第』。

〔二〕「我」，據殘筆劃及BD六四二一補；「結」，據BD六四二一補。
〔三〕「者」，據BD六四二一補。
〔四〕「遂請下」，據BD六四二一補；「里」，當作「理」，據文義改，「里」爲「理」之借字。
〔五〕「博」，當作「膞」，據斯一一四七改。
〔六〕「六」，據殘筆劃及BD六四二一補；「司」，據BD六四二一補；「都」，據殘筆劃及文義補。
〔七〕「異」，據斯一一四七補。
〔八〕「水」，據殘筆劃及斯一一四七補。
〔九〕「在」，據殘筆劃及文義補。
〔一〇〕「並」，據斯一一四七補；「願」，據殘筆劃及斯一一四七補。
〔一一〕「理」，當作「離」，據文義改，「理」爲「離」之借字。
〔一二〕「欽」，當作「領」，據斯一一四七改；「資」，當作「茲」，據文義改，「資」爲「茲」之借字。
〔一三〕「至」，據殘筆劃及斯一一四七、BD六四二一補。
〔一四〕「右」，當作「有」，據文義改，「右」爲「有」之借字。
〔一五〕「財」，據斯一一四七補。
〔一六〕「分」，據斯一一四七補。
〔一七〕「又」，據斯一一四七補；「乳」，當作「浮」，據斯一一四七改。
〔一八〕「因」，當作「淫」，據文義改，「因」爲「淫」之借字；「寮」，當作「妖」，據斯一一四七改。
〔一九〕「丘墳」，據殘筆劃及斯一一四七補。
〔二〇〕「防」，當作「坊」，據BD六四二一改，「防」爲「坊」之借字。

〔二一〕『醒』，當作『腥』，據文義改，『醒』爲『腥』之借字。
〔二二〕『懷』，底本原作『壞』，但因寫本中『懷』『壞』形近易混，故可據文義逕釋作『懷』；『俠』，當作『挾』，據文義改，『俠』爲『挾』之借字。
〔二三〕『財』，據斯一一四七補。
〔二四〕『子』，據文義補；『令』，據文義補；『像』，據殘筆劃及BD六四二一補。
〔二五〕『請』，據殘筆劃及BD六四二一補；『真』，據BD六四二一補；『僧』，據殘筆劃及BD六四二一補。
〔二六〕『味香』，據BD六四二一補；『花』，據殘筆劃及BD六四二一補。
〔二七〕『錢』，據殘筆劃及BD六四二一補；『財』，據BD六四二一補。
〔二八〕『疋段綵』，據殘筆劃及BD六四二一補。
〔二九〕『金』，當作『今』，據BD六四二一改，『金』爲『今』之借字；『前』，據BD六四二一補。
〔三〇〕『兼』，據殘筆劃及BD六四二一補。
〔三一〕『害』，據殘筆劃及BD六四二一補。
〔三二〕『煞』，當作『然』，據BD六四二一改；『我』，當作『餓』，據下文文例改。
〔三三〕『及』，據殘筆劃及BD六四二一補。
〔三四〕『咽喉』，據殘筆劃及BD六四二一補。
〔三五〕『切』，據BD六四二一補。
〔三六〕『除』，據殘筆劃及文義補。
〔三七〕『此食施三』，據BD六四二一補。
〔三八〕『神』，據BD六四二一補。

〔三九〕此句後有『千世界，陸一』等字，係後人所書，不録。

參考文獻

《敦煌寶藏》二八册，臺北：新文豐出版公司，一九八二年，四一三至四一四頁（圖）；《英藏敦煌文獻》二卷，成都：四川人民出版社，一九九〇年，二三八至二三九頁（圖）；《英藏敦煌文獻》五卷，成都：四川人民出版社，一九九二年，九四至九五頁（圖）；《國家圖書館藏敦煌遺書》八七册，北京圖書館出版社，二〇〇八年，一七至一九頁（圖）。

斯三四三七背　便麥契

釋文

（前缺）

□便麥伍碩[一]，

□還納足[二]。如違

信[三]，故立此契，用

便麥人□

保人趙佛□

見人

見人僧戒朗

説明

此件首缺尾全，抄寫於《維摩詰經》卷背，係倒書，其内容爲便麥契，共殘存七行。『戒朗』之名見於斯二七一二背『沙州諸寺付抄經歷』。

校記

〔一〕『便麥伍碩』，《敦煌社會經濟文獻真蹟釋録》未能釋讀。
〔二〕『還』，《敦煌社會經濟文獻真蹟釋録》未能釋讀。
〔三〕『信』，《敦煌社會經濟文獻真蹟釋録》未能釋讀。

參考文獻

《敦煌寶藏》二八册，臺北：新文豐出版公司，一九八二年，四五一頁（圖）；《敦煌社會經濟文獻真蹟釋録》二輯，北京：全國圖書館文獻縮微複製中心，一九九〇年，一三二頁（録）；《英藏敦煌文獻》五卷，成都：四川人民出版社，一九九二年，九六頁（圖）；《敦煌契約文書輯校》，南京：江蘇古籍出版社，一九九八年，一五八頁（録）。

斯三四四一　揚州顗禪師與女人贈答詩

釋文

禪師贈（贈）詩曰〔一〕：牀頭安紙筆，終擬樂追尋。壁上懸明鏡，那知不照心。

女答詩曰：紙筆題波若〔二〕，只謂答人書。時觀鏡理（裹）像〔三〕，萬法悉歸虚〔四〕。

禪〔師〕更贈（贈）詩曰〔五〕：般若無文字，何須紙筆題。離縛還被縛，除迷卻被迷。

女又答詩曰：文字本解脱，無非是般若。心外見迷人，知君是迷者〔六〕。

説明

此件首尾完整，寫於『三界圖注記』之後。關於敦煌寫本中保存的『揚州顗禪師與女人贈答詩』寫本概況，本書第三卷所收斯六四六、第十三卷所收斯二六七二已有相關説明。本書在對斯六四六進行釋録時，曾以此件爲校本，故此件與斯六四六文字異同，已見於斯六四六之校記。

以上釋文以斯三四四一爲底本，僅用斯六四六、斯二六七二校改錯誤、校補缺文。

校記

〔一〕『贈』，當作『贈』，據斯六四六改，《敦煌詩集殘卷輯考》逕釋作『贈』。以下同，不另出校。
〔二〕『波』，斯六四六作『般』，均可通，本書第三卷漏校。
〔三〕『理』，當作『裹』，據斯六四六、斯二六七二改，『理』爲『裹』之借字。
〔四〕『萬』，《敦煌詩集殘卷輯考》釋作『方』，誤。
〔五〕『師』，據斯六四六、斯二六七二及文義補。
〔六〕此詩後空兩行另有文字『此是義圓法界圖』，淡墨所書，與此件無關，未録。

參考文獻

《敦煌寶藏》二八冊，臺北：新文豐出版公司，一九八二年，四七五頁（圖）；《英藏敦煌文獻》二卷，成都：四川人民出版社，一九九〇年，一一一頁（圖）；《英藏敦煌文獻》四卷，成都：四川人民出版社，一九九一年，一八〇頁（圖）；《英藏敦煌文獻》五卷，成都：四川人民出版社，一九九二年，九六頁（圖）；《敦煌遺書總目索引新編》，北京：中華書局，二〇〇〇年，一〇五頁（録）；《敦煌詩集殘卷輯考》，北京：中華書局，二〇〇〇年，八六九至八七一頁（録）；《英藏敦煌社會歷史文獻釋録》三卷，北京：社會科學文獻出版社，二〇〇三年，四六一至四六三頁（録）；《全敦煌詩》一〇冊，北京：作家出版社，二〇〇六年，四二一四頁（録）；《英藏敦煌社會歷史文獻釋録》一三卷，北京：社會科學文獻出版社，二〇一五年，三二三至三二四頁（録）。

斯三四四二　新菩薩經一卷并題記

釋文

新菩薩經一卷

新菩薩經救諸衆生，大小每日念阿彌陀佛一百口。今年大熟，須人萬萬億，須牛萬萬頭，斷惡修善，禾豆無人收刈。第一病死；第二卒死；第三赤眼死；第四腫死；第五産死；第六患腹死。有眼衆生[一]，寫一本，免一身；寫兩本，免一門；寫三本，免一村。若不信者，即滅門。此經從西京（涼）州正月二日盛（城）中[二]，時雷明（鳴）雨聲[三]，有一石下，大如斗，遂〔作〕兩片[四]，即見此經，今載鐃（饒）患[五]。

新菩薩經救諸衆生，大小每日念阿彌陀佛一百口。今年大熟[六]，須人萬萬億，須牛萬萬頭，斷惡修善，禾豆無人收刈。第一病死；第二卒死；第三赤眼死；第四腫死；第五産死；第六患腹死。有眼衆生，寫一本，免一身；寫兩本，免一門；寫三本，免一村。若不信者，即滅門。此經從西京（涼）州正月二日盛（城）中[七]，時雷明（鳴）雨聲[八]，有一石下，大如斗，遂〔作〕兩片，即見此經，今載鐃（饒）患〔九〕。

乙未年三月廿日兆〔一〇〕。

說明

此件首尾完整，抄有兩通『新菩薩經』，首有原題，尾有題記，池田温疑此乙未年爲公元九三五年（《中國古代寫本識語集録》，四七六頁）。其内容是以預言災害將至的形式，勸世俗百姓抄寫此經弭災，故收入本書。敦煌文獻中保存的《新菩薩經》（又名《勸善經》）抄本甚多，相關情況請參看斯九一二『勸善經一卷』說明。

以上釋文以斯三四四二爲底本，因相關各寫本之異同已見於斯九一二『勸善經一卷』校記，故此件僅用本書第十一卷所收斯二三二〇背爲校本（稱其爲甲本）校補脱文、校改錯誤，如甲本亦有脱、誤，則據其他相關文本補、改。

校記

〔一〕『眼』，據此件第二通《新菩薩經》補。

〔二〕『京』，當作『涼』，據甲本改；『盛』，當作『城』，據斯一五九二改，『盛』爲『城』之借字。

〔三〕『明』，當作『鳴』，據甲本改，『明』爲『鳴』之借字。

〔四〕『作』，據甲本補。以下同，不另出校。

〔五〕「鐃」，當作「饒」，據甲本改。
〔六〕「今」，據甲本及此件第一通《新菩薩經》補。
〔七〕「京」，當作「涼」，據甲本改；「盛」，當作「城」，據斯一五九二改，「盛」爲「城」之借字。
〔八〕「明」，當作「鳴」，據甲本改，「明」爲「鳴」之借字。
〔九〕「鐃」，當作「饒」，據甲本改。
〔一〇〕「兆」，書於「日」字左側。

參考文獻

Descriptive Catalogue of the Chinese Manuscripts from Tunhuang in the British Museum, The Trustees of the British Museum, London 1957, p. 159（録）；《敦煌寶藏》一二册，臺北：新文豐出版公司，一九八一年，七二頁（圖）；《敦煌寶藏》一八册，臺北：新文豐出版公司，一九八一年，三〇三頁（圖）；《敦煌寶藏》二八册，臺北：新文豐出版公司，一九八二年，四七五頁（圖）；《中國古代寫本識語集録》，東京大學東洋文化研究所，一九九〇年，四七六頁（録）；《敦煌研究》一九九二年一期，五一至六二頁；《英藏敦煌社會歷史文獻釋録》四卷，北京：社會科學文獻出版社，二〇〇六年，三八一至三九〇頁（録）；《英藏敦煌社會歷史文獻釋録》七卷，北京：社會科學文獻出版社，二〇一〇年，三〇一至三〇四頁（録）；《英藏敦煌社會歷史文獻釋録》一一卷，北京：社會科學文獻出版社，二〇一四年，四五二至四五四頁（録）。

斯三四四三　如來涅槃日詩

釋文

如來涅盤日〔一〕，婆羅雙樹間。阿難没憂海〔二〕，（以下原缺文）

説明

以上文字抄寫於《大般若波羅蜜多經》卷第十九之卷背，應出自《梁朝傅大士頌金剛經》之『法會因由分第一』。張勇認爲此類偈語實爲《梁朝傅大士頌金剛經序》所謂『智者制歌五首之一』（參看《傅大士研究》，二六〇頁）。此件《英藏敦煌文獻》未收，現予增收。

校記

〔一〕『盤』，寫本時代『涅槃』尚未成爲固定搭配，或作『涅盤』，或作『涅槃』；『日』，《敦煌詩集殘卷輯考》未能釋讀。

〔二〕『海』，《敦煌詩集殘卷輯考》釋作『誼』。

參考文獻

《敦煌寳藏》一四册，臺北：新文豐出版公司，一九八一年，一〇三頁（圖）；《敦煌寳藏》二八册，臺北：新文豐出版公司，一九八二年，四七六頁（圖）；《敦煌研究》二〇〇二年五期，七〇頁（録）；《敦煌詩集殘卷輯考》，北京：中華書局，二〇〇〇年，八七八頁（録）；《傅大士研究》，成都：巴蜀書社，二〇〇〇年，二六〇、二七七至二七九頁；《傅大士研究（修訂增補本）》，上海人民出版社，二〇一二年，二一一至二一三頁。

斯三四四五　維摩詰所説經卷中勘經題記

釋文

兑。

説明

以上文字大字寫於《維摩詰所説經》卷中天頭，表示此紙佛經已經作廢，可以兑换新紙重抄。此件《英藏敦煌文獻》未收，現予增收。

參考文獻

《敦煌寶藏》二八册，臺北：新文豐出版公司，一九八二年，四八六頁（圖）。

斯三四四五背　雜寫

釋文

真。

説明

以上文字書於《維摩詰所説經》卷中紙背。此件《英藏敦煌文獻》未收，現予增收。

參考文獻

《敦煌寶藏》二八册，臺北：新文豐出版公司，一九八二年，四八七頁（圖）。

斯三四四八背　　題名（閻押牙）

釋文

閻押牙〔一〕。

説明

以上文字書寫於《摩訶僧祇律》卷二之卷背。

校記

〔一〕『牙』，*Descriptive Catalogue of the Chinese Manuscripts from Tunhuang in the British Museum* 校改作『衙』，按『牙』可通，不煩校改。

參考文獻

Descriptive Catalogue of the Chinese Manuscripts from Tunhuang in the British Museum, The Trustees of the British Museum,

London 1957, p. 133（録）；《敦煌寶藏》二八册，臺北：新文豐出版公司，一九八二年，四九六頁（圖）；《敦煌學要篇》，臺北：新文豐出版公司，一九八二年，一三二頁（録）；《敦煌遺書總目索引》，北京：中華書局，一九八三年，一七九頁（録）；《英藏敦煌文獻》五卷，成都：四川人民出版社，一九九二年，九七頁（圖）；《敦煌遺書總目索引新編》，北京：中華書局，二〇〇〇年，一〇五頁（録）。

斯三四五二背　道真轉帖

釋文

三界寺沙門道真轉帖〔一〕。

說明

以上文字以朱筆書於《佛說無量壽宗要經》之卷背。《英藏敦煌文獻》擬名爲『寺僧名（三界寺沙門道真）』，現據其內容擬名爲『道真轉帖』。

校記

〔一〕『三』，《敦煌遺書總目索引新編》未能釋讀；『帖』，《中國古代寫本識語集録》釋作『之』，誤。

參考文獻

Descriptive Catalogue of the Chinese Manuscripts from Tunhuang in the British Museum, The Trustees of the British Museum,

London 1957, p. 147；《敦煌寶藏》二八册，臺北：新文豐出版公司，一九八二年，五〇五頁（圖）；《中國古代寫本識語集録》，東京大學東洋文化研究所，一九九〇年，五二三頁（録）；《英藏敦煌文獻》五卷，成都：四川人民出版社，一九九二年，九七頁（圖）；《敦煌遺書總目索引新編》，北京：中華書局，二〇〇〇年，一〇五頁（録）；《敦煌詩集殘卷輯考》，北京：中華書局，二〇〇〇年，一一四頁（録）。

斯三四五三　大乘無量壽經題記

釋文

張略没藏寫〔一〕。

說明

此件《英藏敦煌文獻》未收，現予增收。

校記

〔一〕『略没』，《敦煌遺書總目索引新編》未能釋讀。

參考文獻

Descriptive Catalogue of the Chinese Manuscripts from Tunhuang in the British Museum, The Trustees of the British Museum, London 1957, p. 149（録）；《敦煌寶藏》二八册，臺北：新文豐出版公司，一九八二年，五〇八頁（圖）；《中國古代寫本識語集録》，東京大學東洋文化研究所，一九九〇年，三八八頁（録）；《敦煌遺書總目索引新編》，北京：中華書局，二〇〇〇年，一〇五頁（録）。

斯三四五四背　一　人名簿

釋文

（前缺）

□□

令狐安子　索曹六（？）

（中缺）

智岳　氾再盈　李

（後缺）

説明

此卷正面爲《金光明最勝王經》卷一，背面黏貼有多片有字的裱補紙，其中一件『具注曆日』清晰可見，其餘幾片的文字黏貼於内，IDP 網站經技術處理之後，這些文字大致可辨。就内容來看可以分爲幾類：一是《涅槃經》和《大般若波羅蜜多經》卷帙條；二是名籍；三是簽押；四是雜抄；五是差行簿。以上内容除『具注曆日』外，其他《敦煌寶藏》和《英藏敦煌文獻》均未能收入，此處只釋録其中之社會歷史文獻。

此件包括兩片，第二片爲倒書，從筆跡和内容來看，這兩片似原爲一件，但不能直接綴合，故據裱補紙的順序釋録。

斯三四五四背　二　簽押

釋文

高（？）

斯三四五四背　　三　雜抄（薛逵謝釋放等）

釋文

（前缺）

□薛逵謝釋放

□刺史鄭殷（？）亡，宜輟今月廿八日朝參□

□月□

（後缺）

說明

此件首尾均缺，上部被裁去，爲一人所抄，但各部分内容間似没有聯繫，係時人將不同官文書的内容雜抄在一起。『薛逵』之名見於兩《唐書》、《唐會要》、《册府元龜》，大中六年（公元八五二年）爲秦州刺史、天雄軍使，兼秦、成兩州經略使。據此，此件抄寫年代在歸義軍時期。

參考文獻

《冊府元龜》，北京：中華書局，一九六〇年，六〇五二頁；《舊唐書》，北京：中華書局，一九七五年，六三〇頁；《新唐書》，北京：中華書局，一九七五年，九六八頁；《唐會要》，上海古籍出版社，二〇〇六年，一八七二至一八七三頁。

斯三四五四背　四　差行簿

釋文

（前缺）

□神沙鄉後差行：胡端端、魚豬兒、索絮奴、張惠狗、安勝奴、石文、李全全、張信

堅

（中缺）

□員易□

（後缺）

說明

此件包括三殘片，從筆跡和內容來看，這三片原爲同一件，其中有兩片可以直接綴合，第三片係倒書。

斯三四五四背　五　具注曆日

釋文

（前缺）

在子中孚　十八日己亥木閉三　大會〔歲〕〔對〕〔一〕、重〔二〕、裁衣、蓋屋〔三〕、塞穴。

月煞復　十九日庚子土建二　大會歲對、破屋、治病、掃舍、天李〔四〕。

在未未濟〔五〕　廿日辛丑土除一茘挺出　大會歲對、歸忌〔六〕、裁衣、拜官、嫁娶、葬殯

□〔七〕。

（後缺）

説明

此件首尾均缺，《英藏敦煌文獻》擬題『陰陽書』，鄧文寬據内容確定係某歲具注曆日，現僅存十一

月十八日至二十日三日（《敦煌天文曆法文獻輯校》，六七七頁）。黄正建認爲與一般曆日相比，此件多了易卦、數字和吉凶，占卜意味很濃（《敦煌占卜文書與唐五代占卜研究》，一七五頁；增訂版，一五六頁）。從筆跡和墨跡來看，以『大會』開頭的三段文字爲另一人所寫。

校記

〔一〕『歲對』，《敦煌天文曆法文獻輯校》據文義校補。

〔二〕『重』，疑誤。

〔三〕『蓋』，底本原寫作『屋』，係涉下文『屋』之類化俗字。

〔四〕『天』，《敦煌天文曆法文獻輯校》《敦煌占卜文書與唐五代占卜研究》均疑作『六』；『李』，據殘筆劃及同類文書補，《敦煌天文曆法文獻輯校》校補作『吉』。

〔五〕『未濟』，與『中孚』『復』同爲卦名，《敦煌天文曆法文獻輯校》漏録。

〔六〕『歸』，《敦煌天文曆法文獻輯校》釋作『皈』，校改作『歸』，按底本原作『皈』形，係『歸』之俗字；『忌』，《敦煌天文曆法文獻輯校》漏録。

〔七〕『殯』，據殘筆劃及同類文書補，《敦煌天文曆法文獻輯校》校補作『吉』。

參考文獻

《敦煌寶藏》二八册，臺北：新文豐出版公司，一九八二年，五一七頁（圖）；《英藏敦煌文獻》五卷，成都：四川人民出版社，一九九二年，九八頁（圖）；《敦煌天文曆法文獻輯校》，南京：江蘇古籍出版社，一九九六年，六七七至六七八頁（録）；《敦煌占卜文書與唐五代占卜研究》，北京：學苑出版社，二〇〇一年，一七五頁（録）；《敦煌占卜文書與唐五代占卜研究》（增訂版），北京：中國社會科學出版社，二〇一四年，一五六頁（録）。

斯三四五七　一　雜寫（金光明寺僧大會等）

釋文

道林道　人　界鬼國其衆生（?）如（?）願（?）

道林聞比（?）周（?）星閎現（?）言不

□所□化（?）界（?）

道林聞夫智覺金光明寺僧大會　金曰一日不見不得

金光明寺僧彥思　金光明寺僧大會學（?）

金光明寺僧俗

說明

此卷首尾完整，前半部抄有《般若波羅蜜多心經》，字體工整，有界欄，存首尾題。後半部分共存二十三行，筆跡和紙色與前者均不相同，且二者中間有明顯的黏貼痕跡，疑此卷係由内容不相關的兩紙綴接而成。

此卷非佛教文字大致可分爲五個部分。先是『道林』『金光明寺僧大會』等六行雜寫。『雜寫』中間穿插抄有『劉季昔未得天位之時遊學乞食』之故事，張弓認爲可定名爲《佛説諸經雜緣喻因由記》（參見《〈英藏敦煌文獻〉第五卷敘録》，《英國收藏敦煌漢藏文獻研究：紀念敦煌文獻發現一百周年》，一三六頁）；楊寶玉則認爲『遊學乞食』部分實是一則以漢高祖劉邦爲主人公的中國民間傳説故事，應擬名爲『劉季遊學乞食因緣記』或『劉季遊學乞食故事』（參見《英藏敦煌文獻原卷查閲札記（一）——〈英藏敦煌文獻〉擬名之『佛説諸經雜緣喻因由記』》，《敦煌學國際研討會論文集》，一二六頁）。此從楊寶玉擬名。其後抄七行《金光明最勝王經》偈頌，爲從左至右抄寫，字跡模糊。《金光明最勝王經》間有一行倒書，書寫時間應早於該經。最後兩行言及『南無十方諸佛』等，字跡潦草難辨。兹僅釋録雜寫（金光明寺僧大會等）、劉季遊學乞食因緣記、雜寫（南天竺等）等社會歷史文獻。

參考文獻

《敦煌寶藏》一八册，臺北：新文豐出版公司，一九八二年，五三六頁（圖）；《英藏敦煌文獻》五卷，成都：四川人民出版社，一九九二年，九九頁（圖）。

斯三四五七　二　劉季遊學乞食因緣記

釋文

昔時，漢劉季遊學世問（間）〔一〕。

昔時，漢劉季。

昔未得天位之時，遊學世間之事。食時，到一娘（婦）女家乞食〔二〕。其婦　來至

　未得天位之時，遊學世間之事。食時，到一婦女家乞食。其婦人天（夫）出不在（？）〔三〕，即爲客煞雞造食供季。季食未訖，夫知耳，來至〔四〕，問其妻曰：『廳齊（齋）食者是阿誰〔五〕？』婦對曰（其）天（夫）曰〔六〕：『是遊學生。隨婦來（？）乞食〔七〕，遂煞一小雞子〔造〕飯〔八〕。』夫主心惜此雞，遂責其妻：『此非我親，亦非我知識，是何因由，此婦與煞雞造食耳（？）？』

校記

〔一〕『問』，當作『間』，據文義改，《英藏敦煌文獻原卷查閱札記（一）——〈英藏敦煌文獻〉擬名之『佛説諸經雜緣

喻因由記』》逕釋作『間』。此行原文如此，下一行又重抄。

〔二〕『娘』，當作『婦』，《英藏敦煌文獻原卷查閲札記（一）——〈英藏敦煌文獻〉擬名之『佛説諸經雜緣喻因由記』》據文義校改。

〔三〕『天』，當作『夫』，《英藏敦煌文獻原卷查閲札記（一）——〈英藏敦煌文獻〉擬名之『佛説諸經雜緣喻因由記』》據文義校改。

〔四〕自『至』至『此非』等文字，底本原以墨線塗劃，按此内容不應缺失，故逕釋。

〔五〕『齊』，當作『齋』，據文義改。

〔六〕『曰』，當作『其』，據文義改；『天』，當作『夫』，據文義改。

〔七〕『婦』，《〈英藏敦煌文獻〉第五卷敘録》《英藏敦煌文獻原卷查閲札記（一）——〈英藏敦煌文獻〉擬名之『佛説諸經雜緣喻因由記』》均釋作『緣』；『來』，《〈英藏敦煌文獻〉第五卷敘録》釋作『到』，《英藏敦煌文獻原卷查閲札記（一）——〈英藏敦煌文獻〉擬名之『佛説諸經雜緣喻因由記』》釋作『新』，疑當校改作『親』。

〔八〕『造』，《〈英藏敦煌文獻〉第五卷敘録》據文義校補。

參考文獻

《敦煌寶藏》二八册，臺北：新文豐出版公司，一九八二年，五三六頁（圖）；《英藏敦煌文獻》五卷，成都：四川人民出版社，一九九二年，九九頁（圖）；《英國收藏敦煌漢藏文獻研究：紀念敦煌文獻發現一百周年》，北京：中國社會科學出版社，二〇〇〇年，一三六至一三七頁（録）；《敦煌學國際研討會論文集》，北京圖書館出版社，二〇〇五年，一二六頁（録）。

斯三四五七　三　雜寫（南天竺等）

釋文

南天竺（？）國治有一七聖僧旬（？）將過木貌目

參考文獻

《敦煌寶藏》二八册，臺北：新文豐出版公司，一九八二年，五三六頁（圖）；《英藏敦煌文獻》五卷，成都：四川人民出版社，一九九二年，九九頁（圖）。

斯三四六四　妙法蓮華經卷第五題記

釋文

清信士尹黃睹所供養經〔一〕。

説明

此件《英藏敦煌文獻》未收，現予增收。

校記

〔一〕「清」，底本原作「倩」，係涉下文「信」字之類化俗字，*Descriptive Catalogue of the Chinese Manuscripts from Tunhuang in the British Museum*、《中國古代寫本識語集録》釋作「倩」，校改作「清」。

參考文獻

Descriptive Catalogue of the Chinese Manuscripts from Tunhuang in the British Museum, The Trustees of the British Museum,

London 1957, p. 73（録）；《敦煌寶藏》二八册，臺北：新文豐出版公司，一九八二年，五八二頁（圖）；《敦煌學要籥》，臺北：新文豐出版公司，一九八二年，一三二頁（録）；《敦煌遺書總目索引》，北京：中華書局，一九八三年，一八〇頁（録）；《中國古代寫本識語集録》，東京大學東洋文化研究所，一九九〇年，九五頁（録）。

斯三四六九　玄應《一切經音義》卷二

釋文

（前缺）

羅睺[一]，胡鉤反[二]。正言曷羅怙羅[三]，此譯云障月，但此人是羅怙阿脩羅以手捉月時生，因以爲名也。

爲作，于危反，下茲賀、子各二反。爲，作也。又音于僞反，二音通用。

晨朝，食仁反。《爾雅》：晨，早也。《釋名》云：晨，伸也。言其清旦日光復伸見也。

頗梨，力私反。又作黎，力奚反。西國寶名也。梵言塞頗胝迦，亦言頗胝，此云水玉，或云白珠。《大論》云：此寶出山石窟中，過千年冰化爲頗梨珠。此或有也。案西域暑熱無冰，仍多饒此寶，非冰所化，但石之類耳。胝音竹尸反。

馬腦，梵言摩娑羅伽隸，或言目娑邏伽羅婆，此譯云馬腦。案此寶或色如馬腦，因以爲名，但諸字書旁皆從石作『碼碯』二字，謂石之次玉者是也。

號哭，胡刀反。《爾雅》：號，呼也，大呼也。《釋名》云：以其善惡呼名之也。號亦哭也，字從号，虎聲。經文作嘷。《説文》：嘷，咆也。《左傳》『豺狼所嘷』是也。嘷非此義，又從口作呺，俗僞字耳。

涕泣，他禮反。《字林》：涕，泣也。無聲而淚曰泣。

哽噎，古文骾、⿰月更二形，又作鯁，同。古杏反。哽，噎也。《聲類》云：哽，食骨留嗌中也。今取其義。下於結反。《説文》：噎，飯窒也。《詩》云：中心如噎。《傳》曰：憂不能息也。嗌音益。窒，竹栗反。經文多作咽，於見、於賢二反。咽，吞也，咽喉也。咽非字體。

震動，之刃反。《公羊傳》曰：地震者何？地動也。《周易》：震，動也。經文有從手作振，掉也。掉亦動也。二形通用。

戰掉，徒吊反。《字林》：掉，摇也。《廣雅》[四]：□經文作挑[五]，勑聊反。挑，抉也。□，音遥。《詩》云[六]：□抉音於穴反[七]。□

逮得，徒戴反[八]。□

（後缺）

説明

此件首尾均缺，《敦煌遺書總目索引》擬名作『經音義』，《敦煌寶藏》確定其爲『一切經音義』。其内容爲釋玄應《一切經音義》卷二《大般涅槃經》第一卷，存三十四行。石塚晴通認爲此件係八世紀前期至中期的寫本（參看《玄應「一切經音義」的西域寫本》，《敦煌研究》一九九二年二期，五四頁）。張涌泉等認爲此件與敦研三五七《一切經音義》屬於同一寫本（參看《敦煌經部文獻合集》一〇册，四七八九頁），但兩件不能直接綴合。

以上釋文以斯三四六九爲底本，用中華書局一九九三年《中華大藏經》（漢文部分）中之玄應《一切經音義》（稱其爲甲本）參校。

校記

〔一〕『羅睺』，據殘筆劃及甲本補。
〔二〕『胡鈎反』，據殘筆劃及甲本補。
〔三〕『正言曷羅怙』，據殘筆劃及甲本補。
〔四〕『雅』，據甲本補。
〔五〕『經』，據甲本補。
〔六〕『云』，據殘筆劃及甲本補。
〔七〕『於』，據殘筆劃及甲本補；『穴反』，據甲本補，《敦煌經部文獻合集》校補作『穴反也』。
〔八〕『徒』，據殘筆劃及甲本補；『戴反』，據甲本補。

參考文獻

《敦煌寶藏》一二八册，臺北：新文豐出版公司，一九八二年，六〇〇頁（圖）；《敦煌遺書總目索引》，北京：中華書局，一九八三年，一八〇頁；《英藏敦煌文獻》五卷，成都：四川人民出版社，一九九二年，一〇〇頁（圖）；《敦煌研究》一九九二年二期，五四至六一頁；《中華大藏經》（漢文部分）五六册，北京：中華書局，一九九三年，八三〇至八三一頁（録）；《敦煌音義匯考》，杭州大學出版社，一九九六年，八五七至八六〇頁；《敦煌遺書總目索引新編》，北京：中華書局，二〇〇〇年，一〇六頁；《敦煌經部文獻合集》一〇册，北京：中華書局，二〇〇八年，四七八九至四七九二頁（録）；《張涌泉敦煌文獻論叢》，上海古籍出版社，二〇一一年，一八至三五頁；《一切經音義三種校本合刊》（修訂本），上海古籍出版社，二〇一二年，三五至三六頁（録）。

斯三四七五　淨名經關中疏卷上題記

釋文

巨唐大曆七年三月廿八日〔一〕，沙門體清於虢州開元寺爲僧尼道俗敷演此經〔二〕，寫此疏以傳來學。願秘藏常開，廣布真如之理；蓮宫永麗，弘分般若之源矣。

又至辰年九月十六日，俗弟子索遊巖於大蕃管沙州〔三〕，爲普光寺比丘尼普意轉寫此卷訖。

説明

此卷正面爲《淨名經關中疏》卷上，背面有僧詩及雜寫。

此件《英藏敦煌文獻》未收，現予增收。大曆七年即公元七七二年。辰年疑爲距公元七七二年較近之七八八年，其時敦煌爲吐蕃管轄。

校記

〔一〕『巨』，《敦煌詩集殘卷輯考》釋作『臣』，校改作『巨』；『廿』，《敦煌學要籥》《敦煌遺書總目索引》《敦煌學大辭典》釋作『二十』。

〔二〕『號』，《敦煌遺書總目索引新編》未能釋讀。

〔三〕『蕃』，《敦煌學要籥》《敦煌遺書總目索引》《敦煌詩集殘卷輯考》《全敦煌詩》釋作『番』，均誤。

參考文獻

Descriptive Catalogue of the Chinese Manuscripts from Tunhuang in the British Museum, The Trustees of the British Museum, London 1957, p. 166（録）；《唐代長安與西域文明》，北京：生活·讀書·新知三聯書店，一九五七年，二二〇頁；《敦煌寶藏》二八冊，臺北：新文豐出版公司，一九八二年，六七五頁（圖）；《敦煌學要籥》，臺北：新文豐出版公司，一九八二年，一三三頁（録）；《敦煌遺書總目索引》，北京：中華書局，一九八三年，一八〇頁（録）；《中國古代寫本識語集録》，東京大學東洋文化研究所，一九九〇年，三一〇頁（録）；《敦煌學大辭典》，上海辭書出版社，一九九八年，四五七頁（録）；《敦煌遺書總目索引新編》，北京：中華書局，二〇〇〇年，一〇六頁（録）；《敦煌詩集殘卷輯考》，北京：中華書局，二〇〇〇年，八七八頁（録）；《全敦煌詩》，北京：作家出版社，二〇〇六年，四三三三至四三三四頁（録）。

斯三四七五背　一　雜寫（范蠡等）

釋文

范蠡　蠡

蠡蠡蠡　　　蠡蚌玄紀終身不改（？）。

説明

以上文字爲時人隨手所寫於《淨名經關中疏》卷背。《英藏敦煌文獻》未收，現予增收。此卷背分散抄寫一些文字，或均與正面佛經有關，有些是直接解釋正面經書的教義，有些則具有社會歷史文獻的性質，本書按照體例收録後者。

參考文獻

《敦煌寶藏》二八册，臺北：新文豐出版公司，一九八二年，六七五頁（圖）。

斯三四七五背　二　高僧傳抄

釋文

初佛法東流，攝摩騰、竺法蘭與其道士等鬭神變，尚（上）刀梯〔一〕，入火坑。

説明

以上文字書寫於《淨名經關中疏》卷背。《英藏敦煌文獻》未收，現予增收。

校記

〔一〕『尚』，當作『上』，據文義改，『尚』爲『上』之借字。

參考文獻

《敦煌寶藏》二八册，臺北：新文豐出版公司，一九八二年，六七六頁（圖）。

斯三四七五背　三　佛在阿哉戒詩二首

釋文

佛在阿哉戒〔一〕，那律摩訶男〔二〕。兄弟讓居家，白親求出離〔三〕。母令同跋提〔四〕，同心七日樂。各將衣象馬，悉付憂波離。

波離衣掛樹，相隨詣世尊。先度意憍心，次餘諸釋子。爲述未生怨，及以提婆達。

説明

此件《英藏敦煌文獻》未收，現予增收。《敦煌詩集殘卷輯考》最早對其做過釋録。

校記

〔一〕『哉』，《敦煌詩集殘卷輯考》未能釋讀。

〔二〕『那』，《敦煌詩集殘卷輯考》釋作『耶』，誤。

〔三〕『離』，《敦煌詩集殘卷輯考》釋作『鄗』，誤。

〔四〕『母』，《敦煌詩集殘卷輯考》釋作『毋』，誤。

參考文獻

《敦煌寶藏》二八册，臺北：新文豐出版公司，一九八二年，六七六頁（圖）；《敦煌詩集殘卷輯考》，北京：中華書局，二〇〇〇年，八七八頁（録）；《全敦煌詩》，北京：作家出版社，二〇〇六年，四三三三至四三三四頁（録）。

斯三四七九　大般若波羅蜜多經卷第二六三勘經題記

釋文

兑。

説明

以上文字大字寫於《大般若波羅蜜多經》卷第二六三天頭，表示此紙佛經已經作廢，可以兑换新紙重抄，《英藏敦煌文獻》未收，現予增收。

參考文獻

《敦煌寶藏》二九册，臺北：新文豐出版公司，一九八二年，三頁（圖）。

斯三四八五　金剛般若波羅蜜經一卷題記

釋文

大蕃歲次己巳年七月十一日〔一〕，王土渾爲合家平善〔二〕、國不擾亂敬寫〔三〕。

説明

此件《英藏敦煌文獻》未收，現予增收。池田温疑己巳年爲公元七八九年（參看《中國古代寫本識語集録》，三一五頁），其時敦煌爲吐蕃管轄。題記後有兩行筆跡，似爲人名，可辨「曹」字。

校記

〔一〕「蕃」，《中國古代寫本識語集録》釋作「番」；「十一日」，《敦煌學要籥》《敦煌遺書總目索引》漏録。

〔二〕「土」，《中國古代寫本識語集録》釋作「吐」。

〔三〕「國」，《敦煌遺書總目索引新編》未能釋讀；「不」，《中國古代寫本識語集録》釋作「下」，《敦煌遺書總目索引新編》未能釋讀。

參考文獻

《敦煌寶藏》二九册，臺北：新文豐出版公司，一九八二年，五四頁（圖）；《敦煌學要籥》，臺北：新文豐出版公司，一九八二年，一三三頁（録）；《敦煌遺書總目索引》，北京：中華書局，一九八三年，一八〇頁（録）；《中國古代寫本識語集録》，東京大學東洋文化研究所，一九九〇年，三一五頁（録）；《敦煌遺書總目索引新編》，北京：中華書局，二〇〇〇年，一〇六頁（録）。

斯三四八五背　一　勸善經

釋文

（前缺）

第三赤白痢病死[一]，第四赤眼病死[二]，第五女人生産病死[三]，第六水痢病死，第七風病死。勸衆生寫此經一本，免一門；寫兩本，免六親。若見此經不寫，滅門。門上傍（牓）之[四]，得過此難。無福者不可得見此經，其經從南來。正月八日，雷雹霹靂，空中有一童子，年四歲。又見一老人，曰在中（路）路（中）見一蛇[五]，身長萬萬尺，人頭鳥足，遂呼老人曰：爲太山崩，要女人萬萬衆，須得牛萬萬頭，著病者難差。若寫此經者，得免此難。若不信者，但看四月一日。三家史（使）一牛[六]，五男同一婦，僧尼巡門，勸寫此經流傳。若被卒風吹却，不免此難。聖人流傳真言，報之衆生，莫信邪師。見聞者，第（遞）相勸念阿彌陀佛[七]，不久〔見〕太平時[八]。

丁卯年七月十七日記

説明

此件首缺尾全，尾有題記，池田温疑此丁卯年爲公元九六七年（參看《中國古代寫本識語集録》，五〇〇頁）。其内容是以預言災害將至的形式，勸世俗百姓抄寫此經弭災，故收入本書。敦煌文獻中保存的《勸善經》（又名《新菩薩經》）抄本甚多，有六十多件。

以上釋文以斯三四八五背爲底本，因本書在對斯九一二進行釋録時，曾以此件爲校本，所以此件與其他相關各寫本之異同已見於斯九一二校記。故此件僅用斯九一二（稱其爲甲本）校補脱文、校改錯誤，如甲本亦有脱、誤，則據其他相關文本補、改。

校記

〔一〕「第三」，據斯三七九二補；「赤」，據殘筆劃及甲本補。

〔二〕「赤」，據甲本補；「眼」，據殘筆劃及甲本補；「病」，據殘筆劃及斯一一八五背補；「死」，據殘筆劃及甲本補。

〔三〕「第五」，據殘筆劃及斯三七九二補；「女」，據殘筆劃及斯三七九二補；「人」，據殘筆劃及甲本補。

〔四〕「傍」，當作「膀」，據甲本改，「傍」爲「膀」之借字。

〔五〕「中路」，當作「路中」，據甲本改。

〔六〕「史」，當作「使」，據甲本改，「史」爲「使」之借字。

〔七〕「第」，當作「遞」，據甲本改，「第」爲「遞」之借字。

〔八〕「見」，據甲本補。

參考文獻

《敦煌寶藏》七册，臺北：新文豐出版公司，一九八一年，四四二頁（圖）；《敦煌寶藏》二九册，臺北：新文豐出版公司，一九八二年，五五頁（圖）；《英藏敦煌社會歷史文獻釋録》四卷，北京：社會科學文獻出版社，二〇〇六年，三八一至三九〇頁（録）。

斯三四八五背　二　領得麥粟歷

釋文

茅憨子得麥玖碩三斗三升，李師麥伍石，粟倉叁石玖斗

□友奴得[　　]□得（？）麥[　　]

説明

此件有兩殘片，第一片倒書，第二片横書，從筆跡和内容來看，似原爲同一件，裁剪後被用來修補佛經。唐耕耦、陸宏基擬名爲『年代不明領得麥粟歷』（參看《敦煌社會經濟文獻真蹟釋録》三輯，一三二頁），兹從之。《英藏敦煌文獻》未收，現予增收。

參考文獻

《敦煌寶藏》二九册，臺北：新文豐出版公司，一九八二年，五五頁（圖）；《敦煌社會經濟文獻真蹟釋録》三輯，北京：全國圖書館文獻縮微複製中心，一九九〇年，一三二頁（録）。

斯三四九一＋伯三〇五三　百行章一卷

釋文

《百行章》一卷　杜正倫

臣察三墳廊（廓）遠[一]，誰曉其源？五典幽深，何能覽悉？至如世之所重，唯學爲先；立身之道，莫過忠孝。欲憑《論語》拾卷，足可成人；《孝經》始絡（終）[二]，用之無盡。但以學而爲存念，得獲終（忠）孝之名[三]，雖讀不依，徒示虛談，何益存終（忠）[四]？則須盡節立孝，追遠慎終。至於廣學，不仕明朝，侍省全乖色養。過（遇）霑高位[五]，便造十惡之愆；未恩（自）廟（勵）躬[六]，方爲三千之過。臣每尋思此事，廢寐休餐，故録要真之言，合爲《百行章》一卷。臣以情愚智淺，採略不周，雖非深奥之詞，粗以誡於愚濁。

孝行章第一[七]

孝者，百行之本，德義之基。以孝化人，人德歸於厚矣。在家能孝，於君則忠；在家不仁，於君則盜。必須躬耕力作，以養二親；旦夕諮承，知其安否；冬温夏青

（清）〔八〕，委其冷熱；言和色悦，復物（勿）犯顔〔九〕；必有非理，雍容緩諫。晝則不居房室，夜則侍省尋常。縱父母身亡，猶須追遠，以時祭祀，每思念之。但以孝行殊弘，亦非此章能悉。

敬行章第二

敬者，修身之本。但是尊於己者，則須敬之；老宿之徒，倍加欽敬。是以《孝經》陳其敬愛，欲不慢其親；仲尼先立此章，憑以敬之爲大。敬人之尊，人還敬己之親；敬人之朋，人還敬己之友。故云：『所敬者寡，而悦者衆。』

忠行章第三

身霑高位，倍須特（持）志憂君〔一〇〕。臨危不改其心，處厄不懷其恨，當陣不顧其軀，聘使不論私計。君言乖理，犯顔諫之，共修政教，以遵風化。善宜稱君，過宜稱己。進思盡忠，退思補過。能而（如）此者〔一一〕，長守富貴。故云：『不欲犯顔諫諍者寡，而悦者衆〔一二〕。』

節行章第四

君親委寄，没命須達其功；蒙寵銜恩，哀（喪）軀守其全志〔一三〕。縱任隅邊重將，不得越理奢華；若在禁闕長廊，特須加其兢悚。終日用心，風（夙）夜匪懈〔一四〕。是以明君而待賢臣，聖主而思良輔。

剛行章第五

爲國亡軀，不泄其言；爲君盡命，不改其智（志）〔一五〕。邊隅鎮遏，持節無虧。臨陣處危，存忠莫二。

勇行章〔第〕六〔一六〕

軍機警急，有難先登。拓定四方，息塵靜亂。率領兵卒，賞罰當功。君親有危，不顧其命。

施行章第七

良田下子，乃獲秋收之果；韞匱之珍，施之以納其價。劉節身居高位，乃得太府之鄉（卿）〔一七〕；裴寂告謀，身處唐朝之相。

報行章〔第〕八〔一八〕

功臣不賞，後無使（所）所（使）〔一九〕；節仕（士）不録〔二〇〕，人誰致死？至於前行之臣，如何不記意（憶）〔二一〕？但以君情深重，銜珠以報其恩；捨弊同榮，特（持）環而奉其德〔二二〕。

恭行章第九

入公門，斂手而行；在公庭，鞠躬而立；剋（對）尊者〔二三〕，卑辭而言。二親在堂，不得當門而竚；國有明君，不得當街而蹈。縱居私室，恆須整容。至於妻子之間，每加嚴恪，終日畏天衢（懼）地怕君者〔二四〕，是謂恭行。

勤行章第十

居官之體，憂公忘私，受委須達，執事有功。在家勤作，修營桑梓，農業以時，勿令失度。竭情用力，以養二親。此則忠孝俱存，豈非由勤力？而若居官慢墮，則有點辱及身。在家不勤，便追弊劣之困，必須風（夙）夜匪懈〔二五〕，以託榮名，預爲方計，以防其損。

儉行章第十一

藏如山海，用之有窮；庫等須彌，還成有之（乏）〔二六〕。儉者恆足，豐者不盈。在公及私，皆須有度。事君養親，莫過此要。

勤（謹）行章第十二〔二七〕

榮華當勢，謹約其心。慮過思愆，勿令縱逸。治家之道，重戒苦言，莫聽侵暴他人之物；在家官之法〔二八〕，謹卓小心，共遵風化，奉法治人。一則父母無憂，二乃君臨爲美。

貞行章第十三

雖遭亂代，不爲强暴之男〔二九〕。俗有傾移，不奪恭美之操。秋胡賤妾，積（籍）記傳之〔三〇〕。韓氏庸妻，今猶敬重。婦人之德，尚自而煞（然）〔三一〕，況乃丈夫，寧不刻骨？

常行章第十四

存忠立孝，不可輕移。恭敬思勤，無疑（宜）輒改〔三二〕。清平嚴慎，恆懷在心。節義廉政，不容離己。但以百行無虧，故名常行。

信行章第十五

一言之重，山嶽無移；一信之虧，輕於塵粉。昔時張范，今猶讚之。掛劍立於丘墳，不（人）人（無）無（不）念〔三三〕。是以車因輪轉，人憑信立。

義行章第十六

爲人之法者，貴存德義。居家治理，每事無私。兄弟同居，善言和喜。好衣先讓，美食駿（後）之〔三四〕。富貴在身，須加賑㳇（恤）〔三五〕。飢寒頓弊，啜味相存。但看併糧之友，積嚮若爲〔三六〕？一室三賢，持名何轝（與）〔三七〕？

廉行章第十七

臨財不爭，則無恥辱之患；葑（對）食不貪，蓋是修身之本。爭財則有滅身之禍，貪〔食〕刻招毀〔軀〕之〔敗〕〔三八〕。齊之三將，以味亡軀；單醪投何（河）〔三九〕，三軍皆慶。

清行章第十八

貴在不煩，居官在職，清爲其本。四知之行，以行持名。濁濫之官，何以稱譽？雖持清行，恩及治人，不以清酷（虛）〔四〇〕，虛（酷）虐無理〔四一〕。若清而枉酷，人還怨之。耕税非理，户口逃竄。是以人煩則亂，水煩則濁。

說？

平行章第十九

在官之法，心平性政；差耕（科）定役〔四二〕，每事無私。遣富留貧，按强扶弱。勿受囑請，莫納求情。若受囑請，事乃違心；若納貨賄，便生進退。非直言於身危嶮〔四三〕，晝夜情不寧安。若恩威不平，則難斷決。上下官司，弟（遞）相顔面〔四四〕，競生相取，是以富者轉富，貧者轉貧。日月雖明，覆盆難照。時君至聖，微璺難知。人知冥也，何能自

嚴行章第廿

在官及私，莫自寬慢；勿輕言笑，謬語虚談。舉動折旋，皆須軌則，使人畏愛，則而像之。若身爲重將，嚴若秋霜；位至王公，威同猛獸。先加嚴訓，犯者治之。罪責當時，無容懸罰。是以杖不可廢於家，刑不可廢於國。若家無杖，奴婢逃亡。懸罰則人心多怨。或不自修身，輊（慢）於卑下〔四五〕，輕行慎（嗔）怒〔四六〕，未爲人事。

慎行章第廿一

立身修（終）始〔四七〕，慎之爲大。若居高位，便即須慎言〔四八〕言出患入，言失身亡〔四九〕。朋友交遊，便須慎杯。杯則致惡，惡則加刑。養身之道，便須慎食。病從口入，能損其軀。就師療疾，乃可慎醫。針灸失度，能盡其命。非時不得畎（畋）獵〔五〇〕，走馬不過一里。親知故識，無事莫過。寡婦之門，無由莫往。欲論百行之中，慎行尤急。略而言之，陳其叵盡。

愛行章第廿二

明君受諫，聖化無窮；不納忠言，國將危敗。赤心於君者，不可枉戮；直諫其智者，不可濫誅。桀紂暴虐，天乃喪之。堯舜慈人，傳名不已。

諫行章第廿三

爲臣盡諫，託命存邦。必須犯顔，喪身全國。諂言易進，忠語難陳。是以茅進（焦）就鑊〔五一〕，始皇見而歸愆；荀息累棊，虞公睹而收過。

忍行章第廿四

有人談好，未可即喜；有人道惡，未可即嗔。勿信讒言，莫信佞語。〔言〕〔語〕侵人〔五二〕，飲氣忍之。縱有道理，安詳分雪。不得盜（恣）其三毒〔五三〕，返燒其身。若不能忍，禍患文（交）至〔五四〕。梁人灌楚，尚致二國之和；守（宋）就忍之〔五五〕，乃獲安邦之樂。

思行章第廿五

在朝思過，恐有愆犯。在室思農，人（生）生（人）之重〔五六〕。遠涉思家，憂其在亡。臨寇思君，達其本志。居貴思賤，憶昔布衣。家富思貧。念其飢饉。言須三思，勿輕出口；行須三思，勿從濫友。思思之，是甚大。

寬行章第廿六

天寬無所不覆，地寬無所不戴（載）〔五七〕。一切憑之而立。化寬無所不歸，率賓大唐。海寬無所不納。吞併小國。恩寬惠及四海，八方歸化。德寬萬里影從，高驪馳驛送降，稱臣萬戴（載）〔五八〕。隨主計（擊）療（遼）没落之兵〔五九〕，如（始）還京邑〔六〇〕。吳王援江南，興之立，郍（身）自歸朝〔六一〕，統率京兆之所。威承皇旨。智寬無處不危，唐朝廓清四海，天下和平。清寬何人不敬。言誇衆，海納雲奔。唯有持窮，不得自寬。上下無法，尊卑失禮，〔亂〕逆生焉〔六二〕。

慮行章第廿七

人生在世，唯須擇交。或因良友而以建名，或以弊友而以敗己。一朝失行，積代虧名。方始追悔，如何可及？但以清清之水，塵土濁之；濟濟之人，愚朋所悞。

緩行章第廿八

行步邕容，無勞急速。言辭理定，務在敦明。充罪惟愆，皆須審究。君王問答，語（詣）實而陳〔六三〕。

急行章第廿九

君臨危陣，而（如）救頭然〔六四〕。父母處厄，猶身陷火。朋友有難，事等孔懷。凡人有喪，皆須匍匐。

達行章第卅

爲臣之禮，達以爲功。臨陣處危，貴存誰巧。是以相兒（如）赵国臣。奉璧〔六五〕，言碎柱而將還；齊晏聘齊国臣。梁〔六六〕，挑陳辯辭而見納之也。

道行章第卅一

萬事之基，總覽之要。治家無道，衆人不顧；治國無道，鄰國怪之。是以明君在殿，百姓無憂；家長東西，姦盜競起。婦人之言，不可專用；佞臣之語，無宜〔濫〕依〔六七〕。必須勵己〔勵〕〔心〕〔六八〕，以治家國。

專行章第卅二

事君養親，專心無二〔六九〕。父在不可得自專，君存無容自擅。專行未成孝，自擅未可爲忠，私行可爲爲臣子〔七〇〕？

貴行章第卅三

性之不〔可〕去者衣食〔七一〕，事之不可廢者耕織，必須營之。是以金銀飢不可食，珠玉寒不可衣。粟帛之重，莫能過者。一夫不耕，有受其飢；一女不織，有受其寒。但以立國存家，唯斯之甚。

學行章第卅四

良田〔美〕業〔七二〕，因施力而收苗；好地不耕，終是荒蕪之穢。人辭〔雖〕有貌〔七三〕，不學無以成人。但是百行之源，憑學而立，〔禄〕亦在其中矣〔七四〕。

問行章第卅五

父母顔色有改，即須憂而問之，知其善惡。縱使每事自閑，亦須問其智者。不辦〔解〕

則問〔七五〕，寧得自專？亦須問其良長。是以三人同行，必有我師焉。

備行章第卅六

居在澤側，以（預）爲隄防〔七六〕；治國治家，不危（虞）難〔測〕〔七七〕。人非瓜果，何以知心？曉夜兢兢，爲方（防）備也〔七八〕。

飾行章第卅七

衣服中（巾）帶恆〔須〕整〔七九〕，門户屋舍〔須〕淨潔〔八〇〕，自是尋常。莫學小兒，赤體路形〔八一〕，在於街巷。從小訓之，莫令縱逸。必使言音曲（典）政〔八二〕，陳話美辭。不得碎濫之言，輕示忤上。人前莫聽㖒唾，同食勿先嗽口。父母之牀，理不〔合〕坐〔八三〕；兄嫂之牀，無宜輒棄。若父母〔兄〕在坐〔八四〕，見（兒）弟悉立〔八五〕，有命須謝。在尊之前，不可受卑者拜。縱有殊才異能，〔亦〕不得輒言〔八六〕。

弘行章第卅八

弘者以忍爲大，不以失意損志。但能受辱如地，萬皆（物）物（皆）於（依）〔八七〕；寬容如海，衆流俱竄。莫見小花瑕，物（勿）窮人之知（短）〔八八〕。不受則溢，不容則滿，見小則大，窮則不長。若織當高位〔八九〕，愛人如子；若居要職，理務如絲司〔九〇〕。臨事〔不〕煩〔九一〕，治民不倦。不愛成曾（憎）〔九二〕，不理成怨聚〔九三〕，若煩則濁，〔若〕倦則奢〔九四〕。犯法之徒，雖獲實情，矜而勿喜。苦言重誡，令遺改修。退罰進尊，是其恩也。不改成〔愆〕〔九五〕，不修成過。爲隱不尊，道爲〔不〕匿〔九六〕，法令言也也〔九七〕。

政行章第卅九

立身之道，先須敬（正）己〔九八〕，方始敬（正）人〔九九〕。己若不政，令而不從，〔令〕〔既〕〔不〕〔從〕〔一〇〇〕，〔從〕何爲政〔一〇一〕？是以形端影政，身曲影斜。故曰：爲政以得（德）〔一〇二〕，譬如北辰，天下拱手而而向之〔一〇三〕。

直行章第卌

曲木畏直繩，心邪畏直仕（士）〔一〇四〕。繩能束攬萬物，直能逆耳忠諫。寧抱直而死，不從曲而生。是以玉〔碎〕留名〔一〇五〕，不同瓦在見醜。物（勿）起狂心〔一〇六〕，莫生諛妒。若在（存）誑或〔一〇七〕，四海還往。無由〔諛〕妒〔一〇八〕，皇天不祐。

察行章第卌一

事君之道，察其顔色；養親之道，察其寢食。君顔若改，必有不安之事；〔二〕親退餐〔一〇九〕，定有違和之甚。是以特須察其言，觀其顔色也。

量行章第卌二

才堪者不可狂（枉）黜〔一一〇〕，才劣者不〔可〕濫霑〔一一一〕。必須量才受（授）位〔一一二〕，量器所容。補官選職，貴在得人。器小未可容多，才劣寧堪大用？至於每事，皆須量斷。但以世間之事，並宜存心。惡人不可共居，耽酒不可共飲。小人以〔利〕生欺〔一一三〕，君子以酒相敗。如此之徒，皆須遠之。若親惡種，後悔無由。綢繆同恥，刑戮相及。

近行章第卌三

善人須依，君子須附。〔一〕言之益〔一一四〕，實重千金。〔一〕行〔之〕虧〔一一五〕，痛於斧鉞。但近善者，惡即自消，卜鄰而居是也。居近良人，日有所進；居近惡人，日有所退。財能害己，何假苦哉？酒能財（敗）身〔一一六〕，不勞石（多）飲〔一一七〕。色能盡命，特須割之。奢能招禍。翼翼小心。浮薄之事，並宜去之。言無非法，行存於己。

就行章第卌四

邦有道則事其明朝，邦無道則卷於懷。君子之事（心）如繩〔一一八〕，心能束攬萬物，不用卷之在懷。是以危邦不入，亂邦不居，察其所安，便將就也。若居亂邑，未納其忠；若在問（闇）邦〔一一九〕，不盡其命，仕於明君。接客無貴賤，至者皆看。吐握忘疲，令（令）猶積響〔一二〇〕。貧賤者未必可輕，富貴者何勞敬重？人生在世，衰盛何常？落葉飄飄，翻〔翻〕彌遠〔一二一〕。

讓行章第卌五

見尊側立，長者避之，同流下劣之徒，皆須讓路。避則無所不〔通〕〔一二二〕，讓〔則〕無所〔不〕通（達）〔一二三〕。涉苦先登，分財後所（取）〔一二四〕。故云：温良恭儉讓，是以得之。温則不涼，暴（良）則不貪〔一二五〕，恭則不慢，儉則不奢，讓則不淨（爭）淨〔一二六〕。

志行章第卌六

同曰友。友寒，己亦不重衣；友飢，己亦不飽食；友患，己亦如之。言寄死託孤之徒，同遭盛衰〔之〕侶[一二七]。故云：自遠方來，不亦樂乎？以索居久遠，不得盡其智；柔居在朝，流自昇（卑）焉[一二八]。善雖當高位，默默爲人。內外柔和，上下無怨。人之視以（己）[一二九]，亦如己視人家。若爲强剛，必獨折。

愍行章第卌七

蠢動含靈，皆居人性；有氣之類，盛愛其軀。莫好煞生，勿規他命。身既借（惜）死[一三〇]，彼亦如之。欲求長命，何忍煞害？沙珍（彌）命[一三一]，盡煞命，如來未得道睹，蒼生悉渡之也。

念行章第卌八

終其身，不忘親；居生位，莫忘生。是以愛子始悟父慈，身勞方知人苦。若國盛，基强民；若國衰，必須決之〔以〕特（德）[一三二]，賦（輔）之以理（禮）[一三三]。

憐行章第卌九

憐貧恤老，撫育孤窮。莫看顔面，去其阿黨。知其勤墮，賞之以功，罰之以過。若賞不當功，罰不當罪，雖率士衆，無用力焉。

身行章第五十

身當寵貴，不可以勢凌人[一三四]。若守困窮，不可以苟求朝夕。是以人者不以盛衰改志〔一三五〕，智者不以存亡易心。

蒙行章第五十一

蒙人引接，至死銜恩。受禄居寵，滅身非謝。傷蛇遇藥，尚有存報之心；困雀逢箱，猶報眷養之重。是以寧人負己，莫己負人。

凡行章第五十二

人多敦者，皆輕非理而談賤，亦不聽容止無則。治家不成，言不及語（義）〔一三六〕，誰爲稱名？故云：君子不重則不威，唯須自嚴正，察獄須問罪不易。人心險隔，山等山河，或帶罪之徒，〔言〕〔巧〕而致死免〔一三七〕；無愆之類，辯拙而入辜。特須審劫（刻）根源〔一三八〕，無勞抑酷。因情既定，刑戮特（將）加〔一三九〕，必須覆審，勿令寃濫。

才行章第五十三

才過周孔，恒言將短；智惠灼然，常卑下劣。貴在從衆，勿表獨能。謙退於人，穹窮於己。

進行章第五十四

欲立身，先立人；欲達己，先達人。進人者，人還進之；立人者，人還立之。是以獨高則危，單長必折。

救行章第五十五

隣有驚急，尋聲往奔。人遭厄難，便須匍匐。隨（墮）流蒙救〔一四〇〕，尚獲延年。必若施功，寧有無報？

濟行章第五十六

救危拔厄，濟養衆生。若睹病患飢寒，啜續其命。但以桑中之弊，尚致扶輪。併糧之恩，須報泉路。

畏行章第五十七

雖處幽宜（冥）〔一四一〕，天佛知之；雖居暗昧，神明察之。不可以幽冥，顯改其操行。絡（終）日畏天懼地〔一四二〕，無宜寬慢。

懼行章第五十八

二親年老，昏耄在堂；明君年邁，扶衰治國；兄弟爲篤，晝夜臨牀。此之三者，何能不懼？居榮寵，如履薄冰。位至公私（卿）〔一四三〕，如飄汎海。

斷行章第五十九

妖言惑衆，國之常害。蠱毒厭魅，是人所增（憎）〔一四四〕。必須止其二事，共修正法絶〔一四五〕。劫盜生民，世人所嫉；捕（蒱）攤博戲〔一四六〕，二親之憂。非直滅身破家，幾許損於朝憲。如此之事，直須絶之。

割行章第六十

情色〔之〕處〔一四七〕，無能爲之。不改原火，盛風便加，嫉妒因茲而起。細尋斯事，幻化皆空。廢寐思量，何曾有實？苦言重戒，必須割之。若也不依，豈成人子？

捨行章第六十一

寧捨有罪，不濫無辜。枷杖定辭，披指取占。人非木石，何以堪當？是以楚救於絶纓，乃置投軀之女；秦捨群盜，後有没命之臣。

盛行章第六十二

顔貌儼然，望而畏之；容止進退，覩而則之。不可輕喜，無宜輒嗔。喜怒二情，能戲大志。

默行章第六十三

言之甚易，收之甚難。喪國興邦，皆由一諾。多言多失，不如默然。失之毫氂，謬之千里。

普行章第六十四

在官之體，斷決無偏；在家之法，平如槩揆。莫生愛增（憎）〔一四八〕，勿爲彼此。偏厚不如薄遍，獨好不如衆醜。

遵行章第六十五

信憑佛法，敬神遵道。莫起慢心，勿生不信。五戒十善，種果之因。祇奉神祇，收福無〔量〕〔一四九〕。

讚行章第六十六

掩惡揚善，説是除非。稱其美名，勿傳微碎。慈烏返哺，漢相慚之。君子貴言，身居不恥。但以成人之美，不成令（人）〔之〕惡〔一五〇〕。

揚行章第六十七

士無良朋，誰以顯其德？人無良友，無以益其知。女無明鏡，何以照其顏色？是以良友能揚其德也。

毀行章第六十八

父母有疾，不德（得）光悦其身〔一五一〕。臨食忘味，絶於梳洗。君有危難，棄好衣馬，捨其音樂。故云：食旨不甘，聞樂不樂。遜（擇）擇（遜）辭而言〔一五二〕，不得穢語。細碎之句，不可妄申。是以口無釋（擇）言〔一五三〕，〔言〕滿天下〔一五四〕。寡陳美報，有何口過？避家國之諱，直須慎之。小者〔見〕老〔一五五〕，速而避之；輕大（人）慎（值）重〔一五六〕，便須讓路。賤者見貴，馳驟而去。能存此行，終身何患？

疑行章第六十九

立身之道，疑則問之。勝於己者，以託爲友。致（至）於察獄之罪〔一五七〕，疑從斷之爲難。出没二途，論情不易。是以償（賞）疑爲（惟）重〔一五八〕，罰疑爲（惟）輕〔一五九〕。

哀行章第七十

臨喪助泣，盛進育養之情；殯穴睹壙，以加悲恩（思）劬勞念〔一六〇〕。懷將十月，困（捆）辱（褥）三年〔一六一〕，代喘傾心，迴乾就濕，乳哺之恩，實難可報。父者，天也；母者，地也。欲報之恩，昊天罔極，若不崩摧，而乃何以親之？

諜行章第七十一

貯財成禍，積物成怨，求之不與，交生患害。〔若〕諜讖患孝〔一六二〕，閭里心平。慳財〔慳〕惜〔一六三〕，親舊相刑。

識行章第七十二

察言觀色，審其善惡，擇朋而交，非人莫往。賢遇等貌，非知無以成直（真）〔一六四〕。驥駑二（齊）情（形）〔一六五〕，不駕寧知其駿？若相成者，數陳逆耳之言；相敗者，偏事浮華之語也。

知行章第七十三

温故知新，可以師矣。若不廣學，安能知也？未遊邊遠，寧知四海之寬？不涉丘門，豈知孝者爲重乎？

剋行章第七十四

〔克〕己修身〔一六六〕，事之大用。行恩布德，天下歸焉。若居貴法（位）〔一六七〕，不可虧移。領率鄉閭（間）〔一六八〕，唯須整肅。

誠行章第七十五

執當加心，役民以理。浮華之計，不及拙樸；巧妙之端，而不〔如〕成功顯効〔一六九〕。是以朝花之草，夕則零落；松柏之茂，經冬不變（衰）〔一七〇〕。卑恭下人，自益於己，人皆敬之。欺慢他人，自損於己，無損於人，人皆害之。若輕相持〔一七一〕，下能淩上，豈不恥乎？

棄行章第七十六〔一七二〕

夫婦之義，人倫所先，好則同榮，惡則同恥。不得觀其〔花〕蘂〔一七三〕，便生受（愛）重之心〔一七四〕。一旦衰零，方懷棄背之意。若犯七出之收（狀）者〔一七五〕，不用此章。

護行章第七十七

山澤不可非時焚燒，樹木不可非時斫伐。若非時（理）放火〔一七六〕，燒煞蒼生；伐樹理乖，絶其産業。有罪即能改，人誰無過？過如（而）不（能）改〔一七七〕，必斯成矣。故云：顔回有改，孔子如其仁也。從旦已來，〔何〕〔言〕〔不〕〔是〕〔一七八〕，何行不周？夜則尋思，晝則脩改。故云：吾日三省其身。謂思察己之所行難。居家理治，禁約爲先。婦女小兒，勿聽多語。鄉閭隣里，淡以交遊。朋友往還〔一七九〕，無勞親昵。比鄰借取，有則與之。〔有〕〔而〕〔不〕〔與〕〔一八〇〕，致招怨患。

速行章第七十八

去就進退，府仰敬從，應接隨機，無容賒緩。至於使往東西，不及人馬，依期而〔赴〕〔一八一〕，勿使父母有憂。

病（疾）行章第七十九〔一八二〕

借取時還，貸物早償。此雖小事，嫌（廉）恥之本〔一八三〕。若值天災危〔厄〕〔一八四〕，百姓無端。〔又〕蒙賑恤者〔一八五〕，〔不〕拘此限〔一八六〕。

存行章第八十

若居高位，須存戀舊之情。率領鄉閭，莫缺尊卑之禮。衙聽府縣，不用此條。醼席私情，先人〔後〕己〔一八七〕。

德行章第八十一

貧不改操，揖讓如常。退職失寵，猶須恭肅。士之常也，不以榮辱而易其心；仁之禮也，不以盛衰而虧其志。

留行章第八十二〔一八八〕

陳救勇急，典記留名。去就改修，持榮千載。仁慈愍念〔一八九〕，善自稱傳。讚揚守志，可爲君子。

守行章第八十三

守者，貧則守慎，勿共濫人同榮。窮須不虧守志，莫與弊友交遊。貴不改其容，便（貧）則不虧其操[一九〇]，湛然自守，可謂至矣。

勸行章第八十四

教人爲善，莫德（聽）長惡[一九一]。勸念修身，勿行非法。但以心居奸盜，羅網及之；凶横相陵，刑獄交重。非直身加苦痛，幾許損族虧名。

説明

此件由斯三四九一和伯三〇五三綴合而成。兩件綴合後首尾完整，卷首有原題和作者名。卷背抄有《頻婆娑羅王后宫綵女功德意供養塔生天因緣變》《破魔變文》和《大方便佛報恩經》卷第一。

現知敦煌文獻中保存的《百行章》寫本共有十七件，有關這些寫卷的基本情況以及對《百行章》的介紹可參看鄭阿財、朱鳳玉《敦煌蒙書研究》（甘肅教育出版社，二〇〇二年，三二〇至三二二頁）以及本書第八卷所收斯一八一五、斯一九二〇《百行章》的『説明』。

以上釋文以斯三四九一+伯三〇五三爲底本，因本書在對斯一九二〇進行釋録時，曾以此件爲校本，所以此件與其他相關各寫本之異同已見於斯一九二〇校記，故此件僅用斯一九二〇爲校本（稱其爲甲本）校補脱文、校改錯誤，如甲本亦有脱、誤，則據其他相關文本補、改。

校記

〔一〕『廊』，甲本同，當作『廓』，據伯三三〇六《百行章》改。
〔二〕『絡』，當作『終』，據甲本改。
〔三〕『終』，甲本同，當作『忠』，據伯三三〇六《百行章》改，『終』爲『忠』之借字。
〔四〕『終』，甲本同，當作『忠』，據伯三三〇六《百行章》改，『終』爲『忠』之借字。
〔五〕『過』，當作『遇』，據甲本改。
〔六〕『恩』，甲本同，當作『自』，據伯三三〇六《百行章》改；『勵』，甲本同，當作『勵』，據伯三三〇六《百行章》改。
〔七〕『第』，底本作『弟』，按寫本中『弟』『第』形近易混，故據文義逕釋作『第』。以下同，不另出校。
〔八〕『青』，甲本同，當作『清』，據伯三三〇六《百行章》改，『青』爲『清』之借字。
〔九〕『物』，甲本同，當作『勿』，據伯三三〇六《百行章》改，『物』爲『勿』之借字。
〔一〇〕『特』，當作『持』，據甲本改。
〔一一〕『而』，當作『如』，據文義改，『而』爲『如』之借字。
〔一二〕『而悦者衆』，此四字底本原寫作雙行加注格式，當因照抄甲本使然，但甲本係因空間不足而將大字抄爲雙行小字，此據文義及伯三三〇六《百行章》將其釋作大字。
〔一三〕『哀』，當作『喪』，據甲本改。
〔一四〕『風』，當作『夙』，據甲本改。
〔一五〕『智』，甲本同，當作『志』，據伯三三〇六《百行章》改，『智』爲『志』之借字。
〔一六〕『第』，據甲本補。

〔一七〕「鄉」，當作「卿」，據甲本改。
〔一八〕「第」，據甲本補。
〔一九〕「使所」，甲本同，當作「所使」，據伯三三〇六《百行章》改。
〔二〇〕「仕」，甲本同，當作「士」，據伯三三〇六《百行章》改，「仕」爲「士」之借字。
〔二一〕「意」，甲本同，當作「憶」，據文義改，「意」爲「憶」之借字。
〔二二〕「特」，甲本同，當作「持」，據伯三三〇六《百行章》改。
〔二三〕「菿」，當作「對」，據甲本改。以下同，不另出校。
〔二四〕「衢」，甲本同，當作「懼」，據伯三三〇六《百行章》改。
〔二五〕「風」，當作「夙」，據甲本改。
〔二六〕「之」，當作「乏」，據甲本改。
〔二七〕「勤」，甲本同，當作「謹」，據伯三三〇六《百行章》改。
〔二八〕「家」，甲本無，據文義係衍文，當删。
〔二九〕「男」，本書第八卷作「勇」，誤。
〔三〇〕「積」，甲本同，當作「籍」，《敦煌寫本〈百行章〉校釋補正》據文義校改，「積」爲「籍」之借字。
〔三一〕「煞」，當作「然」，據甲本改。
〔三二〕「疑」，甲本同，當作「宜」，《敦煌寫本〈百行章〉校釋補正》據文義校改，「疑」爲「宜」之借字。
〔三三〕「不人無」，當作「人無不」，據甲本改。
〔三四〕「駿」，甲本同，當作「後」，《敦煌寫本〈百行章〉校釋》據文義校改，《敦煌寫本〈百行章〉校釋補正》校改作「餕」。

〔三五〕『炪』，當作『恤』，據甲本改，『炪』爲『恤』之借字。
〔三六〕『嚮』，甲本同，本書第八卷校改作『響』，按『嚮』通『響』，不煩校改。
〔三七〕『譽』，甲本同，當作『與』，據文義改，『譽』爲『與』之借字。
〔三八〕『食』，據甲本補；『軀』，據文義補；『敗』，據甲本補。
〔三九〕『何』，甲本同，當作『河』，據伯三三〇六《百行章》改，『何』爲『河』之借字。
〔四〇〕『酷』，甲本同，當作『虚』，據文義改。
〔四一〕『虚』，甲本同，當作『酷』，據文義改。
〔四二〕『耕』，當作『科』，據甲本改。
〔四三〕『言』，甲本無，據文義係衍文，當删。
〔四四〕『弟』，甲本同，當作『遞』，據伯三三〇六《百行章》改，『弟』爲『遞』之借字。
〔四五〕『幔』，甲本同，當作『慢』，據伯三三〇六《百行章》改，『幔』爲『慢』之借字。
〔四六〕『慎』，甲本同，當作『嗔』，據伯三三〇六《百行章》改。
〔四七〕『修』，當作『終』，據甲本改。
〔四八〕『即』，甲本無，據文義係衍文，當删。
〔四九〕『言出患入，言失身亡』兩句，係上句『便須慎言』之注文，底本、甲本抄寫時誤植入正文，此據伯三三〇六《百行章》改爲雙行夾注格式。
〔五〇〕『畎』，甲本同，當作『畋』，《敦煌寫本〈百行章〉校釋》據文義校改。
〔五一〕『進』，當作『焦』，據甲本改。
〔五二〕『言』，據《貞松堂藏西陲秘籍叢殘》補；『語』，據《貞松堂藏西陲秘籍叢殘》補。

〔五三〕「盜」，當作「恣」，據甲本改。

〔五四〕「文」，當作「交」，據甲本改。

〔五五〕「守」，甲本同，當作「米」，據伯三三〇六《百行章》改。

〔五六〕「人生」，甲本同，當作「生人」，據伯三三〇六《百行章》改。

〔五七〕「戴」，甲本同，當作「載」，據伯三三〇六《百行章》改。

〔五八〕「戴」，甲本同，當作「載」，據《貞松堂藏西陲秘籍叢殘》改。

〔五九〕「計」，甲本同，當作「擊」，據文義改，「計」爲「擊」之借字；「療」，甲本同，當作「遼」，據《貞松堂藏西陲秘籍叢殘》改，「療」爲「遼」之借字。

〔六〇〕「如」，甲本同，當作「始」，據《貞松堂藏西陲秘籍叢殘》改。

〔六一〕「郥」，當作「身」，據文義改。

〔六二〕「亂」，據甲本補。

〔六三〕「語」，當作「詣」，據甲本改。

〔六四〕「而」，甲本同，當作「如」，據伯三三〇六《百行章》改，「而」爲「如」之借字。

〔六五〕「兒」，甲本同，當作「如」，據《貞松堂藏西陲秘籍叢殘》改，「兒」爲「如」之借字；「趙國臣」，底本及甲本均爲單行大字書寫，據文義當爲「相兒（如）」之注，此改爲雙行夾注格式。

〔六六〕「齊國臣」，甲本同，此三字爲「齊晏」之注，據文義當移於「聘」字之前，此改爲雙行夾注格式。

〔六七〕「濫」，底本原留有空格，據甲本補。

〔六八〕「勵」，據甲本補；「心」，據甲本補。

〔六九〕底本「二」同下句之「父」抄在一起，似「交」字，此處據文義及伯三三〇六《百行章》分開釋録。

〔七〇〕「私」，甲本作「移」，誤；第二個「爲」，甲本無，據文義係衍文，當删。
〔七一〕「可」，甲本亦脱，據文義補。
〔七二〕「美」，據甲本補。
〔七三〕「辭」，當作「雖」，據甲本改。
〔七四〕「禄」，底本原留有空格，據甲本補。
〔七五〕「辮」，當作「解」，據甲本改，本書第八卷釋作「懈」，誤。
〔七六〕「以」，甲本同，當作「預」，據伯三三〇六《百行章》改，「以」爲「預」之借字。
〔七七〕「危」，甲本同，當作「虞」，據伯三三〇六《百行章》改；「測」，甲本作「側」，當作「測」，《敦煌寫本〈百行章〉校釋》據文義校補。
〔七八〕「方」，甲本同，當作「防」，《敦煌寫本〈百行章〉校釋》據文義校改，「方」爲「防」之借字。
〔七九〕「中」，當作「巾」，據甲本改；「須」，據甲本補。
〔八〇〕「須」，甲本亦脱，據伯三三〇六《百行章》補。
〔八一〕「形」，底本原作「刑」，按寫本時代「形」「刑」形近易混，故據文義逕釋作「形」，甲本似「刑」，可視作「形」。
〔八二〕「曲」，甲本同，當作「典」，據伯三三〇六《百行章》改。
〔八三〕「合」，據甲本補。
〔八四〕「兄」，甲本亦脱，據伯三三〇六《百行章》補。
〔八五〕「見」，當作「皃」，據甲本改。
〔八六〕「亦」，據甲本補。

〔八七〕『皆』，甲本同，當作『物』，《敦煌寫本〈百行章〉校釋補正》據文義校改；『物』，甲本同，當作『皆』，《敦煌寫本〈百行章〉校釋補正》據文義校改；『於』，甲本同，當作『依』，據伯三三〇六《百行章》改，『於』爲『依』之借字。
〔八八〕『物』，甲本同，當作『勿』，據《貞松堂藏西陲秘籍叢殘》改；『知』，當作『短』，據甲本改。
〔八九〕『織』，甲本無，據文義係衍文，當删。
〔九〇〕『司』，甲本無，據文義係衍文，當删。
〔九一〕『不』，據甲本補。
〔九二〕『曾』，甲本同，當作『憎』，據《貞松堂藏西陲秘籍叢殘》改，『曾』爲『憎』之借字。
〔九三〕『聚』，甲本無，據文義係衍文，當删。
〔九四〕『若』，據甲本補。
〔九五〕『慫』，據甲本補。
〔九六〕『不』，甲本亦脱，據文義補。
〔九七〕第二個『也』，甲本同，爲補白，應不讀。
〔九八〕『敬』，甲本同，當作『正』，據文義改，《敦煌寫本〈百行章〉校釋》校改作『政』。
〔九九〕『敬』，甲本同，當作『正』，據文義改，《敦煌寫本〈百行章〉校釋》校改作『政』；『人』字之下尚有一『丨』殘筆劃，當係抄者手誤。
〔一〇〇〕『令既不從』，甲本亦脱，據伯三三〇六《百行章》補。
〔一〇一〕『從』，甲本亦脱，據伯三三〇六《百行章》補。
〔一〇二〕『得』，甲本同，當作『德』，據伯三三〇六《百行章》改，『得』爲『德』之借字。

〔一〇三〕第二個「而」，甲本同，據伯三三〇六《百行章》係衍文，當删。
〔一〇四〕「仕」，甲本同，當作「士」，據伯三三〇六《百行章》改，「仕」爲「士」之借字。
〔一〇五〕「碎」，據甲本補。
〔一〇六〕「物」，甲本同，當作「勿」，《敦煌寫本〈百行章〉校釋》據文義校改，「物」爲「勿」之借字。
〔一〇七〕「在」，甲本同，當作「存」，據《貞松堂藏西陲秘籍叢殘》改。
〔一〇八〕「訣」，據甲本補。
〔一〇九〕「二」，據甲本補。
〔一一〇〕「狂」，甲本同，當作「枉」，據伯三三〇六《百行章》改。
〔一一一〕「可」，據甲本補。
〔一一二〕「受」，甲本同，當作「授」，據伯三三〇六《百行章》改，「受」爲「授」之借字。
〔一一三〕「利」，據甲本補。
〔一一四〕「一」，據甲本補。
〔一一五〕「一」，據甲本補；「之」，據甲本補。
〔一一六〕「財」，當作「敗」，據甲本改。
〔一一七〕「石」，當作「多」，據甲本改。
〔一一八〕「事」，甲本同，當作「心」，據《貞松堂藏西陲秘籍叢殘》改。
〔一一九〕「問」，甲本同，當作「闇」，據《貞松堂藏西陲秘籍叢殘》改。
〔一二〇〕「令」，甲本同，當作「今」，據《貞松堂藏西陲秘籍叢殘》改。
〔一二一〕第二個「翻」，據甲本補。

〔一二二〕「通」，據甲本補。

〔一二三〕「則」，據甲本補；「不」，據甲本補；「通」，當作「達」，據甲本改。

〔一二四〕「所」，當作「取」，據甲本改。

〔一二五〕「暴」，甲本同，當作「良」，《敦煌寫本〈百行章〉校釋》據文義校改。

〔一二六〕第一個「淨」，當作「爭」，據甲本改；第二個「淨」，甲本同，據《貞松堂藏西陲秘籍叢殘》本係衍文，當删。

〔一二七〕「之」，據甲本補。

〔一二八〕「昇」，當作「卑」，據甲本改。

〔一二九〕「以」，甲本同，當作「已」，《敦煌寫本〈百行章〉校釋》據文義校改，「以」爲「已」之借字。

〔一三〇〕「借」，當作「惜」，據甲本改。

〔一三一〕「珍」，甲本同，當作「彌」，《敦煌寫本〈百行章〉校釋》據文義校改。

〔一三二〕「以」，據甲本補；「特」，甲本同，當作「德」，《敦煌寫本〈百行章〉校釋補正》據文義校改。

〔一三三〕「賦」，甲本同，當作「輔」，《敦煌寫本〈百行章〉校釋補正》據文義校改，「賦」爲「輔」之借字；「理」，甲本同，當作「禮」，《敦煌寫本〈百行章〉校釋補正》據文義校改，「理」爲「禮」之借字。

〔一三四〕「淩」，甲本脱。

〔一三五〕「人」，甲本同，《敦煌寫本〈百行章〉校釋》校改作「仁」，按「人」有「仁」義，不煩校改。

〔一三六〕「語」，甲本同，當作「義」，《敦煌寫本〈百行章〉校釋》據文義校改。

〔一三七〕「言巧」，甲本亦脱，《敦煌寫本〈百行章〉校釋》據下文「辯拙而入辜」句校補。

〔一三八〕「劫」，甲本同，當作「劾」，《敦煌寫本〈百行章〉校釋》據文義校改。

〔一三九〕『特』，當作『將』，據甲本改。
〔一四〇〕『隨』，甲本同，當作『墮』，《敦煌寫本〈百行章〉校釋》據文義校改。
〔一四一〕『宜』，當作『冥』，據甲本改。
〔一四二〕『絡』，當作『終』，據甲本改。
〔一四三〕『私』，甲本同，當作『卿』，《敦煌寫本〈百行章〉校釋》據文義校改。
〔一四四〕『增』，甲本同，當作『憎』，《敦煌寫本〈百行章〉校釋》據文義校改，『增』爲『憎』之借字。
〔一四五〕『絶』，甲本同，《敦煌寫本〈百行章〉校釋》認爲係衍文，當删。
〔一四六〕『捕』，甲本同，當作『蒱』，據文義改。
〔一四七〕『之』，甲本亦脱，據文義補。
〔一四八〕『增』，甲本同，當作『憎』，《敦煌寫本〈百行章〉校釋》據文義校改，『增』爲『憎』之借字。
〔一四九〕『量』，據甲本補。
〔一五〇〕『令』，當作『人』，據甲本改；『之』，據甲本補。
〔一五一〕『德』，當作『得』，據甲本改，『德』爲『得』之借字。
〔一五二〕『遜擇』，甲本同，當作『擇遜』，《敦煌寫本〈百行章〉校釋》據文義校改。
〔一五三〕『釋』，當作『擇』，據甲本改。
〔一五四〕『言』，據甲本補。
〔一五五〕『見』，據甲本補。
〔一五六〕『大』，當作『人』，據甲本改；『慎』，當作『值』，據甲本改。
〔一五七〕『致』，甲本同，當作『至』，據BD八六六八《百行章》改，『致』爲『至』之借字。

〔一五八〕『償』，甲本同，當作『賞』，據BD八六六八《百行章》改，『償』爲『賞』之借字；『爲』，甲本同，當作『惟』，《敦煌寫本〈百行章〉校釋》據《尚書·大禹謨》校改，『爲』爲『惟』之借字。
〔一五九〕『爲』，甲本同，當作『惟』，《敦煌寫本〈百行章〉校釋》據《尚書·大禹謨》校改，『爲』爲『惟』之借字。
〔一六〇〕『恩』，甲本同，當作『思』，據BD八六六八《百行章》改。
〔一六一〕『困辱』，甲本同，當作『裀褥』，《敦煌寫本〈百行章〉校釋補正》據文義校改，『因辱』爲『裀褥』之借字。
〔一六二〕『若』，據甲本補。
〔一六三〕『慳』，據甲本補。
〔一六四〕『直』，當作『真』，據甲本改。
〔一六五〕『二情』，甲本同，當作『齊形』，據伯四九三七《百行章》殘卷改。
〔一六六〕『克』，甲本亦脱，《敦煌寫本〈百行章〉校釋》據文義校補。
〔一六七〕『法』，甲本同，當作『位』，《敦煌寫本〈百行章〉校釋補正》據文義校改。
〔一六八〕『問』，當作『間』，據甲本改。
〔一六九〕『如』，甲本亦脱，據BD八六六八《百行章》補。
〔一七〇〕『變』，甲本同，當作『衰』，據BD八六六八《百行章》改。
〔一七一〕伯三〇五三始於此句。
〔一七二〕斯三四九一止於此句之『棄行』。
〔一七三〕『花』，據甲本補。
〔一七四〕『受』，當作『愛』，據甲本改。
〔一七五〕『收』，當作『狀』，據甲本改。

〔一七六〕『時』，甲本同，當作『理』，據BD八六六八《百行章》改。
〔一七七〕『如』，甲本同，當作『而』，據BD八六六八《百行章》改，『如』爲『而』之借字；『不』，甲本同，當作『能』，據文義改。
〔一七八〕『何言不是』，甲本亦脱，據BD八六六八《百行章》補。
〔一七九〕『往』，甲本作『住』，誤。
〔一八〇〕『有而不與』，據甲本補，此句前甲本尚有『迴前作後，誰無斷闕？此能相濟，彼亦無慚』。
〔一八一〕『赴』，據甲本補。
〔一八二〕『病』，甲本同，當作『疾』，據BD八六六八《百行章》改；『第』，甲本脱。
〔一八三〕『嫌』，甲本同，當作『廉』，據BD八六六八《百行章》改。
〔一八四〕『厄』，據甲本補。
〔一八五〕『又』，據甲本補。
〔一八六〕『不』，據甲本補。
〔一八七〕『後』，據甲本補。
〔一八八〕『十』，據殘筆劃及甲本補；『二』，據甲本補。
〔一八九〕『念』，據殘筆劃及甲本補。
〔一九〇〕『便』，甲本同，當作『貧』，《敦煌寫本〈百行章〉校釋補正》據文義校改。
〔一九一〕『德』，甲本同，當作『聽』，據BD八六六八《百行章》改。

參考文獻

《敦煌寶藏》一四册，臺北：新文豐出版公司，一九八二年，五〇五至五一〇頁（圖）；《敦煌寶藏》二九册，臺北：新文豐出版公司，一九八二年，九九至一〇五頁（圖）；《敦煌寶藏》一二六册，臺北：新文豐出版公司，一九八二年，一六二頁（圖）；《文物》一九八四年九期，六五至六六頁；《敦煌研究》一九八五年二期，七一至九八頁（録）；《敦煌古籍敘録新編》一〇册，臺北：新文豐出版公司，一九八六年，九二、一四三至一六六頁（圖）；《1983年全國敦煌學術討論會文集》文史·遺書編，蘭州：甘肅人民出版社，一九八七年，九九至一〇七頁；《敦煌吐魯番文獻研究論集》五輯，北京大學出版社，一九九〇年，二七九至三〇五頁；《英藏敦煌文獻》五卷，成都：四川人民出版社，一九九五年，一〇一至一〇五頁（圖）；《法藏敦煌西域文獻》二二册，上海古籍出版社，二〇〇一年，一八五頁（圖）；《法藏敦煌西域文獻》二三册，上海古籍出版社，二〇〇一年，一四三至一四七頁（圖）；《敦煌蒙書研究》，蘭州：甘肅教育出版社，二〇〇二年，三二〇至三四八頁（録）；《英藏敦煌社會歷史文獻釋録》八卷，北京：社會科學文獻出版社，二〇一二年，二三四至二七四頁（録）。

斯三四九一背　一　頻婆娑羅王后宮綵女功德意供養塔生天因緣變

釋文

頻婆娑羅王后宮綵女功德意供養塔生天因緣變〔一〕

年來年去暗更移〔二〕，没一個將心解覺知〔三〕。

只昨日顋邊紅艷艷〔四〕，如今頭上白絲絲〔五〕。

尊高蹤（縱）使千人諾〔六〕，逼促都緣一夢期〔七〕。

更見老年腰背曲〔八〕，驅驅猶自爲妻兒〔九〕。觀世音菩薩〔一〇〕。

君不見生來死去〔一一〕，似蟻循還（環）〔一二〕；爲衣爲食〔一三〕，如蠶作繭。假使有秋（拔）山舉頂（鼎）之士〔一四〕，終埋在三尺土中；直繞（饒）王（玉）提（緹）金繡之徒〔一五〕，未免〔於〕一械灰燼〔一六〕。莫爲（謂）久住〔一七〕，看則去時〔一八〕，雖論有頂之天〔一九〕，總到無常之地。小妻恩厚〔二〇〕，難爲與替死之門〔二一〕；愛子情深，終不代君受〔苦〕〔二二〕。忙忙濁世，爭戀久居；摸摸昏迷，如何擬去！不集開常意樹〔二三〕，欲（早）折覺花〔二四〕。天宮快樂處，須生地獄下〔二五〕。波吒莫歎（去）死〔二六〕，去了卻生來，合嗟傷〔二七〕，爭堪泥（你）卻不思量〔二八〕：
一世似風燈虛没没〔二九〕，百年如春夢苦忙忙。
心頭託手細參詳〔三〇〕，世事從來不久長。
遮莫金銀盈庫藏，死時爭豈（肯）與君將〔三一〕？
紅顏漸漸雞皮皺，緑鬢看看鶴髮倉（蒼）〔三二〕。
更有向前相識者〔三三〕，從頭老病總無常。
春夏秋冬四序摧（催）〔三四〕，致令人世有輪迴〔三五〕。
千山白雪分明在，萬樹紅花闇欲開。
燕來燕去時後（候）促〔三六〕，花榮花謝競推排〔三七〕。
聞健直須知（疾）覺悟〔三八〕，當來必定免輪迴〔三九〕。觀世音菩薩〔四〇〕。
内宮爾時以此開讚功德〔四一〕，我府主太保千秋萬歲，永蔭龍沙；夫人松柏同貞，長承貴寵。城隍泰樂，五稼豐登；四塞澄清，狼煙罷驚（警）〔四二〕。法輪常轉，佛日恒明。真宗有召（昭）代之興〔四三〕，俗巨（民）有堯年之樂〔四四〕。時衆運志誠心，大稱念『摩訶』。

功德意供養塔生天緣

過去久遠，往昔世時，我佛大慈，出興於世。遍遊三界，普化四生，開八萬甘露之門，柱四千塵勞之逕。時則有王舍大城頻婆婆（娑）羅王〔四五〕，統渥（握）膽（贍）部〔四六〕，紹繼黔黎，常以政（正）法治國〔四七〕，不邪柱（枉）諸民衆〔四八〕。心行平等，遠近愍而（如）腹生〔四九〕；意起寬慈，怨親慰同赤子。爲王賢善，風雨順時。年常之五稼豐饒，庫藏之珍財盈滿。感得四方晏靜，八表欽威，外無草動而塵飛，内有安家而樂業。人民歡泰，歎美其王。天神讚揚，亦皆敬護。加以深崇三寶，重敬佛僧。棄捨高榮，懇修功德。時遇世尊行化，説法度人，其王渴仰歸誠，遂作在家弟子。佛即不違王願，隨樂許之。王請佛於迦蘭陀竹林敷演於甚深蜜（密）藏〔五〇〕。每日將大臣眷屬，三時往就林中，步步而行，參禮於佛。經年度月，恆恆無懈怠之心〔五一〕；日日三界，不但（憚）往來之苦〔五二〕。

婆羅大王治黔黎，常生十善化群迷〔五三〕。
於諸衆生普平等，感得時和内外清。
七珍百寶無所乏，年支五稼有豐盈〔五四〕。
人民歡喜皆稱歎，諸天愛護讚神明。
加以傾心敬三寶，不貪高貴世簡（間）榮〔五五〕。
是時佛在山林内，三時就禮每精誠。
大臣眷屬相隨從，往來途路步而行。
請佛演説三乘教，普益一切諸衆生。

於是大王後乃漸漸老大，體重力微，難可故往於山林，日日三時而禮謁。然以端居寶殿，正念思惟，非分憂惶，忸怩反側。今若休罷禮拜，仗（伏）恐先願有違〔五六〕。若乃頂謁參承，力劣不能來往。即朝大臣眷屬〔五七〕，隱便商宜〔五八〕。中内有一智臣，出來白王一計：

佛有他心聖智，預知衆生心意。大王意欲參承，莫煩耳（爾）多憂慮〔五九〕。今日往於林中，佛前虔恭跼跪。求請小許髮爪〔六〇〕，還宫敬造塔寺。安置佛之毫信，依此禮拜專志。共往山林之中，福分也合同比。

時王取臣之計，遂往林中，即於佛前，求哀乞罪：『弟子不是懈怠輕慢。』（以下原缺文）

説明

此卷由斯三四九一背與伯三〇五三背綴合而成，兩件綴合後首尾完整，抄有《頻婆娑羅王后宫綵女功德意供養塔生天因緣變》（未抄完）《破魔變文》和《大方便佛報恩經》卷第一。三件筆跡不同，係不同人所抄。《大方便佛報恩經》卷第一始抄於斯三四九一背尾部，按本書體例，僅收斯三四九一背之『因緣變』和『破魔變』。

此件首尾完整，上沿略有殘損，首題『頻婆娑羅王后宫綵女功德意供養塔生天因緣變』，題後接押座文，押座文訖，又有標題『功德意供養塔生天緣』，後未抄完。此件之創作時間約在九二五至九三六年

（參見曲金良《敦煌寫本變文、講經文作品創作時間匯考》，《敦煌學輯刊》二期，一九八七年，六六頁），故事出於『撰集百緣經』卷六『功德意供養塔生天緣』，現存者約二分之一（參見王重民等《敦煌變文集》，七七〇頁）。

敦煌文獻中保存的與此件同名的變文尚有伯三〇五一，該件首缺尾全，上沿殘損較重，所存内容爲此變文之末段，與此件内容不重合。另外，此件後接抄『破魔變文』，該件起首之押座文與此件同，此押座文又見於伯二一八七，文字略有出入。

以上釋文以斯三四九一背爲底本，押座文部分以伯二一八七（稱其爲甲本）、此卷『破魔變文』之押座文（稱其爲乙本）參校。

校記

〔一〕此題，甲本作『降魔變押座文』。

〔二〕『暗』，甲本同，乙本作『闇』。

〔三〕『一』，甲本同，乙本無。

〔四〕『只』，甲本同，乙本無。

〔五〕『今』，甲本同，乙本作『今朝』。

〔六〕『蹤』，甲本同，當作『縱』，據乙本改，『蹤』爲『縱』之借字；『諾』，甲本同，乙本作『喏』。

〔七〕『緣』，甲、乙本作『成』；『期』，甲、乙本同，《敦煌變文校注》釋作『斯』，誤。

〔八〕『背』，甲本同，乙本脱。

〔九〕「猶」，乙本同，甲本作「由」，「由」爲「猶」之借字。

〔一〇〕「觀世音菩薩」，甲、乙本均無，底本原作大字植入正文中，疑爲和聲詞，應爲雙行夾注格式。

〔一一〕「死」，甲本同，乙本作「怨」，誤。

〔一二〕「循」，甲本作「脩」，乙本作「修」，均誤；「還」，甲、乙本同，當作「環」，《「敦煌變文集」校記再補》據文義校改，「還」爲「環」之借字。

〔一三〕第二個「爲」，甲本同，乙本無。

〔一四〕「秋」，當作「拔」，據甲、乙本改；「頂」，甲、乙本同，當作「鼎」，《敦煌變文集》據文義校改，「頂」爲「鼎」之借字。

〔一五〕「直」，甲本同，乙本作「縱」；「繞」，當作「饒」，據甲、乙本改，「繞」爲「饒」之借字；「王」，當作「玉」，據甲、乙本改；「提」，甲、乙本同，當作「緹」，《敦煌變文校注》據文義校改，「提」爲「緹」之借字；「繡」，甲本同，乙本作「蕭」，誤。

〔一六〕「於」，據甲、乙本補。

〔一七〕「爲」，甲、乙本同，當作「謂」，《敦煌變文校注》據文義校改，「爲」爲「謂」之借字。

〔一八〕「則」，甲本同，乙本作「即」。

〔一九〕「雖」，甲本同，乙本作「次」，誤。

〔二〇〕「小」，乙本同，甲本作「少」。

〔二一〕「爲」，甲本同，據乙本及文義係衍文，當删；「與」，甲本同，乙本無；「替」，甲本同，乙本作「贊」，誤。

〔二二〕「不」，甲本同，乙本作「莫」；「苦」，據甲、乙本補。

〔二三〕「開」，甲本同，乙本作「關」，誤；「常」，甲本同，乙本無。「開常」，《「敦煌變文集」校記再補》認爲當乙作

「常開」。

〔二四〕「欲」，當作「早」，據甲、乙本改；「折」，甲本同，乙本作「拆」，均可通。

〔二五〕「須」，甲本同，乙本作「猶」。

〔二六〕「歎」，當作「去」，據甲、乙本改。

〔二七〕「嗟」，甲、乙本作「歎」。

〔二八〕「泥」，甲本同，當作「你」，據乙本改，「泥」爲「你」之借字。

〔二九〕「燈」，甲本同，乙本作「登」，「登」爲「燈」之借字；「虚」，甲本同，乙本作「驅」，「驅」爲「虚」之借字；「没没」，甲本同，乙本作「役役」，似可通。

〔三〇〕「託」，甲本同，乙本作「著」。

〔三一〕「死」，甲本同，乙本作「四」，「四」爲「死」之借字；「豈」，甲本同，當作「肯」，據乙本改。

〔三二〕「鶬」，甲本同，乙本脱；「倉」，甲本同，當作「蒼」，據乙本改，「倉」爲「蒼」之借字。

〔三三〕「有」，甲本同，乙本作「見」。

〔三四〕「序」，甲本同，乙本作「時」；「堆」，甲本同，乙本作「灌」，當作「催」，《敦煌變文集》據文義校改，「堆」「灌」均爲「催」之借字。

〔三五〕「有」，甲本同，乙本作「免」，誤。

〔三六〕「後」，甲本同，當作「候」，據乙本改，「後」爲「候」之借字。

〔三七〕「謝」，乙本同，甲本作「射」，誤；「推」，甲本同，乙本作「崔」，「崔」爲「推」之借字。

〔三八〕「健」，甲本作「揵」；「知」，當作「疾」，據甲本改，「知」爲「疾」之借字。此句乙本作「欲問若有如此事」。

〔三九〕「當來必定免輪迴」，甲本同，乙本作「經題名目唱將來」。甲本此句後有「亦經題名目唱將來」。

〔四〇〕「觀世音菩薩」，甲、乙本無，底本原作大字植入正文中，疑爲和聲詞，應爲雙行夾注格式。

〔四一〕「内官爾時」，底本原作雙行夾注形式，疑當作大字植入正文中。

〔四二〕「驚」，當作「警」，《「敦煌變文集」校記再補》據文義校改，「驚」爲「警」之借字。

〔四三〕「召」，當作「昭」，《敦煌變文集校議》據文義校改，「召」爲「昭」之借字。

〔四四〕「巨」，當作「民」，《敦煌變文集》據文義校改。

〔四五〕「婆」，當作「娑」，據文義改，《敦煌變文集》《敦煌變文集新書》《敦煌變文校注》《敦煌變文講經文因緣輯校》逕釋作「娑」。

〔四六〕「渥」，當作「握」，《敦煌變文集》據文義校改，「渥」爲「握」之借字；「瞻」，當作「贍」，《敦煌變文校注》據文義校改。

〔四七〕「政」，當作「正」，《「敦煌變文集」校記再補》據文義校改。

〔四八〕「柱」，當作「枉」，據文義改，《敦煌變文集》《敦煌變文集新書》《敦煌變文校注》《敦煌變文講經文因緣輯校》逕釋作「枉」。

〔四九〕「而」，當作「如」，《敦煌變文字義通釋》據文義校改，「而」爲「如」之借字。

〔五〇〕「蜜」，當作「密」，《敦煌變文校注》據文義校改，「蜜」爲「密」之借字。

〔五一〕第二個「恆」字，據文義係衍文，當刪。

〔五二〕「但」，當作「憚」，《敦煌變文集》據文義校改，「但」爲「憚」之借字。

〔五三〕「生」，《敦煌變文校注》釋作「年」，誤。

〔五四〕「支」，《敦煌變文集校議》校改作「年」，按不改亦可通。

〔五五〕「簡」，當作「間」，《敦煌變文校注》據文義校改，《敦煌變文匯録》《敦煌變文集》《敦煌變文集新書》《敦煌變文講經文因緣輯校》均逕釋作『間』，『簡』爲『間』之借字。

〔五六〕『仗』，當作『伏』，《敦煌變文集》據文義校改。

〔五七〕『朝』，《敦煌變文校注》認爲當讀作『詔』。

〔五八〕『宜』，《新版〈敦煌變文字義通釋〉讀後》認爲當讀作『議』。

〔五九〕『耳』，當作『爾』，《敦煌變文集》據文義校改，『耳』爲『爾』之借字。

〔六〇〕『小』，《敦煌變文集》校改作『少』，按『小』通『少』，不煩校改。

參考文獻

《敦煌變文匯録》，上海出版公司，一九五四年，二六一至二七七頁（録）；《敦煌變文集》，北京：人民文學出版社，一九五七年，七六四至七七一頁（録）；《華東師大學報》一九五八年二期，一一〇至一二六頁；《敦煌變文字義通釋》，上海古籍出版社，一九八一年，一七八頁；《敦煌寶藏》二九册，臺北：新文豐出版公司，一九八二年，一〇五至一一一頁（圖）；《中國語文》一九八二年三期，二二四至二三三頁；《敦煌寶藏》一一六册，臺北：新文豐出版公司，一九八五年，三八四頁（圖）；《敦煌寶藏》一二六册，臺北：新文豐出版公司，一九八五年，一五九、一六三頁（圖）；《敦煌學輯刊》一九八七年一期，五六至六九頁；《敦煌變文集校議》，長沙：岳麓書社，一九九〇年，三九七至四〇〇頁；《敦煌變文選注》，成都：巴蜀書社，一九九〇年，四四七至四六七頁；《英藏敦煌文獻》五卷，成都：四川人民出版社，一九九二年，一〇六至一一五頁（圖）；《敦煌變文集新書》，臺北：文津出版社，一九九四年，七四五至七五四頁（録）；《敦煌變文校注》，北京：中華書局，一九九七年，一〇八一至一〇八八頁（録）；《敦煌變文講經文因緣輯校》，南京：江蘇古籍出版社，一九九八年，九一七至九二八頁（録）；《法藏敦煌文獻》八册，上海古籍出版社，一九九八年，一七七頁（圖）。

斯三四九一背　二　破魔變

釋文

年來年去闇更移，没個將心解覺知。昨日顋邊紅艷艷，如今朝頭上白絲絲。尊高縱使千人喏，逼促都成一夢期。更見老年腰〔背〕曲〔一〕，驅驅猶自爲妻兒。

君不見生來怨（死）去〔二〕，似蟻修（循）還（環）〔三〕；爲衣〔爲〕食〔四〕，如蠶作繭。假使有拔山舉頂（鼎）之士〔五〕，終埋在三尺土中；縱饒玉提（緹）金簫（繡）之徒〔六〕，未免於一械灰燼。莫爲（謂）久住〔七〕，看即去時。次（雖）論有頂之天〔八〕，總到無常之地。小妻恩厚，難爲贊（替）死之門〔九〕；愛子情深，終莫代君受苦。忙忙濁世，爭戀久居；摸摸昏迷，如何擬去。不集開意樹，早坼覺花〔一〇〕。天宫快樂處，猶生地獄下。波吒莫去死，去了卻生來。合歎傷，爭堪你卻不思量：

一世似風登（燈）驅（虚）役役〔一一〕，百年如春夢苦忙忙。
心頭著手細參詳，世事從來不久長。
遮莫金銀盈庫藏，四（死）時爭肯與君將〔一二〕？

紅顔漸漸雞皮皺，緑鬢看看〔鶴〕髮蒼〔一三〕。
更見向前相識者，從頭老病總無常。
春夏秋冬四時漼（催）〔一四〕，致令人世免（有）輪迴〔一五〕。
千（？）山白雪分明在，萬樹紅花闇欲開。
燕來燕去時候促，花榮花謝競崔（推）排〔一六〕。
欲問若有如此事，經題名目唱將來。

我佛當日爲度衆生〔一七〕，棄捨王宮，雪山修道。今經六載苦修行〔一八〕，四至（智）周圓〔一九〕。當臘月八日之晨，下山於熙連河沐浴。洗多年之膩體，證紫磨之金身；出清淨之愛河，遇逢吉祥之長者〔二〇〕。廣鋪草坐，供養殿（股）勤〔二一〕；牧女獻乳於此時，四王捧鉢於是日。纔登座〔上〕〔二二〕，震動魔宮。當爾之時，道何言語：

苦行山中經六年，四知周圓道果堅。
下山欲久（救）衆生苦〔二三〕，洗濁（濯）垢膩在熙連〔二四〕。
纔出河來逢長者，廣鋪草座結良緣。
牧女獻乳親供養，四王捧鉢到河邊。
纔座（坐）定〔二五〕，震天宮，故知聖力遍無窮。
魔王登時觀下界，方見如來出世中。

於是魔王既觀下界，又不見五逆之男，又不見孝順之子，爲（唯）見我南閻浮提淨飯大王悉達太子或（成）登正覺之時〔二六〕。魔王口中思惟道：若是交（教）他化度衆生〔二七〕，我等門徒，於（投）投（於）佛裏〔二八〕；不如先集徒衆，點檢魔宮，惱亂瞿曇，不交（教）出世。魔王當時道何言語：

魔王忿怒在逡巡，廣點妖邪之（諸）鬼神〔二九〕。
睹見如來今出世，雄心叵耐便生嗔。
不了自家邪神呂（類）〔三〇〕，擎山覆海滅今（金）人〔三一〕。
處分鬼神齊用命，提（捉）將〔如〕來暢我身〔三二〕。

於是魔王擊二口金鍾〔三三〕，百萬徒衆聽〔三四〕。當時著馬頭羅刹，爲遊弈將軍〔三五〕，捷疾夜叉補作先鋒大將〔三六〕，鳩般茶鬼排戈戟以前行〔三七〕，毗舍闍神領甲兵而後擁〔三八〕。召〔阿〕修羅軍衆爲突將〔三九〕，即怒目〔揚〕精〔四〇〕；乾闥婆衆後隨〔四一〕，而乃乍嗔乍喜〔四二〕。更有夜叉虞候，羅刹都巡，並劍〔齒〕戟牙〔四三〕，利毛銅抓（爪）〔四四〕；毛（手）持鐵棒〔四五〕，腰帶赤虴（蛇）〔四六〕。驅精魅以前行〔四七〕，魍魎神在後〔四八〕。閻羅王爲都統，總管諸軍；五道大神知押衙〔四九〕，又并斬斫〔五〇〕。喚風伯、雨師作一縈（營）〔五一〕，呼行病鬼王別作一隊。然後劈兩陳〔五二〕，分四廂，左遶右遮〔五三〕，前驅後截。用雷雲爲戰鼓〔五四〕，跛（簸）覢電作朱旗〔五五〕，縱猛風以前蕩，勤（勒）毒龍而向後〔五六〕。蚖蛇盤結，遍地盈川〔五七〕；鬼神交横〔五八〕，摇精動目。更有飛天之鬼，異貌奇形〔五九〕。或有五眼六牙〔六〇〕，三身八臂；四眉七耳〔六一〕，九口十頭；黄髮赤髭，頭尖額闊。或腕臝臂細，頭小脚長〔六二〕；跛（簸）旗弄於山川〔六三〕，呼吸吐其雲霧。摇動日月，擺撼乾坤〔六四〕；作啾唧聲，傳叱吒號〔六五〕。妖邪萬衆〔六六〕，有耳不聞。器械千般，何曾眼見。波旬自領軍衆〔六七〕，來至林中，先鋪靉靆之雲，後降撥（潑）霂（墨）之雨〔六八〕。方梁欄木，復（福）塞虚空〔六九〕；捧石擊山，昏蔽日月〔七〇〕。强風忽起，拔樹吹沙。天地既不辯東西〔七一〕，昏闇豈知南北〔七二〕。一時號領（令）〔七三〕，便下天來。迅速之間〔七四〕，直到菩提樹下〔七五〕。

魔王槌鍾擊鼓聲〔七六〕，點檢邪魔也大奇。
處分各須排甲仗〔七七〕，槍刀臨陣不須虧。
先鋒踏自（道）須遠探〔七八〕，收後都巡看便宜。
風伯雨師如前引，夜叉羅刹後相隨。
左迴右轉如山動〔七九〕，前遮後截豈乖違。
魔王自爲都元帥，總管諸軍都指僞（撝）〔八〇〕。
靉靆之雲空裹布〔八一〕，潑下黑霧似黑池〔八二〕。
雨點若著如中箭，雹子逢人似連鎚。
山嶽念（捻）來安常（掌）裹〔八三〕，江海擊來直下傾〔八四〕。

空裏鬧，世間驚，號領（令）唯聞唱煞聲〔八五〕。
紅旗卷處殘霞起，皂纛長吹碧雲飛〔八六〕。
鬼神雲裏皆勇猛，磨（魔）王時時振英雄〔八七〕。
圍遶佛身千萬匝，擬捉如來唱（暢）怒（奴）情〔八八〕。

於是我佛端居樹下〔八九〕，正念思惟道〔九〇〕：他總到來如何准擬〔九一〕？遂起慈悲善根力，方便降伏邪徒，不假干戈，寧榮（勞）士馬〔九二〕。如來所持器杖，與彼全殊。且著忍辱鉀〔九三〕，執智惠刀〔九四〕，彎禪定弓，端慈悲箭，騎十力馬，下精進鞭。慚愧刀未舉〔九五〕，鬼將驚忙；智惠劍而未輪〔九六〕，波旬怯懼。垂煙吐炎之輩〔九七〕，返被自燒〔九八〕；載石擎山之徒〔九九〕，自沈自〔墜〕〔一〇〇〕。外道等弓欲張而弦即斷〔一〇一〕，箭欲發時花自生；槍未盤而自折，劍未輪而刃落。處（霑）雷翻爲梵響〔一〇二〕，雹子變成珍珠〔一〇三〕。紅旗出沒，香風自生；猛火黑煙，旃檀霧降〔一〇四〕。我佛現其定力，外道波旬無門怯懼，大者霧中覓走，小者雲裏撼懺（戰）〔一〇五〕。魔王見此，且卻抽軍〔一〇六〕；羅刹叩頭，由（猶）稱死罪〔一〇七〕。抽戈便發〔一〇八〕，卻往魔宮。毒惡來（未）亡〔一〇九〕，尚生忿怒〔一一〇〕。

端居树下相顒顒〔一一一〕，魔王誇俊騁英雄〔一一二〕。
寶劍纔揮鋒刃落，紅旗初辰（展）結花叢〔一一三〕。
六鈞未挽弓弦斷〔一一四〕，四羽初開箭迸空。

更騁雹雷誇丑（雪）雹[一一五]，雹了（子）空中自消容（溶）[一一六]。
驚（擎）山撮海騁神通[一一七]，方梁橍木數千重[一一八]。
擬害如來三界主，恰似落葉遇秋風。
魔王雖是都元帥[一一九]，鐃君膽大也枉（怔）松（忪）[一二〇]。
遂向軍前親號領（令）[一二一]，火急抽兵卻歸空（宮）[一二二]。
不念此是邪神類[一二三]，比並天中大聖蹤[一二四]。
鬼神類，百千盤（般）[一二五]，變化神通氣力難（灘）[一二六]。
任你前頭多變化，如來不動一毛端。

魔王見陳勢似輸[一二七]，且卻抽軍[一二八]，還歸天上[一二九]。不察自家力劣[一三〇]，輒擬惱害如來，忿怒之情，尚猶未息[一三一]。然後端居正殿，卻歸香林[一三二]，扼腕揚眉[一三三]，鋪唇叵耐。魔王有三女[一三四]，忽見火（父）王情不樂[一三五]，遂即同前啓白父王[一三六]。三女當爾之時[一三七]，道何言語：

父王何得苦生憂[一三八]，甚事怨請（情）煩（勿）勿（煩）留[一三九]。
爲後（復）憂他國計事[一四〇]，近日容貌漸生愁。
天宮快樂人難遇，富貴嬌奢早晚休。
下界不知有甚事，請君爲我説來由。

魔王答女曰〔一四一〕：

近日瞿曇下雪山，道果纔成斷愛攀。
我等門徒威力少〔一四二〕，天宮快樂鎮長閑。
如何有計諫（翦）滅得〔一四三〕，永劫不交（教）出世間。

女向父王道〔一四四〕：

瞿曇少小在深閨，近捨攀緣出於（淤）泥〔一四五〕。
色境歡娱爭斷得，三身四智未圓齊。
女今早願下閻浮，暫伴瞿曇爲作妻。
惱亂免交（教）登道果，不成無上大菩提。

魔王聞説〔一四六〕，歡喜非常：庫内綾羅，任奴裝束〔一四七〕。側抽蟬鬢〔一四八〕，斜插鳳釵〔一四九〕；身掛綺羅，臂纏〔瓔〕珞〔一五〇〕，東鄰美女〔一五一〕，實是不如；南國閨人〔一五二〕，酌（灼）然不及〔一五三〕。玉貌似雪，徒誇洛賓之容〔一五四〕；朱臉如花，謾（漫）説巠（巫）山之貌〔一五五〕。行風行雨〔一五六〕，傾國傾城。人漂（飄）五色之衣〔一五七〕，日照三朱（銖）之服〔一五八〕。仙俄（娥）從後〔一五九〕，持寶蓋已後隨〔一六〇〕；織安（女）引前〔一六一〕，扇香風而塞路。召六宮彩女，發左（在）右（左）邊〔一六二〕；命一國天人〔一六三〕，分君右面〔一六四〕。直從上界，來到佛前。歌舞齊施，管弦競奏〔一六五〕。

論情實是綺羅人，若説儀容獨超群〔一六六〕。
身掛天宫三朱（銖）服〔一六七〕，足攝（躡）陘（巫）山一行（片）雲〔一六八〕。

第一女道〔一六九〕：世尊！世尊！人生在世，能得幾時？不作榮華，虚生過日。怒（奴）家美貌〔一七〇〕，實是無雙。不合自誇，人間少有。故來相事〔一七一〕，誓盡千年。不棄卑微，永共佛爲琴瑟。

勸君莫證大菩提〔一七二〕，何必將心苦執迷？
我捨慈親來下界，情願將心（身）作夫妻〔一七三〕。

佛道〔一七四〕：

我今願證大菩提，説法將心化群迷。
乞食自餐由（猶）不足〔一七五〕，没得資財更養妻。

第二女道〔一七六〕：世尊〔一七七〕！金輪王苗氏〔一七八〕，帝子王孫〔一七九〕，抛卻王位〔一八〇〕，獨在山間寂寞〔一八一〕。我今來意，更無別心，欲擬伴任（住）山中〔一八二〕，掃地燒香取水〔一八三〕。世尊不在之時，我解看家守捨（舍）〔一八四〕。

遠別天宫捨父孃〔一八五〕，將身掃灑世尊房。
誓願不歸天上去，志將纖手拂金牀。

佛道：

我今念念是無常，何處少有不燒香。
佛座四禪本清淨，阿誰要你掃金牀！
第三女道〔一八六〕：世尊！世尊！兒家年幼〔一八七〕，父母偏憐。端整無雙〔一八八〕，聰明小有〔一八九〕。帝釋梵王，頻來問訊。父母嫌伊門卑，不卻交（教）作新婦〔一九〇〕。世尊端正〔一九一〕，又是淨飯王子，三端六藝總全〔一九二〕，文武兩般雙備。是已抛卻父母〔一九三〕，故來降閻浮〔一九四〕，不敢與佛爲妻，情願長擎座具。
奴家不合自己誇〔一九五〕，雙映（臉）如同二月花〔一九六〕。
勸君莫證無上道，誓將織手取袈裟。
佛道〔一九七〕：
幻化逡巡實可嗟〔一九八〕，遮莫富貴及嬌奢。
謾（漫）説顋上紅桃臉〔一九九〕，爭似將身早出家？
膿囊敗壞非楊葉，自（臭）怨肉那堪比並花〔二〇〇〕！
法衣諸天親自送，阿誰要你刺（取）袈裟〔二〇一〕！
佛道：
〔遮〕莫擬共世間希〔二〇二〕，遮莫身掛綺羅衣。
解事速須歸舍去，臉（愆）時煩惱欲何爲〔二〇三〕？

佛道：

汝今早合捨女身，只爲前生障佛因〔二〇四〕。

火急速須歸上界〔二〇五〕，更莫紛紜惱亂人〔二〇六〕。

魔女不信世尊之言，謾發强詞，輕惱於佛。於時世尊舒金色臂〔二〇七〕，指魔女身，三個一時化作老母。眼而（如）朱盞〔二〇八〕，面似火槽（漕）〔二〇九〕；額闊頭五（尖）人〔二一〇〕，胸高鼻曲；髮黄齒黑，眉白口青。面皺如皮裹髑髏，項長一似筋頭鎚子。渾身錦繡，變成兩幅布裙；頭上梳釵，變作一團蟣虱〔二一一〕。身權（腃）項縮〔二一二〕，恰似害凍老鵶；腰伲腳長〔二一三〕，有似過秋穀（鶻）鵦〔二一四〕。渾身笑具，是甚屍骸〔二一五〕。三個相看，面無顔色。心中不積（憤）〔二一六〕，把鏡照看，空留百醜之形，不見千嬌之貌。魔女不取世尊言教〔二一七〕，惱亂如來，變卻姿容，道何言語〔二一八〕：

不是天爲孽，都緣自作災。嬌容何處去，醜陋此時來。

眼裏青如火〔二一九〕，胸前瘦似魁（？）〔二二〇〕。欲歸天上界〔二二一〕，羞見醜頭顋。

魔女三人〔二二二〕，變卻娘（姮）娥之貌〔二二三〕，自慚醜陋之軀，羞見天宮，求歸不得。遂即佛前踋跪，啓〔請〕再三〔二二四〕，當爾之時，道何言語：

不悟前生業障深，直來下界詣雙林。

蓋爲父王恩義重，不料魔家力未强。

惱亂如來多罪障，容儀變卻受怨沈〔二二五〕。
惟願釋迦生慈憫，捨過莫記生念心。

佛以慈悲廣大，有願剋從。捨放前愆，許容懺謝。與舊時之美質，轉勝於前；復婉麗之容儀，過於往日。

我佛慈悲廣大願，爲法分形普流轉〔二二六〕。魔女三人騁姿容，變卻當初端正面。殷勤禮拜告如來，暫棄魔宮心敬善。醜女卻猶（獲）端正身〔二二七〕，口過懺除得脱免〔二二八〕。

魔女卻獲端正，還歸本天。當去之時，道何言語：

魔女懺謝卻歸天，歡喜非常禮聖賢。
故知佛力垂加備〔二二九〕，姊妹三人勝於前。
女見魔王説本情，瞿談如來道果成。
我等三人總變卻，豈合不遂再歸程。
傾心禮拜求哀懺，方始來容罪障輕。
此祭（際）世尊成正覺〔二三〇〕，魔王從此没聲（多）多（聲）〔二三一〕。

定擬説，且休卻，看看日落向西斜。念佛座前領取偈，當來必定座（坐）蓮花〔二三二〕。

説明

此件首尾完整，無題，起『年來年去闇更移』，訖『當來比定座（坐）蓮花』。其内容又見於伯二一八七，該件首尾完整，首題『降魔變押座文』，尾題『破魔變一卷』，故此件可據以定名。伯二一八七在押座文後有一段莊嚴文字，依次莊嚴皇帝和府主僕射、府主司徒、國母聖天公主及合宅小娘子、郎君等，據之可推斷該件創作於天福九年（公元九四四年）前後（參看榮新江《歸義軍史研究：唐宋時代敦煌歷史考索》，一一三至一一四頁）。依據伯二一八七的創作時間，此件當抄寫於公元九四四年後。

以上釋文以斯三四九一背爲底本，用伯二一八七（稱其爲甲本）參校。押座文部分因上一件釋録時，曾以此件爲校本，所以此件與其他相關各寫本之異同已見於上件校記，故此件押座文部分僅用甲本校補脱文、校改錯誤，如甲本亦有脱、誤，則據其他相關文本補、改。

校記

〔一〕『年』，《敦煌變文集》《敦煌變文校注》釋作『人』，誤；『背』，據甲本補。

〔二〕『怨』，當作『死』，據甲本改。

〔三〕『修』，當作『循』，據同卷《頻婆娑羅王后宫綵女功德意供養塔生天因緣變》改；『還』，當作『環』，《〈敦煌變文集〉校記再補》據文義校改，『還』爲『環』之借字。

〔四〕『爲』，據甲本補。

〔五〕『頂』，當作『鼎』，《敦煌變文集》據文義校改，『頂』爲『鼎』之借字。

〔六〕「提」，當作「緹」，《敦煌變文校注》據文義校改，「提」爲「緹」之借字；「蕭」，當作「繡」，據甲本改。
〔七〕「爲」，當作「謂」，《敦煌變文校注》據文義校改，「爲」爲「謂」之借字。
〔八〕「次」，當作「雖」，據甲本改。
〔九〕「贊」，當作「替」，據甲本改。
〔一〇〕「坼」，《敦煌變文校注》釋作「圻」，校改作「坼」。
〔一一〕「登」，當作「燈」，據甲本改，「登」爲「燈」之借字；「驅」，當作「虚」，據甲本改，「驅」爲「虚」之借字；「役役」，甲本作「没没」，均可通。
〔一二〕「四」，當作「死」，據甲本改，「四」爲「死」之借字。
〔一三〕「鶴」，據甲本補。
〔一四〕「漼」，當作「催」，《敦煌變文集》據文義校改，「漼」爲「催」之借字。
〔一五〕「免」，當作「有」，據甲本改。
〔一六〕「崔」，當作「推」，據甲本改。
〔一七〕自此句至「提（捉）將〔如〕來暢我身」，甲本爲簡略本，僅據甲本校改錯誤和校補缺文。
〔一八〕「修」，《敦煌變文校注》認爲係衍文，當删。
〔一九〕「至」，當作「智」，《〔敦煌變文集〕校記再補》據文義校改，「至」爲「智」之借字。
〔二〇〕「逢」，《敦煌變文校注》認爲係改上文「遇」字，故應不録。
〔二一〕「殿」，當作「殷」，據文義改，《敦煌變文校注》逕釋作「殷」。
〔二二〕「上」，據甲本補。
〔二三〕「久」，當作「救」，《敦煌變文校注》據文義校改，「久」爲「救」之借字。

〔二四〕『濁』，當作『濯』，《敦煌變文集》據文義校改，『濁』爲『濯』之借字。

〔二五〕『座』，當作『坐』，《敦煌變文校注》據文義校改，『座』爲『坐』之借字。

〔二六〕『爲』，當作『唯』，《敦煌變文集》據文義校改，『爲』爲『唯』之借字；『或』，當作『成』，據文義改，《敦煌變文校注》逕釋作『成』。

〔二七〕『交』，當作『教』，《敦煌變文校注》據文義校改，『交』爲『教』之借字。以下同，不另出校。

〔二八〕『於投』，當作『投於』，《敦煌變文校注》據文義乙正。

〔二九〕『之』，當作『諸』，《敦煌變文校注》據文義校改，『之』爲『諸』之借字。

〔三〇〕『吕』，當作『類』，《敦煌變文校注》據文義校改。

〔三一〕『今』，當作『金』，《敦煌變文集》據文義校改，『今』爲『金』之借字。

〔三二〕『提』，當作『捉』，《敦煌變文校注》據文義校改；『如』，《敦煌變文校注》據文義校補。

〔三三〕『二』，甲本作『一』。

〔三四〕『百』，甲本作『集百』；『徒衆聽』，甲本作『之徒黨』。

〔三五〕『當時』，甲本無；『著』，甲本作『差』；『爲』，甲本作『哲爲』。

〔三六〕『補』，甲本作『保』。

〔三七〕『般茶』，甲本作『槃吒』。

〔三八〕『闍』，甲本作『奢』。

〔三九〕『阿』，據甲本補。

〔四〇〕『即』，甲本作『則』；『怒』，甲本作『督』，均可通；『揚』，據甲本補。

〔四一〕『乾闥婆衆』，甲本作『舍毗脇多神』。

〔四二〕「嗔」，甲本作「瞋」。
〔四三〕「齒」，甲本亦脱，《敦煌變文選注》據文義校補。
〔四四〕「銅」，甲本作「同」，「同」爲「銅」之借字；「抓」，當作「爪」，據甲本改。
〔四五〕「毛」，當作「手」，據甲本改。
〔四六〕「虴」，當作「蛇」，據甲本改。
〔四七〕「以」，甲本作「以於」，《敦煌變文校注》據文義認爲「於」係衍文，當删。
〔四八〕「神」，甲本作「鬼神」。
〔四九〕「知」，甲本作「兼」；「銜」，甲本作「銜大將」。
〔五〇〕「并」，甲本作「知」。
〔五一〕「榮」，當作「營」，據甲本改，「榮」爲「營」之借字。
〔五二〕「劈」，甲本作「僻」；「陳」，甲本作「陣」，均可通。
〔五三〕「遶」，甲本作「繞」，均可通。
〔五四〕「雷雲」，甲本作「霒雷」。
〔五五〕「跛」，甲本作「披」，當作「簸」，《敦煌變文校注》據文義校改，「跛」「披」均爲「簸」之借字；「覢」，甲本作「閃」，均可通。
〔五六〕「勤」，當作「勒」，據甲本改。
〔五七〕「遍」，甲本作「邊」，「邊」爲「遍」之借字。
〔五八〕「鬼神」，甲本作「神鬼」。
〔五九〕「異貌奇」，甲本作「未邈其」；「形」，底本原作「刑」，按寫本中「形」「刑」形近易混，故據文義逕釋作

「形」。

〔六〇〕「有」，甲本無。

〔六一〕「眉」，甲本作「肩」，誤。

〔六二〕「小」，甲本作「少」，誤。

〔六三〕「跛」，甲本作「披」，當作「簸」，《敦煌變文校注》據文義校改，「跛」「披」均爲「簸」之借字；「旗」，甲本作「其」，「其」爲「旗」之借字。

〔六四〕「擺」，甲本作「震」。

〔六五〕「叱」，甲本作「波」。

〔六六〕「邪」，甲本作「婆」。「妖邪萬衆」至「何曾眼見」，甲本此句在「呼行病鬼王別作一隊」之後。

〔六七〕「波旬」，甲本作「魔王」。

〔六八〕「撥」，當作「潑」，據甲本改；「霂」，當作「墨」，據甲本改。

〔六九〕「復」，當作「福」，據甲本改。

〔七〇〕「蔽」，甲本作「弊」，「弊」爲「蔽」之借字。

〔七一〕「辯」，甲本同，《敦煌變文校注》校改作「辨」，按「辯」有「辨」義，不煩校改。

〔七二〕「知」，甲本作「之」，「之」爲「知」之借字。

〔七三〕「領」，當作「令」，據甲本改，「領」爲「令」之借字。

〔七四〕「迅」，甲本作「逡」。

〔七五〕「到」，甲本作「至」。

〔七六〕自此句至「前遮後截豈乖違」，甲本作「點檢邪魔百萬般，擬捉如來似等閒。軍前號令諸神鬼，瞿曇未死不歸還」。

〔七七〕「仗」，《敦煌變文校注》釋作「杖」，雖義可通而字誤。

〔七八〕「自」，當作「道」，《敦煌變文校注》據文義校改。

〔七九〕「左」，《敦煌變文校注》校改作「右」，不必；「右」，《敦煌變文校注》釋作「左」，誤。

〔八〇〕「都」，甲本作「依」，誤；「僞」，當作「撝」，據甲本改，「僞」爲「撝」之借字。

〔八一〕「布」，甲本作「報」，誤。

〔八二〕「黑」，甲本作「墨」。

〔八三〕「念」，甲本作「擎」，當作「捻」，據文義改，「念」爲「捻」之借字；「常」，當作「掌」，據甲本改，「常」爲「掌」之借字。

〔八四〕「海」，甲本作「河」；「擎」，甲本作「捻」。

〔八五〕「領」，當作「令」，據甲本改，「領」爲「令」之借字。

〔八六〕「蠹」，甲本作「毒」，誤；「長吹」，甲本作「懸處」。

〔八七〕「磨」，當作「魔」，據甲本改，「磨」爲「魔」之借字；「振英雄」，甲本作「又震威」。

〔八八〕「唱」，當作「暢」，據甲本改，「唱」爲「暢」之借字；「怒」，甲本作「絮」，當作「奴」，《敦煌變文集》據文義校改，「怒」「絮」均爲「奴」之借字。

〔八九〕「端居」，甲本作「菩提」。

〔九〇〕「正」，甲本作「整」，「整」爲「正」之借字。

〔九一〕「他」，甲本作「他外等」。

〔九二〕「榮」，當作「勞」，據甲本改，《敦煌變文校注》釋作「策」，誤；「士」，甲本作「事」，「事」爲「士」之借字。

〔九三〕『鉀』，甲本作『甲』，均可通。

〔九四〕『惠』，甲本作『慧』。

〔九五〕『未』，甲本作『而未』。

〔九六〕『惠』，甲本作『慧』。

〔九七〕『垂』，甲本同，《敦煌變文校注》疑當校改作『唾』。

〔九八〕『返』，甲本作『反』。

〔九九〕『載』，甲本作『戴』。

〔一〇〇〕『墜』，據甲本補。

〔一〇一〕『道』，甲本脱。

〔一〇二〕『處』，當作『⿱雨忽』，據甲本改。

〔一〇三〕『雹』，甲本作『濮』，誤。

〔一〇四〕『旃』，甲本作『栴』。

〔一〇五〕『小』，甲本作『少』；『裹』，甲本作『中』；『懺』，當作『戰』，據甲本改，『懺』爲『戰』之借字。

〔一〇六〕『抽』，甲本作『迴』。

〔一〇七〕『由』，甲本同，當作『猶』，《敦煌變文校注》據文義校改，『由』爲『猶』之借字。

〔一〇八〕『抽』，甲本作『迴』。

〔一〇九〕『惡』，甲本作『氣』；『來』，當作『未』，據甲本改。

〔一一〇〕『尚』，甲本作『上』，『上』爲『尚』之借字；『怒』，甲本作『怒云云』。

〔一一一〕「居」，底本作「君」，按寫本中「居」「君」形近易混，故據文義逕釋作「居」；「相」，《敦煌變文校注》認爲當讀作「想」。「端居树下相顒顒」至「紅旗初展結花叢」，甲本作「魔王神變總騁了，不能摇動我如來。寶劍纔揮刃即亡，弓欲張而弦即斷」。

〔一一二〕「俊」，《敦煌變文校注》釋作「佼」，校改作「俊」，似不必。

〔一一三〕「辰」，當作「展」，據文義改，《敦煌變文集》《敦煌變文校注》逕釋作「展」。

〔一一四〕「六鈞未挽弓弦斷」至「雹了（子）空中自消容（溶）」，甲本無。

〔一一五〕「丑」，當作「雪」，《敦煌變文校注》據文義校改。

〔一一六〕「了」，當作「子」，據文義改，《敦煌變文校注》逕釋作「子」；「容」，當作「溶」，《敦煌變文校注》據文義校改，「容」爲「溶」之借字。

〔一一七〕「驚」，當作「擎」，據甲本改，《敦煌變文校注》逕釋作「擎」；「攝」，甲本同，《敦煌變文校注》認爲底本作「攝」，誤。

〔一一八〕「數千重」，甲本作「遍虚空」。

〔一一九〕「雖是」，甲本作「自爲」。

〔一二〇〕「柾松」，當作「怔忪」，《敦煌變文校注》據文義校改，「柾松」爲「怔忪」之借字。此句甲本作「怕急潛身無處容」。

〔一二一〕「軍」，甲本作「君」，「君」爲「軍」之借字；「領」，當作「令」，據甲本改，「領」爲「令」之借字，《敦煌變文校注》逕釋作「令」。

〔一二二〕「空」，當作「宮」，據甲本改，「空」爲「宮」之借字。

〔一二三〕「此」，甲本作「自」。

〔一二四〕『聖蹤』，甲本作『世尊』。甲本此句後尚有『羅漢雖然是小聖，力敵天魔萬萬重』。
〔一二五〕『百』，甲本作『萬』；『盤』，當作『般』，據甲本改。
〔一二六〕『神通』，甲本作『如來』；『難』，當作『灘』，據甲本改。
〔一二七〕『見』，甲本作『見此』。
〔一二八〕『卻』，甲本作『還』。
〔一二九〕『還』，甲本作『迴』。
〔一三〇〕『察』，甲本作『刹』，『刹』爲『察』之借字。
〔一三一〕『尚』，甲本作『上』，『上』爲『尚』之借字；『猶』，甲本作『由』，『由』爲『猶』之借字。
〔一三二〕『卻歸』，甲本作『及據』。
〔一三三〕『扼』，甲本原作『䏓』，係涉下文『腕』之類化俗字。
〔一三四〕『有』，甲本作『有其』。
〔一三五〕『火』，當作『父』，據甲本改；『情』，甲本無。
〔一三六〕『同』，甲本作『向』；『父』，甲本作『大』。
〔一三七〕『三女當爾之時』及下句，甲本脱。
〔一三八〕『父王何得苦生憂』至『請君爲我説來由』，甲本作『近日恰似改形容，何故憂其情不樂。爲復諸天相惱亂，爲復宫中有不安，爲復憂其國境事，爲復憂念諸女身，惟願父王有慈愍，如今爲女説來由』。
〔一三九〕『請』，當作『情』，《敦煌變文校注》據文義校改，『請』爲『情』之借字；『煩勿』，當作『勿煩』，《敦煌變文校注》據文義乙正。
〔一四〇〕『後』，當作『復』，據甲本改，《敦煌變文校注》逕釋作『復』。

〔一四一〕『魔王答女曰』及所答内容，甲本作『父王道云云：不是憂念諸女身，汝等自然已成長。也不憂其國境事，天宮快樂更何憂。吾緣淨飯悉達多，近日已於成正覺。叵耐見伊今出世，應恐化盡我門徒。若使交他教化時，化盡門徒諸弟子。我即如今設何計，除滅不交（教）出世間』。

〔一四二〕『威』，《敦煌變文校注》釋作『願』，誤。

〔一四三〕『諫』，當作『翦』，《敦煌變文校注》據文義校改，『諫』爲『翦』之借字。

〔一四四〕『女向父王道』及所道内容，甲本作『於是三女遂即進步向前，諮白父王云云：瞿曇小少在深宮，色竟歡娛爭斷得。没是後生身美貌，整是貪歡逐樂時。我今齊願下閻浮，惱亂不交（教）令證果。必使見伊心退後，不成無上大菩提』。

〔一四五〕『於』，當作『淤』，《敦煌變文校注》據文義校改，『於』爲『淤』之借字。

〔一四六〕『説』，甲本作『説斯計』。

〔一四七〕『裝』，甲本作『粧』，『粧』爲『裝』之借字。

〔一四八〕『蟬』，甲本作『禪』，『禪』爲『蟬』之借字。

〔一四九〕『插』，甲本作『鍤』，『鍤』爲『插』之借字。

〔一五〇〕『瓔』，據甲本補。

〔一五一〕『鄰』，甲本作『陵』，『陵』爲『鄰』之借字。

〔一五二〕『閨』，甲本作『娉』。

〔一五三〕『酌』，甲本同，當作『灼』，《敦煌變文校注》據文義校改，『酌』爲『灼』之借字。

〔一五四〕『洛』，甲本作『落』，『落』爲『洛』之借字；『寶』，甲本作『浦』。

〔一五五〕『謾』，甲本同，當作『漫』，《敦煌變文校注》據文義校改，『謾』爲『漫』之借字；『峌』，當作『巫』，據甲本改。

〔一五六〕「風」，甲本同，《「敦煌變文集」校記再補》認爲當校改作「雲」。

〔一五七〕「漂」，甲本同，當作「飄」，《敦煌變文選注》據文義校改，「漂」爲「飄」之借字。

〔一五八〕「朱」，甲本作「珠」，當作「銖」，《敦煌變文校注》據文義校改，「朱」「珠」均爲「銖」之借字。

〔一五九〕「俄」，當作「娥」，據甲本改，「俄」爲「娥」之借字。

〔一六〇〕「已」，甲本作「以」，均可通。

〔一六一〕「安」，當作「女」，據甲本改。

〔一六二〕「左右」，當作「在左」，據甲本改。

〔一六三〕「天」，甲本作「夫」。

〔一六四〕「君」，甲本似「居」，但因寫本中「君」「居」形近易混，故可視作「君」。

〔一六五〕「奏」，甲本作「奏云云」。

〔一六六〕「儀容」，甲本作「容儀」；「群」，甲本作「春」，誤。

〔一六七〕「朱」，甲本作「珠」，當作「銖」，《敦煌變文校注》據文義校改，「朱」「珠」均爲「銖」之借字。

〔一六八〕「攝」，當作「躡」，據甲本改；「⿰山巠」，甲本作「無」，當作「巫」，據文義改，「無」爲「巫」之借字；「行」，當作「片」，據甲本改；「雲」，甲本作「雲云云」。

〔一六九〕「第」，底本原作「弟」，按寫本中「第」「弟」形近易混，故據文義逕釋作「第」，甲本作「弟」形，可視作「第」。

〔一七〇〕「怒」，當作「奴」，據甲本改，「怒」爲「奴」之借字。

〔一七一〕「事」，甲本作「事侍」。

〔一七二〕甲本此句前有「女道」二字。

〔一七三〕「心」，當作「身」，據甲本改，「心」爲「身」之借字。

〔一七四〕「道」，甲本作「云」。

〔一七五〕「由」，當作「猶」，《敦煌變文校注》據文義校改，「由」爲「猶」之借字。此句及下句，甲本作「苦海之中爲船筏，阿誰要你作夫妻」。

〔一七六〕「第」，底本原作「弟」，按寫本中「第」「弟」形近易混，故據文義逕釋作「第」，甲本作「弟」形，可視作「第」。

〔一七七〕「尊」，甲本作「尊世尊」。

〔一七八〕「苗」，甲本脱。

〔一七九〕「子」，甲本作「主」，誤。

〔一八〇〕「抛」，甲本作「抱」，誤。

〔一八一〕「間」，甲本作「中」。

〔一八二〕「任」，甲本同，當作「住」，《敦煌變文校注》據文義校改。

〔一八三〕「燒」，甲本作「焚」。

〔一八四〕「捨」，當作「舍」，據甲本改，「捨」爲「舍」之借字。

〔一八五〕甲本此句前有「女道」二字。此句至「志將織手拂金牀」，甲本作「奴家愛著綺羅裳，不動沉麝自然香。我捨慈親來下界，誓將手掃金牀」。

〔一八六〕「第」，底本原作「弟」，按寫本中「第」「弟」形近易混，故據文義逕釋作「第」，甲本作「弟」形，可視作「第」。

〔一八七〕『兒』，甲本作『奴』。

〔一八八〕『整』，甲本作『政』，『政』爲『整』之借字。

〔一八九〕『小』，甲本作『少』，均可通。

〔一九〇〕『不卻』，甲本作『令不』。

〔一九一〕『世』，甲本作『我見世』；『正』，甲本作『整』，『整』爲『正』之借字。

〔一九二〕『總』，甲本作『並』。

〔一九三〕『已』，甲本作『以』。

〔一九四〕『降』，甲本作『下界』。

〔一九五〕甲本此句前有『女道』二字。此句至『誓將織手取袈裟』，甲本作『阿奴身年十五春，恰似芙容出水賓。帝釋梵王頻來問，父母嫌卑不許人。見君文武並皆全，六藝三端又超群。我捨慈親來下界，不要將身作師僧』。

〔一九六〕『映』，當作『臉』，《敦煌變文校注》據文義校改。

〔一九七〕自『佛道』至『臉（愆）時煩惱欲何爲』，甲本無。

〔一九八〕『可』，《敦煌變文校注》釋作『所』，誤。

〔一九九〕『謾』，當作『漫』，據文義改，『謾』爲『漫』之借字，《敦煌變文校注》逕釋作『漫』。

〔二〇〇〕『自』，當作『臭』，據文義改；『怨』，疑係衍文，當刪；《敦煌變文校注》將『自怨』視爲合文，釋作『臰』，『臰』爲『臭』之俗字。

〔二〇一〕『剌』，當作『取』，《敦煌變文校注》據文義校改。

〔二〇二〕『遮』，《敦煌變文校注》據文義校補。

〔二〇三〕『臉』，當作『愆』，《敦煌變文校注》據文義校改。

〔二〇四〕「前生」，甲本作「從前」。

〔二〇五〕「急」，甲本作「然」，誤。

〔二〇六〕「紛紜」，甲本作「分云」，「分云」爲「紛紜」之借字。

〔二〇七〕「時」，甲本作「是」；「舒」，甲本作「垂」。

〔二〇八〕「眼」，甲本作「且眼」；「而」，當作「如」，據甲本改，「而」爲「如」之借字；「朱」，甲本作「珠」，「珠」爲「朱」之借字。

〔二〇九〕「槽」，甲本作「曹」，當作「漕」，《敦煌變文字義通釋》據文義校改，「槽」「曹」均爲「漕」之借字。

〔二一〇〕「五」，當作「尖」，據甲本改；「人」，據甲本係衍文，當删。

〔二一一〕「蠛虱」，甲本作「亂蛇」。

〔二一二〕「權」，當作「腃」，據甲本改，「權」爲「腃」之借字。

〔二一三〕「侃」，甲本作「曲」。

〔二一四〕「有」，甲本作「一」；「縠」，甲本同，當作「鶻」，《敦煌變文校注》據文義校改；「鶽」，甲本作「鶻」。

〔二一五〕「是甚」，甲本作「甚是」。

〔二一六〕「櫝」，甲本作「分」，當作「憤」，據文義改，「櫝」「分」均爲「憤」之借字，《敦煌變文校注》逕釋作「憤」。

〔二一七〕此句至「變卻姿容」，甲本無。

〔二一八〕此句前甲本有「姊妹三個」。

〔二一九〕「青」，甲本作「清」，「清」爲「青」之借字。

〔二二〇〕「瘦」，甲本作「廋」。

〔二二一〕『界』，甲本作『去』。

〔二二二〕自『魔女三人』至文末『當來必定座蓮花』，甲本作『魔女形容改變已，卻自總覺羞慚。再三求佛，於前端政。謝佛恩德，即往魔宫。當爾之時，道何言語云云：謝世尊，相加備，再得形容隨本意。當來願降辟支迦，免作女身難出離。見魔王，甚歡喜，更説釋迦靈聖異。三十二相得周圓，八十隨形難可比』。

〔二二三〕『娘』，當作『姮』，《敦煌變文校注》據文義校改，《敦煌變文集》逕釋作『姮』。

〔二二四〕『請』，《敦煌變文集》據文義校補。

〔二二五〕『沈』，《〈敦煌變文集〉校記補正》疑當校改作『深』，按『沈』有『深』義，不煩校改。

〔二二六〕『形』，底本作『刑』，按寫本中『形』『刑』形近易混，故據文義逕釋作『形』。

〔二二七〕『猶』，當作『獲』，《敦煌變文選注》據文義校改。

〔二二八〕『脱』，《敦煌變文集》《敦煌變文校注》釋作『解』，誤。

〔二二九〕『備』，《敦煌變文校注》校改作『被』，按『加被』又作『加備』，不煩校改。

〔二三〇〕『祭』，當作『際』，《敦煌變文集》據文義校改，『祭』爲『際』之借字。

〔二三一〕『聲多』，當作『多聲』，《〈敦煌變文集〉校記再補》據文義校改。

〔二三二〕『座』，當作『坐』，《敦煌變文校注》據文義校改，『座』爲『坐』之借字。

參考文獻

《敦煌變文匯録》，上海出版公司，一九五四年，二六一至二七七頁（録）；《敦煌變文集》，北京：人民文學出版社，一九五七年，三四四至三六〇、七六四至七七一頁（録）；《華東師大學報》一九五八年二期，一一〇至一二六頁；《敦煌變文字義通釋》，上海古籍出版社，一九八一年，一七八頁；《敦煌寶藏》二九册，臺北：新文豐出版公司，一九八二年，一〇五至一一一頁（圖）；《中國語文》一九八二年三期，二二四至二三二頁；《敦煌寶藏》一一六册，臺北：新文豐出版公司，一九八五年，三八四頁（圖）；《敦煌寶藏》一二六册，臺北：新文豐出版公司，一九八五年，一五九、一六三頁（圖）；《敦煌學輯刊》一九八七年二期，五六至六九頁；《敦煌變文集校議》，長沙：岳麓書社，一九九〇年，三九七至四〇〇頁；《英藏敦煌文獻》五卷，成都：四川人民出版社，一九九二年，一〇六至一一五頁（圖）；《敦煌變文集新書》，臺北：文津出版社，一九九四年，七四五至七五四頁（録）；《敦煌變文校注》，北京：中華書局，一九九七年，五三一至五五一、一〇八一至一〇八八頁（録）；《法藏敦煌文獻》八册，上海古籍出版社，一九九八年，一七七至一八〇頁（圖）；《敦煌變文講經文因緣輯校》，南京：江蘇古籍出版社，一九九八年，九一七至九二八頁（録）；《敦煌變文選注》（增訂本），北京：中華書局，二〇〇六年，五八六至六三六頁（録）；《歸義軍史研究：唐宋時代敦煌歷史考索》，上海古籍出版社，二〇一五年，一一三至一一四頁。

斯三五一〇　妙法蓮華經卷第五題記

釋文

清信尹玄亶受持〔一〕。

開九年五月一日〔二〕，清信尹嘉禮爲十方衆生轉一切經一遍〔三〕。

説明

此件《英藏敦煌文獻》未收，現予增收。『開九年』即開元九年，公元七二一年。『尹嘉禮』又見於上海博物館藏敦煌文獻三號、天津藝術博物館藏津藝二四三號、俄藏Φ六九等。

校記

〔一〕『尹』，《敦煌遺書總目索引新編》釋作『尼』，誤；『亶』，《敦煌遺書總目索引新編》未能釋讀。

〔二〕『開』，此字後 *Descriptive Catalogue of the Chinese Manuscripts from Tunhuang in the British Museum* 校補『元』字。

〔三〕『尹嘉禮』，《敦煌遺書總目索引新編》未能釋讀；『十方』，《敦煌遺書總目索引新編》釋作『一切』，誤。

參考文獻

Descriptive Catalogue of the Chinese Manuscripts from Tunhuang in the British Museum, The Trustees of the British Museum, London 1957, p. 77（録）；《敦煌寶藏》二九册，臺北：新文豐出版公司，一九八二年，二〇五頁（圖）；《敦煌遺書總目索引》，北京：中華書局，一九八三年，一八〇頁；《敦煌學》一五輯，臺北：新文豐出版公司，一九八九年，八九頁（録）；《中國古代寫本識語集録》，東京大學東洋文化研究所，一九九〇年，二九二頁（録）；《敦煌遺書總目索引新編》，北京：中華書局，二〇〇〇年，一〇七頁（録）；《南京藝術學院學報（美術與設計版）》二〇〇九年六期，一三至一九頁（録）；《敦煌佛典的流通與改造》，蘭州：甘肅教育出版社，二〇一三年，一九五頁（録）。

斯三五一八　大般涅槃經卷第四題記

釋文

開皇八年八月三日，佛弟子輔國將軍中散都督趙昇，深自慨歎，前不值釋迦八相成道，後未蒙彌勒三會。於像法之内，發菩提心，敬造《大般涅槃經》一部〔一〕。及自己身〔二〕、家口大小，上爲國主龍王，普及含識衆生，同登正覺。

説明

此件《英藏敦煌文獻》未收，現予增收。『開皇八年』即公元五八八年。

校記

〔一〕『般』，《敦煌學要籥》《敦煌遺書總目索引》《敦煌遺書總目索引新編》均漏録。
〔二〕『及自』，《敦煌遺書總目索引新編》釋作『自及』，誤，按底本有倒乙符號。

參考文獻

Descriptive Catalogue of the Chinese Manuscripts from Tunhuang in the British Museum, The Trustees of the British Museum, London 1957, p. 44（録）；《敦煌寶藏》二九册，臺北：新文豐出版公司，一九八二年，二七六頁（圖）；《敦煌學要籥》，臺北：新文豐出版公司，一九八二年，一三三頁（録）；《敦煌遺書總目索引》，北京：中華書局，一九八三年，一八〇至一八一頁（録）；《中國古代寫本識語集録》，東京大學東洋文化研究所，一九九〇年，一四二頁（録）；《敦煌遺書總目索引新編》，北京：中華書局，二〇〇〇年，一〇七頁（録）。

斯三五二二　大般若經帙、卷對照録

釋文

第一帙，從第一至十。
第二帙，從十一至廿〔一〕。
第三帙，從廿一至卅〔二〕。
第四帙，從卅一至卌〔三〕。
第五帙，從卌一至五十。
第六帙，從五十一至六十。
第七帙，從六十一至七十。
第八帙，從七十一至八十。
第九帙，從八十一至九十。
第十帙，從九十一至一百。
第十一帙，從一百一至一百一十。

第十二帙，從一百一十一至一百廿。
第十三帙，從一百廿一至一百卅。
第十四帙，從一百卅一至一百卌。
第十五帙，從一百卌一至一百五十。
第十六帙，從一百五十一至一百六十。
第十七帙，從一百六十一至一百七十。
第十八帙，從一百七十一至一百八十。
第十九帙，從一百八十一至一百九十。
第廿帙，從一百九十一至二百。
第廿一帙，從二百一至二百一十。
第廿二帙，從二百一十一至二百廿。
第廿三帙，從二百廿一至二百卅。
第廿四帙，從二百卅一至二百四十。
第廿五帙，從二百卌一至二百五十。
第廿六帙，從二百五十一至二百六十。
第廿七帙，從二百六十一至二百七十。

第廿八帙，從二百七十一至二百八十。
第廿九帙，從二百八十一至二百九十。
第卅帙，從二百九十一至三百。
第卅一帙，從三百一至三百一十。
第卅二帙，從三百一十一至三百廿。
第卅三帙，從三百廿一至三百卅。
第卅四帙，從三百卅一至三百卌。
第卅五帙，從三百卌一至三百五〔十〕〔四〕。
第卅六帙，從三百五十一至三百六十。
第卅七帙，從三百六十一至三百七十。
第卅八帙，從三百七十一至三百八十。
第卅九帙，從三百八十一至三百九十。
第卌帙，從三百九十一至四百。
第卌一帙，從四百一至四百一十。
第卌二帙，從四百一十一至四百廿。
第卌三帙，從四百廿一至四百卅。

第卌四帙，從四百卅一至四百卌。
第卌五帙，從四百卌一至四百五十。
第卌六帙，從四百五十一至四百六十。
第卌七帙，從四百六十一至四百七十。
第卌八帙，從四百七十一至四百八十。
第卌九帙，從四百八十一至四百九十。
第五十帙，從四百九十一至五百。
第五十一帙，從五百一至五百十。
第五十二帙，從五百一十一至五百廿。
第五十三帙，從五百廿一至五百三十〔五〕。
第五十四帙，從五百三十一至五百四十。
第五十五帙，從五百四十一至五百五十。
第五十六帙，從五百五十一至五百六十。
第五十七帙，從五百六十一至五百七十。
第五十八帙，從五百七十一至五百八十。
第五十九帙，從五百八十一至五百九十〔六〕。

第六十帙，從五百九十一至六百〔七〕。

説明

此件首尾完整，分三欄抄寫，其内容是《大般若經》第一帙至第六十帙與全經六百卷的開闔配比，方廣錩定名作『大般若經帙、卷對照録』（參看《敦煌佛教經録輯校》，三〇〇頁），並推測此件抄寫年代在八世紀末至十世紀左右。兹從其定名。

此件起首有兩行朱筆，抄寫『大般若波羅蜜多經卷第二百九十七』至『大般若波羅蜜多經卷第三百』，係因抄寫者在背面抄寫『大般若波羅蜜多經卷次』時，尾部空間不够，轉寫於此，現將其移入背面之釋文。

從筆跡來看，此處『大般若經帙、卷對照録』有的文字墨跡疊壓在朱筆之上，表明朱筆的内容實際早於『大般若經帙、卷對照録』，時人是利用朱筆抄寫的『大般若波羅蜜多經卷次』背面來抄寫『大般若經帙、卷對照録』的，所以『大般若波羅蜜多經卷次』最初應爲此卷正面，而此件本該是背面。截止到目前，英國國家圖書館和相關圖版對此卷正背的標注都是錯誤的，爲避免造成混亂，本書仍將此件標注爲正面。

校記

〔一〕『廿』，《敦煌佛教經録輯校》釋作『二十』。以下同，不另出校。

〔二〕『卅』，《敦煌佛教經録輯校》釋作『三十』。以下同，不另出校。
〔三〕『卌』，《敦煌佛教經録輯校》釋作『四十』。以下同，不另出校。
〔四〕『十』，《敦煌佛教經録輯校》據文義校補。
〔五〕『從五』，《敦煌佛教經録輯校》認爲底本原殘，按底本實不殘，墨色較淡。
〔六〕此句後《敦煌佛教經録輯校》録有『一百九十八』，按此爲朱筆，係背面《大般若波羅蜜多經卷次》的内容。
〔七〕此句後《敦煌佛教經録輯校》録有『三百』，按此爲朱筆，係背面《大般若波羅蜜多經卷次》的内容。

參考文獻

《敦煌寶藏》二九册，臺北：新文豐出版公司，一九八二年，二七九至二八〇頁（圖）；《敦煌遺書總目索引》，北京：中華書局，一九八三年，一八一頁；《英藏敦煌文獻》五卷，成都：四川人民出版社，一九九二年，一一六頁（圖）；《敦煌佛教經録輯校》上册，南京：江蘇古籍出版社，一九九七年，三〇〇至三〇四頁（録）；《敦煌遺書總目索引新編》，北京：中華書局，二〇〇〇年，一〇七頁。

斯三五二二背　大般若波羅蜜多經卷次

釋文

大般若波羅蜜多經卷第二百四十七　大般若波羅蜜多經卷第二百四十八
大般若波羅蜜多經卷第二百四十九　大般若波羅蜜多經卷第二百五十
大般若波羅蜜多經卷第二百五十一　大般若波羅蜜多經卷第二百五十二
大般若波羅蜜多經卷第二百五十三　大般若波羅蜜多經卷第二百五十四
大般若波羅蜜多經卷第二百五十五　大般若波羅蜜多經卷第二百五十六
大般若波羅蜜多經卷第二百五十七　大般若波羅蜜多經卷第二百五十八
大般若波羅蜜多經卷第二百五十九　大般若波羅蜜多經卷第二百六十
大般若波羅蜜多經卷第二百六十一　大般若波羅蜜多經卷第二百六十二
大般若波羅蜜多經卷第二百六十三　大般若波羅蜜多經卷第二百六十四
大般若波羅蜜多經卷第二百六十五　大般若波羅蜜多經卷第二百六十六
大般若波羅蜜多經卷第二百六十七　大般若波羅蜜多經卷第二百六十八

大般若波羅蜜多經卷第二百六十九

大般若波羅蜜多經卷第二百七十

大般若波羅蜜多經卷第二百七十一

大般若波羅蜜多經卷第二百七十二

大般若波羅蜜多經卷第二百七十三

大般若波羅蜜多經卷第二百七十四

大般若波羅蜜多經卷第二百七十五

大般若波羅蜜多經卷第二百七十六

大般若波羅蜜多經卷第二百七十七

大般若波羅蜜多經卷第二百七十八

大般若波羅蜜多經卷第二百七十九

大般若波羅蜜多經卷第二百八十

大般若波羅蜜多經卷第二百八十一〔一〕

大般若波羅蜜多經卷第二百八十二

大般若波羅蜜多經卷第二百八十三〔二〕

大般若波羅蜜多經卷第二百八十四

大般若波羅蜜多經卷第二百八十五

大般若波羅蜜多經卷第二百八十六

大般若波羅蜜多經卷第二百八十七

大般若波羅蜜多經卷第二百八十八

大般若波羅蜜多經卷第二百八十九〔三〕

大般若波羅蜜多經卷第二百九十

大般若波羅蜜多經卷第二百九十一

大般若波羅蜜多經卷第二百九十二

大般若波羅蜜多經卷第二百九十三

大般若波羅蜜多經卷第二百九十四

大般若波羅蜜多經卷第二百九十五

大般若波羅蜜多經卷第二百九十六

大般若波羅蜜多經卷第二百九十七

大般若波羅蜜多經卷第二百九十八

大般若波羅蜜多經卷第二百九十九　大般若波羅蜜多經卷第三百

説明

此件首尾完整，分兩欄朱筆書寫，末兩行轉寫於此卷正面，現將這兩行仍移至此件尾部。此件之抄寫年代，方廣錩推測在公元八世紀末至十世紀左右（《敦煌佛教經録輯校》，三〇五頁）。

原件『大』字左右兩肩均有『丶』號，可能是『謳阿』符號，方廣錩推測此件是備用作護首書籤［參看《敦煌佛教經録輯校》（上），三〇五頁］。

校記

［一］『大般』，《敦煌佛教經録輯校》據文義校補。

［二］『大般』，《敦煌佛教經録輯校》據文義校補。

［三］『大』，據殘筆劃及文義補。

參考文獻

《敦煌寶藏》二九册，臺北：新文豐出版公司，一九八二年，二八〇至二八一頁（圖）；《敦煌遺書總目索引》，北京：中華書局，一九八三年，一八二頁；《英藏敦煌文獻》五卷，成都：四川人民出版社，一九九二年，一一六頁（圖）；《敦煌佛教經録輯校》（上），南京：江蘇古籍出版社，一九九七年，三〇五至三一〇頁（録）；《敦煌遺書總目索引新編》，北京：中華書局，二〇〇〇年，一〇七頁。

斯三五三八　玄應《一切經音義》卷七

釋文

（前缺）

約勑也[一]。經文作賜賚〔之〕〔賚〕[二]，非字體也。或作倈，非也。

邀迭，又作徼，同。舌（古）堯反[三]，又於遥反。邀，要也，呼名（召）也[四]，亦求也。下徒結反，更代也。

中卷

播殖，又作諸（譒）𢿱[五]、囷三形，同。補佐反，播種也。經文作番，非也。

《集一切福德經》中卷

蠆蛪，他達反，下勒達反。《廣雅》：蠆蛪、蚔蠹，蠍也。經文作蛆（蛆）蝲[六]，非字體也。蚔，音巨宜反。

《廣博嚴淨不退轉輪經》第二卷

蹎蹶，又作傎、趙（趚）二形[七]，同。丁賢反，下居月反。蹎蹶，猶頓仆也。

〔仆〕〔八〕，音蒲北反。

《佛説阿惟越致遮經》〔上〕卷〔九〕

櫳疏，力公反。《廣雅》：房、櫳，舍也。《説文》：房室曰疏〔一〇〕。疏亦窗〔一一〕。

中卷

吶其，又作訥，同。奴骨反。訥，遲鈍也。《説文》：訥，訒難也。

戰頞，字體作顫，又作戰〔一二〕，同。之見反。下又作疾（疢）〔一三〕，同。有富反。《説文》：顫頞，謂掉動不定也。經文作痏，音于軌反，瘡也。痏非今用。

下卷

福（[illegible]）煑〔一四〕，古文㷮、𤈦二形，又作𤑓，同。扶逼反〔一五〕。《方言》：㷮，火乾也。《説文》：以火乾肉曰㷮。經文作煏，逋古及（反）〔一六〕，火行也。煏非此義。

《勝思惟梵天所問經》第六卷

多軼，徒結反。　摩𪔁，竹皆反。　摩懼〔一七〕，求俱反。　樗離，勑於反。□

（後缺）

説明

此件首尾均缺，翟理斯據其内容考定爲釋玄應《一切經音義》卷七抄本殘卷（參看 *Descriptive Catalogue* of the Chinese Manuscripts from Tunhuang in the British Museum, p. 168），共二十五行，石塚晴通認爲係八世紀前半期的寫本（參看《玄應〈一切經音義〉的西域寫本》，《敦煌研究》一九九二年二期，五四頁）。

現知敦煌文獻中保存了《一切經音義》的數種寫本（參看《張涌泉敦煌文獻論叢》，一八至三五頁），其中保存内容較多的除Φ二三〇外，尚有本書釋録的斯三四六九。此卷背面爲『《一切經音義》抄經録』。

以上釋文以斯三五三八爲底本，用中華書局一九九三年《中華大藏經》（漢文部分）五六册（稱其爲甲本）參校。

篇中及地脚夾雜時人隨手塗畫，與此件内容無關，未録。

校記

〔一〕『約勑』，據甲本補。
〔二〕『之賫』，據甲本補。
〔三〕『舌』，當作『古』，據甲本改。
〔四〕『名』，當作『召』，據甲本改。
〔五〕『諸』，當作『譒』，據甲本改。
〔六〕『蜇』，當作『蛆』，據甲本改。
〔七〕『趙』，當作『趙』，據甲本改。
〔八〕『仆』，據甲本補。
〔九〕『上』，據甲本補。

〔一〇〕『曰』，《敦煌經部文獻合集》疑當作『之』。
〔一一〕『窗』，甲本作『窗也』。
〔一二〕『戰』，甲本作『懺』。
〔一三〕『疾』，當作『疫』，據甲本改。
〔一四〕『福』，當作『複』，據甲本改。
〔一五〕『反』，甲本作『又』，誤。
〔一六〕『及』，當作『反』，據甲本改。
〔一七〕『懼』，甲本作『忂』。

參考文獻

Descriptive Catalogue of the Chinese Manuscripts from Tunhuang in the British Museum, The Trustees of the British Museum, London 1957, p. 168；《問學集》，北京：中華書局，一九六六年，一九二至二一二頁；《敦煌寶藏》二九册，臺北：新文豐出版公司，一九八二年，三六四頁（圖）；《敦煌遺書總目索引》，北京：中華書局，一九八三年，一八一頁；《英藏敦煌文獻》五卷，成都：四川人民出版社，一九九二年，一一七頁（圖）；《中華大藏經》（漢文部分）五六册，北京：中華書局，一九九三年，九三〇至九三一頁（録）；《敦煌音義匯考》，杭州大學出版社，一九九六年，八六〇至八六四頁；《敦煌遺書總目索引新編》，北京：中華書局，二〇〇〇年，一〇七頁；《敦煌經部文獻合集》一〇册，北京：中華書局，二〇〇八年，四九一九至四九二二頁（録）；《張涌泉敦煌文獻論叢》，上海古籍出版社，二〇一一年，一八至三五頁；《一切經音義三種校本合刊》（修訂本），上海古籍出版社，二〇一二年，一五七至一五八頁（録）。

斯三五三八背　一切經音義抄經録

釋文

一切經音義
第一〔一〕了王
第二
第三　了閻
第四　了王
第五　了閻
第六　了王
第七　了王
第八　有
第九　廿三紙〔四〕王
第十　廿三紙王

第十四　閻末〔二〕
第十五
第十六　有
第十七　三紙　王
第十八　了閻
第十九　閻末
第廿〔三〕
第廿一
第廿二
第廿三　有

第十一　廿九紙　王　第廿四
第十二〔五〕
第十三　　　閣未

第一帙〔六〕

説明

此件首尾完整，《英藏敦煌文獻》擬題『一切經音義第一帙點檢歷』，《敦煌佛教經録輯校》擬題『一切經音義抄經録』，兹從後者。

張涌泉認爲『王』『閣』當是抄經人，『有』表示該卷原有，『了』表示已抄畢，『未』表示尚未完成，『××紙』表示抄寫該卷的用紙數。『第一帙』大概表示把玄應《音義》二十五卷合在一起，作爲整個抄經録的第一帙（參看《張涌泉敦煌文獻論叢》，三五頁）。底本還有多處『未』用墨塗改，起初表示未完成，點檢完成後便將『未』塗去。

校記

〔一〕『第』，底本原作『弟』，按手書中『第』『弟』形近易混，故據文義逕釋作『第』，以下同，不另出校。
〔二〕『閣』，《敦煌佛教經録輯校》未能釋讀，以下同，不另出校。

〔三〕『廿』，《敦煌佛教經録輯校》釋作『二十』，以下同，不另出校。
〔四〕『廿三紙』，《敦煌佛教經録輯校》漏録。
〔五〕此下《敦煌經部文獻合集》録有『了』及『第廿五』，按底本無『了』字，『第廿五』已用墨筆塗去，均不當録。
〔六〕此行前原有『瑜珈師資』四字倒書，當爲時人隨手所寫，與此件無關，未録。

參考文獻

《敦煌寶藏》二九册，臺北：新文豐出版公司，一九八二年，三六五頁（圖）；《敦煌遺書總目索引》，北京：中華書局，一九八三年，一八一頁；《英藏敦煌文獻》五卷，成都：四川人民出版社，一九九二年，一一七頁（圖）；《敦煌佛教經録輯校》（下），南京：江蘇古籍出版社，一九九七年，九四八至九五〇頁（録）；《敦煌遺書總目索引新編》，北京：中華書局，二〇〇〇年，一〇七頁；《敦煌經部文獻合集》一〇册，北京：中華書局，二〇〇八年，五〇〇三至五〇〇四頁（録）；《張涌泉敦煌文獻論叢》，上海古籍出版社，二〇一一年，三五頁。

斯三五三九　一　大寶積經第一帙略出字

釋文

大寶積經第一帙略出字

靃。趾。畋。毯。轂。希。訑。⿸疒樂。觚。綩。綖。⿱髟巳。慌。謵[一]。腅（睒）[二]。赭。菔。⿺走弋（⿰麦弋）[三]。潼（湩）[四]。沃。燿。訢。賑。煗[五]。苹[六]。挓。

説明

此件首尾完整，有原題，共摘抄《大寶積經》難字二十七個，其中前十四字出於《大寶積經》卷一至十，後十三字出於卷十一至十八，所謂『第一帙』僅指前十四字而言（參看張涌泉主編《敦煌經部文獻合集》十册，五〇六四頁）。

校記

〔一〕『謵』，《敦煌經部文獻合集》認爲『謵』爲『習』之增旁俗字。
〔二〕『腅』，當作『睒』，《敦煌經部文獻合集》據斯二一四二背《大寶積經難字》校改。

〔三〕『赸』，當作『𢾾』，《敦煌經部文獻合集》據《大正新脩大藏經》本《大寶積經》校改，『赸』爲『𢾾』之借字。

〔四〕『潼』，當作『湩』，《敦煌經部文獻合集》據《大正新脩大藏經》本《大寶積經》、伯三一〇九《諸雜難字》、斯二一四二背《大寶積經難字》校改。

〔五〕『煗』，《敦煌經部文獻合集》疑當作『輭』。

〔六〕『苹』，《敦煌經部文獻合集》疑當作『萃』。

參考文獻

Descriptive Catalogue of the Chinese Manuscripts from Tunhuang in the British Museum, The Trustees of the British Museum, London 1957, p. 268（録）；《敦煌寶藏》二九册，臺北：新文豐出版公司，一九八二年，三六六頁（圖）；《敦煌遺書總目索引》，北京：中華書局，一九八三年，一八一頁；《英藏敦煌文獻》五卷，成都：四川人民出版社，一九九二年，一一八頁（圖）；《敦煌遺書總目索引新編》，北京：中華書局，二〇〇〇年，一〇七頁；《敦煌經部文獻合集》十册，北京：中華書局，二〇〇八年，五〇六四至五〇六七頁（録）。

斯三五三九　二　雜寫

釋文

我我
日、月、星、天、地。
佛説

説明

以上文字橫書，爲時人隨手所寫，其中第二行均爲武周新字。

參考文獻

《敦煌寶藏》二九册，臺北：新文豐出版公司，一九八二年，三六六頁（圖）；《英藏敦煌文獻》五卷，成都：四川人民出版社，一九九二年，一一八頁（圖）。

斯三五三九背　雜寫

釋文

悉悉〻悉悉

悉悉〻悉悉

悉我大

大大大大

説明

以上文字爲時人隨手所寫，第三行爲倒書。《英藏敦煌文獻》未收，現予增收。

參考文獻

《敦煌寶藏》二九册，臺北：新文豐出版公司，一九八二年，三六六頁（圖）。

斯三五四〇　庚午年（公元九七〇年）正月廿五日比丘福惠社長王安午等十六人修窟憑

釋文

庚午年正月廿五日立憑：比丘福惠，社長王安午，將頭羅乾祐[一]，鄉官李延會、李富進、安永長，押衙張富弘[二]、閻願成、陳千寶[三]、張佛奴、崔田奴[四]、馬文斌、孔彥長[五]，都頭羅祐員、羅祐清、賈永存等壹拾陸人，發心於宕泉修窟一所。並乃各從心意，不是科牽。所要色目材梁[六]，隨辦而出。或若天地傾動，此願不移。祇二帝以同盟，請四王而作證。衆内請鄉官李延會爲録事，放帖行文，以爲綱首。押衙閻願成爲虞候，祇奉録事條式。比至修窟罷工[七]，斯憑爲驗[八]。

又，比丘願澄充爲祇食納力[九]。又胡住兒亦隨氣力，所辦應逐[一〇]。

説明

此件首尾完整，内容是僧俗爲結社修窟製定的憑證。社人馬文斌又見於斯二九七三『開寶三年（公元九七〇年）八月節度押衙知上（？）司書手馬文斌呈詩牒』，故此件的『庚午』應係公元九七〇年（參看 Giles, *Descriptive Catalogue of the Chinese Manuscripts from Tunhuang in the British Museum*, p. 228）。另外，土肥義和指出『比丘福惠』是金光明寺僧（參看《歸義軍節度使の敦煌支配》，《講座敦煌・敦煌の歷史》，二八七頁）。

校記

〔一〕『乾祐』，《敦煌遺書總目索引新編》釋作『祐乾』，誤

〔二〕『弘』，《敦煌遺書總目索引新編》釋作『佛』，誤。

〔三〕『千』，《敦煌社邑文書輯校》《敦煌遺書總目索引新編》釋作『干』；『實』，《敦煌莫高窟史研究》《敦煌遺書總目索引新編》釋作『寶』，誤。

〔四〕『田』，《敦煌遺書總目索引新編》釋作『甲』，誤。

〔五〕『彦』，《敦煌莫高窟史研究》釋作『産』，誤。

〔六〕『材』，《敦煌遺書總目索引新編》釋作『林』，誤。

〔七〕『工』，《敦煌莫高窟史研究》《敦煌社邑文書輯校》釋作『日』，誤。

〔八〕此後有絶止符號。

〔九〕『澄』，《敦煌莫高窟史研究》釋作『成』，誤。

〔一〇〕『逐』，《敦煌莫高窟史研究》《敦煌遺書總目索引新編》釋作『遂』。

參考文獻

Descriptive Catalogue of the Chinese Manuscripts from Tunhuang in the British Museum, The Trustees of the British Museum, London 1957, p. 228（録）；《講座敦煌・敦煌の歷史》，東京：大東出版社，一九八〇年，二八七頁；《敦煌寶藏》二九册，臺北：新文豐出版公司，一九八二年，三六七頁（圖）；《敦煌遺書總目索引》，北京：中華書局，一九八三年，一八一頁（録）；《敦煌社會經濟文獻真蹟釋録》一輯，北京：全國圖書館文獻縮微複製中心，一九九〇年，二七八頁（録）；《英藏敦煌文獻》五卷，成都：四川人民出版社，一九九二年，一一八頁（圖）；《敦煌莫高窟史研究》，蘭州：甘肅教育出版社，一九九六年，一四五頁（録）；《敦煌社邑文書輯校》，南京：江蘇古籍出版社，一九九七年，二九至三一頁（録）；《敦煌遺書總目索引新編》，北京：中華書局，二〇〇〇年，一〇七至一〇八頁（録）。

斯三五四二　佛説阿彌陀經題記

釋文

長壽三年六月一日〔一〕，佛弟子翟氏敬造《阿彌陀經》一部。

説明

此件《英藏敦煌文獻》未收，現予增收。『長壽三年』即公元六九四年。卷中之『年』『月』『日』均用武周新字。

校記

〔一〕『一日』，《敦煌遺書總目索引新編》漏録。

參考文獻

Descriptive Catalogue of the Chinese Manuscripts from Tunhuang in the British Museum, The Trustees of the British Museum,

London 1957, p. 103（録）；《敦煌寶藏》二九册，臺北：新文豐出版公司，一九八二年，三八三頁（圖）；《中國古代寫本識語集録》，東京大學東洋文化研究所，一九九〇年，二三九頁（録）；《敦煌遺書總目索引新編》，北京：中華書局，二〇〇〇年，一〇八頁（録）。

斯三五四七　道典論卷一

釋文

（前缺）

月，頭建天元七寶冠，衣九色珠縫雲光錦襡〔一〕，佩六山火玉，帶靈飛紫綬，常立五色師子蓮華之上〔二〕，焕明上清七十四方。秋三月，則變形人頭虎軀，玄黄班文，文綵之雲光照十方〔三〕。冬三月〔四〕，則變形通身全（金）光〔五〕，項負華蓋〔六〕，衣卅二色法衣，如佛之像，光明弈弈，照明上清。春三月，則變形爲紫黄緑三色之光，更相纏繞，三炁混沌，在上清之中。

虚明紫蘭中元高峙君，形長三千萬丈。秋三月，頭建三華寶冠，衣神精七色之袍，帶流金紫章，佩右（石）精金光之劍〔七〕，常立碧霞之上，七色虎輦，光明焕焕卅二色。冬三月，則變形虎身龍頭，五色班文，光明弈弈，在碧雲之中，五色蓮華之上〔八〕。春三月，則變形三頭鳳皇〔九〕，九色文綵，光明焕爛，照映上清。夏三月，則變形爲紫碧二色之光，更相纏繞，如日之昇。

紫虚三元紫精君〔一〇〕，形長九千萬丈。春三月，頭建九元飛晨纓冠，衣丹錦飛裙，佩九天龍文虎書，帶日精育延之劍，足立五色蓮華，頭負七寶之光。夏三月，則變形爲童子，頽雲角髻，衣五色綵衣，手執華幡，光明焕爛，照明上清。秋三月，則變形爲龍身（頭）蛇軀〔一一〕，青黄焕爛，光耀玉虚。冬三月，則變形爲紫青白三色之光，沌沌如月之暉。

真陽元老玄一君，形長五千萬丈。夏三月，頭建寶晨通精冠，衣九色雲文錦袍，佩太上命神之章龍景丹文，常立紫雲之上，坐則七色蓮華，光明焕焕。秋三月，則變形爲嬰兒，坐紫虚之中，頭戴五色華蓋，手把五芝華幡。冬三月，則變形爲月光，青色鬱鬱，在紫雲之中〔一二〕、青華之上，光明流照，洞映上清。春三月，則變形爲青緑玄三色之光。混沌相纏，如雲之交，鬱勃上清之中。

太微天帝君，形長三千萬丈。秋三月，頭建九元飛纓晨冠，衣七色鳳雲之袍，帶夜光寶章交雲素綬，常立五色師子上，身生卅二色寶光，在上清之上。冬三月，則變形爲無量佛〔一三〕，身負金光，照明十方，立九色之華上，手執金鈴。春三月，則化形爲日光，紫芒焕焕，在玉虚之上，照明十方。夏三月，則變形爲白倉緑三色之光，更相纏繞，如雲之沓。

青靈陽安君，形長五千萬丈。冬三月，頭建三精芙蓉晨冠，衣雲文丹錦飛裘，足履九色師子，佩流金火鈴，交帶七元，身生七變之光，煒燁玉清之上。春三月，則變形爲老公，頭戴飛龍，口銜月身，衣羽衣，手持紫綬，在丹霞之上，照明玉清。夏三月，則變形爲虎頭人身，五色班蘭，光照十方。秋三月，則變形爲黄緑紫三色之光，混沌上清，如日之暈。

上元太素三元君，形長三千萬丈〔一四〕。春三月，頭建寶朗扶晨羽冠，服紫氣浮雲錦帔、九色龍錦羽帬，要帶流金火鈴、虎符龍書，坐於太空之中，膝下常有丹緑青三色之雲，光明煒燁〔一五〕，照朗十方。夏三月，則變形爲一軀三頭，戴七稱寶冠，身服三素飛雲錦衣，立九色鳳皇之上，照明十方。秋三月，則變形爲七曜華精玉光，光色鬱鬱，如日之暉。冬三月，則變身爲青紫白三色之光，蓊蓊勃勃，如金之精。

高上太素君，形長三千萬丈。夏三月，頭建紫元寶冠，衣丹錦七色之襡，佩豁落七曜元章，帶三寶招仙之策，常立五色蓮華上，光明焕照。秋三月，變形龍頭人身，五色班蘭，光明流曜，映照十方。冬三月，則變形三日之象，光色沌沌，照明上清。春三月，則變形倉白二色之光，奕奕在元炁之中，紫霄之上。

上清紫精三素君，形長七千萬丈。秋三月，頭建通精晨冠，衣五色班文虎衣，佩交靈素綬，帶招仙之劍，常立九色師子上，項生員光，照明上清。冬三月，變形爲鳳頭人身，衣倉碧紫三色羽衣，光明流焕上清之中。春三月，則變形人頭龍身，文采焕曜，照明上清。夏三月，則變形爲黑黄二色之光，混沌相纏，如雲之昇。

皇清洞真君，形長五千萬丈。冬三月，頭冠（建）三梁玉晨之冠〔一六〕，衣七色虎裘，帶流金火鈴、七色杖幡，常立三素飛雲之上，光明煒燁玉虛之內。春三月則變形，頭建黄巾，衣卅二條法衣，手執華幡，在紫雲之上。夏三月，則變形冥目内視，頭戴華蓋，足立蓮華。秋三月，則變形爲黄白二色之光，光明流焕在太空之中，照明十天。

皇上四老道中君，形長七千萬丈。春三月，頭建元真七寶王冠，衣鳳文班裘，佩豁落流鈴，帶招真之策，常立九色師子，十二華光，在上清之上。夏三月，則變形爲小兒，衣五綵之衣，口銜七星，立白雲之上。秋三月，則變形爲人頭蛇身，五色班蘭，在玉虚之上。冬三月，則變形爲青赤白三色交雲，更相纏繞，在玄空之中。

玉晨太上大道君，形長九千萬丈。秋三月，頭建百變神光玉冠，披飛森霜珠之袍、七色虚（虎）衣〔一七〕，佩九色離羅之章，帶晨光月明之鈴，常坐七色之雲，光明流曜上清之中。冬三月，則變形，頭戴七光相輪，身著卅二色法衣，足立九色師子上，光明爥燁，在上清之上、太微之中。春三月，則變形爲老子，頭建角巾，身著虎文之衣，手執金符，在五芝華上。夏三月，變形爲紫黄二色之光，光明奕奕，更相纏繞，在紫虚之中。

中央黄老君，形長三千萬丈。夏三月，頭建寶琅晨冠，衣九色雲文裘，帶交靈紫綬，十二華光，常立五色師子之上，光明流曜上清之中。秋三月，則變形爲玉童，頭戴七精之華〔冠〕〔一八〕，衣飛天羽衣，手執華幡。冬三月，則變形爲佛〔一九〕，通身黄金之色，衣七色衣，頭負相輪，足履蓮華之上，光明流焕。春三月，則變形爲紫緑青三色之光，更相纏繞，在玉虚之上。

太極大道元景君，形長三千萬丈。秋三月，頭建晨纓寶冠，衣無縫九色章衣，佩神虎上符，帶寶仙之劍，項負流金之光，照明（下缺）

説明

此件首尾均缺，失題，起「月，頭建天元七寶冠」，訖「項負流金之光，照明」，卷中有朱筆校改。第十七行以下文字見於《正統道藏》所收《道典論》卷一，據此擬題。《道典論》約出於隋唐之際，原有三十卷，係辭典式道教類書。《道藏》本係明代道士據殘缺本改編（參看王卡《敦煌道教文獻研究：綜述·目録·研究》，二二四頁）。

現知敦煌文獻中所存《道典論》尚有斯七九〇二和伯二九二〇兩件。斯七九〇二首尾均缺，無題，起「在紫雲之上」，訖「洞照上清。夏」；伯二九二〇首尾均缺，無題，起「羽騎如鱗」，訖「南極總司上真禁君」。上述兩件筆跡、紙質均同於此件，原係同一抄本之裂，但不能直接綴合（參見王卡《敦煌道教文獻研究：綜述·目録·索引》，二二四至二二五頁）。

校記

〔一〕「襯」，《中華道藏》釋作「裙」，誤。

〔二〕「華」，《中華道藏》釋作「花」，雖義可通而字誤。

〔三〕「十」，《中華道藏》釋作「千」，誤。

〔四〕『冬』，《中華道藏》釋作『盡』，誤。
〔五〕『全』，當作『金』，據文義改，《中華道藏》逕釋作『金』。
〔六〕『項』，《中華道藏》釋作『頭』，誤。
〔七〕『右』，當作『石』，據《正統道藏》改，《中華道藏》逕釋作『石』。
〔八〕『華』，《中華道藏》釋作『花』，雖義可通而字誤。
〔九〕『皇』，《中華道藏》釋作『凰』，雖義可通而字誤，按『皇』亦可通。
〔一〇〕『虛』，底本作『靈』，按寫本中『虛』『靈』形近易混，故據文義逕釋作『虛』。
〔一一〕『身』，當作『頭』，據《正統道藏》改。
〔一二〕此句後底本留有九字空白，疑抄寫者誤以爲此處當分段。
〔一三〕『佛』，《中華道藏》釋作『佛身』，誤。
〔一四〕『丈』，《中華道藏》認爲底本無，底本實以朱筆補寫於行間。
〔一五〕『燁』，底本原作『光』旁，係涉上文『煌』而成之類化俗字，以下同，不另出校。
〔一六〕『冠』，當作『建』，據《正統道藏》改。
〔一七〕『虛』，當作『虎』，據《正統道藏》改。
〔一八〕『冠』，據《正統道藏》補。
〔一九〕『佛』，《中華道藏》釋作『佛通佛』，按『通佛』二字上有朱點刪除符號，應不録。

參考文獻

《敦煌道經·目録編》，岡山：福武書店，一九七八年，三四八至三四九頁；《敦煌寶藏》二九册，臺北：新文豐出版公司，一九八二年，四〇二至四〇五頁（圖）；《講座敦煌》卷四，東京：大東出版社，一九八三年，一四〇、一九三頁；《道藏》二四册，上海書店、文物出版社、天津古籍出版社，一九八七年，八三七至八三八頁；《英藏敦煌文獻》五卷，成都：四川人民出版社，一九九二年，一一九至一二二頁（圖）；《英國國家圖書館藏敦煌漢文非佛教文獻殘卷目録（S. 6981 -S. 13624）》，臺北：新文豐出版公司，一九九四年，六九頁；《敦煌道教文獻研究：綜述·目録·研究》，北京：中國社會科學出版社，二〇〇四年，二三四至二三五頁；《中華道藏》二八册，北京：華夏出版社，二〇〇四年，三四七至三五〇頁（録）；《中國社會科學院世界宗教研究所建所五十年紀念文集》，北京：社會科學文獻出版社，二〇一四年，四三七至四三九頁。

斯三五四八　中阿含經卷第八題記

釋文

仁壽二年十二月廿　日經生張才寫。
用　紙　廿　五　張。
大興善寺沙門　僧　蓋　校。
大集寺沙門　法剛　覆。

説明

此件《英藏敦煌文獻》未收，現予增收。『仁壽二年』即公元六〇二年。文中『僧蓋』及最後一行筆跡不同，疑係後加。

參考文獻

Descriptive Catalogue of the Chinese Manuscripts from Tunhuang in the British Museum, The Trustees of the British Museum,

London 1957, pp. 112－113（録）；《敦煌寶藏》二九册，臺北：新文豐出版公司，一九八二年，四一二頁（圖）；《敦煌遺書總目索引》，北京：中華書局，一九八三年，一八一頁（録）；《中國古代寫本識語集録》，東京大學東洋文化研究所，一九九〇年，一六八頁（録）；《敦煌遺書總目索引新編》，北京：中華書局，二〇〇〇年，一〇八頁（録）。

斯三五五二　摩訶般若波羅蜜放光經卷第十七題記

釋文

比丘尼梵守所供養經。

説明

此件《英藏敦煌文獻》未收，現予增收。

參考文獻

Descriptive Catalogue of the Chinese Manuscripts from Tunhuang in the British Museum, The Trustees of the British Museum, London 1957, p. 17（録）；《敦煌寶藏》二九册，臺北：新文豐出版公司，一九八二年，四三〇頁（圖）；《敦煌遺書總目索引》，北京：中華書局，一九八三年，一八一頁（録）；《中國古代寫本識語集録》，東京大學東洋文化研究所，一九九〇年，一五六頁（録）；《敦煌遺書總目索引新編》，北京：中華書局，二〇〇〇年，一〇八頁（録）。

斯三五五三　　藏經音義隨函録摘抄

釋文

（前缺）

嚼才雀反。梯橙上他兮反，下都鄧反。栰扶月反。藕絲上五口反，下息慈反。承是陵反。析。淳濃。糟粕上子曹反，下普各反。牀榻上助莊反，下他盍反。粃糠上卑履反，下苦郎反。蝙蝠上布玄反，下方伏反。

欲捕蒲故反。拖音施。囷（菌）溺上户旨反〔一〕，下奴弔反。輕躁子告反。孿躃補益反，正作躄〔二〕。跨跨苦化反〔三〕。毀悴疾遂反。佷戾上侯懇反，下力計反。怨郄丘逆反，隙〔四〕。

瘕疵上户加反，下力（才）斯〔反〕〔五〕。冒莫報反。援音院。

説明

此件首缺尾全，僅存三行半，《敦煌遺書總目索引》擬名『經音義』，《敦煌寳藏》擬名『字詞切音』，《英藏敦煌文獻》擬名『字辭切音』，高田時雄考定其爲後晉釋可洪《藏經音義隨函録》第一、二卷音義摘抄（參看《中國語の資料と方法》，一二三頁），兹從之。

與通常抄法不同的是，此件正文雖從右向左抄寫，但每條雙行注文爲從左向右抄寫。

除此件外，敦煌文獻中保存相關内容的寫本尚有伯三九七一、伯二九四八、斯五五〇八、BD五六三九B（李三九）。其中BD五六三九B『佛藏經四卷　第一卷、第二卷』的相關内容與此件大部分重合，但由於此件是摘抄，字頭和注文多有節略，故重合部分文字差異較大。

校記

（一）『囷』，當作『菌』，據文義改，『菌』爲『屎』之本字，《敦煌經部文獻合集》認爲『囷』爲『屎』之俗字，按據《玉篇》，『屎』爲『菌』之俗字。
（二）『躄』，底本誤作大字。
（三）第一個『跨』，《敦煌經部文獻合集》疑當作『誇』。
（四）『隙』，底本誤作大字，《敦煌經部文獻合集》認爲此字前當有脱字。
（五）『力』，當作『才』，《敦煌音義匯考》據文義校改；『反』，據BD五六三九B補。

參考文獻

《敦煌寶藏》二九册，臺北：新文豐出版公司，一九八二年，四三一頁（圖）；《敦煌遺書總目索引》，北京：中華書局，一九八三年，一八一頁；《英藏敦煌文獻》五卷，成都：四川人民出版社，一九九二年，一二一頁（圖）；《中國語の資料と方法》，京都大學人文科學研究所，一九九四年，一二三頁；《敦煌音義匯考》，杭州大學出版社，一九九六年，一〇〇六、一〇二八至一〇三〇頁；《敦煌研究》一九九七年二期，一一四至一一五頁；《敦煌・民族・語言》，北京：中華書局，二〇〇五年，四〇六頁；《國家圖書館藏敦煌遺書》七六册，北京圖書館出版社，二〇〇八年，一三一頁（圖）；《敦煌經部文獻合集》一〇册，北京：中華書局，二〇〇八年，五〇四一至五〇四三頁（録）。

斯三五五三背　咨和尚啓

釋文

今月十三日，於牧駝人手上赴（付）將（絳）丹貳斤半[一]，馬牙珠兩阿果（裹）[二]，金青壹阿果（裹），咨　和尚[三]：其窟乃繁（煩）好畫著[四]，所要色擇（澤）多少[五]，在此覓者，其色擇（澤）阿果（裹）在麵褐袋内[六]，在此取窟上來。緣是東頭消息，兼算畜生，不到窟上咨啓　和尚，莫捉其過。

説明

此件首尾完整，内容係某人就洞窟作畫的相關事項，托一位牧駝人給管理洞窟營造的和尚送顔料的信（參看馬德《敦煌莫高窟史研究》，二六六頁）。

校記

〔一〕『赴』，當作『付』，《敦煌籍帳文書釋詞》據文義校改，『赴』爲『付』之借字，《敦煌莫高窟史研究》逕釋作

『付』；『將』，當作『絳』，《敦煌籍帳文書釋詞》據文義校改，『将』爲『絳』之借字；『貳』，《敦煌遺書總目索引》《敦煌遺書總目索引新編》均釋作『二』，雖義可通而字誤；『斤』，《敦煌遺書總目索引》《敦煌莫高窟史研究》《敦煌遺書總目索引新編》均釋作『升』，誤。

〔二〕『珠』，《敦煌莫高窟史研究》釋作『朱』，誤；『果』，當作『裹』，《敦煌籍帳文書釋詞》據文義校改，『果』爲『裹』之借字，以下同，不另出校。

〔三〕『咨』，《敦煌莫高窟史研究》釋作『咨啓』，誤。

〔四〕『繁』，當作『煩』，《敦煌遺書總目索引》據文義校改，『繁』爲『煩』之借字，《敦煌莫高窟史研究》逕釋作『煩』；『畫』，《敦煌社會經濟文獻真蹟釋録》釋作『盡』，誤；『著』，《敦煌遺書總目索引》《敦煌莫高窟史研究》《敦煌遺書總目索引新編》均釋作『者』，誤。

〔五〕『擇』，當作『澤』，《敦煌籍帳文書釋詞》據文義校改，『擇』爲『澤』之借字，《敦煌莫高窟史研究》逕釋作『澤』。

〔六〕『擇』，當作『澤』，《敦煌籍帳文書釋詞》據文義校改，『擇』爲『澤』之借字，《敦煌遺書總目索引》《敦煌莫高窟史研究》《敦煌遺書總目索引新編》均逕釋作『澤』；『麵』，《敦煌遺書總目索引新編》未能釋讀；『褐』，《敦煌莫高窟史研究》未能釋讀。

參考文獻

《敦煌寶藏》二九册，臺北：新文豐出版公司，一九八二年，四三一頁（圖）；《敦煌遺書總目索引》，北京：中華書局，一九八三年，一八一頁（録）；《敦煌社會經濟文獻真蹟釋録》五輯，北京：全國圖書館文獻縮微複製中心，一九九〇年，三七頁（録）；《英藏敦煌文獻》五卷，成都：四川人民出版社，一九九二年，一二二頁（圖）；《敦煌莫高窟史研究》，蘭州：甘肅教育出版社，一九九六年，二六六頁（録）；《敦煌遺書總目索引新編》，北京：中華書局，二〇〇〇年，一〇八頁（録）；《出土文獻與古文字研究》二輯，上海：復旦大學出版社，二〇〇八年，三三五頁（録）。

斯三五五四背　雜寫（簡子及册子將來）

釋文

簡子及册子將來

說明

以上文字係時人隨手書寫於《當來變經》之卷背。

參考文獻

Descriptive Catalogue of the Chinese Manuscripts from Tunhuang in the British Museum, The Trustees of the British Museum, London 1957, p. 112（録）；《敦煌寶藏》二九册，臺北：新文豐出版公司，一九八二年，四三二頁（圖）；《英藏敦煌文獻》五卷，成都：四川人民出版社，一九九二年，一二二頁（圖）。

斯三五五六　大般若波羅蜜多經卷第廿五題記

釋文

宋德子寫〔一〕。

説明

此件《英藏敦煌文獻》未收，現予增收。『宋德子』還見於羽六二R《紇骨薩部落百姓宋德子便布契》。

校記

〔一〕『宋德子』，《敦煌遺書總目索引新編》未能釋讀。

參考文獻

《敦煌寳藏》二九册，臺北：新文豐出版公司，一九八二年，四四五頁（圖）；《中國古代寫本識語集録》，東京大學東洋文化研究所，一九九〇年，三五五頁（録）；《敦煌遺書總目索引新編》，北京：中華書局，二〇〇〇年，一〇八頁（録）；《敦煌秘笈》一册，大阪：武田科學振興財團，二〇〇九年，三八五頁（圖）。

斯三五五六背　習字（社司轉帖等）

釋文

社司　轉帖右緣年支春坐局席

左在

説明

以上文字係時人隨手書寫於《大般若波羅蜜多經》卷第廿五紙背，應係學童習字。

參考文獻

Descriptive Catalogue of the Chinese Manuscripts from Tunhuang in the British Museum, The Trustees of the British Museum, London 1957, p. 2（録）；《敦煌寶藏》二九册，臺北：新文豐出版公司，一九八二年，四四五頁（圖）；《英藏敦煌文獻》五卷，成都：四川人民出版社，一九九二年，一二三頁（圖）。

斯三五五七　河西節度使府主太保造佛衣文

釋文

夫帝室誕靈，浴雨泉而標聖；天宮降質，凝八相以稱尊〔一〕。清音暢法界之中，白豪鑒太虛之外。蕩山河而作瑞，罕測其功〔二〕；動天地以成祥，孰之（知）厥德〔三〕。素鶡林而演正，俄迴梵志之心；濟鷲嶺岳以揮邪〔四〕，即革波旬之面。洪哉妙覺，難可稱之者哉〔五〕！厥今請慈尊於宅側，焚香訴陳；命大聖於深宮，虔誠志懇〔六〕。捨珍財而逞巧妙，製造慈尊之衣。開寶篋，廣用絲綿，創成傳信者，爲誰所作？時則有我河西節度使府主太保，先奉爲龍沙境域，三邊無草動塵飛；玉賽（塞）關河〔七〕，萬里止狼煙閉息。夫人固壽，以（與）天地而同長〔八〕。太子僕射郎君王（玉）昆〔九〕，保乾坤，合其德。小娘子等己躬清泰，珪（桂）俄（娥）保朗於千春〔一〇〕。應是合宅宗枝，同江河而延福諸（之）會也〔一一〕。伏惟府主太保神資傑世，天縱英雄；勢武動而星流，龍筆至而月落。故得安峗（危）濟弱〔一二〕，河西效德政之功；易俗移豐（風）〔一三〕，淳首建拓邊之節〔一四〕。遂乃東西戎儻（黨）〔一五〕，俱懷獻款之成（誠）〔一六〕；南北蠻餘（夷）〔一七〕，共賀（荷）來降之望〔一八〕。加以信珠深暮

（慕）〔一九〕，智鏡先明；憑大聖以加威，求十哲而其（祈）福〔二〇〕。所以廣施儲産，望憑現世之團圓；創製佛衣，亦願果中德具足。是時也，三春初朔〔二一〕，寒雲掩户而無光；百卉爭新，梅花結蘂於南面（?）。總斯多善，莫限良緣。先用莊嚴梵釋四王、龍天八部：伏願威光盛運，千秋無嶮念（稔）之災〔二二〕；福力彌增，萬歲有豐盈之美。又持勝福，次用莊嚴府主太保貴壽：伏願三山等壽，比日月而齊明；北極標尊，同麻姑而壽（受）蔭〔二三〕。又持勝善，伏用莊嚴，則我國母夫人貴壽：伏願長爲寵后，光榮不絶於千春；會合乾坤，紅顔轉茂於百載。今世後世，咸得萬佛而護持；此世他生，慈尊願深而擁護。

説明

此件首尾完整，其内容爲河西節度使府主太保造佛衣文。文中除了『河西節度使府主太保』，還有『國母夫人』，據相關研究，以上兩個稱號共存的時期應該是曹氏歸義軍節度使曹元德晚期（參看榮新江《歸義軍史研究：唐宋時代敦煌歷史考索》，一〇九頁）。

校記

〔一〕『尊』，據殘筆劃及伯二六六五補。
〔二〕『測』，據殘筆劃及伯二六六五補。

〔三〕「之」，當作「知」，據文義改，「之」爲「知」之借字。
〔四〕「濟」，據殘筆劃及伯二六六五補；「嶺嶽」，底本原作大字連寫，因係同義詞，在實際應用時可以選擇，今釋作小字。
〔五〕「哉」，據殘筆劃及文義補。
〔六〕「虔」，據殘筆劃及文義補。
〔七〕「賽」，當作「塞」，據文義改，「賽」爲「塞」之借字。
〔八〕「以」，當作「與」，據文義改，「以」爲「與」之借字。
〔九〕「王」，當作「玉」，據文義改。
〔一〇〕「珪」，當作「桂」，據文義改，「珪」爲「桂」之借字；「俄」，當作「娥」，據文義改，「俄」爲「娥」之借字。
〔一一〕「諸」，當作「之」，據文義改，「諸」爲「之」之借字。
〔一二〕「峗」，當作「危」，據伯三一四九改，「峗」爲「危」之借字。
〔一三〕「豐」，當作「風」，據伯三一四九改，「豐」爲「風」之借字。
〔一四〕「淳」，伯三一四九作「鶉」。
〔一五〕「儻」，當作「黨」，據斯四六二五改，「儻」爲「黨」之借字。
〔一六〕「成」，當作「誠」，據斯四六二五改，「成」爲「誠」之借字。
〔一七〕「餘」，當作「誠」，據斯四六二五改，「餘」爲「夷」之借字。
〔一八〕「賀」，當作「荷」，據文義改，「賀」爲「荷」之借字。
〔一九〕「暮」，當作「慕」，據文義改，「暮」爲「慕」之借字。
〔二〇〕「其」，當作「祈」，據文義改，「其」爲「祈」之借字。

〔二一〕「初」，據殘筆劃及文義補。
〔二二〕「念」，當作「稔」，據文義改，「念」爲「稔」之借字。
〔二三〕「壽」，當作「受」，據文義改，「壽」爲「受」之借字。

參考文獻

《敦煌寶藏》二九册，臺北：新文豐出版公司，一九八二年，四四六頁（圖）；《英藏敦煌文獻》三卷，成都：四川人民出版社，一九九〇年，四二頁（圖）；《英藏敦煌文獻》五卷，成都：四川人民出版社，一九九二年，一二三頁（圖）；《英藏敦煌文獻》六卷，成都：四川人民出版社，一九九二年，一三四、一七五頁（圖）；《敦煌遺書總目索引新編》，北京：中華書局，二〇〇〇年，一〇八頁；《法藏敦煌西域文獻》一七册，上海古籍出版社，二〇〇一年，一四二頁（圖）；《法藏敦煌西域文獻》二三册，上海古籍出版社，二〇〇二年，四一頁（圖）；《法藏敦煌西域文獻》二四册，上海古籍出版社，二〇〇二年，五二頁（圖）；《歸義軍史研究：唐宋時代敦煌歷史考索》，上海古籍出版社，二〇一五年，一〇九頁。

斯三五六〇背　雜寫

釋文

無頭未（？）

説明

以上文字係時人隨手書寫於《大般若波羅蜜多經》卷第二三一五紙背，《英藏敦煌文獻》未收，現予增收。

參考文獻

《敦煌寶藏》二九册，臺北：新文豐出版公司，一九八二年，四五五頁（圖）。

斯三五六三　太玄真一本際經卷第二

釋文

（前缺）

應三洞者〔一〕，是名正經〔二〕。□不可受持〔三〕，當自請師審定分別。

青童君曰〔四〕：云何名誡〔五〕？天尊曰：誡有二種，一者有得，二者無得〔六〕。有得誡者〔七〕，三誡、五誡、九誡、十誡、廿七誡、百八十誡〔八〕、三百大誡，止惡防罪，未達方便，名有得誡〔九〕，止離三塗，及人中苦，未入道分。若識諸法，畢竟空寂，是名正誡，無持無犯，開四觀門，爲道根本。

青童君曰：云何名爲隱處山林？天尊曰：是亦二種。下士小心，常畏諸塵之所染汙〔一〇〕，故入巖阜林藪之間〔一一〕，避諸穢惡，靜然端拱，脩靜寂行〔一二〕。上士在世，不畏塵勞，雖居世間，無所染汙，猶如寶珠，體性明淨，處智慧山，依無相野〔一三〕，是名善解山栖之相。

青童君曰：云何名爲念道之相？天尊曰：夫念道者，通能制滅一切惡根，猶金剛刀，無所不斷，猶如猛火，無所不燒。念有二種。一念生身七十二相，八十一好，具足微妙，人中天上，三界特尊，是我歸依覆護之處。二念法身猶如虚空，圓满清淨，即是真道，亦名道身，亦名道性。常以正念，不聞餘心〔一四〕，是名念道。

青童君曰：請事要言，云何復名念經之相？天尊曰：經有三種，大乘小乘，及以中乘。係心受持，常生信慕，存想不移，審知是法，是出要道，無他雜念，是名念經。若知諸法本無文字，正觀實相，達其旨趣，亦名念經，是名善解念經之相。

青童君曰：云何念師？天尊曰：師者，父也。我若無師，不能得道，是故應當遠近隨逐，心眼觀想，恒在目前，不贊（替）須臾〔一五〕，無他雜想，是名念師。又當正念一切得道大聖衆真，通是師寶，皆能訓我，是良福田，係念師（歸）依〔一六〕，心心相續，邪念不起，是名念師。

青童君曰：始蒙開明，諸疑永斷，來生男女，無復迷惑。禮拜畢已，依位而坐。

元始天尊抗手告衆：汝等當知，我之真身，清淨無礙，猶如虚空，不生不滅，常住善寂，大智慧源，雖復窈冥，其精甚信。無量劫來，證此真體，安恒不動，超絶無倫，非是小聖二乘之所知覺。爲衆生故，現應受身，遊入五道，稱緣開度，隨宜方便，皆使悟入，應物根性，權示色像，故名應身。而此應身，亦無生滅，無有去來，常位（住）不變〔一七〕，爲利一切，隱顯不同，發起精進，令無退轉。諸所應作，皆已畢訖，所未應行，道君自了。汝諸大衆，宜共奉承，勿於我所，生分別念。作是語已，即有飛雲丹霄八景玉輿，幢幡寶蓋，遍満虚空，天灑香花，神龍妓樂，俄頃之間，一時同至。天尊於是即登玉輿，昇於太空，大衆極目不復能睹。是時衆人哽咽號慕，如失父母，仰空作禮，轉拜道君，而説偈曰：

無上淨妙真智身，寂滅無相莫能睹。
但見應體還本源，是故各懷大憂苦。
仰賴太上無極尊，猶如失母依慈父。
我等没在憂火中，唯願時霔甘露雨。
斷絶倒想戀著心，消除諸見滅邪取（趣）〔一八〕。

太上道君告四坐曰：汝等當知，一切諸法，皆空寂相，生死道場，性無差別，不應妄生，去來之想。若始發意，當識無常，各求自度，離生死苦。天尊遺教，誡勸分明，努力勤脩，早求解脱，勿懷憂惱，虚喪善功。説是語已，即與侍從，還返王（玉）京〔一九〕。諸餘神仙，十方來者，各禮道君，一時而退。

太玄真一本際經卷第二

開元二年十一月廿五日道士索洞玄敬寫。

説明

此件首缺尾全，起『應三洞者，是名正經』，訖尾題『太玄真一本際經卷第二』，其後有題記。『開元二年』即公元七一四年。關於敦煌文獻中保存的《太玄真一本際經》卷第二的寫本概況，請參看本書第十三卷所收斯二六一八、第十五卷所收斯三一三五的説明。本書在對斯二六一八、斯三一三五號進行釋録時，曾以此件作爲校本，故此件與其他敦煌寫本之異同，均可見斯二六一八、斯三一三五號之校記。

以上釋文以斯三五六三爲底本，僅用斯三一三五（稱其爲甲本）校改錯誤和校補闕文，各本異文不再一一出校。

校記

〔一〕『應』，據甲本補；『三』，據殘筆劃及甲本補。

〔二〕『正』，據殘筆劃及甲本補；『經』，據甲本補。

〔三〕『不可』，據甲本補。

〔四〕『曰』，據甲本補。

〔五〕『云何名』，據甲本補。

〔六〕『二』，據殘筆劃及甲本補；『者無得』，據甲本補。
〔七〕『有』，據甲本補。
〔八〕『百』，據殘筆劃及甲本補；『八十』，據甲本補；『誡』，據殘筆劃及甲本補。
〔九〕『名』，據殘筆劃及甲本補；『有得誡』，據甲本補。
〔一〇〕『汙』，據殘筆劃及甲本補。
〔一一〕『故』，據甲本補。
〔一二〕『靜寂』，甲本作『恬愉』。
〔一三〕『無相』，據甲本補；『野』，據殘筆劃及甲本補。
〔一四〕『聞』，甲本作『間』，誤。
〔一五〕『贊』，當作『替』，據甲本改。
〔一六〕『師』，當作『歸』，據甲本改。
〔一七〕『位』，當作『住』，據甲本改。
〔一八〕『取』，當作『趣』，據《正統道藏》改。
〔一九〕『王』，當作『玉』，據甲本改。

參考文獻

《敦煌寶藏》二九册，臺北：新文豐出版公司，一九八二年，四七四至四七五頁（圖）；《敦煌學要籥》，臺北：新文豐出版公司，一九八二年，二〇三頁（録）；《道藏》二四册，文物出版社、上海書店、天津古籍出版社，一九八八年，六五三至六五九頁；《中國古代寫本識語集録》，東京大学東洋文化研究所，一九九〇年，二八七頁（録）；《英藏敦煌文獻》五卷，成都：四川人民出版社，一九九二年，一二四至一二五頁（圖）；《敦煌道教文獻研究：綜述·目録·索引》，北京：中國社會科學出版社，二〇〇四年，一九七頁；《中華道藏》五册，北京：華夏出版社，二〇〇四年，二二五至二二六頁（録）；《英藏敦煌社會歷史文獻釋録》一三卷，北京：社會科學文獻出版社，二〇一五年，一一七至一二六頁（録）；《英藏敦煌社會歷史文獻釋録》一五卷，北京：社會科學文獻出版社，二〇一七年，二七四至三〇〇頁（録）。

斯三五六五　一　歸義軍節度使曹元忠設齋功德疏

釋文

弟子歸義軍節度使檢校太保曹元忠於衙龍樓上，請大德九人，開龍興、靈圖二寺大藏經一變（遍）〔一〕，啓揚鴻願，設齋功德疏。

施紅錦壹疋，新造經袟貳拾壹個，充龍興寺經儭〔二〕。樓機綾壹疋〔三〕，經袟拾個，充靈圖經儭。生絹壹疋，經袠拾伍個〔四〕，充三界寺經儭。馬壹疋，充見前僧嚫〔五〕。

説明

此件首尾完整，内容係歸義軍節度使曹元忠設齋功德疏。文書中指明請大德九人，這九人請於何寺及具體人選當另由請僧疏落實。文中『馬壹疋，充見前僧嚫』就是施給那九位大德的（參看郝春文《唐後期五代宋初敦煌僧尼的社會生活》，三六〇頁）。

此件無紀年，土肥義和據其中曹元忠的加官推測此號中之兩件的年代爲公元九四六年至九四七年上半年（參看池田温主編《講座敦煌・三・敦煌の社會》，三六〇頁）；榮新江則據曹元忠夫人翟氏稱潯陽郡夫人是在天福十二年（公元九四七年）至顯德四年（公元九五七年）之間，推測這兩件的年代在曹元忠第二次稱太保的公元九五〇至九五五年間（參看《沙州歸義軍歷任節度使稱號研究》，《敦煌學》一九輯，四八頁）。

此件背面抄有『西天大小乘經律論并在唐都數目録』。

校記

〔一〕『變』，當作『遍』，《唐後期五代宋初敦煌僧尼的社會生活》據文義校改，『變』爲『遍』之借字。
〔二〕『僻』，《敦煌遺書總目索引新編》釋作『襯』。以下同，不另出校。
〔三〕『機綾』，《敦煌遺書總目索引新編》釋作『綾機』，誤。
〔四〕『伍』，《敦煌遺書總目索引新編》釋作『五』，雖義可通而字誤。
〔五〕『嚫』，《唐後期五代宋初敦煌僧尼的社會生活》釋作『僻』，《敦煌遺書總目索引新編》未能釋讀。

參考文獻

Descriptive Catalogue of the Chinese Manuscripts from Tunhuang in the British Museum, The Trustees of the British Museum, London 1957, p. 214；《講座敦煌·三·敦煌の社會》，東京：大東出版社，一九八〇年，三六〇頁；《敦煌寶藏》二九冊，臺北：新文豐出版公司，一九八二年，四七六頁（圖）；《敦煌遺書總目索引》，北京：中華書局，一九八三年，一八二頁（録）；《敦煌社會經濟文獻真蹟釋録》三輯，北京：全國圖書館文獻縮微複製中心，一九九〇年，九七頁（録）；《英藏敦煌文獻》五卷，成都：四川人民出版社，一九九二年，一二六頁（圖）；《敦煌碑銘讚輯釋》，蘭州：甘肅教育出版社，一九九二年，三五五頁（録）；《敦煌學》一九輯，臺北：敦煌學會，一九九二年，四八頁（録）；《唐後期五代宋初敦煌僧尼的社會生活》，北京：中國社會科學出版社，一九九八年，三六〇頁（録）；《敦煌遺書總目索引新編》，北京：中華書局，二〇〇〇年，一〇八頁（録）；《歸義軍史研究：唐宋時代敦煌歷史考索》，上海古籍出版社，二〇一五年，一一八頁。

斯三五六五　二　曹元忠與潯陽郡夫人等造供養具疏

釋文

弟子敕河西歸義等軍節度使檢校太保曹元忠以（與）
潯陽郡夫人及姑姨姊
妹娘子等造供養具疏〔一〕。
造五色錦繡經
巾壹條〔二〕，雜彩
幡額壹條〔三〕，銀淫
幡，施入法
門寺，永充供養。
右件功德，今並圓就，
請懺念。

賜紫沙門　　聞〔四〕。

説明

此件首尾完整，内容係歸義軍節度使曹元忠與潯陽郡夫人等造供養具疏。

校記

〔一〕第一個『等』，《敦煌社會經濟文獻真蹟釋録》、《敦煌學》一九輯、《敦煌翟氏研究》均漏録；『以』，當作『與』，《沙州歸義軍歷任節度使稱號研究》據文義校改，『以』爲『與』之借字。
〔二〕『巾』，《敦煌社會經濟文獻真蹟釋録》釋作『中』，誤。
〔三〕『彩』，《敦煌遺書總目索引新編》釋作『綵』，雖義可通而字誤。
〔四〕『聞』，《敦煌遺書總目索引新編》認爲係簽押。

參考文獻

《敦煌寶藏》二九册，臺北：新文豐出版公司，一九八二年，四七六至四七七頁（圖）；《敦煌遺書總目索引》，北京：中華書局，一九八三年，一八二頁（録）；《敦煌社會經濟文獻真蹟釋録》三輯，北京：全國圖書館文獻縮微複製中心，一九九〇年，九八頁（録）；《英藏敦煌文獻》五卷，成都：四川人民出版社，一九九二年，一二六頁（圖）；《敦煌學》一九輯，臺北：敦煌學會，一九九二年，四八頁（録）；《唐研究》三卷，北京：北京大學出版社，一九九七年，二六頁；《唐後期五代宋初敦煌僧尼的社會生活》，北京：中國社會科學出版社，一九九八年，二五〇頁；《敦煌遺書總目索引新編》，北京：中華書局，二〇〇〇年，一〇八頁（録）；《敦煌翟氏研究》，北京：民族出版社，二〇一二年，二二一至二二三頁（録）；《歸義軍史研究：唐宋時代敦煌歷史考索》，上海古籍出版社，二〇一五年，一一八頁。

斯三五六五背　西天大小乘經律論并在唐都數目録

釋文

西天大小乘經律論并在唐都數目録

世有現前三寶，此事須殷重供養，得福無量，永無災禍。出入行藏，常蒙觀音覆護。滅罪恆沙〔一〕，福延永〔二〕。

《涅槃〔經〕》〔三〕，一部。四千八百卷，内四十二卷在唐。《菩薩藏經》，一部。三千八卷，内三十六卷在唐。

《虚空藏經》，一部。四百卷，内一百卷在唐。《首楞嚴經》，一部。一百卷，内十二卷在唐。

《思益大集經》，一部。五十三卷，内四卷在唐。《決斷經》，一部。一百三十五卷，内八卷在唐。

《寶藏經》，一部。一百三十卷，内兩卷在唐。《李填看經》，一部。九十卷，内兩卷在唐。

《瑜伽論經》，一部。五百廿卷，内九卷在唐。《西論經》，一部。三百卷，内一百卷在唐。

《僧祁（祇）論經》〔四〕，一部。五百一十八卷，内三十六卷在唐。《起信論經》，一部。二千卷，内五十卷在唐。

《羯磨顯現論經》，一部。三百五十七卷，内廿一卷在唐。《花嚴經》，一部。一萬三百九十卷，内八十卷在唐。

《大般若經》〔五〕，一部。九千卷，内六百卷在唐。《金光明經》，一部。一千卷，内四卷在唐。

《維摩經》，一部。一百七十卷〔六〕，内〔三〕卷在唐〔七〕。《正法住經》，一部。一百二十卷，内六卷在唐。

《未曾有經》，一部。一千五百卷，内五卷在唐。《五龍經》，一部。三十二卷，内兩卷在唐。

《菩薩戒經》，一部。一百五十卷，内一卷在唐。《大知（智）度論經》〔八〕，一部。一百八十三卷，内十八卷在唐〔九〕。

《三論別經》，一部。三百七十六卷，内七卷在唐。《西國諸雜論經》〔一〇〕，一部。九千五百卌一卷，内卌六卷在唐。

《因明論經》，一部。二千卷，内五十卷在唐。
《百法論經》，一部。七十卷，内十卷在唐。
《佛本行經》一部。一千八百卷，内廿六卷在唐。
《大集經》一部。三百卷，内三十卷在唐。
《法花經》，一部。七百卷，内十卷在唐。
《楞伽經》，一部。一百八十卷，内四卷在唐。
《佛藏經》，一部。一千七百卷，内一十三卷在唐。
《無量〔壽〕經》〔一二〕，一部。九十卷，内三卷在唐。
《文殊般若經》，一部。五卷，内一卷在唐。
《大闍論經》，一部。一千三百五十卷，内一百五十卷在唐。
《大遺識論經》，一部。八百五十卷，内三卷在唐。
《俱舍論經》，一部。二千卷，内一十卷在唐。
《寶常暖論經》〔一三〕，一部。二千卷，内七卷在唐。
《正行律藏論經》，一部。八百九十二卷，内廿三卷在唐。
西天大藏經計有八萬四千億四百卷數〔一三〕，已上除藏經收〔一四〕，計五萬七千六十二卷，
内一千八百九十八卷現今在唐。

唐國去〔西〕〔天〕九萬七千三百八十里〔一五〕。
尼寺：廿五萬八十（千）四百所〔一六〕。
西國僧寺：三百四十萬九千三百一十所。
道流宫觀：一百一十萬四千二百三十所。
觀（館）驛〔一七〕：計百四十萬九千三百一十三所等是〔一八〕。

説明

此件首尾完整，首題『西天大小乘經律論并在唐都數目録』，訖『計百四十萬九千三百一十三所等是』。此件之抄寫格式，第一行先通欄抄寫供養題記和題名，經目則分四欄從右向左抄寫，每欄行數不等。現知敦煌文獻中保存的同類文獻還有伯二九八七，該件首尾完整，首題『西天大小乘經律論并及見在大唐國内都數目録』，訖『一百四十萬九千三百一十三所』，比此件所收經録多出一種，佛經的卷數、排列順序也不盡相同。伯二九八七内有『舊唐國』，可知其抄寫於唐亡後，當爲十世紀寫本，據此，此件也當抄寫於十世紀左右。

與伯二九八七號比較，此件經目部分似乎是先直行通寫第一、第二欄，然後依次抄寫第三、第四欄。另，此件第二欄第一行末有一横綫，似乎亦在標示以上兩列是當作一列抄寫的。依據以上跡象，此件釋文的排列次序是先釋録供養題記和題名，然後直行釋録第一、第二欄，最後依次釋録第三、第四欄。

此件最初編纂目的似是爲西行求法、巡禮的僧人作參考之用，後來抄寫該目録亦逐漸演變成爲一種修功德的手段（參看方廣錩《中國寫本大藏經研究》，三一〇頁）。

校記

〔一〕「沙」，《敦煌遺書總目索引》《敦煌遺書總目索引新編》釋作「河」，誤。

〔二〕「福」與「延」之間底本原有一空白，《敦煌遺書總目索引》《敦煌遺書總目索引新編》釋作「□」，《敦煌佛教經録輯校》認爲或爲「壽」字。

〔三〕「經」，據伯二九八七補，《中國寫本大藏經研究》逕釋作「經」。

〔四〕「祁」，當作「祇」，《敦煌佛教經録輯校》據伯二九八七校改。

〔五〕「經」，《敦煌佛教經録輯校》《中國寫本大藏經研究》漏録。

〔六〕「一百」，《中國寫本大藏經研究》漏録。

〔七〕「三」，《敦煌佛教經録輯校》據伯二九八七校補。

〔八〕「知」，當作「智」，據伯二九八七改，「知」爲「智」之借字；「經」，《中國寫本大藏經研究》漏録。

〔九〕「八」，《敦煌佛教經録輯校》據伯二九八七認爲係衍文。

〔一〇〕「論」，《中國寫本大藏經研究》漏録。

〔一一〕「壽」，此處底本原有空白，據伯二九八七補。

〔一二〕「暖」，《中國寫本大藏經研究》疑爲「槃」字。

〔一三〕「數」，《敦煌遺書總目索引》《敦煌遺書總目索引新編》未能釋讀，《中國寫本大藏經研究》疑作「斷」。

〔一四〕「收」，《敦煌遺書總目索引》《敦煌遺書總目索引新編》未能釋讀。

〔一五〕「西天」，據伯二九八七補。

〔一六〕「十」，當作「千」，據伯二九八七改。

〔一七〕「觀」，當作「館」，據伯二九八七改，「觀」爲「館」之借字。

〔一八〕「計百」，《敦煌遺書總目索引新編》漏録。

參考文獻

Descriptive Catalogue of the Chinese Manuscripts from Tunhuang in the British Museum, The Trustees of the British Museum, London 1957, p. 214；《敦煌寶藏》二九册，臺北：新文豐出版公司，一九八二年，四七七至四七八頁（圖）；《敦煌遺書總目索引》，北京：中華書局，一九八三年，一八二頁（録）；《英藏敦煌文獻》五卷，成都：四川人民出版社，一九九二年，一二七頁（圖）；《敦煌佛教經録輯校》上册，南京：江蘇古籍出版社，一九九七年，二七五至二八〇頁（録）；《敦煌學佛教學論叢》上册，香港：中國佛教文化出版有限公司，一九九八年，三一一至三一二頁；《敦煌遺書總目索引新編》，北京：中華書局，二〇〇〇年，一〇八至一〇九頁（録）；《法藏敦煌西域文獻》二〇册，上海古籍出版社，二〇〇三年，三三二頁（圖）；《中國寫本大藏經研究》，上海古籍出版社，二〇〇六年，二九七至三一六頁。

斯三五六九背　雜寫

釋文

意云河（何）日月〔一〕

心

心則能

説明

以上文字係時人隨手書寫於《維摩詰經》卷上之紙背，其内容或與《維摩詰經》有關。此件《英藏敦煌文獻》未收，現予增收。

校記

〔一〕『河』，當作『何』，據《維摩詰經》改，『河』爲『何』之借字。

參考文獻

《敦煌寶藏》二九册，臺北：新文豐出版公司，一九八二年，四九七頁（圖）。

斯三五八五背　一　金剛般若波羅蜜經題記

釋文

丙戌年五月十日董潤清造經卷，便是造與清奉〔一〕。

説明

此件《英藏敦煌文獻》未收，現予增收。池田温疑此『丙戌年』係公元九二六年（參看《中國古代寫本識語集録》，四六九頁）。

校記

〔一〕『與』，《敦煌遺書總目索引新編》未能釋讀。

參考文獻

Descriptive Catalogue of the Chinese Manuscripts from Tunhuang in the British Museum, The Trustees of the British Museum,

London 1957, p. 27（録）；《敦煌寶藏》二九册，臺北：新文豐出版公司，一九八二年，六一六頁（圖）；《敦煌學要籥》，臺北：新文豐出版公司，一九八二年，一三四頁（録）；《敦煌遺書總目索引》，北京：中華書局，一九八三年，一八二頁（録）；《中國古代寫本識語集録》，東京大學東洋文化研究所，一九九〇年，四六九頁（録）；《敦煌遺書總目索引新編》，北京：中華書局，二〇〇〇年，一〇九頁（録）。

斯三五八五背　二　雜寫（丙戌等）

釋文

丙戌

軀座（？）淨（？）

説明

此件筆跡與《金剛般若波羅蜜經》題記一致，係時人寫完題記之後隨手書寫。《英藏敦煌文獻》未收，現予增收。

參考文獻

《敦煌寶藏》二九册，臺北：新文豐出版公司，一九八二年，六一六頁（圖）。

斯三五九二背　雜寫（不可等）

釋文

不可
不可
不好

（中空數行）

説明

以上文字係時人隨手書寫於『六念偈頌』紙背，《英藏敦煌文獻》未收，現予增收。

參考文獻

《敦煌寶藏》二九册，臺北：新文豐出版公司，一九八二年，六五一頁（圖）。

斯三五九五　大方廣佛華嚴經卷第六十、菩薩瓔珞經卷第一勘經題記

釋文

兑。

兑。

兑。

兑（押）。

説明

此卷由已經斷裂的《大方廣佛華嚴經》卷第六十和《菩薩瓔珞經》卷第一黏接而成，以上前三個『兑』字分别書寫於第二紙、第三紙和第四紙經文天頭上，第四個『兑』字則用濃墨大字書寫於經文上，下有簽押。以上文字表示此佛經已經作廢，可以兑换新紙重抄。此件《英藏敦煌文獻》未收，現予增收。

參考文獻

《敦煌寶藏》二九册，臺北：新文豐出版公司，一九八二年，六五三至六五六頁（圖）。

斯三五九五背　雜寫（押衙張恩會寫經不私蓋等）

釋文

須菩提意

東方萬八千土悉

識爲　五　五識依明了意識一

是彌勒菩薩欲重宣

東方萬八千土悉見彼佛國

以何因緣而有此瑞神通之相

丙戌年六月一日

押衙張恩會寫經不私蓋

門門閻大槐又（？）山

須□□

人　家之

家
之
無　須菩提　大　佛
會清笔　大
無
人人子有
押衙閻海珍
押衙閻海珍　得　得大
合　大
大
武
爲是　張恩會筆薩摩
衆生
唯識論義第五卷經
爲令一切衆生皆心淨不□
武

勑
張恩會筆
張恩會筆菩薩
大衆
薩
大般若波羅
今日得畢（筆）一管〔一〕 菩薩
彥 長 彥
長 長 長
人 人 天 天 子
論 開 閻彥真 張
明多藏
男子大
義男子人 子孔人
大德

説明

此卷正面爲《大方廣佛華嚴經》卷六十，背面文字書寫淩亂，字體大小不同，筆墨濃淡不一，正、倒、斜、横書相雜，有些文字難以辨識，係不同時期不同人隨手所寫。『張恩會』又見於斯四六四四，王蘭平認爲『丙戌年』可能是公元九八〇年（《敦煌寫本Дx. 06062〈歸義軍時期《大般若經》抄寫紙歷〉及其相關問題考釋》，《敦煌歸義軍史專題研究續編》，五八六至六〇三頁）。

校記

〔一〕『畢』，當作『筆』，《敦煌遺書總目索引新編》據文義校改，『畢』爲『筆』之借字。

參考文獻

Descriptive Catalogue of the Chinese Manuscripts from Tunhuang in the British Museum, The Trustees of the British Museum, London 1957, p. 130（録）；《敦煌寶藏》二九册，臺北：新文豐出版公司，一九八二年，六五八頁（圖）；《敦煌學要籥》，臺北：新文豐出版公司，一九八二年，一三四頁（録）；《英藏敦煌文獻》五卷，成都：四川人民出版社，一九九二年，一二八頁（圖）；《敦煌遺書總目索引》，北京：中華書局，一九八三年，一八二頁（録）；《中國古代寫本識語集録》，東京大學東洋文化研究所，一九九〇年，四六九頁（録）；《敦煌遺書總目索引新編》，北京：中華書局，二〇〇〇年，一〇九頁（録）；《敦煌歸義軍史專題研究續編》，蘭州大學出版社，二〇〇三年，五八六至六〇三頁。

斯三六〇二　金剛般若波羅蜜經題記

釋文

張加善寫。

説明

此件《英藏敦煌文獻》未收，現予增收。

參考文獻

Descriptive Catalogue of the Chinese Manuscripts from Tunhuang in the British Museum, The Trustees of the British Museum, London 1957, p. 20（録）；《敦煌寶藏》三〇册，臺北：新文豐出版公司，一九八二年，二七頁（圖）；《中國古代寫本識語集録》，東京大學東洋文化研究所，一九九〇年，三七六頁（録）；《敦煌遺書總目索引新編》，北京：中華書局，二〇〇〇年，一〇九頁（録）。

斯三六〇三　佛説無量壽宗要經題記

釋文

氾子昇。

説明

此件《英藏敦煌文獻》未收，現予增收。『氾子昇』見於多卷佛經題記。

參考文獻

Descriptive Catalogue of the Chinese Manuscripts from Tunhuang in the British Museum, The Trustees of the British Museum, London 1957, p. 150（録）；《敦煌寶藏》三〇册，臺北：新文豐出版公司，一九八二年，二九頁（圖）；《中國古代寫本識語集録》，東京大學東洋文化研究所，一九九〇年，三九〇至三九一頁（録）；《敦煌遺書總目索引新編》，北京：中華書局，二〇〇〇年，一〇九頁（録）。

斯三六〇四　大般若波羅蜜多經卷第五四一題記

釋文

氾廣〔一〕。

說明

此件《英藏敦煌文獻》未收，現予增收。

校記

〔一〕『廣』，*Descriptive Catalogue of the Chinese Manuscripts from Tunhuang in the British Museum*、《中國古代寫本識語集録》均釋作『香』，誤。

參考文獻

Descriptive Catalogue of the Chinese Manuscripts from Tunhuang in the British Museum,The Trustees of the British Museum, London 1957, p. 12（録）；《敦煌寶藏》三〇册，臺北：新文豐出版公司，一九八二年，四二頁（圖）；《中國古代寫本識語集録》，東京大學東洋文化研究所，一九九〇年，三七三頁（録）；《敦煌遺書總目索引新編》，北京：中華書局，二〇〇〇年，一〇九頁（録）。

斯三六〇六　大般若波羅蜜多經卷第四一四題記

釋文

陰再清寫。

説明

此件《英藏敦煌文獻》未收，現予增收。

參考文獻

Descriptive Catalogue of the Chinese Manuscripts from Tunhuang in the British Museum, The Trustees of the British Museum, London 1957, p. 10（録）；《敦煌寶藏》三〇册，臺北：新文豐出版公司，一九八二年，六六頁（圖）；《中國古代寫本識語集録》，東京大學東洋文化研究所，一九九〇年，三七〇頁（録）；《敦煌遺書總目索引新編》，北京：中華書局，二〇〇〇年，一〇九頁（録）。

斯三六〇六背　大般若波羅蜜多經卷第四一四勘經題記

釋文

兑（押）

此經本題頭題尾錯

説明

以上文字書寫於《大般若波羅蜜多經》卷第四一四紙背，疑係勘經題記。《英藏敦煌文獻》未收，現予增收。

參考文獻

《敦煌寶藏》三〇册，臺北：新文豐出版公司，一九八二年，六七頁（圖）。

斯三六〇七　沙州乞經狀

釋文

（前缺）

上件所欠經、律、論本者，蓋爲邊方邑衆[一]，佛法難聞，而又遺失於教言，何以得安於人物？切望中國檀越[二]，普濟乞心，使中外之藏教，俱全遺來。今之凡夫轉讀[三]，便是受佛付囑，傳授教勑，令法久住世間矣。

説明

此件首缺尾全，存尾部五行，《英藏敦煌文獻》定名爲《沙州乞經狀》，兹從之。除此件外，敦煌文獻中保存的同類文獻尚有七件，反映了北宋時期沙州僧人向中原乞經的活動。關於這些寫本的概況，請參看本書第十一卷斯二一四〇號説明。

此件筆跡與斯二一四〇、斯四六四〇、伯三八五一、伯四六〇七相同，施萍婷認爲抄寫者是伯三四〇三《雍熙三年丙戌歲具注曆日并序》的編製者安彦存（參看《俄藏敦煌文獻 Дх 一三七六、一四三八、二一七〇之研究》，《敦煌研究》一九九六年三期，二七頁）。

校記

〔一〕「邊方」，《俄藏敦煌文獻Дx一三七六、一四三八、二一七〇之研究》漏録。

〔二〕「檀」，底本原作「壇」，在敦煌寫本中，「檀越」二字尚未成爲固定搭配，或作「檀越」，或作「壇越」，此逕釋作「檀」。

〔三〕「轉」，《敦煌遺書總目索引新編》釋作「得轉」，誤。

參考文獻

Descriptive Catalogue of the Chinese Manuscripts from Tunhuang in the British Museum, The Trustees of the British Museum, London 1957, p. 189（録）；《敦煌寶藏》三〇册，臺北：新文豐出版公司，一九八二年，六七頁（圖）；《敦煌遺書總目索引》，北京：中華書局，一九八三年，一八二頁（録）；《敦煌研究》一九八九年二期，七三至八三頁；《英藏敦煌文獻》五卷，成都：四川人民出版社，一九九一年，二二九頁（圖）；《敦煌研究》一九九六年三期，二五頁（録）；《敦煌佛教經録輯校》（下），南京：江蘇古籍出版社，一九九七年，九〇五頁（録）；《敦煌學佛教學論叢》（下），香港：中國佛教文化研究所，一九九八年，二〇六頁（録）；《敦煌遺書總目索引新編》，北京：中華書局，二〇〇〇年，一一〇頁（録）；《中國寫本大藏經研究》，上海古籍出版社，二〇〇六年，三七六頁（録）。

斯三六一一　大般若波羅蜜多經卷第一百廿四題記

釋文

威勇。

説明

此件《英藏敦煌文獻》未收，現予增收。

參考文獻

Descriptive Catalogue of the Chinese Manuscripts from Tunhuang in the British Museum, The Trustees of the British Museum, London 1957, p. 4（録）；《敦煌寶藏》三〇册，臺北：新文豐出版公司，一九八二年，八二頁；《中國古代寫本識語集録》，東京大學東洋文化研究所，一九九〇年，三五九頁（録）；《敦煌遺書總目索引新編》，北京：中華書局，二〇〇〇年，一一〇頁（録）。

斯三六一八　大道通玄要卷第七

釋文

大道通玄要卷第七〔一〕　上元戒品　中元戒品　下元戒品

上元戒品

三部品誡〔二〕，部有六十條，合一百八十條誡〔三〕，各有陰陽左右水火風刀考官典之〔四〕。正月十五日〔五〕，上元校誡之日〔六〕；七月十五日〔七〕，中元校誡之日；十月十五日〔八〕，下元校誡之日。此一年三月三日〔九〕，皆地上及五帝五岳靈山、三界神官，及諸水府三官司羅〔一〇〕。無窮無極〔一一〕、無深無遠〔一二〕、無大無小一切神靈，皆同上詣三天玄都三元宮中〔一三〕，齎諸天地上得道及未得道〔一四〕、見在福中及兆民生死緣對宿根簿録，功過輕重，列言上天。是其日，無極天尊、十方大聖衆、卅二天帝〔一五〕、飛天神王、高上玉虚至真大神、無極大道太上老君、諸君丈人、五老帝君、南極北極東西二華、九靈真母、南上元君、太和玉女，同時俱到三元宫中。衆聖既集，諸天飛仙神仙、真人玉女、長生司命司録司殺、南斗北斗，諸天日月星宿、琁璣玉衡〔一六〕，一切衆神，莫不傪然俱至〔一七〕。三元左右中宫三官九府百廿曹〔一八〕、陰陽左右水火風刀考官〔一九〕，各算計天上天下生死簿録，更相校讁（訊）〔二〇〕。有善功者上名青簿〔二一〕，罪重者上名黑簿〔二二〕，各以一通，列言三官，功過善惡，豪分無失〔二三〕。是其日〔二四〕，則地祇右別，營衛門户。行之八年，皆得三官保舉，度名青簿之中，剋得上仙，道不失其分也。

上真禪號高下尊卑功過儀典〔二五〕。

上真衆聖朝禮旋行功過儀典。

上真大聖遊晏從駕功過儀典〔二六〕。

上真總校生死圖録功過〔二七〕。

上真總領生死命籍算録功過。

上真總領生死功德輕重功過。

上真總領鬼神功德執敘輪轉功過〔二八〕。

上真總領鬼神幽責開度功過。

上真總領升度死魂更生輕重功過。

上真總領死魂受練安靈功過〔二九〕。

上真總領神仙得道年月品秩功過。

上真總領萬魔謡歌之音功過〔三〇〕。

學上道不信經戒懷疑兩心罪〔三一〕。
學上道輕慢聖文評論經典罪。
學上道輕慢師主違背盟誓罪。
學上道毀謗師父不崇大義罪〔三二〕。
學上道竊取經書無有師宗罪。
學上道學無師而授弟子罪。
學上道誘取經書而傳弟子罪〔三三〕。
學上道得經書無師盟度罪。
學上道受經不依經科年月傳授罪。
學上道受經傳授非其人罪〔三四〕。
學上道受法師門無開度之功罪〔三五〕。
學上道無功而傳授弟子罪。
學上道傳法宿奏不合而傳罪〔三六〕。
學上道傳經不宿奏五帝罪。
學上道受經無信賤道罪。
學上道遏斷賢路自取功名罪。

學上道朝半八節不禮師罪〔三七〕。

學上道不脩齋直之罪。

學上道齋直不精之罪。

學上道誦經越略罪。

學上道旋行越次諍競罪〔三八〕。

學上道恚怒師父罪。

學士及百姓子攻擊善人罪〔三九〕。

學士及百姓子惡口赤舌罪。

學士及百姓子評論師主百姓罪。

學士及百姓子飲酒失性罪。

學士及百姓子殺生陰賊罪。

學士及百姓子貪欲矯（驕）逸罪〔四〇〕。

學士及百姓子穢濁道法罪。

學士及百姓子呪咀神鬼罪〔四一〕。

學士及百姓子殺害衆生罪。

學士及百姓子謗語兩舌不信罪〔四二〕。

學士及百姓子姦淫穢濁罪。
學士及百姓子盜竊人物罪〔四三〕。
學士及百姓子嫉賢妒能罪。
學士及百姓子背師恩愛罪。
學士及百姓子欺師背口罪〔四四〕。
學士及百姓子泄露天文罪〔四五〕。
學士及百姓子毀謗經法罪。
學士及百姓子脩經中悔罪。
學士及百姓子不忠於上罪。
學士及百姓子罔略於下罪。
學士及百姓子欺罔同學罪。
學士及百姓子欺罔百姓罪〔四六〕。
學士及百姓子口善心惡罪。
學士及百姓子說人過惡罪〔四七〕。
學士及百姓子輕慢三光罪。
學士及百姓子穢慢神鬼罪。

中元戒品〔四八〕

學士及百姓子嫉妒同學罪。
學士及百姓子浮華妄語罪。
學士及百姓子貪利入己無厭罪。
學士及百姓子積禄重寶不施散罪〔四九〕。
學士及百姓子樂人寶物入己罪。
學士及百姓子願人傷敗流散罪。
學士及百姓子私畜刀杖兵器罪〔五〇〕。
學士及百姓子屠割六畜殺生罪。
學士及百姓子射刺野獸飛鳥罪〔五一〕。
學士及百姓子燒山捕獵罪。
學士及百姓子捕魚張筌罪〔五二〕。
學士及百姓子金銀器食罪。
學士及百姓子貪樂榮禄虐正罪〔五三〕。
學士及百姓子燒敗見物成功罪。
學士及百姓子飲食投水中罪〔五四〕。

學士及百姓子貪濁滋味肥薰罪〔五五〕。

學士及百姓子貪食五辛罪。

學士及百姓子草書僞意罪。

學士及百姓子合聚群衆罪。

學士及百姓子圖謀人婦女罪。

學士及百姓子心謀國事罪〔五六〕。

學士及百姓子圖謀人家物事罪〔五七〕。

學士及百姓子麤物易好物罪〔五八〕。

學士及百姓子交關天子侯王罪〔五九〕。

學士及百姓子干知天時星宿罪〔六〇〕。

學士及百姓子火燒田野山林罪〔六一〕。

學士及百姓子斫伐樹木擿草華罪〔六二〕。

學士及百姓子與惡人交遊親近罪〔六三〕。

學士及百姓子交關流俗華競罪。

學士及百姓子在人中獨食罪〔六四〕。

學士及百姓子學世間交關婚姻事罪〔六五〕。

學士及百姓子放碭（蕩）世間妓樂罪〔六六〕。
學士及百姓子面謈世人陰毀人罪〔六七〕。
學士及百姓子説人尊上善惡罪〔六八〕。
學士及百姓子泄露人陰惡私鄙罪〔六九〕。
學士及百姓子攻擊善人横生無端罪。
學士及百姓子妄視人書疏司微罪〔七〇〕。
學士及百姓子與女人獨行獨語罪。
學士及百姓子男女同座群踞罪〔七一〕。
學士及百姓子男女共食交錯衣物罪。
學士及百姓子男女教化不善罪。
學士及百姓子自貴矯（驕）逸罪〔七二〕。
學士及百姓子因恨報怨罪〔七三〕。
學士及百姓子離别家室罪。
學士及百姓子落子傷胎罪。
學士及百姓子親（疏）宗族疏（親）異姓罪〔七四〕。
學士及百姓子毒藥投水中傷生罪〔七五〕。

學士及百姓子淫愛弟子罪〔七六〕。
學士及百姓子收集人衆罪〔七七〕。
學士及百姓子投書譖世人罪〔七八〕。
學士及百姓子自許用性罪〔七九〕。
學士及百姓子妄作忌諱罪。
學士及百姓子希人物事罪〔八〇〕。
學士及百姓子評論師友長短罪。
學士及百姓子輕慢經教法言罪。
學士及百姓子薄賤夭人老病罪〔八一〕。
學士及百姓子棄薄乞人罪。
學士及百姓子承威勢以陵世間罪〔八二〕。
學士及百姓子阿黨所親罪。
學士及百姓子父母兄弟別離各居罪〔八三〕。
下元戒品〔八四〕
學士及百姓子瞋恚弟子罪〔八五〕。
學士及百姓子恚責世人罪〔八六〕。

學士及百姓子不放生度死罪。
學士及百姓子富貴忘師罪。
學士及百姓子諸天齋日不念道罪。
學士及百姓子信人恚言師主罪〔八七〕。
學士及百姓子唱論人惡事罪〔八八〕。
學士及百姓子笑人頑闇貧賤罪〔八九〕。
學士及百姓子觀（勸）人爲惡事罪〔九〇〕。
學士及百姓子禁人作善事罪〔九一〕。
學士及百姓子快人過失罪。
學士及百姓子去就背向罪〔九二〕。
學士及百姓子五岳三河無簡名罪。
學士及百姓子污穢五岳三河罪〔九三〕。
學士及百姓子奪人所欲罪〔九四〕。
學士及百姓子馳騁流俗求競世間罪。
學士及百姓子慶弔世間求悦衆人罪。
學士及百姓子仍（認）他人之功爲己德罪〔九五〕。

學士及百姓子名（言）人飲食怒（好）惡罪〔九六〕。
學士及百姓子驚怛百姓衰厄罪〔九七〕。
學士及百姓子驚怛鳥獸促著窮地罪〔九八〕。
學士及百姓子驚怖老小罪〔九九〕。
學士及百姓子輕淩官長有司罪〔一〇〇〕。
學士及百姓子論議世間曲直罪。
學士及百姓子妄論國家衰盛罪〔一〇一〕。
學士及百姓子施惠追吝罪。
學士及百姓子遊傲（遨）無度罪〔一〇二〕。
學士及百姓子登高望下罪〔一〇三〕。
學士及百姓子籠飛鳥走獸罪〔一〇四〕。
學士及百姓子快人家喪禍罪〔一〇五〕。
學士及百姓子以棘刺橫人行道罪〔一〇六〕。
學士及百姓子拜禮神鬼罪。
學士及百姓子裸形三光罪〔一〇七〕。
學士及百姓子啊（呵）風罵雨罪〔一〇八〕。

學士及百姓子換借不還罪。
學士及百姓子罔人求榮稱罪〔一〇九〕。
學士及百姓子傲慢三寶輕忽天尊罪。
學士及百姓子謀人君長師父罪。
學士及百姓子觀（勸）人不孝父母兄弟罪〔一一〇〕。
學士及百姓子矯稱自異號真人罪〔一一一〕。
學士及百姓子信用外道親（雜）術邪鬼罪〔一一二〕。
學士及百姓子無師託學欺詐神人罪〔一一三〕。
學士及百姓子衣服盈餘弗散窮人罪〔一一四〕。
學士及百姓子竊寫經戒慢露罪。
學士及百姓子榮飾衣褐華麗罪〔一一五〕。
學士及百姓子身不潔淨上高座罪〔一一六〕。
學士及百姓子穢慢師門不恭罪。
學士及百姓子師有哀憂不建齋請罪〔一一七〕。
學士及百姓子棄師父追世盛〔名〕罪〔一一八〕。
學士及百姓子師豪貴隨逐希望罪〔一一九〕。

學士及百姓子師疾厄不侍省理罪〔一二〇〕。

學士及百姓子遠厄急逐寬樂罪。

學士及百姓子出入道户不關啓罪。

學士及百姓子妄與他人入道户語罪〔一二一〕。

學士及百姓子齋請不爲三官遷功罪。

學士及百姓子自愁家門不念他人窮厄罪〔一二二〕。

學士及百姓子家有喪疾怨道咎師罪。

學士及百姓子得師經道而自稱己得罪〔一二三〕。

學士及百姓子傳師道法不折送功信罪〔一二四〕。

學士及百姓子八節不請師言名五帝罪〔一二五〕。

大道通玄要卷第七

説明

此件首尾完整，書寫工整，首尾題均作『大道通玄要卷第七』。《大道通玄要》是開元七年編纂而成的道教類書，編撰者不詳，《正統道藏》未收。此件之内容均出自《洞玄靈寶三元品戒功德輕重經》（參看王卡《敦煌道教文獻研究：綜述·目録·索引》，二二九頁），但順序有所不同。

敦煌文獻中保存的《大道通玄要》寫本，除此件外尚有伯二四五六、伯二四六六、斯一〇二八四、斯一二一八七、BD 一七（地一七）、伯二三六三、BD 一四五二三（北新〇七二三）和斯三八三九等號，但只有BD 一七文字與此件有重合。BD 一七首尾均缺，起『典之，正』，訖『學士及百姓子干知天時星宿罪』。

以上釋文以斯三六一八爲底本，用BD 一七（稱其爲甲本）、《正統道藏》之《洞玄靈寶三元品戒功德輕重經》（稱其爲乙本）參校。

校記

〔一〕此句及下句，乙本無。

〔二〕『部』，乙本作『元』；『誡』，乙本作『戒』。此句至『不失其分也』，乙本置於『學士及百姓子八節不請師言名五帝罪』之後。

〔三〕『誡』，乙本作『戒』。

〔四〕『考官』，乙本作『官考』。甲本始於此句。

〔五〕『日』，《中華道藏》釋作『曰』，誤。

〔六〕『誡』，甲本同，乙本作『戒』，以下同，不另出校。

〔七〕『日』，《中華道藏》釋作『曰』，誤。

〔八〕『日』，《中華道藏》釋作『曰』，誤。

〔九〕第一個『三』，甲本同，乙本無；『月』，乙本無。

〔一〇〕『羅』，乙本作『罰』。
〔一一〕『極』，甲本同，乙本作『深』。
〔一二〕『深』，甲本同，乙本作『遠』；『遠』，甲本同，乙本作『近』。
〔一三〕『詣』，甲本同，乙本作『詣上』。
〔一四〕『齎』，乙本作『皆齋』。
〔一五〕『卅』，甲本同，乙本作『三十』。
〔一六〕『琁』，甲本同，乙本作『璇』，均可通。
〔一七〕『偺』，甲本同，乙本作『森』。
〔一八〕『廿』，甲本同，乙本作『二十』。
〔一九〕『考』，《中華道藏》釋作『孝』，誤。
〔二〇〕『讉』，甲本同，當作『訊』，據乙本改。
〔二一〕『善』，《敦煌本〈大道通玄要〉研究》釋作『上』，誤。
〔二二〕『上』，甲本同，乙本作『下』。
〔二三〕『豪』，甲本同，乙本作『毫』。
〔二四〕此句後乙本有『能依三元謝過之法，清齋燒香，依玄科言，行之百日』。
〔二五〕『禪』，甲本同，乙本作『稱』。
〔二六〕『晏』，甲本同，乙本作『宴』，均可通。此句後乙本有『上真中聖遊宴從駕功過儀典』。
〔二七〕『過』，甲本同，乙本作『過儀典』。以下同，不另出校。
〔二八〕『執敘』，甲本同，乙本作『報對』。

〔二九〕『練』，甲本同，乙本作『煉』；『安靈』，甲本同，乙本作『更生』。
〔三〇〕此句後乙本有『三元品戒罪目』。
〔三一〕『罪』，甲本同，乙本作『之罪』。以下同，不另出校。
〔三二〕『大』，甲本同，乙本作『天』。
〔三三〕『誘』，甲本同，乙本作『傍』。
〔三四〕『其』，甲本同，乙本脱。
〔三五〕『之功』，甲本同，乙本作『功之』。
〔三六〕『而』，甲本同，乙本作『師』。
〔三七〕『朝半』，甲本同，乙本作『月朔』；『師』，甲本同，乙本作『師尊』。
〔三八〕『諍』，甲本同，乙本作『爭』。
〔三九〕『士』，甲本同，乙本作『者』。以下同，不另出校。
〔四〇〕『矯』，甲本同，當作『驕』，據乙本改，『矯』爲『驕』之借字。
〔四一〕『咀神鬼罪』，甲本同，乙本作『詛鬼神之罪』。
〔四二〕『謗』，甲本同，乙本作『綺』。
〔四三〕『人』，甲本同，乙本作『財』。
〔四四〕『口』，甲本同，乙本作『道之』。
〔四五〕『泄』，《敦煌本〈大道通玄要〉研究》《中華道藏》釋作『洩』，雖義可通而字誤。
〔四六〕此句乙本無。
〔四七〕『惡』，《中華道藏》釋作『罪』，誤；『罪』，《中華道藏》釋作『惡』，誤。

〔四八〕『中元戒品』，乙本作『右六十條罪由天官一宫中府十二曹、地官一宫中府十四曹、水官一宫中府十四曹風刀考官主之。天官左宫左府十二曹、地官左宫左府十四曹、水官左宫左府十四曹』。
〔四九〕『施散』，甲本同，乙本作『思散施之』。
〔五〇〕『杖』，甲本同，乙本作『仗』，均可通。
〔五一〕『射刺』，甲本同，乙本作『刺射』。
〔五二〕『捕魚張筌』，甲本同，乙本作『張筌捕魚之』。
〔五三〕『正』，甲本同，乙本作『政』，『政』爲『正』之借字。
〔五四〕『飲』，甲本同，乙本作『以飲』。
〔五五〕『薰』，甲本同，乙本作『葷』，均可通。
〔五六〕『心謀』，甲本同，乙本作『評論』。
〔五七〕『家』，甲本同，乙本作『財』；『事』，甲本同，乙本作『之』。
〔五八〕『好』，甲本同，乙本作『人好』。
〔五九〕『天子』，甲本同，乙本作『權貴』。
〔六〇〕『干知』，甲本同，乙本作『妄説』。甲本止於此句。
〔六一〕『罪』，乙本作『之罪』。以下同，不另出校。
〔六二〕『擿』，乙本作『採摘』，《敦煌本〈大道通玄要〉研究》釋作『擿』，誤。
〔六三〕『罪』，乙本作『異類之罪』。
〔六四〕『罪』，乙本作『不思飢餒之罪』。
〔六五〕『學』，乙本作『與』；『交關』，乙本作『破人』；『事』，乙本作『之』。

〔六六〕『碭』，當作『蕩』，據乙本改，『碭』爲『蕩』之借字。
〔六七〕『人』，乙本作『善人之』。
〔六八〕『善』，乙本作『過』。
〔六九〕『泄』，《敦煌本〈大道通玄要〉研究》《中華道藏》釋作『洩』，雖義可通而字誤。
〔七〇〕『妄』，乙本無；『視』，乙本作『窺』；『司』，乙本作『察』。
〔七一〕『同座』，乙本無；『踞』，乙本作『居』。
〔七二〕『矯』，當作『驕』，據乙本改，『矯』爲『驕』之借字。
〔七三〕『恨』，乙本作『公』；『怨』，乙本作『冤』，誤。
〔七四〕『親』，當作『疏』，據乙本改；『疏』，當作『親』，據乙本改。
〔七五〕『藥』，《敦煌本〈大道通玄要〉研究》釋作『桑』，誤；『中』，乙本無。
〔七六〕『淫』，乙本作『匿』。
〔七七〕『收』，乙本作『聚』，《敦煌本〈大道通玄要〉研究》釋作『放』，誤。
〔七八〕『世』，乙本無。
〔七九〕『許』，乙本作『恃』。
〔八〇〕『物事』，乙本作『事物之』。
〔八一〕『夭』，乙本作『他』。
〔八二〕『承』，乙本作『乘』；『陵』，乙本作『凌』；『間』，乙本作『人』。
〔八三〕『别』，乙本作『各别』；『各』，乙本無。
〔八四〕『下元戒品』，乙本作『右六十條罪，由天官左宫左府十二曹、地官左宫左府十四曹、水官左宫左府十四曹、太陽火官考吏主之。天官右宫右府十二曹、地官右宫右府十四曹、水官右宫右府十四曹」。

〔八五〕「瞋」，乙本作「嗔」，《中華道藏》釋作「嗔」，雖義可通而字誤。

〔八六〕「世」，乙本作「善」。

〔八七〕「信人」，乙本作「嗔」；「言」，乙本無。

〔八八〕「唱」，乙本無；「惡事」，乙本作「過惡之」。

〔八九〕「頑」，乙本作「須」，誤。

〔九〇〕「觀」，當作「勸」，據乙本改；「事」，乙本作「之」。

〔九一〕「事」，乙本作「之」。

〔九二〕「罪」，乙本作「非道之罪」。

〔九三〕「污穢」，乙本作「穢污」。

〔九四〕「欲」，乙本作「好之」。

〔九五〕「仍」，當作「認」，據乙本改，「仍」爲「認」之借字；「爲」，乙本作「以爲」。

〔九六〕「名」，當作「言」，據乙本改；「怒」，當作「好」，據乙本改。

〔九七〕「怛」，乙本作「懼」。

〔九八〕「怛」，乙本作「懼」。

〔九九〕「小」，乙本作「少」。

〔一〇〇〕「淩」，乙本作「凌」，《中華道藏》釋作「凌」，雖義可通而字誤。

〔一〇一〕「衰盛」，乙本作「盛衰之」。

〔一〇二〕「傲」，當作「遨」，據乙本改，「傲」爲「遨」之借字。

〔一〇三〕『望』，乙本作『罔』。
〔一〇四〕『籠』，乙本作『牢籠』。
〔一〇五〕『家』，乙本無。
〔一〇六〕『刺横』，乙本脱。
〔一〇七〕『形』，乙本作『露』。
〔一〇八〕『啊』，當作『呵』，據乙本改；『風』，乙本作『罵風』；『罵』，乙本無，《敦煌本〈大道通玄要〉研究》釋作『駡』，誤。
〔一〇九〕『求』，乙本無。
〔一一〇〕『觀』，當作『勸』，據乙本改。
〔一一一〕『號』，乙本作『號爲』。
〔一一二〕『用』，乙本無；『親』，當作『雜』，據乙本改；『鬼』，乙本作『見』。
〔一一三〕『師』，乙本作『經師』。
〔一一四〕『盈』，乙本作『羸』；『弗』，乙本作『不』。
〔一一五〕『褐』，《敦煌本〈大道通玄要〉研究》釋作『物』，誤。
〔一一六〕『上』，乙本作『登上』。
〔一一七〕『請』，乙本作『禱』。
〔一一八〕『棄』，乙本作『棄忘』；『追』，乙本作『逐』；『名』，據乙本補。
〔一一九〕『師』，乙本作『師得』；『隨逐』，乙本無；『望』，乙本作『望豐榮之』。
〔一二〇〕『理』，乙本作『之』。

〔一二一〕『語』，乙本作『交語』。
〔一二二〕『人窮』，乙本無。
〔一二三〕『己』，《中華道藏》釋作『已』，誤。
〔一二四〕『送』，《敦煌本〈大道通玄要〉研究》《中華道藏》釋作『逆』，誤；『功』，乙本作『盟』。
〔一二五〕『請師』，乙本無。此句後乙本有『右六十條罪，由天官右宫右府十二曹、地官右宫右府十四曹、水官右宫右府十四曹、太陰水官考吏主之』。

參考文獻

《敦煌寶藏》三〇册，臺北：新文豐出版公司，一九八二年，一一〇至一一五頁（圖）；《敦煌寶藏》一一〇册，臺北：新文豐出版公司，一九八五年，三六〇至三六二頁（圖）；《英藏敦煌文獻》五卷，成都：四川人民出版社，一九九〇至一三三頁（圖）；《國家圖書館藏敦煌遺書》一册，北京圖書館出版社，二〇〇五年，八七至八八頁（圖）；《敦煌道教文獻研究：綜述·目録·索引》，北京：中國社會科學出版社，二〇〇四年，二二七至二二九頁；《中華道藏》二八册，北京：華夏出版社，二〇〇六年，三二八至三三一頁（録）；《道藏》六册，文物出版社、上海書店、天津古籍出版社，一九八八年，八七九至八八三頁（録）；《道家文化研究》一三輯，上海古籍出版社，一九九三年，三二八至三三六、三四六至三六六頁。

斯三六二一　大般若波羅蜜多經卷第廿三題記

釋文

比丘戒藏寫。

比丘惠素受持。

説明

此件《英藏敦煌文獻》未收，現予增收。池田温認爲此寫本的年代大約在公元九世紀前期（參看《中國古代寫本識語集録》，三五四頁）。

參考文獻

Descriptive Catalogue of the Chinese Manuscripts from Tunhuang in the British Museum,The Trustees of the British Museum, London 1957, pp. 1 - 2（録）；《敦煌學要籥》，台北：新文豐出版公司，一九八二年，一三四頁（録）；《敦煌寶藏》三〇册，臺北：新文豐出版公司，一九八二年，一四九頁（圖）；《敦煌遺書總目索引》，北京：中華書局，一九八三年，一八二

頁（録）；《中國古代寫本識語集録》，東京大學東洋文化研究所，一九九〇年，三五四頁（録）；《敦煌遺書總目索引新編》，北京：中華書局，二〇〇〇年，一一〇頁（録）。

斯三六二一背　大般若波羅蜜多經卷第廿三題籤

釋文

大般若經卷第廿三　　三　　恩。

説明

以上文字書寫於《大般若波羅蜜多經》卷背護首處，『恩』應爲敦煌報恩寺之簡稱，説明此經爲報恩寺所有。『三』表示此卷位於《大般若經》第三帙。《英藏敦煌文獻》未收，現予增收。

參考文獻

《敦煌寶藏》三〇册，臺北：新文豐出版公司，一九八二年，一四九頁（圖）。

斯三六二四　三界寺見一切入藏經目録

釋文

三界寺見一切入藏經目録

三界寺見一切入藏經目録：

《大般若波羅蜜多經》，一部，六百卷，六十袟[一]。

《大寶積經》，一部，一百廿卷[二]，十二袟。

《大方廣佛華嚴經》，一部，八十卷，八袟。

《佛本行集經》，一部，六十卷，六袟。

《大般涅盤經》[三]，三部，每部四十二卷，四袟。

《賢劫經》，一部，一十三卷，一袟。

《大方便佛報恩經》，一部，七卷，一袟。

《大佛頂經》，一部，十卷，一袟。

《寶雲經》《大雲經》，一部，七卷，一袟。
《大佛名經》，一部，一十八卷。
《妙法蓮花經》，一部，十卷，一袟。
《大乘入楞伽經》，一部，十卷，一袟。
《金光明最勝王經》，一部，十卷，一袟。
《妙法蓮花經》，一部，七卷，一袟。
《大乘入楞伽經》，一部，三卷。
《思益梵天經》，一部，三卷。
《維摩經》，一部，三卷。
右三經同袟。
《解深蜜經》〔四〕，一部，五卷。
《諸法無行經》，一部，二卷。
《佛藏經》，一部，四卷。
右三經同袟，十一卷。
《大方便佛報恩經》，一部，七卷，一袟。
（後缺）

説明

此件首全尾缺，首部有原題。據方廣錩研究，此件筆跡與敦研三四九號、BD 一四一二九（北新三二九號）相似，均爲道真所寫。此件標題雖爲『三界寺見一切入藏經目録』，但其内容係若干雜經的無次序集合，而不是一部完整的大藏經，也許是道真補經的一個工作目録（參看《敦煌佛教經録輯校》，九〇九頁）。

校記

〔一〕『袟』，《敦煌佛教經録輯校》釋作『帙』。以下同，不另出校。

〔二〕『廿』，《敦煌佛教經録輯校》釋作『二十』。

〔三〕『盤』，《敦煌佛教經録輯校》校改作『槃』，按寫本時代『涅槃』尚未成爲固定搭配，或作『涅槃』，或作『涅盤』，故『盤』『槃』均可通。

〔四〕『蜜』，《敦煌佛教經録輯校》校改作『密』，按《解深蜜經》在經藏中亦不少見。

參考文獻

Descriptive Catalogue of the Chinese Manuscripts from Tunhuang in the British Museum,The Trustees of the British Museum, London 1957, p. 273；《敦煌寶藏》三〇册，臺北：新文豐出版公司，一九八二年，一五九至一六〇頁（圖）；《敦煌遺書總目

索引》，北京：中華書局，一九八三年，一八二頁；《英藏敦煌文獻》五卷，成都：四川人民出版社，一九九二年，一三三頁（圖）；《敦煌佛教經録輯校》（下册），南京：江蘇古籍出版社，一九九八年，九〇七至九一〇、九三一至九三三頁（録）；《敦煌遺書總目索引新編》，北京：中華書局，二〇〇〇年，一一〇頁；《敦煌石窟與文獻研究》，杭州：浙江大學出版社，二〇一五年，三二七至三二八頁。

斯三六三一背　僧人名目

釋文

（前缺）

慈喜　慈

員（一）　善惠　福員　道

福嚴　信政　員信　福行　智旻　隨願

福建　福達（？）　□今　□因　保

（後缺）

說明

此件存僧人名字十餘個，事由不明，保存在《大乘入楞伽經》卷背補經紙上。

校記

〔一〕『員』，據殘筆劃補。

參考文獻

Descriptive Catalogue of the Chinese Manuscripts from Tunhuang in the British Museum, The Trustees of the British Museum, London 1957, p. 100；《敦煌寶藏》三〇册，臺北：新文豐出版公司，一九八二年，一八四頁（圖）；《英藏敦煌文獻》五卷，成都：四川人民出版社，一九九二年，一三四頁（圖）；《敦煌遺書總目索引新編》，北京：中華書局，二〇〇〇年，一一〇頁。

斯三六三七　佛說大方廣菩薩十地經題記

釋文

比丘神弁寫。

說明

此件《英藏敦煌文獻》未收，現予增收。

參考文獻

Descriptive Catalogue of the Chinese Manuscripts from Tunhuang in the British Museum, The Trustees of the British Museum, London 1957, p. 42（録）；《敦煌寶藏》三〇册，臺北：新文豐出版公司，一九八二年，二三二頁（圖）；《中國古代寫本識語集録》，東京大學東洋文化研究所，一九九〇年，三八三頁（録）；《敦煌遺書總目索引新編》，北京：中華書局，二〇〇〇年，一一〇頁（録）。

斯三六四〇背　妙法蓮華經卷第一題籤

釋文

[經]卷第一〔一〕　金

説明

以上文字書寫於《妙法蓮華經》卷背護首處，『金』應爲敦煌金光明寺之簡稱，説明此經爲金光明寺所有。此件《英藏敦煌文獻》未收，現予增收。

校記

〔一〕『經』，據殘筆劃及文義補，《敦煌遺書總目索引新編》逕釋作『經』。

參考文獻

Descriptive Catalogue of the Chinese Manuscripts from Tunhuang in the British Museum, The Trustees of the British Museum,

London 1957, p. 63"；《敦煌寶藏》三〇册，臺北：新文豐出版公司，一九八二年，二四三頁（圖）；《敦煌遺書總目索引新編》，北京：中華書局，二〇〇〇年，一一〇頁（録）。

斯三六五一　金剛般若波羅蜜經題記

釋文

子年二月八日張廣真寫記。

説明

此件《英藏敦煌文獻》未收，現予增收。

參考文獻

Descriptive Catalogue of the Chinese Manuscripts from Tunhuang in the British Museum, The Trustees of the British Museum, London 1957, p. 28（録）；《敦煌寶藏》三〇册，臺北：新文豐出版公司，一九八二年，二七七頁（圖）；《敦煌遺書總目索引》，北京：中華書局，一九八三年，一八三頁（録）；《中國古代寫本識語集録》，東京大學東洋文化研究所，一九九〇年，三七五頁（録）；《敦煌遺書總目索引新編》，北京：中華書局，二〇〇〇年，一一〇頁（録）。

斯三六五五　妙法蓮華經卷第七題記

釋文

咸亨元年閏九崔安居爲鍾氏亡姊敬造〔一〕。

説明

此件《英藏敦煌文獻》未收，現予增收。咸亨元年即公元六七〇年。

校記

〔一〕『亡姊』，《敦煌遺書總目索引新編》釋作『丘姐』，《敦煌漢文文獻題記整理與研究》釋作『丘姐』，校改作『亡婦』，均誤。

參考文獻

Descriptive Catalogue of the Chinese Manuscripts from Tunhuang in the British Museum, The Trustees of the British Museum, London

1957, p. 82（録）；《敦煌寶藏》三〇册，臺北：新文豐出版公司，一九八二年，三〇一頁（圖）；《敦煌遺書總目索引》，北京：中華書局，一九八三年，一八三頁（録）；《中國古代寫本識語集録》，東京大學東洋文化研究所，一九九〇年，二一一頁（録）；《敦煌學輯刊》一九九三年一期，三一頁；《敦煌遺書總目索引新編》，北京：中華書局，二〇〇〇年，一一〇頁（録）；《敦煌漢文文獻題記整理與研究》，北京：中國社會科學出版社，二〇一六年，二五七頁（録）。

斯三六六一　妙法蓮華經卷第三題記

釋文

菩薩戒弟子蕭大嚴敬造。第八百九十八部。

説明

此件《英藏敦煌文獻》未收，現予增收。

參考文獻

Descriptive Catalogue of the Chinese Manuscripts from Tunhuang in the British Museum, The Trustees of the British Museum, London 1957, p. 72（録）；《敦煌寶藏》三〇册，臺北：新文豐出版公司，一九八二年，三二六頁（圖）；《敦煌遺書總目索引》，北京：中華書局，一九八三年，一八三頁（録）；《敦煌學》一五輯，臺北：新文豐出版公司，一九九〇年，一〇七頁（録）；《中國古代寫本識語集録》，東京大學東洋文化研究所，一九九〇年，二五一頁（録）；《敦煌遺書總目索引新編》，北京：中華書局，二〇〇〇年，一一一頁（録）。

斯三六六三　一　文選卷第九（嘯賦）

釋文

（前缺）

良自然之至音[一]，非絲竹之所擬。是故聲不假器，用不借物。近取諸身，役心御氣[二]。動脣有曲，發口成音。觸類感物，因歌隨吟。大而不洿安都，細而不沈。清激切於竽禹倶笙[三]，優潤和於琴（瑟）瑟（琴）[四]。玄妙足以通神悟靈，精微足以窮幽測深。收《激楚》之哀荒，節《北里》之奢淫。濟洪災於炎旱，反亢苦浪陽於重陰[五]。唱引萬變，曲用無方。和樂怡懌，悲傷摧藏。時幽散而將絶，中矯厲而慨慷。徐婉於遠約而優遊，紛繁鶩（騖）而激揚[六]。情既思而能反，心雖哀而不傷。總八音之至和，固極樂而無荒。

若乃登高臺以臨遠，披文軒而騁望。喟仰拚皮變而抗首[七]，嘈在勞長引而憀力幽亮[八]。或舒肆而自反，或徘徊而復放。或冉弱而柔撓而小[九]，或澎普彭濞普秘而奔壯[一〇]。横鬱嗚而滔土勞涸胡各[一一]，冽繚來鳥朓他鳥而清昶勅亮[一二]。逸氣奮涌，繽紛交錯。烈烈飆揚[一三]，啾子由啾響作[一四]。奏胡馬之長思，向寒風乎北朔。又似鳴雁之將鶵〔一五〕，群鳴號乎沙漠。故能因形創聲，隨事造曲。應物無窮，機發響速。佛扶勿鬱衝流〔一六〕，參七感譚徒感雲屬之欲〔一七〕。若離若合，將絕復續。飛廉鼓於幽隧隨翠反〔一八〕，猛虎應於中谷。南箕動於穹丘弓倉〔一九〕，清飆振乎喬木。散滯積而播揚，蕩埃藹之溷胡本濁。變陰陽之至和，移淫風之穢俗。

若乃遊崇崗〔二〇〕，陵景山。臨巖側，望流川，坐盤石，漱盪口，搜又反清泉〔二一〕，藉嗟夜反，又慈夜蘭（皋）臯（蘭）之猗於綺靡〔二二〕，蔭脩竹之蟬蜎伊緣〔二三〕。乃吟詠而發歎〔二四〕，聲駱驛而響連。舒畜思之悱芳尾憤〔二五〕，奮久結之纏綿。心滌庭歷蕩而無累，志離俗而飄然。

若夫假象金革，擬則陶匏。衆聲繁奏，若笳若簫〔二六〕。硼普萌硠朗棠震隱，訇火宏磕苦蓋聊老陶嘈〔二七〕。發徵則隆冬熙喜眉蒸之升〔二八〕，騁羽則嚴霜夏彫〔二九〕，動商則秋霖春降，奏角則谷風鳴條。音均均〔三〇〕，古韻字，一如字不恒，曲無定制。行而不留〔三一〕，止而不滯。隨口吻亡粉而發揚，假芳氣而遠逝。音要妙而流響，聲激古歷嚁庭歷而清厲〔三二〕。信自然之極麗，羌殊尤而絕世。越《韶》《夏》與《咸池》，何徒取異乎鄭衛？

于時綿駒結舌而喪精〔三三〕，王豹杜口而失色。虞公輟聲而止歌，甯子撿力冉手而歎息〔三四〕。鐘（鍾）期棄琴而改聽〔三五〕，尼父忘味而不食〔三六〕。百獸率儛而抃皮變足，鳳皇來儀而拊芳武翼〔三七〕。乃知長嘯之奇妙，此音聲之至極〔三八〕。

文選卷第九〔三九〕　　鄭家爲景點訖〔四〇〕。

説明

此件首缺尾全，起「[良]自然之至音」，訖尾題「文選卷第九」，其後有朱筆題記「鄭家爲景點訖」。所存内容爲成公綏《嘯賦》，見於李善注六十卷本《文選》之卷一八，由尾題可知其爲《梁書》《隋書·經籍志》所著録的三十卷本舊次，更接近昭明之原帙（參見伏俊璉《敦煌賦校注》，一〇二至一〇三頁；張錫厚《敦煌賦彙》，一一七頁）。文中有朱筆校改、句讀及點識四聲，本字兩側時有反切音注，筆跡與正文不同，王重民認爲反切與點讀均係尾題中「鄭家爲」所作（《敦煌古籍敘録》，三二二頁）。

此件之抄寫年代，翟理斯認爲是七世紀寫本（參看 *Descriptive Catalogue of the Chinese Manuscripts from Tunhuang in the British Museum*, p. 243），王重民、姜亮夫認爲乃唐以前寫本（參看《敦煌古籍敘録》，三二二頁；《莫高窟年表》，一六六頁），池田温推測在七世紀後期（參看《中國古代寫本識語集録》，第二五八頁），石塚晴通則認爲在八世紀初期（《講座敦煌·五·敦煌漢文文獻》，二三一、二五八頁）。

現知敦煌文獻中的《文選》寫本，除此件外，還有三十三件（參看金少華《敦煌吐魯番本〈文選〉輯校》，三三三頁），但均與此件不重合。以上釋文以斯三六六三爲底本，用流行較廣的《文選》（中華書局，一九七七年）（稱其爲甲本）參校。

校記

〔一〕「良」，據甲本補。
〔二〕「役」，甲本作「役」，均可通。
〔三〕「笙」，《敦煌賦校注》、《敦煌文學文獻叢稿》（增訂本）釋作「生」，誤。
〔四〕「琴瑟」，當作「瑟琴」，據甲本改。
〔五〕「蔭」，甲本作「陰」，均可通。
〔六〕「鶩」，當作「鶩」，據甲本改，「鶩」爲「鶩」之借字。
〔七〕「拚」，甲本作「抃」，「拚」爲「抃」之本字。
〔八〕「力幽」，《敦煌賦校注》漏録。
〔九〕「撓」，底本作「橈」，乃「撓」之俗寫，《敦煌賦校注》、《敦煌文學文獻叢稿》（增訂本）釋作「橈」，並認爲「撓」爲「橈」之借字，《敦煌吐魯番本〈文選〉輯校》認爲「橈」「撓」之音皆與「而小」不合，底本實依「撓」字注音，破讀爲「擾」。
〔一〇〕「奔」，底本原寫作「犇」，爲「奔」之古文。
〔一一〕「鳴」，甲本作「鳴」，《敦煌賦校注》、《敦煌賦彙》、《敦煌文學文獻叢稿》（增訂本）釋作「鳴」，均誤；「土」，《敦煌賦校注》、《敦煌文學文獻叢稿》（增訂本）釋作「比」，疑當作「吐」，《敦煌古籍敘録》《敦煌本〈昭明文選〉研究》釋作「北」，均誤。
〔一二〕「繚」，甲本作「飄」；「朓」，甲本作「眇」，《敦煌古籍敘録》《敦煌賦校注》釋作「眺」，誤。

〔一三〕『烈烈』，甲本作『列列』，均可通。
〔一四〕『嚮』，甲本作『響』，『嚮』通『響』。以下同，不另出校。
〔一五〕『鳴』，甲本作『鴻』，《敦煌吐魯番本〈文選〉輯校》認爲『鳴』係『鴻』之形訛，《敦煌賦校注》逕釋作『鴻』。
〔一六〕『流』，底本原寫作『沠』，爲『流』之古文。
〔一七〕『欲』，《敦煌賦校注》釋作『礎』，誤。
〔一八〕『隨翠反』，《敦煌賦校注》漏録。
〔一九〕『倉』，甲本作『蒼』，《敦煌賦彙》校改作『蒼』，按『倉』通『蒼』，不煩校改。
〔二〇〕『遊』，《敦煌本〈昭明文選〉研究》釋作『崗』，誤。
〔二一〕『反』，《敦煌音義匯考》釋作『切』，雖義可通而字誤。
〔二二〕『蘭皋』，當作『皋蘭』，據甲本改，《敦煌賦校注》逕釋作『皋蘭』。
〔二三〕『蛸』，《敦煌賦校注》釋作『娟』，誤。
〔二四〕『歎』，甲本作『散』，《敦煌賦校注》認爲底本近是，《敦煌吐魯番本〈文選〉輯校》認爲二者均可通。
〔二五〕『畜』，甲本作『蓄』，均可通。
〔二六〕第二個『若』，《敦煌賦校注》釋作『菲』，誤。
〔二七〕『苦』，《敦煌賦校注》釋作『若』，認爲係『苦』之訛，按底本實作『苦』；『聊』，甲本作『嘐』，均可通，《敦煌賦校注》釋作『嘐』，雖義可通而字誤。
〔二八〕『之升』，《敦煌賦校注》漏録。
〔二九〕『彫』，甲本作『凋』，『彫』通『凋』。

〔三〇〕『均』，《敦煌賦彙》漏録。

〔三一〕『留』，甲本作『流』，均可通，《敦煌本文選斠證》（二）校改作『流』，不必。

〔三二〕第一個『歷』，《敦煌賦校注》《敦煌本〈昭明文選〉研究》《敦煌文學文獻叢稿》均釋作『疑』，誤。

〔三三〕『時』，《敦煌本〈昭明文選〉研究》釋作『是』，誤。

〔三四〕『撿』，甲本作『檢』，《敦煌賦校注》認爲『檢』爲『撿』之訛。

〔三五〕『鐘』，當作『鍾』，據甲本改。

〔三六〕『尼』，甲本作『孔』，均可通。

〔三七〕『皇』，《敦煌賦校注》釋作『凰』，雖義可通而字誤。

〔三八〕『此』，甲本作『蓋亦』，《敦煌賦校注》認爲底本近是。

〔三九〕『九』，甲本作『十八』。

〔四〇〕『家』，《敦煌古籍敘録》釋作『承』，《敦煌吐魯番本文選》釋作『敬』，均誤。此句《英藏敦煌文獻》作『雜寫』，不確。

參考文獻

Descriptive Catalogue of the Chinese Manuscripts from Tunhuang in the British Museum, The Trustees of the British Museum, London 1957, p. 243；《新亞學報》三卷二期，一九五八年，三一〇至三一三頁（録）；《晉書》八册，北京：中華書局，一九七四年，二三七三至二三七五頁；《文選》，北京：中華書局，一九七七年，二六二至二六四頁；《敦煌古籍敘録》，北京：中華書局，一九七九年，三一二頁（録）；《敦煌寶藏》三〇册，臺北：新文豐出版公司，一九八二年，三三三

至三三四頁（圖）；《敦煌遺書總目索引》，北京：中華書局，一九八三年，一八三頁；《莫高窟年表》，上海古籍出版社，一九八五年，一六六頁；《敦煌古籍敘録新編》一六册，臺北：新文豐出版公司，一九八六年，一六九至一七五頁（圖）；《六臣注文選》，北京：中華書局，一九八七年，三四三至三四五頁；《中國古代寫本識語集録》，東京大學東洋文化研究所，一九九〇年，二五八頁（録）；《英藏敦煌文獻》五卷，成都：四川人民出版社，一九九二年，一三五至一三六頁（圖）；《講座敦煌·五·敦煌漢文文獻》，東京：大東出版社，一九九二年，二五八頁；《敦煌賦校注》，蘭州：甘肅人民出版社，一九九四年，一〇一至一〇九頁（録）；《敦煌賦彙》，南京：江蘇古籍出版社，一九九六年，一一四至一二三頁（録）；《敦煌音義匯考》，杭州大學出版社，一九九六年，四七四至四八一頁（圖）；《敦煌本〈昭明文選〉研究》，哈爾濱：黑龍江教育出版社，一九九九年，一二一至一二五頁（録）；《敦煌遺書總目索引新編》，北京：中華書局，二〇〇〇年，一一一頁；《敦煌吐魯番本文選》，北京：中華書局，二〇〇〇年，一至九、三〇至三三頁（圖）；《英國收藏敦煌漢藏文獻研究：紀念敦煌文獻發現一百周年》，北京：中國社會科學出版社，二〇〇〇年，一三七至一三八頁（録）；《敦煌詩集殘卷輯考》，北京：中華書局，二〇〇〇年，八七九頁；《敦煌文學文獻叢稿》，北京：中華書局，二〇〇四年，九五、一三七、二三七至二四一頁；《全敦煌詩》一〇册，北京：作家出版社，二〇〇六年，四三三七至四三三八頁；《敦煌學輯刊》二〇〇七年二期，一六〇至一六七頁；《敦煌文學文獻叢稿》（增訂本），北京：中華書局，二〇一一年，九五至九六頁、一三五至一四一頁、二九五至三〇三頁；《敦煌吐魯番本〈文選〉輯校》，杭州：浙江大學出版社，二〇一七年，五七至六八頁（録）。

斯三六六三　二　可可隨宜紙詩

釋文

五言

可可隨宜紙〔一〕，故故遣人書〔二〕。充功而已矣〔三〕，何假覔衆諸〔四〕。

説明

此件首尾完整，起首題『五言』，訖『何假覔衆諸』，有朱筆句讀及點識四聲，張錫厚認爲與前面的《嘯賦》無關，『恐爲書手信筆所致』（參看《敦煌賦彙》，一一八頁）。

校記

〔一〕『可可』，《中國古代寫本識語集録》釋作『示之』，誤。

〔二〕第二個『故』，《中國古代寫本識語集録》釋作『云』，誤。

〔三〕『功』，《敦煌賦彙》釋作『切』。

〔四〕『何』，《中國古代寫本識語集録》釋作『勿』，誤。

參考文獻

Descriptive Catalogue of the Chinese Manuscripts from Tunhuang in the British Museum, The Trustees of the British Museum, London 1957, p. 243；《敦煌寶藏》三〇册，臺北：新文豐出版公司，一九八二年，三三四至三三五頁（圖）；《敦煌古籍敘録新編》一六册，臺北：新文豐出版公司，一九八六年，一七四至一七五頁（圖）；《中國古代寫本識語集録》，東京大學東洋文化研究所，一九九〇年，二五八頁（録）；《英藏敦煌文獻》五卷，成都：四川人民出版社，一九九二年，一三六頁（圖）；《敦煌賦彙》，南京：江蘇古籍出版社，一九九六年，一一八頁（録）；《敦煌吐魯番本文選》，北京：中華書局，二〇〇〇年，三三頁（圖）；《敦煌詩集殘卷輯考》，北京：中華書局，二〇〇〇年，八七八至八七九頁（録）；《全敦煌詩》一〇册，北京：作家出版社，二〇〇六年，四三三七至四三三八頁（録）。

斯三六六三　三　雜寫

釋文

張耳語趙平〔一〕，平平□〔二〕

説明

此件抄於『五言』之後，似爲韻語。

校記

〔一〕『耳』，《中國古代寫本識語集録》釋作『年』，《敦煌詩集殘卷輯考》釋作『平』；『平』，《中國古代寫本識語集録》釋作『年』。

〔二〕第一個『平』，《中國古代寫本識語集録》釋作『年』；『□』，《中國古代寫本識語集録》釋作『日』。

參考文獻

《敦煌寶藏》三〇册，臺北：新文豐出版公司，一九八二年，三三五頁（圖）；《敦煌古籍敘録新編》一六册，臺北：新文豐出版公司，一九八六年，一七五頁（圖）；《中國古代寫本識語集録》，東京大學東洋文化研究所，一九九〇年，二五八頁（録）；《英藏敦煌文獻》五卷，成都：四川人民出版社，一九九二年，一三六頁（圖）；《敦煌詩集殘卷輯考》，北京：中華書局，二〇〇〇年，八七九頁（録）；《敦煌吐魯番本文選》，北京：中華書局，二〇〇〇年，三三頁（圖）；《全敦煌詩》一〇册，北京：作家出版社，二〇〇六年，四三三八頁（録）。

斯三六六三背　撼撍音義

釋文

撼撍（下子感反，手動；上胡感反，動。）

說明

以上文字抄於《文選》卷第九紙背，僅抄寫了『撼撍』二字音義。

參考文獻

Descriptive Catalogue of the Chinese Manuscripts from Tunhuang in the British Museum, The Trustees of the British Museum, London 1957, p. 243；《敦煌寶藏》三〇册，臺北：新文豐出版公司，一九八二年，三三六頁（圖）；《英藏敦煌文獻》五卷，成都：四川人民出版社，一九九二年，一三七頁（圖）；《敦煌音義匯考》，杭州：杭州大學出版社，一九九六年，五〇〇頁（録）；《敦煌吐魯番本〈文選〉輯校》，杭州：浙江大學出版社，二〇一七年，五八頁（録）。

圖書在版編目（CIP）數據

英藏敦煌社會歷史文獻釋録. 第十六卷 / 郝春文等編著. -- 北京：社會科學文獻出版社，2020.7（2024.10 重印）
（敦煌社會歷史文獻釋録. 第一編）
ISBN 978-7-5201-6206-7

Ⅰ.①英… Ⅱ.①郝… Ⅲ.①敦煌學-文獻-注釋
Ⅳ.①K870.6

中國版本圖書館 CIP 數據核字（2020）第 028726 號

敦煌社會歷史文獻釋録　第一編
英藏敦煌社會歷史文獻釋録　第十六卷

編　　著 / 郝春文　游自勇　王蘭平　李鳳艷　武紹衛
　　　　　宋雪春　董大學　聶志軍　劉　顯

出 版 人 / 冀祥德
組稿編輯 / 宋月華
責任編輯 / 李建廷

出　　版 / 社會科學文獻出版社 · 人文分社（010）59367215
　　　　　地址：北京市北三環中路甲 29 號院華龍大厦　郵編：100029
　　　　　網址：www.ssap.com.cn
發　　行 / 社會科學文獻出版社（010）59367028
印　　裝 / 河北虎彩印刷有限公司

規　　格 / 開 本：889mm × 1194mm　1/32
　　　　　印 張：17.625　字 數：395 千字
版　　次 / 2020 年 7 月第 1 版　2024 年 10 月第 2 次印刷
書　　號 / ISBN 978-7-5201-6206-7
定　　價 / 69.00 圓

讀者服務電話：4008918866